삼위 하나님의 상호 내주(페리코레시스)에 '코라'(room)라는 방의 언어가 쓰인 걸 고려하면 사실 하나님의 집 신학은 진작 나왔어야 했다. '하나님 나라' 신학 렌즈가 허블 우주 망원경을 닮았다면 '하나님의 집' 신학 렌즈는 가정용 카메라를 닮았을까? 하나님 나라 신학의 메가 트렌드가 자칫 놓치기 쉬운 기억, 공감, 공명, 애착, 소속감, 상호성, 고유성, 급진적 섬김, 공동 통치, 관계의 교점인 사물까지도 이 책은 집과 가족의 언어로 술술 풀어낸다. 이러한 언어가 부재할 때 "인간의 사랑 안에 하나님의 사랑이 있다"라는 메시지가 얼마나 쪼그라들지, 저자의 직설이 매섭다. 하나님의 집은 사람들의 집을 통해 이루어진다는 주제 하나로 성경의 서사를 정교하고 일관되게 펼치면서도, 저자들은 '집들의 집'을 놓고 성경과 세속이 벌이는 이야기 각축전을 통해 집에 대해 할 말 없는 신학을 집에 대해 할 말 많은 신학으로 선회하는 계기를 마련한다. 일상의 절반이 넘는 일터의 신학적 중요성에 일찍이 눈을 떴던 볼프는 이번에는 나머지 일상까지 채우는 집의 신학 창문을 활짝 열어젖혔다. 일의 신학에서 은혜를 자연으로 바꾸고 만 비인간화와 소외를 고민했다면, 집의 신학에서는 (온전한 의미로서의) 번영하는 집(flourishing home)이 (제한적 의미로서의) 번창하는 집(prosperous house)으로 뒤틀려 있는 만물의 어긋남을 탐색한다.

공산 치하 동구권의 가난한 목회자 아들로 자라면서 흙먼지 날리는 허름한 교회 사택의 쓸쓸한 작은 방에서 지냈던 볼프. 마침내 그가 "성화되지 못한 세상"이라는 전통 신학 용어를 세상의 생명을 위한 신학 시리즈에서 '아직 집이 되지 못한 세상'으로 번역해 내는 대목은 어째서 그를 '다리를 놓는 신학자'로 부르는지 알게 한다. 서로가 서로에게 선물(munus)이 되어 주는 공동체적(communal) 삼위일체 신학에 일찍이 천착했던 그가 이제는 서로가 서로에게 집(Home)이 되어 주는 참신한 신학 기획을 "서로 사랑하라"는 가훈으로 성공리에 펼쳐 낸다. 여기에 비가 내리고 눈이 내리듯 하나님의 집이 우리들 집 위에 날마다 내리는 풍경은 덤이다. 그래서였을까? 책을 읽는 내내 도스토옙스키의 『죄와 벌』 속 한 문장이 도무지 떠날 줄 몰랐다. "사람은 누구나 자기를 불쌍히 여겨 줄 곳이 어디 한 군데라도 있어야 한다." 아무 데도 갈 곳 없던 라스콜니코프가 소냐 단 한 사람으로 인해 어디든 갈 수 있는 존재로 격상되던 '펠릭스 쿨파'(Felix Culpa)의 신비! 이렇듯 "종살이하던 집"을 떠나 "새로운 종류의 집을 만들고자," 신앙의 초점을 집 밖 순례가 아니라 집 안 살림으로 담대하게 바꾼 볼프가 만약 심훈의 『상록수』를 알았다면 제목을 이렇게 정했을까? "하나님의 집: 헌 집 줄게 새집 다오."

송용원 장로회신학대학교 조직신학 교수

'하나님의 집'을 '성전으로서의 교회'의 동의어 정도로 협소하게 사용하는 곳들이 많다. 이 책은 그런 곳에서는 오히려 왜 하나님이 부재할 수밖에 없는지를 가장 전통적인 신학 언어로 가장 래디컬하게 알려 준다. 매우 전통적이어서 오히려 매우 비판적인 통찰을 제시한다!
김혜령 이화여자대학교 호크마교양대학, 기독교 윤리학 교수

이 책은 창조의 의미가 무엇이고, 내가 살아가는 터전이 얼마나 숭고한지 돌아보게 한다. 하나님이 지으신 이 '집'에는 우주와 생명 그리고 인간의 적나라한 모습이 고스란히 담겨 있다. 하나님과 인간 사이의 갈등과 화해의 여정을 따라가면서 우리 자신의 존재 이유와 삶의 참된 의미를 발견한다. 글쓴이의 섬세한 필치와 아름다운 문체로 펼쳐지는 이 이야기는 우리 영혼의 갈증을 치유하고, 마음의 고향을 향한 여정에 유익한 동행이 될 것이다.
최주훈 중앙루터교회 담임 목사

이 책은 국가든, 시민 사회든, 교회든, 장소와 공간 안에서 살아가는 삶에 대해 우리가 생각하는 문제적 방식들에 강력하게 개입해 들어간다. 매우 노련한 두 명의 의사처럼, 볼프와 매커널리린츠는 우리의 질병을 진단하고, 집을 어떻게 생각하고 어떻게 만들어 갈지에 대해 설득력 있는 신학적 비전을 제공한다. 진심으로, 이 책은 집의 중요성을 일깨우는 아름다운 신학적 고찰이다. 집에 대해 많은 것을 사유하지 못하게 괴롭히는 우상숭배와 무관심에서 벗어나게 해 준다. 이 책은 결코 절판될 리 없어 보인다.
윌리 제임스 제닝스 예일 대학교

출애굽기와 요한의 글을 비중 있게 살펴본 볼프와 매커널리린츠의 책은 하나님이 이 땅에 그분의 집을 만드신 '만물에 관한 이야기'를 흥미롭게 펼쳐 놓는다. 비범한 종류의 조직신학이지만, 설득력이 있다. 성경적으로 풍성하고 상상력이 넘치며, 매혹적이고, 배움의 정보와 신선한 주장이 가득하다. 널리 읽힐 만한 책이다.
캐런 킬비 더럼 대학교

대부분의 현대 그리스도인들은 복음이란 하나님이 이 세상에서 '영혼들'을 구해 내 다른 어딘가로 데려가서 그분과 함께 살게 하는 삶이라고 상상한다. 그러나 성경은 달리 주장한다. 하나님이 오셔서 우리와 함께 거하기를 원하신다고, 또한 예수님과 성령을 통해 이러한 프로젝트를 이미 시작하셨다고 말한다. 다른 서사 안에 본문들을 재배치해 채워 넣기 위해 성경을 약탈하는 대신, 이 책은 실제로 성경을 읽는 조직신학자들의 빛나는 모범 사례를 보여 준다. 저자들은 성경의 세 책인 출애굽기, 요한복음, 요한계시록을 중점적으로 다루면서 세밀하고 암시적인 주해를 통해 그 논지를 펼친다. 그 결과는 오직 하나님께만 영적 초점을 맞추는 아우구스티누스와도, 하나님과 세상을 위험하게 축약해 버리는 헤겔과도 다른 비전을 제공한다. 영광스럽게 새로워진 창조 세계 안에서, 구원받고 회복된 인간들이 기쁨 넘치는 목적을 가지고 살아가는 삶에 대한 풍요로운 비전이다. 주목할 만한 책이다!
N. T. 라이트 옥스퍼드 대학교 위클리프 홀 시니어 리서치 펠로우

이 조직신학자들과 성경을 읽다니 얼마나 기쁜 일인가! 볼프와 매커널리린츠는 성경의 기록에서 '붉은 실'을 발견했다. 이것은 하나님이 세상에 점점 더 깊이 다가오신다는 표시다. 구약과 신약의 목표는 세상이 '하나님의 집'이 되게 하는 것이다. 하나님이 내주하시는 일은 이 땅에서 일어날 미래이며, 결국은 온 우주에 일어날 미래다. 이것은 지구와 생명체가 처한 현재의 파멸적 상황과 정반대의 상황이다. 이것이 바로 하나님의 '생태학'이다.
위르겐 몰트만 튀빙겐 대학교

볼프와 매커널리린츠는 기독교 신앙의 핵심 요소를 흥미롭게 요약해 놓았다. 성경 해석에 바탕을 둔 하나님과 예수님에 대한 통찰로, 창조 세계, 사회, 교회에 관한 폭넓은 비전을 제시한다. '만물'에 관해 다시 상기시키는 이 책은 학생, 학자, 목회자들에게 귀중한 자료가 될 것이다.
데이비드 퍼거슨 케임브리지 대학교

우리는 집이 점점 무너지는 위기 속에 살고 있다. 전 세계의 수백만 명이 삶의 본거지를 버리고 이주와 이민을 택하는 현상, 도착지에서 이들을 기다리는 우려스러운 민족주의자들, 부유한 도시에 만연한 무주택자들, 깨어진 가정, 전 세계적으로 발생하는 서식지의 파괴와 국제적 분쟁에서도 이런 위기는 명확하게 드러난다.

기독교 신앙은 실망스러울 정도로 이런 현실에 부적절한 반응을 보여 왔다. 하나님이 이 세상을 창조하셨고, 사랑하시며, 이 세상과 화해를 이루시고, 우리 가운데 거하기 위해 오신다는 사실에 대한 더 나은 증거가 필요하다.

이 책에서 미로슬라브 볼프와 라이언 매커널리린츠는 하나님이 인간과 하나님의 집이 되게 하기 위해 세상을 창조하신 '만물의 이야기'를 들려준다. 하나님의 집 만들기 사역의 렌즈를 통해서 구속과 완성의 이야기를 펼쳐 놓고, 오늘날 다양한 형태의 집에서 살아가는 신실하고 창의적인 그리스도인들의 삶에 통찰력 있는 비전을 제시한다.

이 혁신적이고 상상력 가득한 책은 신앙의 큰 그림을 읽고 선포하는 성경적 서사라는 새로운 관점으로 피조 세계에 대한 하나님의 갈망을 해석한다. 하나님이 창조하신 피조물 안에 거하심으로써 그 피조물이 그분의 거룩한 생명 안에 거하기 원하신다는 일관된 관점이다. 풍성하고 통찰이 넘치며 자양분이 가득한 연구서로 활기차고 명료한 책이다.

로완 윌리엄스 전 캔터베리 대주교

만약 하나님의 이야기가 소속감과 안식, 하나님과 서로 간의 사이에서, 더 넓게는 피조물과의 사이에서 평화를 갈망하는 내용이라면 어떨까? 이 책은 우리를 위해 그리고 우리와 함께 집을 만들고 싶어 하시는 하나님의 갈망에 대한 포괄적 복음을 담아냈다. 우리가 하나님과 타인에 대한 친밀감과 안식을 찾기 원한다면 은혜로 응답해야 한다.

케리 데이 프린스턴 신학교

하나님의 집

IVP(InterVarsity Press)는
캠퍼스와 세상 속의 하나님 나라 운동을 지향하는
IVF(InterVarsity Christian Fellowship)의 출판부로
생각하는 그리스도인을 위한 문서 운동을 실천합니다.

© 2022 by Miroslav Volf and Ryan McAnnally-Linz
Originally published in English under the title
The Home of God by Baker Academic,
A division of Baker Publishing Group
P.O. Box 6287, Grand Rapids, MI 49516, U. S. A.
All rights reserved.

Used and translated by the permission of Baker Publishing Group
through rMaeng2, Seoul, Republic of Korea.

This Korean edition © 2024 by Korea InterVarsity Press
156-10 Donggyo-ro, Mapo-gu, Seoul 04031,
Republic of Korea.

이 한국어판의 저작권은 알맹2를 통하여
Baker Publishing Group과 독점 계약한 IVP에 있습니다.
신 저작권법에 의하여 한국 내에서 보호받는 저작물이므로
무단 전재와 무단 복제를 금합니다.

창조 세계와
함께하기 위한
하나님의 여정

하나님의 집

미로슬라브 볼프·라이언 매커널리린츠 | 백지윤 옮김

IVP

세상의 생명을 위한 신학

예수 그리스도는 인간 가운데 거하고자, "세상의 생명을 위해"(요 6:51) 존재하고 말씀하고 행동하고자 오신 하나님이다. 하나님의 성품과 선교로부터 그 권한을 부여받는 기독교 신학의 임무는, 예수 그리스도 안에서 드러난 하나님의 자기 계시에 비추어 번영하는 삶(flourishing life)의 비전을 분별하고 명확히 진술하며 권하는 것이다. "세상의 생명을 위한 신학" 시리즈는 바로 이러한 과제를 수행하는 글을 소개한다.

인간의 삶은 다양하고 다면적이기에, 이 시리즈의 책들 역시 그러하다. 삶의 특정한 한 측면에 초점을 맞추는 책이 있는가 하면, 인간의 인격이나 사회생활이나 세상과 하나님의 관계에 대한 광범위한 비전을 상세하게 설명하는 책도 있을 것이다. 이 시리즈의 모든 책은, 다양한 상황에서 참된 삶의 특징을 탐구하고 우리가 그러한 방향으로 나아가도록 하는 데 신학이 필수라는 신념을 공유한다. 우리 각자가 그리고 우리 모두가 함께 하나님이 창조하신 만물의 번영을 분별하고 추구하는 것보다 더 큰 과제는 없다. 이 책들은 바로 그러한 과제에 기여하도록 의도되었다.

신실한 친구이자 최고의 환대가인
필과 패티 러브에게 이 책을 바칩니다.

차례

약어   12

들어가는 글: 열망의 화살   13
서곡: 집 이야기   19

1부   출애굽
1장   종살이하던 집을 떠나   63
2장   하나님의 가족으로 사는 것   97

2부   생명의 말씀
3장   집에 오신 하나님   131
4장   생명과 빛   175

3부 생명의 성령

5장	집에 오다	219
6장	가족의 삶	251

4부 생명의 충만함

7장	전환	293
8장	바빌론	331
9장	새 예루살렘	349

나가는 글: 선택	387
감사의 글	399
참고 문헌	403
찾아보기	423

약어

CD   Barth, Karl. *Church Dogmatics*. Edited by Geoffrey W. Bromiley and Thomas F. Torrance. 14 vols. Edinburgh: T&T Clark, 1936–1970. 『교회 교의학』(대한기독교서회).

LW   *Luther's Works*. American Edition. Edited by Jaroslav Pelikan (vols. 1–30) and Helmut T. Lehmann (vols. 31–55). St. Louis and Philadelphia: Concordia and Fortress, 1955–1986. 『루터 전집』(컨콜디아사).

SCG   *Summa contra Gentiles*. Translated by James F. Anderson, Vernon J. Bourke, and Anton C. Pegis, F.R.S.C. Notre Dame, IN: University of Notre Dame Press, 1975. 『대이교도대전』(분도출판사).

ST   *Summa Theologica*. Translated by Fathers of the Dominican Province. 5 vols. Notre Dame, IN: Christian Classics, 1981. 『신학대전』(바오로딸).

WSA   The Works of Saint Augustine: A Translation for the 21st Century. Hyde Park, NY: New City, 1991–.

들어가는 글

열망의 화살

세상이 뭔가 잘못되었다. 이는 예리한 관찰력이 없더라도 알아챌 수 있다. 그저 뭔가가 아니라 많은 것이 잘못되었다. 이 점만큼은 확실하다. 사실 너무 확실한 나머지, 우리는 현재의 뒤틀린 상황이 특별하고 독특하다고 쉽게 생각한다. 즉 이렇게 나빴던 적이 없었다고 말이다. 위기와 쇠락에 관한 서사는 그 자체로 건강하지 않은 위로를 제공하지만, 사이비 낭만적 향수는 사실 우리를 미혹하는 세이렌의 속삭임이다. 많은 것이 항상 잘 못되어 있었고, 다양한 시대와 장소마다 대체 얼마나 잘못되었는지를 수량적으로 따져 본들 우리가 얻을 수 있는 건 별로 없다. 창조 세계의 본원적이고 파괴될 수 없는 선함에도 불구하고, 중요한 의미에서 **만물**은 뒤틀려 있고, 뒤틀려 **있었다**. 사물들은 계속해서 어긋나 있으며, 인간 마음에 깃든 계속되는 불안이 이를 (완전하게는 아니지만) 증언한다. 가장 시급한 필요는 전반적으로 역사가 어떻게 흘러가는지 정확하게 점치는 일이 아니라, 지금 여기에서 일들이 어떻게 실제로 뒤틀려 있는지 조심스럽게 분별하는 일이다. 즉 어긋난 결을 살펴야 한다.

아마도 우리는 불안 아래에서, 혹은 불안과 함께, 혹은 불안과 뒤섞인 채로, 구체적 형태는 없지만 사라지지 않는 어떤 열망을 느껴 왔을 터다. 새로움의 전율이나 금지된 것의 매력, 폭력이 잡아끄는 힘에 의존하지 않더라도 참된 소속감에 대한 갈망, 넘치도록 충만한 형태의 공명에 대한 동경은 깊고 강렬하다. 한마디로, 그것은 **집**을 향한 열망이다.

뒤틀린 사회 문화적 구조의 많은 부분이 집에 대한 이런 열망을 좌절시키거나 배타적인 비전으로 왜곡시킨다. 민족주의적, 정체성주의적(identitarian, 종교, 성, 성 지향성 등 특정한 사회 정체성을 중심으로 배타적 이득을 주장하는 관점을 지칭한다—옮긴이) 문화와 정치 기획에서 바로 이런 왜곡이 가장 치명적으로 나타난다. 기술 변화는 그 효과에 대한 우리의 이해 능력은 물론이고, 관찰 능력까지 앞지른다. 우리 지구인의 유일한 집인 이 행성은, 수십 년간 마구잡이식 산업 생산과 탐욕스러운 경제 성장의 상처로 경련을 일으키고 있다. 용도지역제나 고속도로 지도에서부터 양극화된 정치제도까지 모든 것이 소외를 창출하고, "간극이 없어야 할 곳에 간극"을 조성하려고 공모한다.¹ 폭력과 불의가 자리했던 장소와 역사 위에 우리의 집이 얼마나 많이 세워졌는지, 지금도 여전히 **세워지고 있는지** 점점 더 잘 드러난다.

현재 우리 삶의 방식은 우리 앞에 닥친 여러 도전에 적합하지 않을 뿐 아니라 그 도전들을 다루지 못하도록 적극적으로 가로막는다. 그런 상황에 대한 감지가 아주 자연스럽게 그리고 **아마도 아주 올바르게** 이루어지고 있다. 우리 삶의 방식 자체가 우리를 더욱 잘못된 길로 잡아끄는 경향이 있다는 깨달음이다. 이러한 깨달음은 구덩이에 처박혔는데 삽 말고는 다른 어떤 연장도 없는 사람에게 역설적인 체념의 미소를 불러오거나, 더

---

1 Jennings, *After Whiteness*, p. 132.

심하게는 그를 절망에 빠뜨린다. 우리의 제도뿐만 아니라 우리의 본능과 열망이 우리를 **여기**에 이르게 했다면, 그리고 그 본능과 열망 자체가 **여기의 형상**으로 이루어졌다면, 어떻게 그것을 신뢰할 수 있는가?

프리드리히 니체(Friedrich Nietzsche)의 예언자이며 "신을 믿지 않는 자"인 차라투스트라(Zarathustra)는 니체의 근대 부르주아 동시대인들을 상징하는, 안락하고 자기만족적 대역들의 마을에서 목소리를 높여 경고성 첫 설교를 전한다. "주의하라! 인간이 열망의 화살을 더 이상 인간의 세상 너머로 날리지 않으며, 그들이 활시위를 튕기는 소리를 어떻게 내는지 잊어버릴 때가 다가온다!"[2] "행복을 발명했다"라고 상상하는 니체의 '말인'(末人)처럼 만족하는 사람은 아마 오늘날 거의 없을 것이다. 그리고 어떤 이들은 자신들이 "인간의 세상 너머"에 있는 무언가를 목표로 한다고 주장하기도 한다. 그러나 바울의 표현을 빌리자면, 많은 사람은 세상의 현재 형태를 초월한 어떤 열망과의 접점도 잃어버렸다(고전 7:31). 가장 인상적인 초인에 관한 판타지 작품의 상상력조차 얼마나 빈약하고 평범한가. 정치적 어려움과 생태 위기, 특유의 슬픔과 실존적 동요처럼, 지금 여기에서 우리가 느끼는 불안은 우리에게 그 이상을, 더 드넓고 더 자유로운 상상력을 요구한다. 우리의 활시위를 잡아당기라고, 세상의 현재 형태 너머로 우리가 간직한 열망의 화살을 함께 날리라고 요청한다. 그러나 도대체 어디로 화살을 날리라는 말인가? 무엇을 향해 날려야 하는가?

마르크스와 니체 이래로, 많은 비판자가 기독교 신앙은 독이 든 꿈이라고 주장했다. 즉 우리의 열망이 이 세상이라는 우리의 집에서 멀어지게

---

2   Nietzsche, *Thus Spoke Zarathustra*, 1부, "Zarathustra's Prologue," §5, p. 9. Nietzsche는 *On the Genealogy of Morality*, 2.25에서 차라투스트라를 "신을 믿지 않는 자"라고 부른다. 『도덕의 계보』(책세상).

하고 형체 없는 영원한 집을 향하도록 잘못 이끈다고 매도해 왔다. 이 책의 주된 논지는 기독교 신앙이야말로 우리의 소망과 분투의 목표로 삼기에 합당한 형태의 세상에 대한 비전을 제공한다는 것이다. 우리는 하나님이 창조 세계에 거하심으로써 이 세계가 하나님의 집인 동시에 피조물의 집이 될 때 비로소 그 본연의 모습으로 온전해질 것이라고 주장한다. 이 책의 표지로(원서 표지) 사용된 마코토 후지무라(Makoto Fujimura)의 "물의 불꽃"(Water Flames)은 바로 이러한 비전을 표현하는 아름답고 적절한 이미지다. 하나님의 임재는 창조 세계를 축소시키기는커녕, 그 모든 것을 변화시키고 영광스럽게 하는 사랑의 광채 안에 잠기게 하며 하나님의 집이 되게 한다. 여러분이 품은 열망의 화살을 바로 그곳, 하나님의 집을 향해 날리도록 하나님이 여러분을 초대하신다는 사실을 보여 주고자 한다.

우리의 불안과 한계, 가능성을 가지고 어떻게 오늘날 이런 열망을 소중히 여기면서 신실하게 살아갈 수 있을지 분별하려면 종이 위에 글을 쓰고 사고하는 일 이상의 수고가 필요하다. 즉 영적·정서적 **수행**을 해야 하며, 즉흥적 행동의 모험을 감행하고, 이 세상에서 그리고 서로와 함께 살아가는 우리의 갈망과 존재 방식을 형성하는 구체적 실천이 필요하다. 궁극적으로는, 우리 손에 달린 것 이상이 필요하다. 다시 말해, 우리 스스로 이끌어 낼 수 있는 것보다 더 근본적인 갱신이 필요하다. 기도가 필요하고, 무엇보다 은혜가 필요하다. 그리고 신학적 사유는 집으로 가는 여정에 그다지 대단치는 않지만 없어서는 안 될, 고유한 기여를 할 수 있다.

『하나님의 집』은 "조직적으로 비조직적인"[3] 신학을 보여 주는 예다. 성경이라는 깊은 우물에서 끌어올리는 한편, '집'이라는 은유의 도움을 받

3　Kelsey, *Eccentric Existence*, p. 45.

아 우리의 가장 개인적인 갈망과 관심사 그리고 훨씬 넓은 문화적·정치적·생태적·존재론적 관계와 구조 안에 깃든 우리의 조건을 단일한 비전 안에서 하나로 모아 내고자 했고, 그럼으로써 우리가 살아가는 삶에 가깝게 다듬어 내고자 했다. 독자들이 이 책을 읽을 때, 우리가 인간의 가장 큰 관심사라고 믿는 다음의 질문을 우리와 함께, 각자의 방식으로 다루어 보도록 초대하고 싶다. 어떤 종류의 삶과 어떤 종류의 세상이 사랑이신 하나님의 형상으로 지어진 피조물에게 합당한가?

많은 면에서 이 책이 표상하는 기획은 그것이 다룰 수 있는 범위를 넘어선다. 먼저, 『하나님의 집』은 이 책 한 권으로는 불가능한 전통적인 조직신학의 전 영역을 보다 완전하게 다루는 시리즈의 일부다(시리즈의 일부는 이미 출간되었고, 일부는 아직 집필되지 않았다). 그 시리즈의 첫 번째 책은 미로슬라브 볼프와 매슈 크로스문의 『세상에 생명을 주는 신학』(*For the Life of the World*, IVP)이다. 그리고 이 책에 이어서 우리는 (1) 하나님과 창조 세계 (2) 윤리와 그리스도인의 삶을 다루는 두 권의 후속작을 집필할 계획이다. 둘째, 네 권으로 이루어진 이 '조직신학'은 우리가 '생명의 신학을 위한 공헌'이라고 부르는 훨씬 느슨한 문집의 일부다. 이 문집에서 『세상에 생명을 주는 신학』 외에 현재 출간된 책으로는 크로스문과 볼프가 쓴 『집을 향한 갈구』(*The Hunger for Home*)가 있다. 셋째, 이 책의 속표지에 소개된 '세상의 생명을 위한 신학' 시리즈가 있다. 마지막으로 넷째, 우리는 책과 관련된 자료뿐만 아니라, 이 기획에 속하지만 미처 이 책에 다 담지 못한 다양한 세부 연구 자료와 설명, 부록을 https://faith.yale.edu/new-landing-pages/the-home-of-god에 모아 놓았다.

서곡: 집 이야기

"보아라, 하나님의 집이 사람들 가운데 있다!"(계 21:3)[1] 밧모섬의 요한이 본 여러 환상이 마지막 절정에 다다를 무렵, "보좌에서 [들려오는] 큰 음성"이 그에게 선언한다. 여기, 모든 것이 새로워져 다시는 죽음이 없고 "애통하는 것이나 곡하는 것이나 아픈 것이" 다 지나간 지금, "새 하늘과 새 땅"이 창조되고 새 예루살렘이 내려와 세상이 최종적으로 완성되는 바로 이 지점에서(21:1-4), 우리는 **집**의 이미지를 만난다. 바로 주거지, 거처, 거주의 이미지, 소속된 일원으로서 어떤 곳에 사는 것의 이미지다.

어쩌면 얼핏 보면 집은 창조 세계를 향한 하나님의 목적이 완전히 실현되는 지점에 어울리지 않는 이미지 같다. 공적 세상인 '바깥'과 완벽하게 차단된 사적 공간이라는 집에 대한 현대의 이상적 시각이 빚어낸 상상력으로 보면, 집은 인류와 온 땅의 소망을 담아내기엔 너무 배타적이고 부르주아적이고 협소할 수 있다.[2] 위압적인 가정에서 숨 막히는 제약에 시

---

1   NRSV의 요한계시록 21:3, 즉 "See, the home of God is among mortals"에서 두 단어를 수정해서 사용했다. 'see' 대신 'behold'를 'mortal' 대신 'humans'를 사용했다. 이 책 전체에서 그렇게 사용할 생각이다.
2   집에 대한 이런 이상 안에서 작동하는 문제적인 성 역할의 역학 이외에도, 얼마나 많은 집

달렸거나 가정 폭력의 상처로 힘들어하는 이들에게 집은 생명나무 내음이 가득하고, 더 이상 눈물이 없고 하나님의 영광으로 빛나는 영광스러운 새 예루살렘의 이미지는 아니다. 오히려 "유황이 타오르는 불바다"(계 19:20)에 가까운 이미지일 수 있다. 어떤 이들에게는 집의 온전함, 깊은 공명, 소속감의 이미지가 "어린 시절부터 빛을 발하는" 반면, 다른 많은 이들에게는 요한의 마지막 환상에서 갑작스럽게 집이 등장하는 장면에 놀라거나 기분이 상할 충분한 이유가 있다.³ 때로 집의 이미지는 우리 모두가 살고 있는 푸른 별 전체의 운명에 대한 애착과 관심을 표현하기 위해 사용되기도 한다. 집의 아름다움은 물론이고 그 안에서 자주 일어나는 참상 모두가 **함께** 집을 창조 세계를 향한 하나님의 목적에 특별하게 잘 들어맞는 은유로 만들어 준다. 다양한 면에서 세상의 축소판인 집은 세상이 어떤 곳인지, 또 근본적인 변화를 거친 뒤 어떤 곳이 될 수 있는지 보여 주는 이미지가 될 수 있다.

하나님의 집 만들기 이야기

하나님의 집이 사람들 가운데 있다고 선언하는 목소리는 난데없이 등장한 것이 아니다. 집의 이미지라는 줄기는 성경의 맨 처음까지 이어진다. 요한계시록 21:3의 시각으로 기독교 정경을 조망하면, 마침내 집에 돌아오시는 하나님에 대한 소망이 전체 화면을 잡아당겨 하나의 특정한 초점으

에 대한 현대적 상상력이 식민주의와 인종차별, 제국의 이데올로기 안에서 형성되었으며, 또한 그러한 이데올로기의 형성에 도움을 주었는지 지난 수십 년간의 연구를 통해 드러났다. Kaplan, "Manifest Domesticity"를 보라. 또한 비슷한 내용을 다룬 Kaplan, *Anarchy of Empire*, pp. 23-50; Glymph, *Out of the House of Bondage*를 보라.

3　Bloch, *Principle of Hope*, p. 1376.

로 모아 주는 렌즈 역할을 한다는 점을 깨닫는다. 이러한 시각에서 보면, 만물의 이야기는 사람들과 함께 세상에 거하시기 위해 오시는 하나님의 이야기며, 하나님이 땅 위에 하나님의 집을 지으시고, 그 결과 마침내 그곳이 우리에게도 진정한 집이 되는 이야기다. 거친 붓질로 그 이야기를 그려 보면 다음과 같다.

창조, 성막, 성전

이야기는 창조에서 시작한다. 그 시작은 하나님의 생명 안에 있으며, 이에 대해서는 3장에서 더 자세히 다루려 한다. 이 출발 지점에서부터 이야기 전체를 아우르는 아치가 세워진다. 그 역사적 실현과 종말론적 결론이 희미하게나마 드러난다.

역사적 기획. 세상을 창조하시는 하나님의 이야기를 들려주는 창세기 1:1-2:4과 모세가 성막을 짓기 위한 지침을 받아 세우는 출애굽기 후반부(출 25-40장) 사이의 문학적 상응 관계에 많은 해석자가 주목한다.[4] 예를 들면, 하나님이 6일 동안 세상을 창조하신 것처럼, 모세는 성막을 짓기 위한 지침을 하나님이 주시기까지 산 위에서 6일 동안 기다려야 한다. 창조 이야기에 "하나님이 만드시고"라는 표현이 반복적으로 나오는 것처럼, 성막을 위한 지침에는 "나를 위하여 짓되," "만들어라"라는 말이 수도 없이 나온다(예를 들면, 25:8). 성막을 짓는 과정 자체는 "그가…만들었다"로 이루어진 문장들이 꼬리에 꼬리를 물고 이어진다고 말해도 지나치지 않다(36:8-39:30). 예는 그 밖에도 많다. 이러한 문학적 상응 관계는 실질적 병

---

[4] Janowski, *Gottes Gegenwart in Israel*, pp. 214-246; Morales, *Cult and Cosmos*; Wright, *History and Eschatology*, pp. 162-166를 보라. 『역사와 종말론』(IVP). 근대 이전의 문서에서 두 본문 간의 유사성을 조목조목 대조한 경우는 *Midrash Tanchuma Pekudei*, p. 2를 보라.

행 관계를 암시한다. 한편으로, 성막은 "세상의 소우주, 축소판"이다.[5] 중요한 점은, 모호하고 악으로 가득하며 실제 존재하는 그대로의 세상을 반영하는 것이 아니라, 하나님이 창조하신 '이상적 세상'을 그린다는 사실이다. 다른 한편으로, 피조 세계 자체는 "하나님의 거대한 성전, 그의 왕궁"이다.[6] 세상을 성전으로 상상하는 것은, 하나님이 세상을 그분 자신의 거처 혹은 하나님의 집으로 **의도하신다**고 말하는 셈이다.[7] 창세기가 제시하듯, 하나님은 여섯째 날 세상-성전을 완성하시면서 "심히 좋았다"라고 선언하시고(1:31), 그런 다음 창조의 일을 멈추고 안식하신다.

그러나 첫 번째 창조 이야기의 마지막 부분에서, 사실 하나님은 세상에 거하기 위해 오시지 않는다. 세상은 하나님의 집이 **되어야** 하지만, 창세기와 출애굽기의 정경 서사에서 일어나는 일련의 파열이 그러한 의도가 성취되지 못하도록 가로막는다. 저녁의 산들바람이 불어오고 하나님이 동산을 거니시기 전, 태고의 부부가 선악을 알게 하는 나무의 열매를 먹은 사건(창 3:6-8), 그리고 금송아지 숭배(출 32:1-6)가 바로 그런 예다. 그런 다음 이어지는 여러 번의 새로운 시작은 소망의 불꽃을 다시 지피고, 처음의 의도가 미래에 실현될 것을 예비한다. 이러한 파열과 새로운 시작의 패턴은, 세상을 하나님과 사람들의 집으로 만들기 위해 하나님이 일하시는 것이 원형적 사건이 아니라, 역사 안에서 일어나는 기획이기도 하고 또

---

5 Levenson, *Creation and the Persistence of Evil*, p. 86. 『하나님의 창조와 악의 잔존』(새물결플러스). 성전과 창조 질서 사이의 연계성은 고대 이스라엘에만 고유하게 나타난 특징이 아니다. Janowski, *Gottes Gegenwart in Israel*, pp. 216-223를 보라.
6 Levenson, *Creation and the Persistence of Evil*, p. 86.
7 하나님이 세상을 하나님의 집으로 삼으려 의도하신다는 말은, 그것이 하나님이 의도하신 창조의 유일한 목적이라는 뜻은 아니다. David Kelsey는 하나님이 창조 세계와의 관계에서 단 하나의 목적만을 가진다고 상상하는 신학 체계를 설득력 있게 비판한다(Kelsey, *Eccentric Existence*; Kelsey, *Human Anguish and God's Power*). 그러나 Kelsey와 달리, 우리는 만물에 대한 단 하나의(내적으로는 다양하며 말끔하게 정리되지 않는 것이 분명한) 이야기가 있다는 입장을 견지한다.

한 궁극적으로는 역사 너머를 가리키는 기획이기도 하다는 사실을 부각시킨다.[8]

이스라엘이 광야 여정을 지나는 가운데 하나님이 성막에서 이스라엘과 함께 거하기 위해 오시는 사건은 이 기획에서 결정적인 순간이다. 그것은 하나님이 자신의 언약 백성 가운데서, 그리고 세상의 구체적인 장소에서 궁극적으로 창조 세계 전체에서 열매를 맺으려는 그 의도를 실현하기 시작하신 지점을 나타낸다. 성막은 창조를 연상시키지만, (1) 옛날 옛적의 이상적 세계로의 **귀환**이나 (2) 오래 지체된 창조 세계의 **완성**이나 (3) 세상에 하나님의 집을 만들고자 하시는 의도의 최종적 **성취**를 표상하지는 않는다.[9] 오히려 하나님은 언약 백성 가운데 성막에서 거하신다. 마침내 이스라엘과 온 세상 안에서 온전히 거하시게 될 때처럼 말이다.[10]

종말론적 기획. 예언서는 성막과 그 뒤 따라오는 성전의 모범적 성격을 강조한다. 사회적 불의, 제국의 침략 위협, 북왕국의 멸망 그리고 마침내 예루살렘 성전 파괴와 유대 엘리트들이 포로로 잡혀가는 상황에서, 예언자들은 하나님의 집 만들기가 성전과 그 의례를 초월한다는 점을 강조한다. 한편으로, 성전 외에 땅 위의 어떤 장소도 하나님이 **거하시기에** 합당치 않다고 해도, 하나님의 임재가 성전에만 국한되지는 않는다. 예를 들면, 예레미야는 이렇게 예언한다. "나 주의 말이다. 내가 하늘과 땅 어디에나 있는 줄을 모르느냐?"(렘 23:24) 심지어 에스겔은 **바빌론에서** "주님의 영광이 나타난 모양"을 본다(겔 1:28). 이런 구절들은 하늘과 땅보다 크신 하나님이 성전에 거하시는 것이 특별한 복임을 강조한다. 하나님이 그곳에

---

8   Held, *Heart of Torah I*, pp. 221-224; Janowski, "Die Einwohnung Gottes in Israel," pp. 19-26를 보라.
9   Janowski, *Gottes Gegenwart in Israel*, pp. 239-243.
10 J. Richard Middleton은 이 점에 대한 우리의 생각을 분명히 하는 데 도움을 주었다.

거하셔야만 하는 것이 아니다. 그렇게 하기로 **선택하셨다.** 다른 한편으로, 하나님이 성전에 거하시리란 보장은 없다. "'이것이 주님의 성전이다, 주님의 성전이다, 주님의 성전이다' 하고 속이는 말을, 너희는 의지하지 말아라"라고 예레미야는 경고한다(렘 7:4). 정말로 에스겔은 바빌론이 예루살렘을 정복하기 전에 하나님의 영광이 성전을 떠나시는 끔찍한 환상을 본다(겔 10장). 불의하고 거룩함을 저버린 하나님의 백성 때문에 성소마저 하나님이 거하시기에 합당하지 않은 곳이 되어 버린다.

성소 이상의 뭔가가 필요하다. 세상을 하나님의 집으로 만드는 기획은 어떤 예언자들에게 역사적일 뿐만 아니라 **종말론적**이기도 하다. 그들은 하나님이 세상에, 특히 새로워진 예루살렘에 영원히 거하시는 것을 가능하게 하는 변혁을 상상한다. 스가랴서에서 야웨는 이렇게 말씀하신다. "내가 시온에 돌아와 예루살렘 가운데에 거하리니, 예루살렘은 진리의 성읍이라 일컫겠고 만군의 여호와의 산은 성산이라 일컫게 되리라"(슥 8:3, 개역개정).[11] 하나님이 세상을 하나님의 집으로 만들기 위해 오시는 핵심 조건은 백성의 의로움과 거룩함이다. 에스겔의 환상이 전형적인 예다. "그들이 범죄한 그 모든 곳에서, 내가 그들을 구해 내어 깨끗이 씻어 주면, [그러고 나서] 그들은 내 백성이 되고 나는 그들의 하나님이 될 것이다.…내가 그들을 튼튼히 세우며, 번성하게 하며, 내 성소를 그들 한가운데 세워서 영원히 이어지게 하겠다. 내가 살 집이 그들 가운데 있을 것이며, 나는 그들의 하나님이 되고 그들은 내 백성이 될 것이다"(겔 37:23, 26-27). 예레미야서에서도 마찬가지다. 하나님이 백성에게 주시는 새 마음과 그들의 마음에 새겨 주는 율법은(24:7; 31:33; 32:39) 하나님이 그들과 함께 거하시

---

11   스가랴의 종말론적 환상의 범위에 대한 논의는 Gowan, *Eschatology in the Old Testament*, pp. 9-16를 보라. 『구약성경의 종말론』(CLC).

는 전제 조건으로 제시된다.

성육신

역사가들은 기독교를 1, 2세기 발생 단계에 있던 랍비 중심 유대교와 뚜렷하게 구분해 주는 결정적 요인이 나사렛 예수를 중심으로 이루어지는 하나님의 종말론적 변혁의 역사라고 주장한다. 하나님의 집 만들기 이야기를 들려주면서 우리가 중심적으로 사용할 신약성경의 본문은 요한복음이다. 요한복음에서는 하나님의 오심과 그분의 임재가 갖는 성격에서 일어나는 세 가지 주요한 전환을 다룬다.

첫 번째 전환은 하나님이 오시기 위한 조건과 관련된다. 성화(sanctification)는 하나님이 오시기 위한 선행 조건이 아니다. 오히려 하나님이 오시기 때문에 성화가 이루어진다. 예수 그리스도 안에서 말씀이신 하나님이 "자기 땅에" 오셨지만, 그 가족 구성원들은 "그를 맞아들이지 않았다"(요 1:11). 하나님은 성화되지 못한 세상에 오셔서, 말하자면 집이 주는 평온함을 누리지 못하고, 아직 집이 되지 못한 세상에 있는 사람들 가운데 거하신다. 그리스도의 오심은 세상을 변화시키는 하나님의 선교 과정에서 결정적 사건이다. 즉 그리스도가 오심으로써 세상을 성화시키고, 그 결과 세상은 진정한 하나님이 집이 될 수 있다.

두 번째와 세 번째 전환은 하나님의 임재 현장과 관련된다. 요한은 하나님의 오심을 이렇게 기술한다. "그 말씀은 육신이 되어 우리 가운데 사셨다. 우리는 그의 영광을 보았다. 그것은 아버지께서 주신 외아들의 영광이었다. 그는 은혜와 진리가 충만하였다"(요 1:14). 태초에 하나님과 함께 계셨고 하나님이셨던 말씀, "만물이 그로 말미암아 지은바" 되었으며(1:3, 개역개정) 모든 살아 있는 존재의 "생명"과 "빛"을 그 안에 가진(1:4) 말씀이 오셨다. 바로 그 말씀이 성전에 거하기 위해서가 아니라, 한 명의 특정한 인간으로 사람들 사이에서 살기 위해 오셨다. 요한의 언어는 분명 성막을 연상시킨다. 예수 그리스도 안에서 말씀이 우리 가운데 거하셨다. 혹은 '장막을 치셨다'[에스케노센(eskēnōsen), 장막 혹은 성막을 의미하는 스케네(skēnē)에서 파생되었다]. 이에 상응해, 요한복음의 다음 장에서 예수님은 자신을 완전해진 성전으로 묘사하신다(2:13-21). 성막이 완성되었을 때 "여호와의 영광이 성막에 충만[했던]"(출 40:34, 개역개정) 것처럼, 요한복음에서도 볼 수 있는 눈을 가진 이들에게는 예수님 안에서 하나님의 영광이 가시적으로 드러났다. 그러나 출애굽기나 히브리 성경의 어느 부분과도 다른 점이 있다. 요한복음에서는 하나님이 인간의 육신에 거하시고, 하나님이 거하시는 그 인간으로부터 하나님의 영광이 그 빛을 발한다는 점이다. 예수 그리스도 안에서 하나님은 육신이 되셨다. '인하비타티오'(inhabitatio)가 '인카르나티오'(incarnatio)가 되었다.[12]

최종적으로는 '인하비타티오'로 돌아오지만, 결정적인 차이가 있다. 하나님이 그리스도 안에 거하기 위해 오시는 일(유일무이하게 일어난 일)은 하나님이 세상에 임재하시는 새로운 형식으로 이어진다. 즉 하나님은 백성 '가운데' 거하실 뿐 아니라(출 29:45-46), 그들 **안에** 거하신다.[13] 그리스도의 사명 전체가 지향한 목표는 바로 이런 종류의 내주하심이었다. "아버지께서 나를 사랑하신 그 사랑이 그들 안에 있게 하고, 나도 그들 안에 있게 하려는 것입니다"(요 17:26). 그리스도와 함께 온 삼위일체가 각각의 개인과

---

[12] 둘의 구분은, Janowski, "Die Einwohnung Gottes in Israel," pp. 37-39를 보라. 양쪽 모두 '인코르포라티오'(incorporatio)와는 구별되는데, 이는 예를 들면 후기 이집트의 신전 기록물이 연상시키는 것처럼 신적 존재가 숭배되는 형상과 자신을 일시적으로 일치시킴으로써 세상에 오는 것을 말한다(pp. 6-10, 39).
[13] 그 구분에 대한 더 많은 내용은 6장을 보라.

전체 백성 안에 거하기 위해 오신다(요 14:23; 17:22-23).

새 예루살렘

성육신이 하나님의 집 만들기에서 결정적 전환점이기는 하지만, 성육신의 목표가 온 세상에 실현되는 일은 여전히 이루어지지 않았다. 그렇기에 우리는 출발 지점, 즉 밧모섬의 요한이 본 새 예루살렘의 환상으로 돌아온다. 기독교 성경의 마지막 책에서 마지막 몇 장은 하나님이 창조 세계에 거하기 위해 오시는 환상으로 끝난다. 히브리 성경과 마찬가지로, 이 장들에서 하나님이 거하시는 사람들과 공동체들은 물질세계에 있으며, 하나님 역시 그 안에 거하신다. "나는 새 하늘과 새 땅을 보았습니다.…나는 또 거룩한 도성 새 예루살렘이…하나님께로부터 하늘에서 내려오는 것을 보았습니다. 그때에 나는 보좌에서 큰 음성이 울려 나오는 것을 들었습니다. '보아라, 하나님의 집이 사람들 가운데 있다. 하나님이 그들과 함께 계실 것이요, 그들은 하나님의 백성이 될 것이다. 하나님이 친히 그들과 함께 계시고…'"(계 21:1-3).[14]

다른 모든 도시처럼 새 예루살렘은 사회적 공간이자 물질적 공간이지만, 다른 어떤 도시와도 달라 보인다. 거대한 입방체이며, 고대 도시치고는 놀랍게도 성전이 없다. 이 낯선 이미지는 심오한 개념을 상징한다. 입방체 형태의 도시는 성막/성전에서 하나님이 임재하시는 지성소다. 도시에 성전이 없는 까닭은 도시 자체가, 성전이 지어진 목적인 성스러운 공간이기 때문이다. 그렇다면 지성소인 새 예루살렘에 놓일 성전은 없는 것인가? 있

---

[14] 히브리 성경에서 성전에 거하시는 하나님에서 거룩한 도성 예루살렘에 거하시는 하나님으로 개념이 전환하는 내용(슥 2:10-12; 8:3)을 알고 싶다면 Janowski, "Die Einwohnung Gottes in Israel," p. 26를 보라.

다. 성전은 "주 하나님 곧 전능하신 이와 및 어린양"이시다(계 21:22). 하나님이 새 세상 안에 거하시며, 새 세상은 하나님 안에 거한다.

바로 이것이 하나님의 집이라는 중심 이미지를 통해 읽어 본 만물의 이야기다. 그것은 여전히 어디에도 국한되지 않은 채로 세상 외부에 계시면서도, **세상 안으로 들어오시는 하나님**의 이야기다. 하나님이 변화된 세상 안으로 오심으로써 하나님은 자신의 근원적 의도를 성취하신다. 바로 세상이 하나님의 집인 동시에 모든 피조물의 집이 되는 것이다.

집 만들기 은유의 여러 대안

우리가 아는 한, 하나님의 집을 창조의 목적으로 상정하고 이를 중심으로 성경 전체를 읽고 이에 상응하는 조직신학을 제공하는 것은 우리가 처음이다. 우리가 만물의 이야기를 간략하게 들려줄 때, 이런 선택은 자명해 보일 수 있겠지만, 사실은 그렇지 않다. 중요한 대안들도 유효하다. 그 점을 부인한다면, 마치 성경의 마지막 책이 기록된 후 2천 년 가까이 지난 지금 마침내 우리가 성경 전체를 열어 줄 단 하나의 해석학적 열쇠를 발견했다고 주장하는 것 같은 오만함의 극치다! 우리는 특별히 설득력 있는 세 가지 대안을 간략하게 제시하고, 우리가 하나님의 집이라는 은유를 선택한 이유를 설명하려 한다. 우리의 제안이 갖는 상대적 이점을 기술하는 다음 몇 페이지는, 다른 '경쟁자들'에게 맞서기 위한 결정적 논지가 아닐뿐더러, 그 정당성을 주장하려는 의도도 아니다. 그러한 정당성은 이 책 전체와 두 권의 후속작에서 입증하려 한다.[15] 우리는 집이라는 은유의 안

---

15   계획된 후속작 중 첫 책은 이 책에서 제시하는 만물의 이야기에 내포된 하나님과 창조 세계에 대한 이해에 초점을 맞춘다. 두 번째 책은 하나님이 세상에서 계속 이어 가시는 집 만

내를 받아 실제로 이야기를 들려줌으로써, 정경으로서 성경 본문을 조명하고 이 시대의 중요한 도전들을 다루는 데 그 은유가 갖는 힘을 보여 줄 수 있기를 바랄 뿐이다.

집 vs 성전

우리가 개략적으로 들려준 만물의 이야기에서 성막과 성전의 중심성을 고려할 때, 어째서 최근 다니엘라 오거스틴(Daniela Augustine)이 한 것처럼 그냥 성전이라는 렌즈를 통해 이야기를 읽지 않는가? 오거스틴 역시 창조 서사와 성막의 상호 공명에 주목하면서, 창조 세계가 "하나님이 지으신 성전"이며, 성전은 "하나님의 우주적 대성당을 보여 주는 성스러운 축소판"이라고 결론짓는다.[16] 창조 세계의 목적은 "하나님의 성전으로 변모하는 것"이다.[17] 시초론적 성전에서 종말론적 성전까지 이어지는 이야기에서 인간은 '호모 아도란스'(*homo adorans*, 예배하는 인간)이자 창조 세계 전체의 제사장으로 나타난다.

그러나 첫 창조의 동산과 새 창조의 새 예루살렘에 성전이 없다는 사실은 주목할 만하다. 즉 예전적 행위를 위한 특별히 구별된 성스러운 공간이 없다. 동산과 새 예루살렘은 둘 다 **세상**의 형태를 띤다. 이런 배경에서 인간을 제사장으로 지칭하는 것은 가정, 정치, 경제, 예술의 다른 모든 인간 활동을 예배 아래 예속시킨다. 그러나 하나님의 목적이 성취된 장소인 새 예루살렘을 묘사할 때, 제사장의 역할은 특별히 두드러지게 나타나

들기 이야기에 비추어, 오늘날 세상에서 신실한 집 만들기를 위해서는 무엇이 필요한가에 대한 질문으로 고개를 돌린다.

16 D. Augustine, "Liturgy, Theosis, and the Renewal of the World," pp. 220, 224. 그는 Schmemann, *For the Life of the World*에 기반을 둔다. 그에 선행하는 가톨릭 성전 중심 신학은 Daniélou, *Presence of God*을 보라.
17 D. Augustine, "Liturgy, Theosis, and the Renewal of the World," p. 183.

지 않는다. 시민들은 다스림을 통해 사제의 역할을 실현한다기보다, 하나님을 찬양함으로써 왕의 역할을 실현하는 듯 보인다. 그들은 모두가 왕이자 제사장이다(계 5:10; 20:6).

더욱 중요한 사실은 요한계시록이 창조 세계를 성전으로 묘사하지 않는다는 점이다. 새 예루살렘은 지성소이며, **하나님**이 그 지성소가 위치한 성전이시다. 따라서 특정한 예전적 행위를 통해 드리는 예배든, 일상적 행위를 통해 드리는 예배든, 일차적으로 하나님은 그러한 예배의 '외재적' 대상이 아니다. 그보다는 일차적으로 하나님은 모든 개인 안에 내주하시며, 모든 생명력, 거룩함, 행위 능력의 원천이시다. 사람들은 하나님을 **향해** 살고 행동하기보다, 하나님과 **함께** 살고 행동한다(계 21:3). 하나님과 사람들이 공동으로 이용하는 물질적·사회적 공간을 지칭하는 데 사용하는 '집'이라는 용어는 성전이라는 용어보다 사람들의 전체 삶의 범위에 미치는 하나님의 임재와 행위 능력을 더 잘 표현한다.

집 vs 하나님 나라

히브리 성경에서 이야기의 제사장적 줄기(하나님의 임재, 성전, 제사장, 예배자)는 왕권적 줄기(신적 통치자, 권세의 영역, 지상의 통치자, 백성들)와 평행을 이룬다. 신약의 저자들은 제사장적 줄기와 마찬가지로 왕권적 줄기를 이어 가되, 마지막까지 그 초점을 예수 그리스도에게 맞춘다. 지난 세기 초반, 그리스도인들은 기독교 신앙의 종말론적·정치적 차원을 재발견했다. 그 결과 하나님 나라가 기독교 신앙의 신학적 진술을 재구성하는 중심적이고 두드러진 이미지로 떠올랐다. 그렇다면 어째서 우리는 만물의 이야기를 하나님 나라에 초점을 맞추어 서술하지 않는가?

성경에서 사용하는 '하나님 나라'에 관한 중요한 측면들은 대부분 집이라는 은유에 담겨 있다. 하나님 나라처럼, 집은 정체성과 안전을 제공하는 특정 종류의 경계임을 표현하는 사회적·물질적 공간이다. 하나님 나라처럼, 집은 일정한 질서가 필요하며 책임을 부여하고 혜택을 나누는 일을 중재한다. 그러나 '하나님 나라'는 정치적 비유이며, 따라서 개인적·사회적 삶의 중요한 어떤 측면에 대한 기독교적 비전을 표현하는 일에는 잘 맞지 않는다. 부분적으로는 삶의 모든 부분이 정치는 아니기 때문이다. 또한 부분적으로 하나님 나라의 비유가 환기하는 정치는 새 예루살렘의 정치에 역행하기 때문이다. 하나님은 사람들을 통치하시기만 하는 것이 아니라 그들 가운데, 정말로 각 개인 **안**에 계신다. 따라서 사람들은 단지 하나님께 순종하기만 하는 것이 아니다. 하나님은 그들 안에 거하시면서 그들을 충만한 인간이 되도록 이끄신다. 새 예루살렘에서는 그들 **모두**가 하나님과 함께 다스리는 왕이며, 누구에게도 종속되지 않는다. 그 도시에서 살아가는 삶은 그저 통치로 규제되지 않는다. 아무리 생명을 보존하고 향상하는 통치라 해도 말이다. 모든 이들이 그들 안에 내제된 사랑으로 지배받는 공동체의 일원이며, 각 사람은 자신의 행동을 다른 이들의 필요에 기꺼이 맞추고, 모든 이들이 공동으로 속한 공간에 함께 거주한다(9장을 보라).

제사장과 왕 비유에 대한 결합은 정치가 삶의 전부가 아님을 분명하게 일깨워 주는 성경의 표지다. 하나님은 성전에 거하시는 거룩한 임재인 동시에, 성전은 하나님의 통치가 흘러나오는 왕궁이다. 마찬가지로, 하나님은 야곱의 집을 "제사장 나라"가 되게 하겠다고 약속하신다(출 19:6). 요한계시록은 이러한 결합과 약속을 가져와 종말론적 공동체가 "하나님 앞에서 나라와 제사장"이 될 것이라고 말한다(계 5:10, 개역개정; 참조. 20:6). '집'은 성경의 이야기를 들려주는 제사장적 방식과 왕권적 방식 **둘 다**를 충분히 담아낼 정도로 넉넉하다.[18] 그뿐 아니라 그것을 넘어 개인의 요동치는 갈망으로부터 세상 전체를 아우르는 관계 맺기의 양식에 이르는 더 큰 삶의 통합성 안에 그 둘을 위치시킨다.[19]

집으로서의 하나님

창조 세계를 하나님의 집으로 보는 관점에 대한 가장 중요하고 지배적인 대안은 하나님을 인간의 집으로 보는 관점이다. 궁극적 목적을 달성한 피조물을 표현하는 적절한 은유에 관한 것은 이 두 관점의 차이가 아니다. 그보다는 인간의 궁극적 목적을 하나님을 즐거워하고 그와 더불어 피조물 서로를 (그리고 세상을) 즐거워하는 데서 찾을 것인지, 아니면 오직 하나님만을 즐거워하는 데서 찾을 것인지에 관한 차이다. 기독교 신학에서 가장 영향력 있는 몇몇 인물은 **오직 하나님만이** 인간의 궁극적 목적이라고 말한다.

젊은 시절의 아우구스티누스(Augustine)가 좋은 예다. 그는 한 치의 부족함도 없는 최고의 선만이 인간의 갈망을 채워 줄 수 있다고 믿었다. 이것은 "다른 무엇도 아닌 하나님"이다.[20] 만약 오직 하나님만이 최고의 선이시라면, 오직 하나님만이 인간의 참된 궁극적 목적이다. 그는 이렇게 쓴다. "하나님은 우리에게 모든 선의 총합이시다. 하나님은 우리에게 최고의 선이시다. 우리는 그것에 미치지 못하는 상태에 머물러 있어서도, 그것 너머에 있는 다른 무엇을 구해서도 안 된다. 첫 번째는 위험하고, 두 번째는

---

[18] N. T. Wright는 '하나님 나라'와 '성전'을 동시에 염두에 두고 구원의 물질성을 강조하면서, 우리가 '집'을 길잡이 비유로 삼아 신학적으로 성경을 읽는 것과 강력하게 유사한 성서신학을 발전시켰다. 요약은 Wright, *History and Eschatology*, pp. 155-214를 보라.
[19] 뒤에서 개략적으로 제시하는 다중적이며 서로 중첩된 집들에 대한 차별화된 설명은, 집이라는 은유가 보여 주는 이러한 가능성에 결정적 역할을 한다.
[20] Augustine, *Catholic Way of Life* 1.26.48.

존재하지 않기 때문이다."²¹ 아우구스티누스는 오랜 세월이 흐르면서 인간의 육체적이고 사회적인 특성을 점차 인정하게 되었음에도, 인간의 성취에 관한 '오직 하나님'의 비전을 포기하기 어려워한다. 그의 작품 『하나님의 도성』(The City of God)은, "하나님 안에서" 이웃을 즐거워하는 것이 결국 피조물 안에서 피조물을 통해 하나님을 즐거워하는 것과 오직 하나님만을 즐거워하는 것으로 귀결된다는 점을 역설한다.²² 그는 인간의 성취에 관한 '하나님과 피조물' 비전에 가까이 가지 못한다.

　'오직 하나님' 관점의 빼어난 강점은 지고한 하나님의 중요성에 초점을 맞춘다는 점이다. 그리고 약점은 성경의 종말론적 소망이 보여 주는 엄청나게 세상적인 성격을 무시해야 한다는 점이다.²³ 하나님의 집이라는 은유는 하나님 중심성과 궁극적 성취가 지니는 세상적 성격 양쪽 모두를 붙잡을 수 있게 해 준다. 모든 선은, 무엇보다 피조물의 궁극적 성취는 하나님에게서 나온다. 그리고 모든 선에 대하여 인간은 하나님께 감사와 찬양을 드리는 것이 마땅하다. 하나님은 궁극적 선이시기에, 인간은 다른 무엇보다도 하나님을 사랑해야 하며, 하나님 그분 자체를 사랑해야 한다. 그러나 하나님을 사랑하는 것은 하나님이 사랑하시는 세상을 사랑하는 것이다. 아우구스티누스의 도움을 받아 앞으로 살펴보겠지만, 또한 세상을 사

21　Augustine, *Catholic Way of Life* 1.26.48.
22　Augustine, *City of God* 22.29-30. 우리는 Thomas Aquinas에게서도 유사한 긴장을 발견한다. 그는 Augustine과 유사한 최고의 선 논리를 따르면서(Kelsey, *Human Anguish and God's Power*, pp. 171-192를 보라), 오직 하나님만이 창조 세계의 최종 목적이라고 결론짓는다(Aquinas, *ST* I-II.1.8). Germain Grisez는 Aquinas가 기여한 몇몇 다른 관점은 하나님 나라가 인간의 궁극적 목적임을 함의한다고 주장한다(Grisez, "True Ultimate End of Human Beings"). 개인 서신을 통해 Adam Eitel은 Aquinas의 견해가 그러한 긴장을 성공적으로 해소하고, 하나님을 묵상하는 행위인 '지복'의 '일부'로서, 피조물을 인간의 궁극적 목적으로 통합한다는 주장을 펼쳤다(2017년 6월 7일, 저자들과 주고받은 이메일). 또한 Eitel, "Protreptic of *Summa theologiae*"를 보라.
23　Wright, *Resurrection of the Son of God*을 보라. 『하나님 아들의 부활』(CH북스).

랑하는 것은 세상을 사랑하시는 하나님의 사랑으로, 즉 하나님 그분 자신이신 사랑으로 세상을 사랑하는 것이다(6장을 보라). 이러한 생각이 충격적일 만큼 '세상적으로' 보인다면, 그것은 거룩하고 초월적인 하나님이 놀라울 만큼 세상적이기 때문이다. 하나님은 하나님이 사랑하시는 창조 세계 안에 집을 만들고 그 집에 거하기를 갈망하신다.

왜 집인가?

우리는 기독교의 만물 이야기를 개략적으로 제시했고, 어째서 집을 길잡이 은유로 사용할 때 이 이야기를 잘 들려줄 수 있다고 생각하는지 설명했다. 그러나 우리가 말하는 '집'이 무엇을 의미하는지에 대해서는 그다지 많은 말을 하지 않았다. 결국 왜 그 집이 세상을 향한 하나님의 목적을 표현하는 훌륭한 은유인지에 대해서도 분명하게 보여 주지 않았다.

집의 특징

집이 무엇이고 무엇을 의미하는지는 시간, 문화, 지역마다 다르다. 그렇기에 보편적으로 적용되는 정의를 제시할 수는 없다. 그 대신, 우리는 폭넓게 인정되리라 여겨지는 집의 몇 가지 광범위한 특징을 지적하려 한다. 우리가 하나님의 집에 대해 말할 때 이러한 특징은 비유가 의존하는 현상의 개요를 보여 준다.

첫째, 집은 사람들 사이의 관계, 사람, 사물, 장소 사이의 관계에 대한 역동적 패턴을 가리킨다. 이 글의 문맥에서 전형적인 집은 누군가 사는 주택이나 아파트일 가능성이 높다. 그러나 모든 주택이 집은 아니다. 기업의 단지 개발을 위한 '모델 하우스'는 집처럼 보이지만 집이 아니다. 누군가 살아야 집이라고 할 수 있다. 그러나 집은 **그저** 누군가가 사는 물질적 장소라고도 할 수 없다. 집은 또한 **사회적** 공간이기도 하다. 아마도 일차적으로, 집이란 그곳에 사는 사람들을 의미할 수 있다. 그러나 한 명이나 그 이상의 사람이 사는 물질적·사회적 공간이 자동적으로 집이 되는 것은 아니다. 친숙하지 않은 곳에서 친숙하지 않은 사람들 사이에 이식되어 살아가는 많은 이들이 증언하듯 말이다. 집은 사람들이 함께 거하는 특정한 종류의 장소 이상을 의미한다. 집이란 사람들 **가운데서** 그리고 사람들과 사물들 **사이에서** 일어나는 본질적 과정들이다. 즉 시간이 지나면서 확장되고 개발되는 **특정한 종류의 관계**를 다룬다. 이러한 관계는 (1) 공명 (2) 애착 (3) 소속감 (4) 상호성을 포함한다.

(1) **공명**은 사람, 사물, 혹은 사람과 사물의 전체 네트워크로부터 긍정적인 영향을 받아 나 자신이 그것에 인지적으로뿐만 아니라 감정적으로 반응할 때, 또한 종종 그 대상의 존재에 물리적으로 반응할 때 일어난다. 스스로를 열어 놓고, 아주 미미하다 할지라도 그 과정에서 자신이 변화되도록 허락한다.[24] (2) **애착**은 집을 일시적인 형태의 공명에서 구별해 준다. 집을 이루는 관계에는 우리 자신을 형성하는 깊은 유대감이 존재한다.[25] 집은 사회적·물질적 애착과 더불어, 집에서의 삶과 번영을 함께 나누는 비전에 대한 애착을 포함한다. 즉 집은 그 구성원 서로에 대한 애착뿐만 아니라 집 자체에 대한 애착을 포함한다. (3) 집에 있다는 말은 그 사람이 **속한** 사회적·물질적 관계를 맺고 있다는 뜻이다. 즉 그 사람은 그

---

[24] Rosa, *Resonance*, pp. 164–174.
[25] *Goodness of Home*에서 Natalia Marandiuc는 인간의 정체성을 형성하는 데 집의 관계적 애착이 갖는 근본적 구성의 힘을 강력하게 주장한다. 그녀의 주장에 덧붙여, 우리는 인간 이외의 피조물(동물뿐만 아니라 식물과 인공 가공물)과 맺는 애착과 유사한 관계 역시 정체성 형성에서 아마도 정도는 덜하겠지만 여전히 중요한 요인이 될 수 있다고 생각한다.

집을 구성하는 필수적인 일부이며 환영받는 일원이다. 동시에 집은 그 구성원들에게 속해 있지만, 그들 마음대로 처분할 수 있는 소유물이 아니라 그들 자신의 일부다. 따라서 집과 단절된다는 말은 자신의 중요한 부분을 잃는다는 뜻이다. 마지막으로 (4) 소속감의 다중적 방향성이 암시하듯, **상호성**은 집에서 필수적이다. 일방적 공명, 애착, 소속감은 집을 만들지 못한다. 그러나 중요한 점은 집의 상호성이 단순히 두 측면으로 구성되지 않는다는 사실이다. 철학적·신학적 인격주의(personalism)에서처럼, 나—하나님 혹은 나—그것을 엮어 놓은 집합 관계가 아니다.[26] 오히려 복합적인 관계들의 망이다.

둘째, 개별 집들은 각각 경계가 있지만, 총체적 지구를 제외한 어떤 집도 그 자체로 폐쇄된 세계일 수 없다. 그 경계를 허물면 집은 세계로 통합된다. 모든 입구를 막으면, 집은 무덤으로 변한다. 집은 이웃과 자연 풍경으로 이루어진 수많은 **더 넓은 환경**(마을이든 지역이든 도시든 국가든)에 있으며, 각각은 그 자체로 집이 될 수 있다. 이러한 환경은 자연적인 환경과 문화적인 환경, 물질적인 환경과 상상으로 존재하는 환경을 모두 포함한다. 사실, 이러한 범주를 엄격하게 구분해서는 안 된다.

또한 각각의 개별 집들은 이러한 환경에 유사하게 보금자리를 틀고 있으며 또 그 일부를 구성하는 **타자들과 나란히** 서 있다. 그들 모두가 서로와 더불어 집에 거하고 있음을 느낄 때, 집들은 번영한다. 이상적(우리에겐 종말론적) 형태의 집은 풍랑이 몰아치는 망망대해에서 배가 피신할 수 있는 항구라기보다는, 많은 열매를 맺는 나무의 튼튼한 가지에 자리 잡은 새 둥지와 훨씬 더 비슷하다. 그 나무에는 다른 많은 둥지가 자리 잡고 있

---

[26] 인격주의에 대한 개론서로서는 Buber, *I and Thou*를 보라. 비판적인 입장은 Welker, *Universalität Gottes und Relativität der Welt*, pp. 164-165를 보라.

으며, 나무 자체는 풍성한 먹거리로 가득 찬 들판에 자리 잡았다.[27] (이것이 혼자 사는 사람들의 집에서 상호성이 중요한 이유다. 실제 그 주거지 자체에서는 공명이나 애착을 나눌 상대가 없더라도, 그곳이 항구가 아니라 집으로서 번영하려면 이웃이나 마을과 주고받는 어느 정도의 상호 공명과 애착이 필수적이다.)

집은 공명과 상호 소속감이 존재하는 경계를 가진 물질적·사회적·개인적 공간이며, 거대한 '집', 곧 우리 행성 위의 다른 모든 공간과 더불어 집을 이룰 때 최상의 상태가 된다. 단지 기능적 측면으로 구분한 삶의 한 영역으로 집을 바라본다면, 다시 말해 정치, 경제, 교육, 종교의 영역과 구별되는 가정의 영역으로 파악한다면, 잘못 이해한 셈이다.[28] 집은 그 자체의 방식으로 이 모든 영역을 통합한다. 일부 고대사회에서 집은 바로 그런 것, 통합적인 인간 삶의 주요 현장이었다. 제한적이기는 하지만 실제적인 방식으로, 집은 계속해서 유사하게 현대 사회에서 기능한다. 심지어 정치, 경제, 오락 등 삶의 주요 영역이 대체로 집이 아닌 곳에서 이루어지게 된 뒤에도 말이다. 집은 우리가 생각할 수 있는 어떤 사회조직보다 삶의 모든 차원이 집약된 현장에 더 가깝다. 분명 '나라'나 '성전'보다 더 가깝다. 우리가 추구하는 삶의 신학에서 집이라는 은유가 세상을 향한 하나님의 목적을 말하는 데 적절한 이유인 것도 바로 그 때문이다.

손상된 삶

어떤 이들에게 어린 시절의 감정적 뿌리가 있는 '집'은 친밀하고 심지어

---

[27] 집과 항구의 구별은 Vincent Lloyd의 주장을 빌려 왔다. 그는 2021년 5월 7일, McDonald Agape Foundation의 후원으로 이루어진 온라인 자문회의에서 나눈 대화에서 그러한 구별을 제안했다.

[28] 현대 사회의 기능적 구분에 대한 Luhmann의 영향력 있는 이론에 대해서는 Borsch, *Niklas Luhmann*, pp. 66-92를 보라.

순수한 은유처럼 느껴진다. 그래서 집은 궁극적 성취를 표상하는 적절한 은유가 된다. 최소한 집을 그런 방식으로 상상하는 사람에게는 그렇다. 그러나 부정적이고 심지어 정신적 외상을 남긴 집과 관련된 수많은 경험은 그 반대를 말하지 않는가? 집의 매우 선한 점 자체도 특별히 지독한 악으로 돌변하는 경우가 많기 때문에 이 질문은 중요하다.

집의 해악. 로런 위너(Lauren Winner)가 지적하듯, 죄악의 일탈적 소행은 종종 '독특한 손상'의 형태를 띤다. 즉 특정 실천에 적합한 매우 선한 것들을 악용하고 기형으로 만든다.[29] 위너의 예에서 하나를 빌리면, 식사가 선한 이유 중 하나는 공동체를 형성하는 방식으로 음식을 나누기 때문이다. 그러나 공동체를 형성한다는 바로 그 점 때문에 오히려 "배제, 경계의 고착, 착취"의 방식으로 왜곡될 수 있다.[30] 집이 왜곡되는 여러 방식에 대한 자세한 설명은 책 몇 권을 채울 수도 있다. 몇 가지 대표적인 예만으로도, 하나님의 집이라는 은유가 우리의 가장 좋은 의도를 얼마나 쉽게 왜곡하고 배반할 수 있는지 일깨우기에 충분하다.

첫째, **내부자들의 기형적 형태.** 강렬한 공명의 장소인 집은 소리굽쇠와 비슷한 작용을 한다. 집은 우리의 공명 습관을 형성하기 위한 기준 음을 설정하는 경향이 있다. 우리는 무엇과 공명하고 공명하지 말아야 할지를 집에서 배운다. 이러한 조율 과정은 인간 발달의 일부다. 그러나 '하나님의 기준 음'과 부조화를 이루는 식으로 조율될 때는 그 공명 습관이 왜곡될 수 있다. 예를 들면, 경쟁적이며 애정이 결핍된 집에서 자라는 아이는 다른 사람들에 대한 지배욕이나 경멸과 공명하는 방식을 배울 수도 있다.

둘째, **내부자에게 가하는 상처.** 집은 깊은 애착과 소속감을 형성하는

---

29 Winner, *Dangers of Christian Practice*, p. 3.
30 Winner, *Dangers of Christian Practice*, p. 15.

장소이기 때문에, 집이 관여하는 사회적 관계는 특별히 친밀함을 띠는 경향이 있다. 집은 종종 우리의 가장 많은 부분을 형성하는 관계들 가운데 있다. 더 나아가 집의 사회적 경계성은 종종 이러한 관계를 침범하거나 들여다보지 못하게 가로막는다. 친밀함과 보호막은 연약한 새싹이 건강한 묘목으로 자라게 해 주는 정원사의 돌봄과 온실의 보호를 제공하는 듯 보인다. 그러나 반대로 성장을 옥죄고 쇠약해지게 하며 정신적 외상을 일으키고 심지어 죽게 만드는 답답하고 폐쇄된 울타리가 될 수도 있다. 가정 폭력은 집의 친밀함과 보호를 양분 삼아서 자라기 때문에 그만큼 더 끔찍하며, 닫힌 문 뒤에서 이루어지는 심리적 공격은 특히 깊고 오래가는 상처를 남긴다. 매서운 말로 하는 사소한 질책, 반복되는 대수롭지 않은 묵살의 태도, 지속적인 오인을 통해 서서히 가하는 괴롭힘 같은 비교적 작은 침해들조차 지워지지 않는 상처로 남을 수 있다.

셋째, **외부인에게 입히는 해**. 집에 대한 왜곡은 그 구성원에게만 영향을 미치는 것이 아니라, 종종 집이라는 특권적 공간 외부에 있는 이들에게도 해를 입힌다. 섬처럼 고립된 가정에 대한 이상은 현대 북대서양(특별히 미국) 지역의 집의 특징이라 할 수 있는데, 이 지역에서 집은 배타적 요새가 되기도 한다. 적대적일 수 있는 '외부'의 접근을 차단하도록 고안된 장소인 셈이다. 집 안에서나 집 근처에서 '잘못된' 종류의 사람은 환영받지 못한다. 그들이 가까이 오려고 하면, 집의 구성원의 의지든 국가의 치명적 무력의 의지든 감시와 폭력의 위협을 받는다.

집을 만물의 이야기 중심에 놓으면, 세상을 향한 하나님의 목적을 나타내는 우리의 이미지 안으로 이러한 모든 해악을 불러들일 위험이 있다. 그러나 우리가 그러한 위험에서 완전히 벗어날 수 없기 때문에 그것을 관리하는 법을 배워야 한다.

손상된 언어. 모든 집은 이런저런 형태로 이와 같은 손상을 입기 때문에, 집에 대해 좋게 말하려면 집과 집이 아닌 것 사이의 딱 떨어지는 이분법보다는 더 깊이 있는 접근이 필요하다. 결정적인 세 번째 조건이 존재한다. 그것은 집도 아니고, 집의 부재(이는 그 자체로 진짜 문제다)도 아닌, 죄악의 형태로 왜곡된 패러디다. "죄의 영향으로 그 특징이 손상을 입은 집"을 의미하는 영어 단어는 없는 것 같다. 원활한 소통을 위해, 우리가 용어를 하나 만들고자 한다. '디소이코스'[dysoikos, 복수형은 '디소이코이'(dysoikoi), 형용사는 '디소이킥'(dysoikic)]는 '집'이나 '가정'을 의미하는 '오이코스'(oikos)와 '단어의 좋은 의미를 파괴하는'이라는 의미의 접두사 '디스'(dys)를 하나로 엮은 단어다.[31] 우리는 이 책 전체에서 경우에 따라, 실제 집과 집이라는 이미지의 신학적 활용 양쪽 모두를 왜곡하는 손상을 강조할 때 이 용어를 사용하려 한다.

집의 왜곡을 지적하는 용어가 집에 관한 은유를 사용할 때 따르는 위험을 줄여 주긴 하겠지만, 완전히 제거하지는 못한다. 타락의 참상은 모든 피조물과 모든 인간 관습에 영향을 미치기 때문에, 신학자가 의존할 수 있는 오염되지 않은 언어적·실제적 피난처란 없다. 부정의 방식을 통한(apophatic) 앎이나 침묵으로도 우리는 타락의 조건에서 벗어날 수 없다.

---

31 Liddell, Scott, Jones, *Greek-English Lexicon*, s.v. "dus-." 사실 '디소이코스'(*Dysoikos*)는 완전히 새롭게 지어낸 말은 아니다. Hippocrates, (*Airs, Waters, Places*, p. 19), Strabo, (*Geography*, 2.5.26; 9.2.23), Xenophon, (*Cyropaedia*, 8.6.21)은 '거주에 적합하지 않은' 이라는 의미로 형용사 '두소이케토스'(*dusoikētos*)를 사용하며, 이는 우리가 '디소이코스'를 사용하는 방식에 적어도 어느 정도는 가깝다. 그리고 Liddell과 Scott은 '두소이코스'(*dusoikos*)가 Sophocles의 『필록테테스』(*Philoctetes*) 해설집에서 '아오이코스'(*aoikos*)에 대한 주석에 나온다고 알려 준다. Hugh Lloyd-Jones는 Sophocles의 해당 구절 '아오이콘 엑소이케센'(*aoikon exoikēsen*)을 '집이 아닌 집'으로 번역한다. 이는 주석자가 '두소이코스'를 대략 우리와 비슷한 방식으로 이해했음을 암시한다(Sophocles, *Philoctetes*, p. 534). 또한 Nonnos, *Dionysiaca* 17.42에서 '오이콘 아오이콘'(*oikon aoikon*)에 대해 '가옥이 아닌 가옥'으로 번역한 것을 보라.

최선의 소망은 언어와 실천을 통해, 그리고 집의 기형적 형태에 세심하고 비판적인 주의를 기울여 우리의 모든 말로 통합하고, 바짝 깨어서 왜곡을 경계하는 것이다. 그것이 타락과 완성 사이의 삶에 주어진 운명이다.

테오도르 아도르노(Theodor Adorno)는 자신의 작품 『미니마 모랄리아』(Minima Moralia, 길)에서 현대 사회에 존재하는 집의 문제를 간략하게 다룬다. 그 부분은 다음과 같은 유명한 문장으로 끝난다. "거짓된 것 안에는 참된 생명이 존재할 수 없다."[32] 왜곡 이펙터가 기타의 신호를 변경하면 기타를 어떻게 연주하든 '깨끗한' 소리를 낼 수 없는 것처럼, 왜곡된 형태의 세상은 그것을 통과해 지나가는 모든 것을 비틀어 버린다. 중요한 의미에서 아도르노는 옳다. 죄로 뒤틀린 제도 안에서 죄로 물든 자아로 올바르게 사는 것은 불가능하다. "선을 행하는 자가 없으니 하나도 없도다"(시 14:3, 개역개정; 참조. 롬 3:10). 신학적 말하기 역시 마찬가지다. 그리스도를 제외하고는 누구도 하나님이나 장차 올 하나님의 세상에 대해 완전히 참되게 말할 수 없으며, 왜곡된 형태의 세상에서 살아가는 뒤틀린 자아들은 언제나 그리스도의 참된 말씀을 부분적으로 잘못 이해한다. 우리와 그리스도 모두 죄악의 참화 가운데 있다는 단서가 붙지 않은 온전한 번영이란 불가능하다.

그러나 또 다른 의미에서 아도르노는 중요한 핵심을 놓쳤다. "거짓된 생명"은 모든 피조물이 살아 계신 하나님께 받는 참된 생명에 기생하기 때문이다. 거짓된 생명도 여전히 **생명**이다. 기형적으로 변했음에도 불구하고, 창조의 근본적 선함이 끈질기게 남아 있다. 죄에도 불구하고, 빛이 비추고 모든 사람을 깨우친다. 더 나아가, 그리스도 안에서 하나님이 오시고

---

32 Adorno, *Minima Moralia*, §18, 저자들의 번역.

성령을 보내셨다는 사실은 '세상이 하나님의 집이 되는' 종말론적 실재가 **아직 오지 않았다**는 사실을 의미한다. 예견과 맛보기가 존재한다(7장을 보라).[33] 우리가 기독교의 만물 이야기를 하나님의 집과 관련해 제시하는 이유가 있다. 여전히 타락한 세상의 거짓됨에도 불구하고 참되게 살기 위해 어떻게 분투해야 하는지 계속해서 분별하는 일을 돕기 위해서다.

만물의 이야기 들려주기

시작과 미완성

이 책은 기독교의 만물 이야기를 들려준다. 우리가 그 이야기를 들려줄 때 실제 이야기가 어떻게 펼쳐지는지를 따라가야 한다면, 그 시작에서 출발해 그 끝에서 마쳐야 한다. 그러나 이 이야기의 시작과 끝에 관한 한, 상황이 복잡하다. 어떤 측면에서 그 시작과 끝 둘 다 무엇인지는 분명하다. 시작은 "모든 것이…창조되었[던]" 때다(요 1:3). 끝은 어쩌면, "만물의 마지막"이 올 때다(벧전 4:7). 그러나 사실은 그렇지가 않다.

먼저 끝을 살펴보자. 사실 그것은 **만물**의 끝(종결의 의미에서)이 아니라, **현재 형태인 세상**의 끝으로 드러난다. 다시 말해, 만물이 죽음과 죄로 지워지지 않는 얼룩이 진 상태의 끝이다. 끝을 맞이하는 것은 타락한 상태, 불완전성, 죽음, 필멸성이다. '만물' 자체가 사라지는 것이 아니라, 근본적으로 새로운 성질을 얻는다(7장과 9장을 보라). 따라서 끝 자체는 새로운 시

---

[33] Giorgio Agamben은 "손상된 생명"은 언제나 사고의 주체에 손상을 입히며, 따라서 그 주체는 "구속이 일어난 세상을 보는" 시각을 얻을 수 없다고 올바르게 주장한다(Agamben, *Time That Remains*, p. 41). 우리는 그 주장의 핵심은 납득하지만, 그의 주장이 상정하는 '손상된'과 '오염되지 않은' 사이의 엄격한 이분법은 거부한다.

작이다.³⁴ 그러나 이야기에는 두 번째 주름이 있다. 사실 '주름'은 너무 절제된 표현이다. 중요한 것은 다름 아닌 실재의 본성과 실제로 살아 낸 시간의 성격이기 때문이다. 이 새로운 시작은 저절로 이전과 유사하게 끝나면서 시작되는 새로운 주기를 말하는 것은 아니다. 오히려 킹제임스 성경이 "끝이 없는 세상"(world without end)이라고(엡 3:21)³⁵ 부르는 세상의 시작, 유한한 존재들 가운데 자리 잡은 하나님의 참되고 영원한 집의 시작이다. 그렇다면 구속과 완성의 거대한 주제를 담은 기독교 성경 전체는 창세기의 첫 구절부터 요한계시록의 마지막 구절까지 바로 **이** 시작에 관한 이야기, 즉 끝이 없는 세상의 시작에 관한 이야기를 들려주고 있다는 사실이 드러난다.

끝이 직설적 의미의 '끝'이 아닌 것처럼, 최초의 시작 역시 역사 이전의 시작이 있다. 주택이 시작되는 것은 사람들이 입주할 준비가 되었을 때도 아니고, 땅을 고른 뒤 기초가 놓였을 때도 아니다. 주택은 지어지기 전부터 이미 건축가의 마음에서 생명을 얻는다. 이는 창조라는 주택에서도 비슷하다. 창조하기 '전에' 하나님은 창조하기로 **결심하셨다**. 정말로 창조 전, 하나님은 이미 창조 세계가 자기 멸종의 위험에 빠지는 상황을 막고 창조를 완성하기로 결심하셨다. 만물의 이야기는 하나님의 결심에서 시작하며, 그 시작은 하나님의 생명의 신비 안에 놓여 있다. 이러한 결심은 과

---

34 Jürgen Moltmann은 끝나는 것에서의 시작을 자신의 종말론에서 중심 개념으로 삼는다. Moltmann, *In the End-The Beginning*을 보라.

35 라틴어 '인 세쿨라 세쿨로룸'[*in saecula saeculorum*, 그 자체로 헬라어 성경 표현인 '에이스 토우스 아이오나스 톤 아이오논'(*eis tous aiōnas ton aiōnōn*, '세대들의 세대들까지')의 번역]을 '끝이 없는 세상'으로 번역하는 것은, 적어도 1478/1479년 Anthony Woodville의 *Cordiale quattuor novissimorum* (Denys the Carthusian이나 Gerardus de Vliederhoven이 썼을 가능성이 높은 종말론에 관한 훈계의 글) 번역서까지 거슬러 올라간다. 이 번역서는 영국의 첫 번째 인쇄업자였던 William Caxton이 제작했다. 이 표현은 Wylliam Marshall의 *Prymer*(1534)에 나오는 다양한 기도에 등장하며, 1549년 Book of Common Prayer 초판본에 포함된 이래 지금까지 성공회 교인들에게 규범이 되었다.

학자가 만물의 **이론**을 발견하기를 열망하는 것과는 달리, 기독교 신학자는 왜 만물의 **이야기**를 들려주는지, 왜 만물이 이야기와 같은 형태를 취하는지에 대한 부분적인 이유가 된다.[36] '만물'은 실재의 총체가 아니며, 그런 식으로 정의된 틀 안에서 모든 이야기가 펼쳐지는 것도 아니다. '만물'은 그 자체로 이야기의 **일부**다. 이에 상응해, 요한복음은 창조가 아닌 하나님의 생명으로 시작한다. "태초에 말씀이 계시니라. 이 말씀이 하나님과 함께 계셨으니, 이 말씀은 곧 하나님이시니라"(요 1:1, 개역개정).

하나님은 만물에 관한 이야기의 저자시다. 하나님 없이는 이야기를 가진 어떤 것도, 어떤 역할을 할 어떤 사람도, 뭔가를 들려줄 어떤 사람도 없을 터이다. 이사야서에서 하나님은 "나는 처음이요 나는 마지막이라"라고 말씀하신다(사 44:6, 개역개정). 요한계시록은 이러한 생각을 이어받는다. 요한계시록의 주요 본문은 이런 말로 끝난다. "나는 알파와 오메가요, 처음과 마지막이요, 시작과 마침이라"(계 22:13, 개역개정). 하나님은 시작 없는 시작이며, 끝이 없는 끝이시다. 그러나 하나님은 위대한 이야기의 드라마에서 커튼이 내려간 뒤, 설 무대조차 없이 홀로 남겨지는 '최후의 승자'가 아니다. 하나님은 창조하신 뒤, 결코 홀로 계시지 않는다.

언제나 중간에서

인간은 알파도 오메가도 아니다. 우리는 언제나 이야기의 가운데 있고, 있을 것이다. 우리에 앞서 하나님이 계신다. 우리와 함께 영원히 하나님이 계신다. 우리에게는 시작이 있다. 모든 것이 그렇다. 그리고 언제 시작하든, 어떤 시작을 하든, 우리는 언제나 중간에서 출발한다.

---

36 만물의 이론에 대한 탐구에 관해서는 Kaku, *God Equation*; Weinberg, *Dreams of a Final Theory*를 보라. 『단 하나의 방정식』(김영사), 『최종 이론의 꿈』(사이언스북스).

가운데 있는 피조물로서. 신생아는 폐에 공기가 들어오고 눈에 빛이 들어오면서 삶을 시작한다. 그 삶은 중간에서 시작된다. 아기는 엄마에게서 태어났고, 엄마도 그 엄마에게서 태어났다. 시간의 흐름과 장소, 사람의 기존 관계의 연결 망 안으로 들어가는 것이다. 결국 정도는 다르지만 모든 것이 이런 시간의 흐름과 기존 관계의 연결 망 안에서 존재한다. 개인의 삶은 언제나 모든 것의 중간에서 출발한다. 개인의 시작에서 세계 역사의 시작으로 옮겨 가도 별 차이가 없다. 콜럼버스는 중국으로 가는 다른 항로를 찾다가 유럽인들이 말하는 소위 '신세계'를 우연히 만났고,[37] 거기 있을 것이라고 상상도 하지 못했던 사람들의 삶 한가운데로 폭력적으로 부딪혀 들어갔다. 그들의 이야기를 들을 마음은 전혀 없이 말이다.[38]

어디에서 시작하고 무엇을 하든, 우리는 언제나 우리 자신이 어떤 이야기의 중간에 있으며, 그 이야기는 또 다른 이야기의 중간에 있고, 또 다른 그 이야기는 또 다른 이야기의 중간에 있고…. 우리는 이런 식으로 만물의 이야기 중간에 있음을 발견한다. 우리는 우리가 있는 중간 지점에 의해 형성되고, 이 중간 지점에서 볼 수 있는 눈과 지평으로 사물을 본다. 우리는 언어와 전통 안으로 들어간다. 열망과 삶의 방식을 전수받는다. 우리는 우리가 오기 전에 있었던 세상의 선함 때문에 존재하며, 때로는 그 세상의 끔찍한 사악함에 오염된다. 우리는 우리 자신이지만, 또한 우리가 살아가는 중간 지점에서 나온 모호한 침적물이기도 하다. 우리는 변화를

37　1504년경 출판된 편지 *Mundus Novus*에서 Amerigo Vespucci는 자신이 '새로운' 대륙의 거주민들에게 느꼈던 이국적 매력을 담아, '신세계'라는 표현을 유럽인의 어휘에 추가했다 (Vespucci, *Mundus Novus*를 보라). John Locke는 아메리카 대륙을 식민지 정복 이전에는 진짜 역사가 존재하지 않았던 야생의 '처녀지'로 보는 후대 유럽의 전형적 상상력을 제시한다. 예를 들면, Locke, *Second Treatise of Government*, 5장을 보라. 『통치론』(샘앤파커스).

38　Jennings, *Christian Imagination*을 보라.

일으키며, 콜럼버스의 발견처럼 때로 그 변화는 급격한 것일 수도 있다. 그리고 다시 한번 콜럼버스가 예증하듯, 우리가 일으키는 변화가 항상 나은 방향이기만 한 것은 아니다. 그러나 우리 자신이나 우리의 환경을 변화시킬 때, 우리는 언제나 이미 형성된 이들로서 변화를 이끈다. 그리고 이때 우리는 대부분 우리와 별도로 존재하는 가능성과 한계를 내재한 채 작동하는 도구들을 사용한다.

그러나 이런 모든 방식으로 가운데서 살아가는 인간은 여전히 시작으로 규정되기를 멈추지 않는다. 중간과 시작 사이의 관계를 이해하는 데 '접히는 시간'(bending time)이라는 개념이 도움을 줄 수 있다.[39] 시작과 끝이 단순히 고정 점이 아니라는 생각, 즉 그 고유한 시간의 위치에 가만히 머물러 있지 않고 모두 현재로 나오고 있다는 생각은 이상해 보일 수 있다. 피조물인 우리는 영원하신 하나님의 영원한 말씀으로 세상이 새롭게 창조되어 아직 새로움을 유지하던 바로 그 시작에 묶여 있다. 그 시작은 단지 창조 세계의 최초 상태일 뿐 아니라, 또한 창조 세계 전체와 그 안의 모든 피조물의 현재적 실재이기도 하기 때문이다. 하나님은 창조의 일을 결코 멈추지 않으신다. 모든 피조물이 서 있는 중간 지점에서 시작의 선함과 약속은 그들에게 그대로 남아 있다. 곧 살펴보겠지만, 끝 역시 중간을 향해 나아온다.

중간에 있는 그리스도인으로서. 삶에서 참인 것은 신앙에 관해서도 마찬가지로 참이다. 적어도 우리가 신앙을 살아 내는 시간적·공간적·생물학적 환경에 관한 한 그렇게 말할 수 있다. 신앙이 비이성적인 것은 아니지만, 고트홀트 레싱(Gotthold Lessing)과 이마누엘 칸트(Immanuel Kant)가

---

39   우리는 이 표현을 Attridge, "Bending Time"에서 가져왔다.

신앙을 '긍정적'이고 '역사적' 종교와 대조하면서 유명해진 관념처럼, 육신 없는 이성의 열매도 아니다.[40] 바울이 로마서 10:17에서 쓴 것처럼, 신앙은 "들음에서" 난다. 한편으로, 참으로 믿기 위해서는 우리의 눈과 마음이 열려야 할 필요가 있음에도 불구하고, 우리는 우연히 있는 곳에서 신앙에 대해 듣고, 원래 우리 모습 그대로 신앙을 받아들인다(6장을 보라). 다른 한편으로, 우리가 믿음으로 듣고 받아들이는 "그리스도의 말씀"은 이 신앙을 전하는 이들의 삶이 처한 다중적 환경에서 형성되어 우리에게 온다. 전해 받은 믿음의 내용과 그것을 전해 받는 방식에서, 인간 삶에 관한 개인적이고 광범위한 문화적 굴절이 한몫을 담당한다.

더 나아가 신앙 자체는 우리가 서 있는 '중간 지점'에 훨씬 근본적인 또 다른 층위를 가져온다. 세례의 역학을 살펴보는 것도 그 과정을 보는 좋은 방법이다. 바울은 이렇게 쓴다. "세례를 받아 그리스도 예수와 하나가 된 우리는 모두 세례를 받을 때에 그와 함께 죽었다는 것을 여러분은 알지 못합니까? 그러므로 우리는 세례를 통하여 그의 죽으심과 연합함으로써 그와 함께 묻혔던 것입니다. 그것은 그리스도께서 아버지의 영광으로 말미암아 죽은 사람들 가운데서 살아나신 것과 같이, 우리도 또한 새 생명 안에서 살아가기 위함입니다"(롬 6:3-4). 초기 그리스도인들이 만물의 이야기를 들려주는 방식에서 핵심은 바로 이것이다. 예수 그리스도 안에서 현재 이 세대의 종말과 새로운 세대의 시작이 예견적으로 이미 일어났고, 그런 일은 그리스도와 하나가 되는 세례를 받을 때마다 똑같이 예견적이면서도 동시에 파생적으로 일어난다. 세례와 함께 시작되는 새 생명의 경우에서처럼, 세례에서는 시간이 접힌다. 마치 모든 신생아가 세상에

---

[40] Lessing, "On the Proof of the Spirit," Kant, *Religion within the Boundaries*를 보라. 『이성의 오롯한 한계 안의 종교』(한길사). 참조. Hegel, "Positivity of the Christian Religion."

태어날 때 시작이 현재에 도달하는 방식처럼, 세례가 상징하고 보여 주는, 성령으로 거듭나는 사건에서는 약속된 미래가 현재에 도달한다. 세례받은 사람은 어느 정도 역설적으로, '이 시대의 종말' 이전과 '끝이 없는 세상'의 시작 이후를 동시에, 그 두 부분이 중첩된 채로 살아간다.[41] 그러나 더 복잡한 점은, 두 시대가 각각의 신도 **안에서** 중첩되며, 두 시대 사이의 긴장이 모든 그리스도인의 삶을 한정한다는 사실이다.

우리는 왜 이렇게 우리 삶이 처한 복잡한 '중간 지점'과, 머리가 빙빙 돌게 만드는 현재와 과거의, 또한 여전히 미래에 속한 궁극적 성취와의 병합에 대해 말하는가? 첫째, 이러한 복합성에 대한 인식 없이는 만물에 대한 기독교의 이야기를 이해할 수 없으며, 집 만들기 과정에서 하나님이 세상과 관계를 맺으시는 방식도 이해할 수 없다. 우리는 기독교의 기억과 소망의 역학을 따라가지 못한다. 둘째, 우리 삶이 중간에 서 있다는 사실과 시간의 접힘은 우리가 단지 어두운 우주 속의 반딧불이 아님을 강조한다. 우리는 짧기만 한 인생에서 생존, 쾌락, 패권을 위해 분투하면서 꿈과 두려움을 살아 내는 고립된 자아가 아니다. 우리는 우리가 사는 모든 순간, 모든 실재와 그 운명의 두터운 그물에 연결되어 있으며, 이 책에서는 그 운명이 바로 하나님의 집이 되는 것이라고 주장한다. 우리 자신을 이해하고 인간답게 제대로 살아가려면, 우리는 스스로를 역동적인 전체의 역동적인 구성원으로 인식해야 한다. 세상이 시들면 우리도 시들며, 세상이 번영하면 우리도 번영한다. 만물의 이야기를 알고, 우리 스스로 어떻게 그 안에 맞추어 들어갈지를 아는 것이 중요한 이유가 바로 그 때문이다.

이러한 종류의 생명을 주는 지식이 신학의 주된 임무다.

41　Ladd, *Theology of the New Testament*, pp. 68-69; Rowe, *Christianity's Surprise*, p. 21를 보라. 『신약신학』(대한기독교서회).

우리의 접근법과 앞으로 펼쳐질 길

이 책은 일종의 조직신학이다. 좀 더 정확하게 말하자면, 조직신학의 일부다. 그것은 이 책이 창조의 특징이나, 창조의 전 과정을 시작하고 자신이 거하는 곳으로 그 창조의 성취를 가져오시는 분, 바로 이야기의 주인공인 하나님에 대해 자세하게 논하지는 않기 때문이다. 이에 대해서는 미래의 책에서 다루고자 한다. 이제부터 이 책이 어떤 종류의 부분적 조직신학인지 알려 주는 몇 가지 특징을 밝히려 한다.

중간에서 시작하기

그리스도인의 삶이 그렇듯, 기독교 신학도 역시 그렇다. 이야기의 중간이자 중첩된 시대 안에서 살아간다. 여기서 **신학**은 단지 여러분이 현재 읽고 있는 성찰의 형태뿐만 아니라, 모든 그리스도인이 그리스도인으로서 살아감으로써 의식적으로 행하는 사고의 형태를 의미한다. 학문적 형태든 일상적 형태든, 신학은 그리스도인의 삶이 지닌 사유의 측면으로, 예수 그리스도 안에서 드러난 하나님의 자기 계시에 비추어 번영하는 삶의 비전을 분별하고 명확하게 진술하며 권면하는 실천이다.[42] 이런 실천의 일부는 기독교의 만물 이야기를 암시적으로나 명시적으로 들려준다. 그리스도인은 그들의 삶과 세상 안에서 자신의 위치를 확인하기 위해 만물의 이야기를 들려준다. 시작과 끝은 중간에 영향을 주고, 그 중간에서 살아가는 삶의 특징을 좀 더 분명하게 보고 평가할 수 있게 해 주는 지평의 역할을 한다.

---

[42] 신학에 대한 이런 설명은 Volf와 Croasmun의 *For the Life of the World*를 보라(시리즈의 1권이며, 이 책은 2권이다). 『세상에 생명을 주는 신학』(IVP).

우리는 이미 세례 관습의 발전 과정에서 만물의 이야기를 들려주려는 충동을 본다.[43] 마태복음은 예수님이 제자들에게 "아버지와 아들과 성령의 이름으로" 세례를 주라고 명령하셨다고 기록한다(28:19). 그러나 그들이 그 이름으로 죽고, 다시 살며, 따라서 그들의 삶의 방향을 결정적으로 바꾸어 놓는 이 하나님, 아버지와 아들과 성령은 누구신가? 기독교 역사 초기부터 이 문제에 답하기 위해 아버지와 아들과 성령의 이름을 부르는 것에 고도로 압축된 만물의 이야기가 첨가되었다. 아버지는 창조하시고, 아들은 구속하시고, 성령은 완성하신다. 이러한 압축된 이야기는 초기 신앙의 원칙과 당시 등장한 신경들(creeds) 대부분의 양식이 되었고, 그중 일부는 세례 의식 자체의 일부가 되었다. 이 모든 것은 대부분 만물의 이야기를 아버지와 아들과 성령의 위격을 믿는 믿음으로 엮어 낸다.

그리고 나서 기독교 신학은 만물의 이야기 들려주기를 포함한다. 스토리텔링 기술은 이야기를 구성하는 타당해 보이는 두 가지 방법을 제안한다. 첫 번째는 로저스(Rogers)와 해머스타인(Hammerstein)이 "출발하기 아주 좋은 지점"이라고 일깨워 주는 시작에서 출발해 중간으로 나아가고 끝에서 모든 것을 마무리한다. 정경과 주요 신경 모두 이런 접근 방식을 취한다. 정경은 "태초에"로 시작해 성도들이 "영원무궁하도록 다스릴" (계 22:5) 새 예루살렘에 대한 선견자 요한의 환상으로 끝난다. 특별히 영향력이 큰 신경을 예로 들자면, 사도신경은 "천지를 만드신 하나님 아버지를 내가 믿으며"로 시작해 "영원히 사는 것을 믿습니다"로 끝난다.[44] 조직신학자는 이러한 정경과 신경의 순서를 따르는 경향이 있다. 방법과 자료에

---

[43] Bokedal, "Rule of Faith," Kelly, *Early Christian Creeds*, pp. 30-99; Pelikan, *Credo*, pp. 369-383를 보라.

[44] Pelikan and Hotchkiss, *Creeds and Confessions of Faith*, p. 669.

대한 서설 이후, 하나님, 창조, 타락, 그리스도의 인격과 사역, 성령의 은사, 구원, 교회, 마지막 일들의 주제가 순서대로 따라 나온다.⁴⁵

그러나 대안적 접근 방식도 존재하는데, 이는 호레이스(Horace)가 이상적 서사 시인을 설명하는 방식과 잘 들어맞는다. 그는 "트로이전쟁을…알(egg)부터 [들려주는 것이 아니라], 언제나 그 사건 자체로 곧바로 들어가고, 듣는 사람을 낚아채듯 사건의 중간 지점으로 데려간다."⁴⁶ 이 경우, 이야기는 핵심이 되는 행동과 함께 시작하고, 시작과 끝은 이야기와의 관련성 안에서 드러나도록 구성된다. 신학의 '마그나 오페라'[magna opera, 걸작, 역작을 뜻하는 라틴어 마그눔 오푸스(magnum opus)의 복수형—옮긴이] 사이에서는 처음에서 끝으로 가는 순서가 우세함에도 불구하고, 신학 전통 안에는 이러한 두 번째 접근 방식의 예도 존재한다. 머리에 떠오르는 예로는, 노리치의 줄리언(Julian of Norwich), 마르틴 루터(Martin Luther), 쇠렌 키르케고르(Søren Kierkegaard), 좀 더 최근에는 제임스 콘(James Cone), 구스타보 구티에레스(Gustavo Gutiérrez)가 있고, 어떤 면에서는 위르겐 몰트만(Jürgen Moltmann)이 있다. 우리는 이들의 본을 따라가려 한다. 이 책은 하나님과 창조가 아닌, 출애굽과 예수 그리스도 안에서 일어난 하나님의 구속 사역에서 시작한다. 그러나 그들과 이 책 사이에는 눈에 띄는 차이가 있다. 일반적으로 이러한 접근 방식을 취하는 신학자들은 만물에 관한 이

45　그러한 예로는 John Damascene의 *Orthodox Faith*, Peter Lombard의 *Sentences* (대략), Thomas Aquinas의 *Summa Theologica*, John Calvin의 *Institutes*, Johann Gerhard의 *Theological Commonplaces*, Friedrich Schleiermacher의 *Christian Faith*, Charles Hodge의 *Systematic Theology*, Karl Barth의 *Church Dogmatics*, Paul Tillich의 *Systematic Theology*, Karl Rahner의 *Foundations of Christian Faith* (대략), 좀 더 최근의 조직신학 책으로는 Robert Jenson의 *Systematic Theology*, Wolfhart Pannenberg, *Systematic Theology* 등이 있다. 아직 집필 중인 Katherine Sonderegger의 책 역시 그럴 것으로 보인다. 신경들이 병합되기 이전에도, Origen의 *On First Principles* 역시 이러한 접근 방식을 동일하게 취한다.

46　Horace, *Ars poetica* pp. 147-149.

야기가 아우르는 긴 아치는 자세히 다루지 않고 옆으로 밀어 놓는다. 그들은 좀 더 선택적으로 글을 쓰며, 긴급한 문제를 다루기 위해 필요할 때 그 이야기에서 교리에 관한 핵심 현장과 순간을 택한다. 그와 대조적으로, 이 책과 그 후속작에서 우리는 자기 의식적으로 기독교의 만물 이야기에 관한 아치를 가능한 한 많이 제시하는 것을 목표로 한다.[47]

성서 해석

조직신학 책으로는, 또한 비성서학자인 신학자들의 연구로는 다소 흔치 않게, 이 책은 전적으로 성경에서 선별한 책들을 해석하는 것으로 구성된다. 그러나 그 가운데 어떤 부분도 **주석**은 아니다.[48] 이러한 접근은 약속과 도전을 모두 내포한다.

성서적 어법의 신학. 여기서 우리는 성경의 신학적 읽기에 찾아온 최근의 르네상스에 합류한다.[49] 두 가지 주요 신념이 성경 해석을 통해 연구에 접근하겠다는 우리의 결정에 영향을 주었다. 첫째, 우리는 성경 본문이 기독교 신앙의 기원과 규범적 내용에 다가갈 우리에게 주어진 유일한 통로라고 믿는다. 신학의 갱신, 즉 변화하는 시대의 도전에 대한 신선한 대응은 여러 형태로 올 수 있지만,[50] 신학은 궁극적으로 하나님과 하나님의 사

---

[47] 우리의 접근 방식에는 약점이 있다. 하나는 기독교의 만물 이야기의 구조에서 죄와 구속이 차지하는 위치에 대한 과도한 강조로 이어질 수 있다는 것이다(Volf and Croasmun, *For the Life of the World*, pp. 71-75). 다른 하나는, 출애굽과 그리스도에 대해 말하는 것은 우리가 논하지 않는 주제, 즉 하나님의 실재와 성격, 창조 세계의 실재와 성격, 그 선함과 '타락성'을 가정해야 한다는 점이다.

[48] 최근 점점 많은 신학자가 성경 본문에 대한 주석을 쓰는 전통적 신학 작업으로 돌아갔다(예를 들면, Jennings, *Acts*, Ford, *Gospel of John*). 아마도 오늘날 누구보다 Michael Welker야말로 조직신학적 연구에서 성서 전통의 깊이 있는 읽기를 일관되게 사용하는 전형적 예일 것이다(특별히 Welker, *God the Spirit*을 보라). 그러나 그조차 성서적 조직신학을 시도하지는 않았다.

[49] Volf, *Captive to the Word of God*, pp. 12-15. 『하나님의 말씀에 사로잡혀』(국제제자훈련원).

[50] 예를 들면, Kathryn Tanner의 연구(*Jesus, Humanity, and the Trinity*, *Christ the Key*)

역에 대한 성경의 증언에 근거해야 한다. 둘째, 성경 본문은 삶으로 증명한 신앙에 대한 이야기이자 신앙에 대한 성찰적 참여다. 삶의 신학을 위해서는 신학적 성찰을 교리적·윤리적·근본적으로 자세히 해야 하는 만큼 고동치는 삶의 맥박에도 가까이 머물러야 한다. 성경 본문의 해석에 의존하는 것은 그렇게 할 수 있는 중요한 한 방법이다.

삶 자체와 마찬가지로, 성경은 통제가 힘들다. 천오백 년이 넘는 기간, 수많은 다양한 장소에서 살아 낸 신앙을 되울림하는 성경은 그저 하나의 체계가 아니라, 다양하고 대부분 특별한 상황과 관련 있는 글들의 집합이다. 또한 포괄적인 이야기와 (종종 암시적인) 관련성을 띠며 느슨하게 함께 묶여 있다.[51] 성경 읽기는 책임감 있고 타당해 보이는 여러 방식이 가능하며, 독자들이 성경에서 무엇을 얻느냐 하는 점은 부분적으로 어디를 살펴보기로 결정했는지에 달려 있다. 이 책에서 우리는 주요 원천으로 단 세 개의 성경 본문을 선택했다. 다른 본문과 다른 각도를 택한다면, 부분적으로 다른 이야기를 들려주는 것도 가능하다.

이 책의 많은 부분은 요한복음을 자세하게 읽기와 관련 있다. 하나님은 생명의 말씀이신 예수 그리스도 안에서 인간과 함께 거하기 위해서(3장), 그리고 세상을 죄와 죽음에서 구속하기 위해서(4장) 오셨다. 생명의 성령을 통해 하나님은 각 사람 안에 믿음을 불러일으키시며 그리스도가 각 사람을 집으로 삼게 하시고(5장), 그리스도를 닮은 생명력과 사랑의 삶을 살라고 그들을 부르신다(6장).[52] 요한복음 끄트머리에, 그리스도 자신이

처럼 교부 전통을 다루거나, Rowan Williams의 연구(*On Christian Theology, Christ the Heart of Creation* 등)처럼 동방정교를 포함한 여러 전통을 광범위하게 다룰 수 있다.

51 Bauckham, "Reading Scripture"를 보라.
52 이 책은 교회의 구조나 성례전을 자세히 다루지는 않는다. 간략하게 말하면 교회의 정체성과 사명에 관심을 집중한다. 일차적으로는 지면의 제약 때문이다. 이 책에 나오는 교회의 정체성과 사명은 Volf, *After Our Likeness*에 나오는 교회의 구조에 대한 설명에 부합하지만,

이야기 마지막에 다시 오실 것이란 수수께끼 같은 언급이 나온다. 그 수수께끼를 더 깊이 파헤치기 위해 우리는 신약성경에서 가장 이해하기 힘든 글로 여겨지는 요한계시록을 다룰 생각이다. 초기의 일부 전통에서는 (현대 학자들이나 고대의 다른 저자들은 아니다) 요한계시록을 요한복음의 저자와 연결한다. 밧모섬의 요한이 본 종말에 대한 환상은 우리 마음을 약간 어지럽히기도 하지만, 성경이나 그 시대와의 공감이 풍성하고, 고대 세계에서 가장 강렬한 사회 비판이라 할 수 있다.[53] 이 마지막 환상은 이야기의 모든 줄기를 세상을 향한 하나님의 목적에 대한 설명으로 이끌어 오도록 안내해 주며(9장), 현재 세상에서 하나님이 의도하시는 세상으로 넘어가는 전환의 성격을 고찰하도록 도와준다(7장).

우리의 기획에서 히브리 성경. 그러나 책을 시작하면서는 성경에서 하나님의 구속적 현현을 가장 전형적으로 보여 주는 본문인 출애굽기로 눈을 돌린다.[54] 우리는 출애굽기의 두 가지 중심 주제를 다룬다. 이스라엘 자녀들이 종살이하던 집에서 **구출되는 것**(1장)과 **하나님 집의 일원으로 살아가는 것**(2장)이다. 출애굽기 읽기는 요한복음과 요한계시록을 이해할 수 있도록 우리를 먼저 준비시켜 준다. 요한복음과 요한계시록은 출애굽기의 되울림일 뿐만 아니라 출애굽기의 두 가지 주요 주제를 그 자체의 방식으로 다룬다.[55] 이에 상응해, 1장과 2장의 주제는 책의 나머지 부분에서 새로

필연적으로 그것을 전제하지는 않는다. 『삼위일체와 교회』(새물결플러스).

[53] Bauckham, *Theology of the Book of Revelation*, p. 38를 보라. 『요한계시록 신학』(한들출판사).

[54] 이러한 출애굽 모티브의 반향은 히브리 성경에 편재한다(Zakovitch, "*And You Shall Tell Your Son...*" pp. 9-10를 보라). 정경의 출애굽기는 출애굽에 대한 가장 대대적인 서사이며, 세계 문화사, 정치사의 형성에 심오한 영향을 끼쳤다.

[55] 요한복음에 나타나는 출애굽기의 반향에 대해서는 Hays, *Echoes of Scripture in the Gospels*, pp. 291-292, 301, 321-323를 보라. 『복음서에 나타난 구약의 반향』(감은사). 요한계시록에 나타나는 반향은 Bauckham, *Theology of the Book of Revelation*, pp. 28-30, 70-72, 99-101를 보라.

운 음조로 두 번 반복될 것이다. 첫 번째 반복은 역사 가운데 그리스도인의 삶을 묘사하면서(5장에서는 믿음, 6장에서는 사랑과 생명력), 두 번째 반복은 장차 올 세상에 대한 비전에서(7장에서는 부활과 심판, 8장과 9장에서는 바빌론과 대조되는 새 예루살렘) 나온다.

우리는 출애굽이 그저 그리스도에 대한 베일에 덮인 증언, 혹은 단지 요한복음과 요한계시록에서 성취되는 원형일 뿐이라고 보지 않는다. 분명 어떤 의미에서 그리스도인인 우리는 이러한 예표론적 패턴을 인식하지만 말이다. 출애굽의 메시지는 하나님의 자기 계시의 역사에서 그 자체로 온전한 가치를 지니며, 우리는 두 가지 이유로 그것을 존중하고자 한다. 첫째, 출애굽은 요한복음과 요한계시록뿐만 아니라 역사에서 되울림한다. 또한 무엇보다 가장 먼저는 유대인, 그다음은 이방인의 순으로 그것을 성경으로 읽는 이들의 삶에서 되울림한다. 둘째, 요한복음과 요한계시록이 무엇을 말하고자 하는지 알고 음미하기 위해서는 출애굽의 예표적 성취에 대해서뿐만 아니라 양쪽 사이의 서사적 연속성과 차이에 대해서도 관심을 기울일 필요가 있다.[56] 따라서 우리는 하나님이 이스라엘 백성을 이집트의 종살이에서 구출하심으로써 그들이 "젖과 꿀이 흐르는 땅"에 거하고(출 3:8) 하나님이 "그들 중에 거하[실]"수 있게(29:46, 개역개정) 하신 이야기를, 말씀이 육신이 되셔서 사람들 가운데, 또한 사람들 안에서 살면서 세상에 생명을 주시고자 한 이야기와(요 1:14) 나란히 배치한다. 그 과정에서 출애굽기, 요한복음, 요한계시록이 각각 어떻게 하나님의 집 만들기 이야기를 여러 각도로 굴절시키는지, 특별히 어떻게 요한복음의 이야기와

---

56 정경의 통일성에 대한 강력한 대체주의적(supersessionist) 설명과는 달리, 우리는 이러한 차이를 '최종적이고 영적인' 신약성경과 '예언적이고 육적인' 구약성경을 대조하는 식으로 이해하지 않는다. Soulen, *God of Israel*, p. 27를 보라.

요한계시록의 이야기가 출애굽이 설정한 주제의 변주인 동시에 그 동일한 이야기의 연속인지 확인할 수 있다.

주요 대화 상대

광범위한 주제와 학문 영역을 다루는 이 책을 쓰면서, 우리는 중요한 대화 상대자를 많이 만났다. 독자들은 그들의 이름을 각주에서 많이 보게 될 것이다. 우리의 목적을 설명하기 위해, 책 전체의 형태에 영향을 끼친 다섯 명의 각각 다른 인물을 언급해야겠다. 그중 어떤 이들은 우리가 수용하는 입장을 진술하며, 또 어떤 이들은 우리가 반대하는 입장을 진술한다. 우리는 이들 중 누구에게도 전적으로 동의하거나 반대하지 않는다. 이들 모두에게 우리는 지대하게 배웠다.

가장 먼저, **마르틴 루터**다. 우리는 『그리스도인의 자유』(*The Freedom of the Christian*, 개혁된실천사)와 『마르틴 루터 갈라디아서』(*Commentary on Galatians*, 복있는사람)를 그의 전형적 본문으로 삼고, 그의 모든 저작을 '핀란드식 해석'(Finnish interpretation)의 수정된 버전의 렌즈를 통해 읽는다.[57] 우리는 소작농, 유대인, 무슬림, 가톨릭, 재세례파에 대한 루터의 신랄함뿐만 아니라 율법과 복음, 속사람과 겉사람에 대한 날카로운 구분 역시 거부한다. 그러나 그의 구원론, 무엇보다 그가 하나님의 사랑, 그리스도와의 연합, 믿음의 역할을 이해하는 방식은 우리의 기획에서 중심을 차지한다.

두 번째, **아우구스티누스**다. 요한복음과 씨름하는 내내, 아우구스티누스의 신학, 무엇보다 그의 요한복음, 요한1서 설교집은 지속적인 통찰의 원천이었다. 그러나 이미 주지했듯, 아우구스티누스 역시 우리의 전체 기

---

[57] Luther에 대한 핀란드식 해석에 대한 소개는 Braaten and Jenson, *Union with Christ*를 보라.

획이 거부하는 입장, 말하자면 오직 하나님만이 인간의 최종 목적이라는 입장을 천명한 초기의 고전적인 예다.

세 번째, **게오르크 헤겔**(Georg W. F. Hegel)이다. 좀 더 구체적으로 『정신현상학』(*Phenomenology of Spirit*, 1807, 아카넷)을 집필하기 이전이지만, 칸트의 기독교 신앙에 대한 윤리적 읽기를 포기한 이후의 헤겔이다. 신학적 단계의 정점에서, 그는 자신이 쓴 가장 탁월한 글 가운데 일부를 썼으며, 이 원고들은 하나로 엮여 사후에 "기독교의 정신과 그 운명"(The Spirit of Christianity and Its Fate, 1798-1799)이라는 제목으로 출간되었다. 여기서 그는 빌헬름 딜타이(Wilhelm Dilthey)가 '신비적 범신론'(mystical pantheism)으로 묘사한 것,[58] 혹은 아마도 범신론의 한 부류를 옹호한다. 어떤 면에서 우리 책은 성격상 헤겔의 이 원고들과 가깝다고 할 수 있다. 둘 다 성경을 해석하며, 대체로 출애굽기와 요한복음에 초점을 맞추고, 하나님과 세상의 연합, 곧 집에 거함(at-homeness)에 대한 비전으로 끝난다는 점에서 그렇다. 그러나 집에 거함을 또 다른 **이로서의** 자신과 함께 존재함(being-with-oneself-*as*-another)으로 이해하는 방식에서, 헤겔은 하나님과 세상을 융합하는 입장에 가까워진다. 그의 진술은 여전히 광범위하게 유신론적이고, 기독교적 틀 안에 있지만, 세상의 궁극적 목적에 대해 그가 말하는 '세상 속의(으로서의?) 하나님' 비전은 아우구스티누스의 '오직 하나님' 비전의 반대쪽 극단이다. 우리가 계속 헤겔과 나누는 비판적 대화에서 목표로 삼은 점은, 아우구스티누스의 '오직 하나님' 비전에서 탈피하려다가 우리도 모르는 사이에 헤겔의 품으로 혹은 그의 세속적 자손[59] 중 하나의 품

---

58 Dilthey, *Die Jugendgeschichte Hegels*, p. 60.
59 예를 들면, Marx(*Karl Marx*에 들어 있는 "Economic and Philosophical Manuscripts"와 "Theses on Feuerbach,"), 혹은 Vattimo(*After Christianity*).

으로 빠지며 끝나지 않도록 조심하는 것이다.

네 번째, **캐스린 태너**(Kathryn Tanner)다. 우리 시대의 신학적 대화 상대자 두 사람 중 한 명이다. 세상을 하나님과 피조물의 집으로 만들기 위해 하나님이 오시는 것과 하나님을 믿음으로 맞이해야 할 필요성에 대한 우리의 설명을 발전시켜 나갈 때, 인류가 성육신하신 그리스도와 하나가 되고 결국 하나님과 하나가 되는 것에 대한 태너의 설명이 부분적으로 그 배경 역할을 해 주었다.[60] 창조 세계를 향한 하나님의 궁극적 목적을 설명하는 그의 방식은 우리의 방식과 서로 현저하게 다르다. 그렇지만 우리는 하나님과 창조 세계의 관계에 대한 비경쟁적 관련 설명들, 관련 인간학 연구들과 협력한다. 태너는 피조물이 하나님 안에 거하는 것에 우선성을 두고, 우리는 하나님이 피조물 안에 거하시는 것에 우선성을 두기는 하지만, 중요한 것은 양쪽 모두 하나님과 창조 세계의 거함을 상호적으로 본다는 점이다. 하나님은 창조 세계 안에, 창조 세계는 하나님 안에 거한다.

다섯 번째, **위르겐 몰트만**은 우리와 동시대의 또 한 명의 주요 대화 상대자다. 정신과 내용 면에서, 이 책의 신학은 몰트만의 주장과 가장 가깝다. 초기부터 그는 『차라투스트라는 이렇게 말했다』(*Thus Spoke Zarathustra*, 열린책들)에 나오는 프리드리히 니체(Friedrich Nietzsche)의 호소를 마음에 새겼다. "나의 형제들이여, 간곡하게 부탁하네. **변함없이 땅에 신실하고**, 그대들에게 외계의 소망에 대해 말하는 이들을 믿지 말게나! 그들이 그 사실을 알든 모르든 간에 그들은 독약 제조가들이라네."[61] 그에 대한 반응으로, 몰트만은 땅을 창조하신 하나님께 신실함으로써 변함없이

---

60 Tanner, *Jesus, Humanity, and the Trinity*; and Tanner, *Christ the Key*.
61 Nietzsche, *Thus Spoke Zarathustra*, First Part, "Zarathustra's Prologue," § 3, p. 6.

땅에 신실한 생명의 신학을 발전시켰다.⁶² 십여 년쯤 전에 그는 미로슬라브에게 자신이 신학 연구를 새롭게 시작한다면 성경 해석이 거기서 훨씬 더 중요한 역할을 할 것이라고 말했다. 부분적으로 그에게 영감을 받아, 우리는 성경에 근거한 우리 자신의 생명의 신학을 제공하고자 한다. 그리고 이 신학은 창조 세계에 거하러 오시는 하나님이 세계를 온전하게 하시는 장면에서 절정에 이른다.

---

62 이러한 헌신을 탁월하게 표현한 작품이, 종말론을 다루는 Moltmann의 *Coming of God*이다.

1부　　출애굽

1장

종살이하던 집을 떠나

출애굽은 이스라엘 구원 이야기의 표본이다.[1] 히브리 성경과 기독교 성경 곳곳에 그 반향이 스며들어 있으며, 앞으로 살펴보겠지만 요한복음과 요한계시록에서 특히 두드러진다. 이슬람은 물론이고, 유대교와 기독교는 출애굽을 빼놓고 생각하기 힘들다. 민주주의의 위대한 정치적 실험과 식민주의의 수치스러운 역사를 빼놓고는 현대 세계를 생각하기 힘든 것과 마찬가지다. 우리는 출애굽의 두 가지 큰 주제에 대한 해설에 초점을 맞출 것이다. 첫 번째 주제는 야곱의 집이 이집트의 종살이에서 구출되는 것(이번 장)이고, 두 번째 주제는 그들이 하나의 민족을 이루는 것(다음 장)이다. 이 두 주제를 함께 모으면, 역사의 소용돌이 한가운데서 하나님의 집을 향해 가는 여정과 그 비전의 윤곽이 드러난다. 이는 이스라엘 백성과 함께 그리고 그들 가운데 거하시는 하나님으로도 요약되며, 출애굽기는 바로 이런 장면으로 끝난다.

---

[1] Feldmeier and Spieckermann, *God of the Living*, p. 25.

고난에서 구원으로

출애굽기에서 하나님의 집 만들기 프로젝트는 시련, 노예 생활, 잔혹한 압제로 시작한다. 이스라엘의 초기 역사에서 최악의 순간 중 하나다. 그들은 집을 빼앗긴 세상에서 집을 빼앗긴 삶을 살아간다. 그들은 바로의 '디소이코스'(*dysoikos*)에 예속된 거주민이다['바로'(Pharaoh)라는 단어의 문자적 의미는 '위대한 집'이다. 위대하다고 자처함으로써, 바로의 집은 '종살이의 집'이 된다].

고난과 힘

짧은 전주곡이 출애굽 서사를 창세기 마지막 부분과 연결한다. 이스라엘 사람들은 그 어느 때보다 강성하다. 이집트로 이주했던 70명은 강하고 큰 무리가 되었다. "이스라엘 자손은 생육하고 불어나 번성하고 매우 강하여 온 땅에 가득하게 되었더라"(출 1:7, 개역개정). 그러나 이집트에서 그들은 여전히 이방인이다. 대기근에서 이집트를 구해 내 칭송받던 야곱의 뛰어난 아들 요셉은 죽고 잊혔다. 이스라엘 자손의 힘과 이집트에서 이방인으로 살아가는 그들의 지위는 그들에게서 안정성을 빼앗아 버렸다. 새로운 바로가 그들의 힘을 두려워한 것이다. 강제 노역, 즉 "포로와 정복지 주민에게 지우던" 혹독한 형태의 고된 일도 히브리인이 늘어나는 상황을 막지 못하자(1:9-14), 그는 인종 학살을 시도한다(1:15-16).[2] 새로운 바로가 그를 계승하면서, 인종 학살 정책은 수그러들었지만 종살이는 계속되었다. 출애굽기 내내, 이 두 명의 바로는 인종 학살과 착취의 구심점이자 고안자로 등장한다. 그러나 통치자로서 그들은 혼자서, 단지 개인 성향만으로 행

---

2   Assmann, *Invention of Religion*, p. 96.

동하지 않는다. 많은 이들이 행정가, 관리자, 군인으로 참여하는 그들의 비인간적 횡포는 이데올로기에 의해 합법화되는 체제를 완성하는 왕관일 뿐이다.[3]

이집트에서 야곱의 가족이 당하는 **고난**은 출애굽기의 주요 관심사다. 곧 살펴보겠지만, 그 고난을 제거하는 것 자체가 궁극적인 목적은 아니지만 말이다. 그러나 그 고난에는 원인이 있으며, 출애굽기의 첫 부분에는 그러한 원인에 대한 암묵적 비판이 나온다. 그것은 **중앙집권적이며 착취적인 정치권력**이다. 마르틴 부버(Martin Buber)가 표현하듯, "반(反)바로 정서"(anti-pharaonic sentiment)와 압제적 인간 권위가 사라진 정치 체제에 대한 갈망이 본문 전체에 스며들어 있다.[4] 이스라엘의 '바로'인 솔로몬과 그를 모방하려는 이들 역시 마찬가지다. 이집트의 바로처럼 솔로몬은 어마어마한 건축 프로젝트를 진행했다. 가장 두드러진 예가 자신을 위한 화려한 왕궁과 "주님의 성전"(왕상 3:1)을 지은 것이다. 성경은 그러한 목적을 위해 "솔로몬왕이 온 이스라엘 가운데서 역군을 불러일으키니, 그 역군의 수가 삼만 명이라"라고 기록한다(5:13, 개역개정).[5] 열왕기상에서는 이러한 일에 대해 솔로몬을 명시적으로 비난하지는 않지만, 행간은 그가 바로와 같은 유형의 통치자라고 말한다.[6]

왕이 사람들을 징집해 강제 노역으로 하나님이 사람들 가운데 거하시는 성전을 짓는다는 계획은 뭔가 앞뒤가 맞지 않는다. 왕은 하나님만이

---

3 이스라엘 자손을 두려워해 그들에게 혹독하게 일을 부과한 것은 "이집트 사람들"이다(출 1:12-15). 바로 혼자가 아니라 "이집트 사람들"이 감독관을 세웠다(1:11).
4 Buber, *Moses*, pp. 87, 108를 보라.
5 Levenson, *Hebrew Bible*, p. 137를 보라.
6 Zakovitch, "*And You Shall Tell Your Son…*," pp. 88-89. 이는 특별히 열왕기상 12:4에서 잘 드러나는데, 여기서 여로보암과 이스라엘 회중이 르호보암에게 솔로몬에 대해 불평하는 내용은 출애굽기 1-2장에서 히브리인들에 대한 바로의 압제를 묘사하는 내용의 되울림이다.

아닌 그 자신의 권세와 영광을 마음에 두었음이 틀림없다. 출애굽기에서 성막을 지을 때 사람들은 솔로몬왕과는 놀랍도록 대조적으로, 귀중품과 노동력을 기꺼이 열성적으로 들고 왔다. "마음에 자원하는 남녀는 누구나 여호와께서 모세의 손을 빌려 명령하신 모든 것을 만들기 위하여 물품을 드렸으니, 이것이 이스라엘 자손이 여호와께 자원하여 드린 예물이니라"(출 35:29, 개역개정). 출애굽의 기억은 모든 바로들과 모든 압제, 이집트 못지않은 이스라엘의 바로와 그의 압제, 특히 이방인에 대한 압제를 암묵적으로 겨냥한 "위험한 기억"이었을 것이다(출 23:9; 반대의 경우는 레 25:44-46 참조).[7] 그리고 그것은 이스라엘의 하나님 야웨가 사람들을 얽매던 멍에를 부수고 그들이 당당하게 걸을 수 있게 하는 통치자이심을 일깨워 주는 표지였다(레 26:13).

뒤바뀐 운명

바로는 이집트에서 살아가던 이스라엘 자손의 강성함을 잔혹하게 짓밟으려 했는데, 그 강성함은 상당 부분 요셉과 그의 꿈 해석 능력 그리고 그의 천재적 행정력 덕분이다. 몇 년의 풍요와 몇 년의 기근을 예측한 그는 "[모든] 이집트 사람들"이 점진적으로 소유와 돈, 가축, 땅을 모두 팔고 결국 어쩔 수 없이 스스로를 노예로 파는 처지가 되는 데 영향을 끼치는 지위에 앉는다(창 47:14-21). 모든 일을 바로의 이익을 위해 행한(47:15, 19, 20, 23) 요셉은 바로를 모든 땅과 그 땅의 백성이나 신 모두의 주인이자 소유자로 만든다. 요셉은 결혼을 통해 자신과 이해관계에 있던 제사장 그룹은 봐주었고(41:45), 자신의 친족에게는 가장 좋은 땅을 주어 정착하게 하고

---

[7] "위험한 기억"에 대해서는 Metz, *Faith in History and Society*를 보라.

먹거리를 대 주었다. 그들이 "생육하며 번성[한]" 것은 놀랍지 않다(47:11-12, 27).[8] 이 이야기를 들려주는 화자는 이러한 결과에 그다지 문제의식을 갖지 않은 것처럼 보이며,[9] 많은 그리스도인 해석자들은 기근과 그에 따른 노예화를 이집트 사람들에 대한 하나님의 정당한 심판으로 보았다.[10] 그러나 이스라엘 자손의 특권적 지위는 독이 든 사과였다. 요셉이 죽은 뒤, 운명이 뒤바뀐다.

창세기 마지막 내용과 출애굽기 초반 내용을 함께 읽으면, **단지 이스라엘 자손의 번영뿐만 아니라 이후 그들이 이집트에서 겪어야 했던 시련 역시 부분적으로 요셉까지 거슬러 올라간다**는 사실이 분명해진다. 그는 시기와 두려움을 일으키는 특권 상태를 창출하도록 도왔고, 더 중요하게는 노예 제도의 체계를 세웠다. 적어도 그것을 강화했다. 샤이 헬드(Shai Held)는 요셉의 유산에 대해 언급하면서 이렇게 쓴다. "요셉은 놀랄 만한 행정적 기량을 보여 주지만, 그가 행사한 힘은 결국 자신의 민족을 압제하고 손상하기에 이른다."[11] 하나님은 요셉을 해치려고 한 요셉의 형들의 시도를 오히려 선하게 바꾸셔서 "수많은 사람의 생명을 구원하셨[지만]"(창 50:20), 요셉은 한 공동체가 살아남고 번성하도록 선을 베푸는 대가로 또 다른 공동체가 곤핍해지고 압제를 당하게 했다. 물론 모든 형태의 압제가 똑같은 것은 아니다. 요셉은 이스라엘을 노예로 부린 바로가 아니다. 그렇다 해도 그가 권력을 키워 준 바로와 완전히 다르다고는 할 수 없다.

그러나 요셉과 바로의 악행은 두 가지 중요한 문제를 제기한다. 하나는

---

8   Zakovitch, "*And You Shall Tell Your Son…*," p. 44.
9   Levenson, "Genesis," p. 93; Alter, *Five Books of Moses*, p. 275를 보라.
10 예를 들면, Martin Luther는 기근과 그에 따른 전 인구의 노예화를 "죄에 대한 하나님의 저주와 심판"으로 접근한다(*LW* 8:124). 그는 기근이 "분명 참혹했으며," 그러나 "요셉의 행정력은 훌륭했다"라고 쓴다(*LW* 8:123).
11 Held, "Saving and Enslaving," in *Heart of Torah I*, p. 107.

역사적 악행, 특권, 구원 사이의 관계다. 야곱의 집이 받은 구원은 그들의 도덕적 자질이 아니라 그들이 받는 시련이라는 실재에 근거했고, 더욱 중요하게는 이전에 그들에게 한 약속을 지키시는 하나님의 신실함에 근거한다. 행실의 '거룩함'에 대한 중요성을 축소하지 않으면서도, 시련을 겪는 이들을 구원하시는 하나님은 구속의 이야기가 완전히 끝날 때까지 대체로 구원과 계속 분리되어 계신다. 두 번째 사안은 자신이 속한 그룹에 대한 관심과 더 넓은 반경의 사람들에 대한 관심 사이의 관계다. 한 집은 오직 다른 집들을 희생시키고 그들을 통제함으로써만 존재하고 번성할 수 있는가? 아니면 한 집의 안녕은 다른 집들의 번영 및 그들과의 협력과 밀접하게 연결되어 있는가? 공동 번영에 대한 소망은 히브리 예언자들과 요한계시록의 종말론적 비전의 일부일 것이다.[12]

하나님의 오심

"나는…나의 백성이 고통받는 것을 똑똑히 보았고…이제 내가 내려가서…"라고 하나님은 모세에게 말씀하신다(출 3:7-8). 하나님이 오신다는 말은 이전에는 그곳에 계시지 않았다는 뜻이다. 적어도 하나님은 자신이 오신 이후와 같은 의미, 같은 목적으로 계시지는 않았다. 이집트에서 이스라엘의 삶에 관해 말하는 처음 두 장에서는 출애굽기의 나머지 대부분과는 아주 다르게 하나님에 관한 언급이 거의 나오지 않는다.[13] 맞다. 하나님이

---

12 R. Kendall Soulen은 이스라엘과 민족들을 위한 하나님의 의도를 인간들이 왜곡해 "상호 축복의 경제를 일방적 착취와 파괴적인 저주의 경제로" 비트는 것을, 히브리 성경에 나오는 죄의 기본 유형 가운데 하나로 식별한다. 바로의 이스라엘 민족 압제와 그에 따른 이집트에 내린 재앙을 그 예로 본다. Soulen, *God of Israel*, p. 144.

13 Frances Ellen Watkins Harper의 시에는 모세의 첫 번째 탄원을 비웃으며 반응하는 바로가 나온다. "이스라엘에게 하나님이 있는가? 그리고 만약 그렇다면 그 오랜 세월 그는 어디에 살고 있었나?" Harper, "Moses," p. 25.

완전히 활동하시지 않는 것은 아님을 보여 주는 표지들도 있다. 예를 들어, 하나님은 바로의 인종 학살 계획이 실행되지 못하도록 막은 산파들에게 복을 주신다(1:18-21). 그러나 이스라엘 백성들 자신은 그 복을 거의 느끼지 못한다. 그들의 마음에서 하나님은 멀리 계신다. 고난당하는 가운데서 그들은 예레미야애가의 저자가 하는 것처럼 하나님께 부르짖지 않는다.

> 주 하나님, 영원히 다스려 주십시오.
> 주님의 보좌는 세세토록 있습니다.
> 어찌하여 주님께서는 우리를 전혀 생각하지 않으시며,
> 어찌하여 우리를 이렇게 오래 버려두십니까?
> 주님, 우리를 주님께로 돌이켜 주십시오. 우리가 주님께로 돌아가겠습니다.
> (애 5:19-21)

이스라엘 사람들은 '탄식'했다(출 2:23; 6:5). 출애굽기가 표현하듯, 그들은 하나님께 부르짖은 것이 아니라, 그저 부르짖었다. 도와달라고 부르짖는 소리는 하나님을 **향한** 것이 아니라, 하나님께 **이르렀다**. 하나님은 그들의 기도에 응답하신 것이 아니라, 그들의 탄식과 부르짖음을 '들으셨다'(2:23-24; 6:5).[14] 오랫동안 고통에 압도되었던 그들은 하나님을 완전히 잊어버렸다. 아마도 부분적으로는 하나님이 그들을 잊으신 것처럼 보였기 때문일 터이다. 하나님은 이스라엘 자손의 탄식을 들으신 **후에야** "아브라함과 이삭과 야곱에게 세우신 언약을 기억하[셨다]"(2:24).[15] 하나님과 아브라

---

14 출애굽기 2:23-24을 이런 식으로 읽는 것에 대해서는 Assmann, *Invention of Religion*, p. 118를 보라.
15 이러한 입장은 Levenson, *Hebrew Bible*, p. 152.

함 사이의 언약과 조건 없는 약속들은 동면 상태에 있었던 것처럼 보인다(창 15:1-17; 17:1-22). 앞으로 살펴보겠지만, 여호와에 대한 믿음과 두려움은 "바닷가에 널려 있는 이집트 사람들의 주검"을 본 뒤에야 그들에게 돌아왔다(출 14:30-31).[16]

그러나 믿음과 두려움, 심지어 이스라엘 자손이 바다의 노래를 부르며 드린 열정적 예배(출 15:1-18)까지도 야웨가 뜻한 전부는 아니다. 궁극적으로 야웨의 목표는 그들에게 약속의 땅을 주고 그들 가운데 거하는 것이다. 혹은 동일한 그 노래는 그 목표를 이렇게 표현한다. "그들을 데려다가 주님의 소유인 주님의 산에 심으실 것입니다. 주님, 이곳이 바로 주님께서 계시려고 만드신 곳입니다. 주님, 주님께서 손수 세우신 성소입니다"(출 15:17). 여기서 주님이 계시려고 만드신 곳은 시온산의 성전이다. 그러나 출애굽기 전체는 땅과 성전이 없는 상태에서 떠도는 이스라엘 백성과 함께 다니시는 야웨를 위한 다른 종류의 이동식 거처를 염두에 둔다.[17] 하나님이 아브라함과 사라, 그들의 직계 가족에게 간헐적으로 관여하시는 방식과 달리, 그것은 "주님의 영광"으로 가득 찬 회막으로, '제도화되어 있으면서' 떠나지 않는 하나님의 임재여야 했다. 낮에는 야웨의 구름이, 밤에는 야웨의 불이 그 표지가 되었다(40:34-38). 바로 그것이 출애굽기에서의 목표다.

우리는 단지 이것이 책의 마지막에 일어나는 일이기 때문에 아는 게 아니다. 좀 더 중요한 점은, 하나님이 하늘의 모형을 따라 성막을 만들도록 모세에게 주신 상세한 지침이 일곱 장에 달한다는 점이다(출 25:1-31:18). 그런 뒤 따라오는 여섯 장은 앞에서 나온 단어 하나하나를 자주

---

16 출애굽기 6:9, 14:30-31에 대해서는 Childs, *Book of Exodus*, pp. 116, 238를 보라.
17 Janowski, *Gottes Gegenwart in Israel*, pp. 165-193; Janowski, "Die Einwohnung in Israel," pp. 3-40를 보라.

그대로 반복하면서 그런 지침이 어떻게 성실하게 실행되었는지 서술한다 (35:1-40:33).[18] 하나님이 거하실 장소에 대해 할애한 열세 장 전체의 내용과 이스라엘이 당하는 압제를 기술하는 "책 첫 부분의 몇몇 세부 내용"을 대조해 보라.[19] 그러면 출애굽기가 하나님이 이스라엘과 함께 거하시는 거처에 얼마나 큰 비중을 두고 있는지 볼 수 있다.

출애굽기 마지막에 시내산의 구름과 불타는 떨기의 불꽃이 그들이 나아갈 길을 인도하고 그들과 동행하기 위해 이스라엘 자손의 진영 안으로 들어온다. 그러나 출애굽기의 시작 부분에서는 하나님과의 불안한 거리감을 발견한다. 하나님은 이스라엘을 종살이의 집, 바로의 손에서 겪는 엄혹한 고통에서 구하기 위해 아직 내려오지 않으신다.

보는 것과 믿는 것

얀 아스만(Jan Assmann)은 이렇게 쓴다. "이 고통의 부담이 없었다면 출애굽은 없었다. 이 출애굽이 없었다면 하나님과 우주, 하나님과 인간, 개인과 사회의 관계가 현재뿐만 아니라 과거와 미래에도 영향을 끼치는 방식의 근본적 변화를 일으키는 새로운 시대는 없었을 것이다."[20] 이런 고통이 없었다면, 우리는 오늘날 세상이 어떤 모습이었을지 알 수 없다. 그러나 출애굽기에서 독특한 점은 이스라엘의 고통이 아니다. 다른 민족들도 출애굽기에 기술된 내용과 유사하거나 더 심한 고난을 겪었다. 출애굽기에서 독특한 점은 고통에 대한 **반응**이다. 그 고통을 견뎌야 했던 이들의 반

---

18 Janowski, "Die Einwohnung Gottes in Israel," p. 25를 보라.
19 Zakovitch, "*And You Shall Tell Your Son...*," p. 18.
20 Assmann, *Invention of Religion*, p. 94.

응이 아닌, 그에 대해 뭔가를 할 수 있고 했던 분의 반응이다.

공감

"나는 이집트에 있는 나의 백성이 고통받는 것을 똑똑히 보았고, 또 억압 때문에 괴로워서 부르짖는 소리를 들었다. 그러므로 나는 그들의 고난을 분명히 안다. 이제 내가 내려가서 이집트 사람의 손아귀에서 그들을 구하여, 이 땅으로부터 저 아름답고 넓은 땅…으로 데려가려고 한다"(출 3:7-8). 불타는 떨기에서 야웨가 모세에게 하신 말씀이다. 이야기에서 하나님은 청각적·시각적 인지를 통해 고통을 처음 접하시는 것으로 묘사된다. 하나님은 이스라엘 자손의 탄식과 울음소리를 **들으시고**, 그들이 당하는 억압과 고통을 **보신다**. 그리고 그들을 구하기로 결정하신다. 그러나 고통의 인지와 구하겠다는 결정 사이에는 간극이 있으며, 출애굽이 시작되기 위해서는 그 둘을 연결해야 했다. 바로도 동일한 신음을 들었고, 동일한 고통을 보았다. 그러나 여전히 그는 "[이스라엘 자손을] 더욱 혹독하게 부렸[고]," 계속해서 그들을 "괴롭[혔다]"(1:13-14). 바로에게 이스라엘 백성은 그저 노동력에 불과하며, 그들이 제공하는 노동은 권력과 영광의 원천이다. 이스라엘의 고난은 그와 무관하며, 기껏해야 연장을 무리해서 사용할 때 나는 삐걱대는 소리처럼 거슬리는 것에 불과하다. 바로의 지위와 관심사 때문에 그는 리어왕의 말대로 "불쌍한 이들이 어떻게 느끼는지" 잘 상상하지 못한다.[21] 설사 상상은 되더라도 신경 쓰지 않는다. 탄식을 듣고 고난을 보는 것만으로는 **보통 말하는 것처럼** 고난당하는 사람을 구해야겠다는 마음이 들지 않는다. 그러나 하나님의 경우, 듣고 보는 것이 기억을 촉

21　Shakespeare, *King Lear*, 3장 4막.『리어왕』(민음사).

발하고, 기억은 공감을 촉발한다.

기억과 공감. "하나님이 그들의 탄식하는 소리를 들으시고, 아브라함과 이삭과 야곱에게 세우신 언약을 **기억하시고**…"(출 2:24). 하나님은 아브라함을 선택해 그와 언약을 맺고 그로 "큰 민족"이 되게 하시며(창 12:2) "이집트 강에서 큰 강 유프라테스에 이르기까지" 그들의 땅으로 주겠다고 약속하셨다(15:18). 하나님은 이 약속을 이삭에게(26:3-4), 그 뒤에는 야곱에게(28:13-14) 반복해서 들려주신다. 모세에게는 "아름답고 넓은 땅"에 대한 약속을 다시 반복하신다[이스라엘 자손은 이미 "그 수가 불어나고 세력도 커진" 상태였다(출 1:7)]. 그런데 이제 그 약속이 성취되려면 먼저 구출부터 받아야 한다. 큰 민족과 복, 땅에 대한 이런 약속은 애초에 왜 주어졌을까? 신명기에는 이렇게 나온다. "주님께서 당신들을 사랑하시고 택하신 것은, 당신들이 다른 민족들보다 수가 더 많아서가 아닙니다. 오히려 당신들은 모든 민족 가운데서 수가 가장 적은 민족입니다. 그런데도 주님께서는 당신들을 사랑하시기 때문에 당신들 조상에게 맹세하신 그 약속을 지키시려고, 강한 손으로 당신들을 이집트 왕 바로의 손에서 건져 내시고, 그 종살이하던 집에서 이끌어 내어 주신 것입니다"(7:7-8). 존 레벤슨(Jon Levenson)이 이 구절을 읽는 방식에 따르면, 약속은 선택으로 돌아가고, 선택은 사랑에 근거한다. 그것은 "마음의 일"이었다.[22]

만물의 이야기 전체에 그림자를 드리우는 특정성이라는 걸림돌은 히브리인의 시련에 대한 하나님의 첫 반응에서 이미 분명하게 드러난다. 그 백성의 울음소리를 들으실 때, 하나님은 야곱의 집과 언약을 맺은 사실을 기억하신다. 아담에게 생명의 숨결을 불어넣으신 점이나 노아와 맺은

---

[22] Levenson, *Love of God*, p. 41.

언약을 기억하신 것이 아니다. 하나님이 행동하시도록 움직인 것은 바로 이 백성의 울음소리다. "고통 하나만으로 한 백성에게 출애굽을 위한 자격이 주어지지는 않는다"라고 레벤슨은 쓴다. "이집트에서조차 다른 노예들은 구원받지 못했다. 오직 이스라엘만 구원받았다." 물론 그들을 따라나선 "다른 여러 민족"도 추가할 수 있다(출 12:38).[23] 여전히 하나님의 관심을 끌고 기억을 촉발하는 것은 이 백성의 **고난**이다. 하나님은 어떤 피조물의 고통에도 무관심하지 않으시지만, 이 서사에서 하나님은 오직 이 특정한 사람들의 고통에 적극적으로 관심을 가지신다.

하나님의 공감과 인간의 공감. "하나님이…보셨고…하나님이 **아셨다**"(출 2:25, 옮긴이 사역). 하나님은 그저 멀찌감치 떨어져서 혹은 하나님 자신의 몇몇 개인적 관심에 사로잡혀서 아신 것이 아니라 안으로부터 아셨고, 고난이 이스라엘 자손에게 끼친 영향을 인지하셨다. 바로 이것이 공감이다. 다른 사람들이 느끼는 것을 그저 **느끼는** 것이 아니라, 그들이 고통당할 때, 그들이 겪고 있는 상황을 **그들의 곤경으로** 상상하고 인식하며 그 상황이 시정되어야 한다는 사실을 아는 것이다. 그리고 그러한 시정을 자기 자신의 관심사로 삼는 것이다.[24] 이것이 사랑하는 이가 자신이 사랑하는 대상의 고통을 보는 방식이다. 이런 면에서 바로의 딸은 (그 아버지와는 다르게) 희미하게나마 하나님의 관점과 비슷하다.[25] 그녀는 갈대 사이에서 상

---

23 Levenson, *Hebrew Bible*, p. 152. Levenson은 본문에 존재하는 "가난한 사람들에게 부여되는 우선권과 이스라엘이 선택받음" 사이의 축소될 수 없는 긴장에 주목한다(p. 153).
24 다른 사람이 느끼는 대로 느끼는 것을 공감의 결정적 요소라고 보지 않는 공감에 대한 설명은 Rowan Williams가 하버드 대학교에서 행한 Tanner 강연을 보라(Williams, "Tanner Lectures"). Paul Bloom은 이것을 이런 식으로 쓴다. "작은 개 때문에 놀란 아이를, 나는 마치 조금도 무섭지 않다는 듯이 달랠 것이다." Bloom, *Sweet Spot*, p. 77.
25 이드로와 그의 딸들, "다른 여러 민족들"(출 12:38)과 더불어 바로의 딸 역시 이스라엘과 바로가 지배하는 이집트 사이의 피비린내 나는 갈등에도 불구하고 이스라엘과 이방인들의 상호 축복에 대한 출애굽의 소망을 예증한다. Soulen, *God of Israel*, pp. 149-150를 보라.

자를 보았고, 그 안에서 울고 있는 아이를 발견한다. "이 아이는 틀림없이 히브리 사람의 아이"라는 사실을 알았음에도 불구하고, 어쩌면 바로 그 사실 **때문에**, 그녀는 그 아이를 불쌍히 여긴다(2:6). 사소한 반역의 행위를 무릅쓰고, 그녀는 모든 히브리 사내아이를 죽이라는 아버지의 명령을 어기고(1:22) 아이를 구해서 모세라고 이름을 짓고 자신의 아들로 키운다. 원수 가족의 일원인 이 이름 모를 여인의 공감과 용기가 없었다면, 그녀가 아이의 곤경을 보고 듣고 인식하고 그 상황에 대해 뭔가를 행하지 않았다면, 한마디로 그녀의 **사랑**이 없었다면, 모세는 존재하지 않았을 것이다. 그 사랑은 그녀도 모르는 새에 하나님의 사랑과 합치되어 있었다. 그리고 물론 모세가 없다면, 출애굽도, 민족을 이루는 일도, 하나님이 이스라엘 가운데 거하시는 일도, 하나님의 집도 없다.

"[나는] 이집트 사람들이 그들을 학대하는 것도 보인다." 하나님이 고국에서 쫓겨 온 미디안의 목동 모세에게 말씀하신다. "이제 나는 너를 바로에게 보내어 나의 백성…을 이집트에서 이끌어 내게 하겠다"(출 3:9-10). 이러한 부르심은 반응을 요구한다. 먼저 모세에게서, 그런 다음은 백성에게서다. 어떤 면에서 모세는 그 부르심을 받아들일 준비가 되었다. 히브리인의 자녀이며 이집트 귀족인 그가 미디안의 이방 제사장의 양을 치며 무엇을 하고 있다는 말인가? 이집트에서 젊은 왕족이던 그는 자신의 동족에게로 갔다가 "그들이 고되게 노동하는 것을 보았[고]," 히브리 사람을 학대하던 이집트 사람을 죽임으로써 잘못을 바로잡고자 충동적으로 행동한다(2:11-12). 모세는 하나님을 기대하는 가운데 자신의 동족이 당하는 억압을 **보았고** 개입했다. 그의 양어머니가 그랬던 것처럼, 모세 안에서 인간과 하나님의 공감이 합치된다. 이제 오랜 세월이 흐른 뒤, 하나님은 모세에게 다시 개입하기를 명령하신다. 이번에는 이스라엘이 겪는 문제의 근원 자체에 대한 개입이다.

바로를 대면하기 위해서는, 다시 말해 이스라엘의 자녀들을 바로의 종살이하던 집에서 데리고 나와 하나님의 집이 되게 하기 위해서는, 억압의 체제에서 일어난 단 한 건의 잘못을 바로잡으려 했던 이전의 시도에서처럼 격앙된 감정만으로는 충분하지 않을 것이다(출 2:11-14). 왕족과 양치기로서 얻은 지식과 기술과 더불어 모세에게는 믿음이 필요했다.

믿음과 구원

공감처럼 믿음도 해방의 필수 조건이다. 절대적 의미에서 필수라는 말이 아니다. 사실 하나님이 히브리 사람들을 구원하고 그들 가운데 거하기 위해 의도하신 필수불가결한 측면에서 필수라는 뜻이다.[26] 믿음 없이는 아무 일도 일어나지 않는다. 설령 사람들에게 믿음 이외에도 많은 것이 요구되며, 모든 것은 하나님께 달려 있다고 해도 말이다.

해방 이야기(출 3:1-14:30)는 모세를 부르시는 사건(3:1-4:17)에서 출발하는데, 이 사건은 두 부분으로 일어난다. 첫 번째 부분에서 하나님은 자신을 대신해 바로에게 가서 "나의 백성 이스라엘 자손을 이집트에서 이끌어 내[도록]" 모세를 부르신다(3:1-10). 두 번째 부분은 한 민족으로서 이스라엘 백성들의 삶과 미래가 달린 위험천만한 일에 대한 모세의 반대를 중심으로 구성된다(3:11-4:17). 모세 자신의 반대이기도 하며, 백성들이 반대할 거라고 그가 예상한 부분이기도 하다. 각각의 반대는 의심의 형태를

---

[26] Harper는 심지어 모세보다 선행하는 믿음, 즉 그의 어머니 요게벳의 절박한 믿음의 형태에 주의를 기울인다. 그가 출애굽 이야기를 시적으로 표현한 글에서 요게벳은 이렇게 말한다. "믿음으로/ 나는 너를 숨겼다, 바로의 피비린내 나는 손이/ 우리의 덜덜 떨리는 심금 사이로/ 비운의 우리 아들들을 죽이기 위해 찾고 있을 때; 믿음으로 나는 엮었다/ 너의 갈대 방주를, 그리고 너를 뉘었다/ 나일의 깃발과 수련 사이로." Harper, "Moses," p. 15.

띠며, 하나님의 약속을 받아들이고 자신들의 삶과 자유를 하나님께 맡기는 자리로 나아가는 여정을 보여 주는 무대다. 그 두 반대에 대한 반응으로, 하나님은 믿음을 이끌어 내고 강하게 하시고자 한다. 하나님과 모세의 대화에서 나타나는 믿음의 핵심 차원들은 요한복음에서도 두드러지게 나타난다(5장을 보라).

믿음의 탄생. 모세의 첫 번째 반대는 "제가 무엇이라고 감히 바로에게 가서…"로 이루어진다(출 3:11). 스스로에 대한 믿음이 부족한데, 그 상황에서 그의 이러한 태도는 무척 타당하다. 하나님의 반응은 이렇다. "내가 너와 함께 있겠다"(3:12). 이것은 약속이다. 그 약속에 모세가 만족하려면, 하나님이 결정적 차이를 만드실 수 있고 만드실 거라는 믿음이 그에게 필요하다.[27] 하나님에 대한 믿음이 스스로에 대한 믿음의 결핍을 메워야 한다.

하나님은 모세에게 징표를 주시는데, 이것은 모세가 하나님을 신뢰하도록 돕는 방편으로 여겨진다. 그런데 그 징표가 기이하다. "네가 이 백성을 이집트에서 이끌어 낸 다음에 너희가 이 산 위에서 하나님을 예배하게 될 때에, 그것이 바로 내가 너를 보냈다는 징표가 될 것이다"(3:12). 하나님은 모세에게, 네가 여기서 나와 말을 하는 것처럼 온 백성이 자유를 얻은 뒤 나를 예배하기 위해 함께 여기 있을 것이라고 말씀하신다. 약속의 성취로 드러나는 징표는 필요할 때, 즉 여정이 시작되기 전에는 믿음을 북돋워 주지 못한다. 오히려 그때는 믿음이 불필요한데, 여정이 이미 의도한 목적지에 이르렀기 때문이다. 약속이 성취되기 전에, 모세는 하나님을 믿고 알지 못하는 미래로 발걸음을 내딛으며 모든 것을 걸어야 한다. 아브라함이 약속의 땅을 향해 가기 위해 고향을 떠날 때, 혹은 사랑하는 자식

---

[27] Gross, "Der Glaube an Mose nach Exodus," p. 59.

을 제물로 바치라고 하신 하나님 말씀에 따라 모리아 땅을 향해 이삭과 함께 걸어갈 때와 마찬가지로 말이다(창 12:1-4; 22:1-14).

믿음이 필요한 이유는 그저 제거할 수 없는 미래의 불확실성 때문이 아니다. 좀 더 근본적으로, 아브라함과 모세의 하나님이 가지신 성품과 그 하나님의 약속 때문에 믿음이 필요하다. 예배 행위의 대가로 부분적 이득을 베풀어 주는 신과의 관계에서는 큰 믿음이 필요하지 않다. 그러나 존재에 대한 완전히 새로운 형식의 토대가 되겠다고 약속하며 사람들의 삶 전체를 요구하는 하나님과의 관계는, 근본적 신뢰가 없으면 이루어질 수 없다.

모세의 두 번째 반대는 암시적이다. 모세는 하나님께 이스라엘 자손이 나를 보낸 하나님의 이름을 물을 때 "그들에게 무엇이라고 대답해야 합니까?"라고 묻는다(출 3:13). 대답의 초반에서 명백하게 드러나는 것처럼, 하나님은 모세의 질문을 하나님의 호칭에 대한 정보를 알려 달라는 요청으로 다루지 않으신다. 더 중요한 점은 이스라엘에게 이집트에서 도망치는 위험을 감수할 것을 요청하시는 하나님의 성품이다. 하나님은 자신의 이름을 선언하기 **전에**, 이렇게 대답하신다. "나는 곧 나다[나는 곧 나일 것이다]"(3:14).[28] 이 진술은 하나님의 이름이 아니라 이름에 대한 해석이며, 하나님의 성품에 대해 수수께끼처럼 그러나 직접적으로 말한다. 하나님이 알려 주시는 이름과 이 해석 둘 다에 대하여 곧 살펴볼 것이다. 여기서는 그것과 믿음과의 관련성만 짚고 넘어가려고 한다.

하나님은 이미 모세에게 이스라엘이 겪는 고난에 대해 자신의 마음이 움직였음을 확실히 말씀하셨고(출 3:7), 짐작건대 모세는 하나님이 바로의

---

28 "나는 곧 나다"라고 번역된 히브리어가 갖는 의미의 전체 범위는 미래지향적인 "나는 곧 나일 것이다"의 뜻 역시 포괄한다.

강한 손에서 그분의 백성을 구출하는 불가능한 일을 해낼 충분한 능력을 가지셨다고 믿었다. 그것은 믿음의 **수긍**(assent) 측면을 책임진다. 즉 하나님이 그들을 구하고자 하시며, 구하실 수 있다는 주장을 받아들이는 것이다. "나는 곧 나다"라고 자신을 설명함으로써, 하나님은 이제 그들과 함께하실 것이며 성품이 바뀌거나 이스라엘에게 호의적인 성향이 바뀌는 일이 없으리라는 점을 약속하신다. 이 약속은 믿음의 **신뢰** 측면을 목표로 하며, 우리가 신뢰해야 하는 분의 신뢰성에 언제나 의존한다. 믿음의 필요성을 강조한 뒤, 하나님은 어째서 모세가 하나님의 약속을 참으로 받아들이고(**수긍**) 그 자신과 백성을 하나님께 맡길 수 있는지(**신뢰**) 말씀하심으로써 그 실천의 가능성을 열어 놓으신다. 그들이 정말로 믿기 시작하려면 작지만 결정적인 한 단계가 더 필요한데, 바로 믿고자 하는 **의지**다.

    모세의 세 번째 반대는 바로 그 의지에 관한 것이다. "그들이 저를 믿지 않고, 저의 말을 듣지 않[으면]…어찌합니까?"(출 4:1)[29] 여기서 '믿는' 것은 야훼가 실제로 모세에게 나타나셨다는 명제에 수긍한다는 뜻이다. '듣는' 것은 그저 모세가 말하는 내용을 인지하는 것이 아니라, 모세가 바로에게 그들을 해방시킬 것을 요구하고 실제로 그 여정을 시작할 수 있도록 기꺼이 허락한다는 뜻이다(3:18). 이러한 반대에 대한 반응으로, 하나님은 모세에게 "주 너희 조상의 하나님…이 너에게 나타난 것을 믿을" 수 있게 증명해 줄 이적을 행할 능력을 주신다(4:5). 그들은 하나님이 약속과 확언을 넘어 적어도 하나님이 그들의 불행에 관심을 가지시리란 사실을 믿을 수 있는 어떤 **근거**를 주실 때에야 믿게 된다. 그리고 이렇게 갓 태어난 믿음은 자연스럽게 경배로 흘러간다(4:31).

---

[29]   원문의 번역은 Childs, *Book of Exodus*, p. 49.

야곱의 집은 이제 믿음으로 자신들의 운명을 이 하나님께 맡긴다. 이런 믿음의 자세는 단지 그들을 자유롭게 해 줄 조건일 뿐만 아니라, 그 자유를 위한 **첫 번째 시연**이다. 비록 지금은 오직 넓은 땅에서 어떤 족쇄도 없이 살아가는 그들 자신에 대한 이미지만이 행동에 나서도록 동기를 부여하고, 그 이미지 안에서만 자유로울 테지만 말이다. 앞으로 살펴보겠지만, 의심의 이유는 여전히 넘쳐 난다. 모든 믿음이 그렇듯이 그들의 믿음은 대체로 '그럼에도 불구하고'의 믿음이다.

끈질긴 의심. 구원 이야기에서 믿음의 주제가 표면에 드러나는 다음 지점은 모세와 바로의 대결이 가장 바닥으로 내려간 순간이다. 바로는 모세가 요구하고 이스라엘 백성이 바라던 대로 그들을 보내기는커녕, 압제의 나사를 더욱 조인다. 그에 대한 반응으로, 백성은 모세에게 반기를 들고, 모세는 하나님께 반기를 든다. 그는 이렇게 항의한다. "주님, 어찌하여 주님께서는 이 백성에게 이렇게 괴로움을 겪게 하십니까? 정말 왜 저를 이곳에 보내셨습니까? 제가 바로에게 가서 주님의 이름으로 말한 뒤로는 그가 이 백성을 더욱 괴롭히고 있습니다. 그런데도 주님께서는 주님의 백성을 구하실 생각을 전혀 하지 않고 계십니다"(출 5:22-23). 모세는 하나님이 결국 바로의 편을 드셨다고 비난한다. 약속이 저주로 뒤바뀌었다. 이에 대한 반응으로 하나님은 약속을 갱신하시고, 말씀의 처음과 중간, 마지막에 "나는 주다"라고 세 번에 걸쳐 엄숙하게 재확인하신다(6:2, 6, 8). 그러나 이스라엘 자손은 듣지 않는다(6:9). 잔혹한 노예 생활과 상한 마음이 믿고자 하는 의지를 짓밟았다. 이야기의 나머지 부분에서도, 백성의 믿음은 계속해서 변덕스럽게 흔들린다. 특히 갈대 바다(the Sea of Reeds, 홍해를 말한다—옮긴이)를 막 건너려고 하는 그들의 등 뒤까지 이집트 군대가 따라왔던 결정적인 순간에도 그랬다(14:10-12). 이집트 군대를 물리친 **뒤에야**, 다시 말해 (징표가 아닌 성취였던) 약속된 징표가 거의 실현되었을 때, 마침내 그들은 "주님과 주님의 종 모세를" 믿게 된다(14:31).

불안정하며 의심으로 점철되었지만, 그럼에도 이스라엘 자손의 믿음은 그들이 한 나라의 민족을 이루는 조건이었다. 또한 동시에 바다를 통과해 얻은 그들의 구원이 가져온 열매였다. 야웨에 대한 신뢰와, 비교가 불가능할 정도로 위대하며 "한결같은 사랑"으로 행하시는 그 야웨에 대한 확신을 붙드는 것은(출 15:11, 13) 광야에서의 여정과 그 너머의 삶을 위한 토대이기도 하다. 해방에서 시작해 이스라엘을 시온에 심기까지의 거대한 아치를 요약하는 바다의 노래(Song of the Sea)는 바로 그것을 암시한다(15:1-18). 그러나 해방된 이스라엘 자손이 마침내 믿게 되고 그 믿음을 노래로 경축한 지 단 3일 만에 그들의 신뢰는 다시금 흔들린다. 광야에서 마실 물이 없음을 알았을 때다(15:22-25). 그토록 오랫동안 그들이 알았던 유일한 형태의 권세는 오직 자신만을 위해 휘두르는 바로의 폭정밖에 없었다. 그래서 그들은 전능하신 야웨가 정말로 그들을 돌보신다는 사실을 믿을 준비가 되어 있지 않았다.[30] 길을 계속 가기 위해, 그들은 단지 마실 물과 영양가 높은 음식뿐만 아니라 신뢰로 되돌아올 길을 발견해야 했다. 갈증의 시험과 그 뒤를 따라온 허기의 시험은(16:3) 바로 그 신뢰를 불러일으키도록 고안되었다.[31]

---

[30] 2021년 4월 25일 Elm City Vineyard Church, New Haven, CT에서 행한 설교 "Provision in the Wilderness"에서 이러한 통찰을 제시해 준 Deniqua Washington에게 감사드린다.

[31] Zakovitch, "*And You Shall Tell Your Son…*," pp. 109-110를 보라.

구원하시는 하나님

모세를 부르시고 이스라엘 자손이 신뢰하는 분은 어떤 종류의 하나님인가? 하나님의 성품은 그분이 자신의 집 만들기 프로젝트에 동참하도록 모세를 부르실 때 드러난다. 하나님의 자기 계시의 중심에는 하나님의 이름이 놓여 있다. 좀 더 구체적으로는 그 이름에 대한 하나님의 해석이 있다.

모세가 "하나님의 산"에서 양을 치고 있을 때, 불타는 떨기가 소멸되지 않는 광경이 그의 목축 생활에 끼어들었다(출 3:1). 가까이 다가갔을 때, 떨기에서 나오는 목소리가 그에게 들려온다. "나는 너의 조상의 하나님, 곧 아브라함의 하나님, 이삭의 하나님, 야곱의 하나님이다"(3:6). 조금 전 살펴보았듯, 모세가 하나님의 끈질긴 부르심을 머뭇거리면서 점진적으로 받아들이는 과정에서, 그는 하나님의 이름을 묻는다(3:13). 하나님이 자신을 "아브라함의 하나님"으로 밝히신 것만으로는 불충분해 보인다. 이 중대한 임무는 별칭으로는 해결되지 않을 것 같다. 이름이 필요하다.

하나님이 밝히신 이름 "야웨"(3:15, 개역개정과 새번역에서는 "여호와"로 번역되었다 — 옮긴이)는 히브리 성경에서 하나님을 부르는 공식 고유명사로, 2,600번 나온 '엘로힘'(*Elohim*)의 경우와는 달리, '야웨'라는 호칭은 대략 6,800번 나온다(새번역은 이를 "주님"으로 번역한다 — 옮긴이).[32] 야웨는 아브라함이 부른 이름이고(창 12:8; 13:4; 21:33), 이삭이 부른 이름이며(25:21; 26:25), 레아의 고통을 살피고 그에 반응하시는 분의 이름(29:32)이다. 그러나 이스라엘의 자손은 고통 가운데 부르짖을 때 이 이름을 부르지 않는다(출

---

32   Reinhard Feldmeier와 Hermann Spieckermann은 이 이름이 "구약의 중심뿐만 아니라 구약의 중심에서도 나온다"라고 지적한다. Feldmeier, Spieckermann, *God of the Living*, p. 23.

2:23). 모세를 부르신 사건 이후에 이 이름과 출애굽 사건은 서로 분리될 수 없이 긴밀하게 연결된다. 이야기가 진행되면서, 특히 금송아지 사건 이후 그 이름의 의미가 확장된다. 그렇게 확장된 형태는 그리스도인들이 예수 그리스도를 이해하는 데에도, 그리고 이스라엘과 열방, 세계와 더불어 집을 만드시는 하나님 사역의 아치에도 결정적 역할을 한다.

하나님의 다른 이름[예를 들면 '엘올람'(*El-Olam*), '영존하시는 하나님']과 비교할 때, 야웨는 모호하다. 이 이름은 하나님에 대한 모든 묘사가 부적절함을 암시하지만, 그 외에는 하나님의 성품에 대해 거의 아무것도 말해 주지 않는다. 우리는 하나님이 만물의 이야기 안에서 행하시는 일을 관찰함으로써 그분의 성품을 가장 잘 판별할 수 있다.[33] 분명, 정형화된 어떤 진술도 하나님을 묘사하기엔 충분하지 않다. 그러나 하나님은 정확하고 간결하며 수수께끼 같은 자기 묘사를 하실 때 그 이름의 의미와 중요성을 '설명'하신다. "나는 곧 나"(출 3:14 상), 혹은 줄여서 "나"(3:14 하)다.[34] 바로 직전 문맥의 불타는 떨기에서 하나님이 모세를 부르신 사건과 이어지는 하나님의 자기 묘사는 이야기가 진행되는 가운데 우리가 더 깊은 이해로 나아가는 여정을 시작하도록 하나님의 성품을 충분히 설명해 준다.

초월적 생명력

먼저 모세가 들은 목소리가 어떤 형상이 아닌 타오르는 불꽃에서 나온다는 점에 주목해 보라. 숭배용 형상은 인간의 예술 기교가 집약된 산물이

---

[33] 여기서 우리는 David Kelsey의 의견을 따른다. Kelsey는 하나님이 섭리 안에서 다른 모든 대상과 맺으시는 관계를 탐구하는 것이야말로, 하나님이 '무엇'이며 '누구'이신지에 대한 보증된 기독교 신학의 주장으로 가는 올바른 경로라고 주장한다. Kelsey, *Human Anguish and God's Power*를 보라.

[34] 하나님의 이름에 대한 우리의 해석을 지지하는 논지는 Moberly, *God of the Old Testament*, pp. 69-72를 보라.

다. 그 형태는 확정적이다. 신성 자체가 숭배용 형상과 통합될 때, 인간은 신성에 접근할 수 있고 가늠할 수 있으며 통제할 수 있다. 야웨는 헤겔의 표현을 빌리자면 특정 형태로 고정시킬 수 없는, "끊임없이 모양을 바꾸는 놀이" 안에서 춤추는 불꽃으로 모세에게 오신다.[35] 분명한 모양이 있으며 그 얼굴을 볼 수 있는 어떤 신도, 상상력으로 분명하게 그려 볼 수 있는 어떤 신도, 야웨가 아닌 불완전한 대체물일 뿐이다(참조. 출 33:20).[36]

둘째, 목소리가 들려오는 불꽃은 **떨기를 태우지 않으면서** 타오른다. "자기 발생적이고 자기 유지적인" 불꽃은 하나님의 자기 묘사, 즉 '나는 나' 혹은 '나는 나일 것'의 미완료형 문법의 어감을 보여 주는 시각적 대응물이다.[37] 불타는 떨기와 짝을 이룬 하나님의 자기 묘사는 존재나 유지를 위해 자신이 아닌 외부의 다른 어떤 것에도 의존하지 않는 완전히 자기 발생적이고 소멸되지 않는 생명력을 암시한다.[38] 하나님은 단지 살아 계신 것이 아니다. 신명기가 다시 "불 가운데서" 온 회중에게 말씀하시는 분으로 묘사하는 것처럼, 하나님은 본질적이고 고정불변하게 "살아 계신 하나님"이다(신 5:26).

마지막으로, 하나님은 생존을 위해 세상으로부터 어떤 것도 공급받을 필요가 없으실 뿐만 아니라, 임재를 위해 오실 때 피조물을 파괴할 필요도 없고, 그 자리를 빼앗을 필요도 없으시다. 하나님의 거룩하심과 접근

35　Hegel, "Spirit of Christianity," pp. 191–192.
36　히브리 성경에서 하나님은 특정 형태로 등장하시기는 하지만, 단 하나의 고정적이고 예측 가능한 형태는 아니다. 예를 들면, 창세기 18장, 출애굽기 24장, 이사야 6장, 에스겔 1장에서 하나님의 형태는 불타는 떨기의 불꽃처럼 고정적이지 않은 것처럼 보인다.
37　"자기 발생적이고 자기 유지적인"이라는 표현은 Nahum Sarna의 글에서 가져왔다. Moberly, *God of the Old Testament*, p. 78의 주 69에서 재인용.
38　불타는 떨기 현상 대신, '나는 나'를 '나는 존재하는 이'로 번역하는 70인역을 언급하면서 동일한 주장을 펼치는 글은 Williams, *Christ on Trial*, pp. 21-22를 보라. 『심판대에 선 그리스도』(비아).

불가능성에도 불구하고, 하나님과 피조물은 공간이나 행위 주체를 놓고 전혀 경쟁하지 않는다. 하나님과 피조물은 같은 공간을 점유할 수 있고, 동시에 함께 행동할 수 있다.[39] 맞다. 모세에게는 가까이 가는 것이 허락되지 않았다(출 3:5). 출애굽기 후반부에 "주님께서는 마치 사람이 자기 친구에게 말하듯이 모세와 얼굴을 마주하고 말씀하셨다"(33:11)라는 구절이 나오기는 하지만, 불타는 떨기에서 모세는 하나님을 두려워한다. 심지어 출애굽기 마지막 부분에서, 모세는 "주님의 영광이 성막에 가득 [차서]" 그곳으로 들어가지 못한다(40:34-35). 그러나 그것은 하나님의 거룩하심과 사람들의 불경함, 죄악 사이의 긴장 때문이지(참조. 사 6:5), 인간과 하나님이 동시에 같은 장소를 점유하는 일이 형이상학적으로 불가능하기 때문이 아니다. 불타는 떨기와 성막에 계시는 것처럼, 하나님은 피조물의 자리를 빼앗거나 그들을 파괴하지 않고도 모든 피조물 가운데 계실 수 있다.

우리가 들려주는 만물의 이야기가 진행되는 동안, 우리는 하나님의 불이 피조물을 내쫓거나 파괴하지 않을 뿐만 아니라 오히려 그들을 번영시킨다는 사실을 볼 것이다. 출애굽기 마지막에서, 성막에 있는 이 불은 야곱의 집을 온전히 하나님의 백성으로 만들어 준다(2장). 요한복음의 시작 부분에서, 예수 그리스도는 육신이 되신 이 하나님의 불이며, 이 불은 그분의 인간성을 감소시키기보다 성취한다(3장). 요한계시록의 마지막에서, 창조 세계를 위한 하나님의 궁극적 목표, 즉 새 예루살렘 전체는 이 동일한 불로 환하게 빛날 것이다(9장).

---

39 Katherine Sonderegger는 불타는 떨기를 하나님과 피조물 사이의 비경쟁적 관계의 예로 해석한다(Sonderegger, *Systematic Theology*, pp. 80-85). 하나님과 피조물의 그러한 비경쟁적 관계에 대한 좀 더 일반적 고찰을 위해서는 Tanner, *God and Creation*을 보라.

역사적 동행

불타는 떨기의 불꽃에서 우리는 언제나 살아 계신 초월적 하나님, 창조 세계 안에 살아 계시면서 창조 세계를 살아가게 하시는 하나님을 만난다. 그러나 모세에게 말씀하시는 목소리는 야곱의 집이 겪는 구체적인 **역사적 경험**에 전적으로 초점을 맞춘다. 야웨는 "아브라함의 하나님, 이삭의 하나님, 야곱의 하나님"(출 3:6)이시며, 고통을 보고 언약을 기억하며 구하러 오시는 분이다(2:24; 3:7). 야웨는 뒤틀린 사물의 질서를 바로잡기 위해 일하시며, 새로운 뭔가를 창조하고 역사적 변화를 일으키겠다고 약속하시는 하나님이다. 실제로 출애굽에서 하나님이 세상 권력의 삶에 개입하고 세상 변혁의 과정에 시동을 거신다는 점에서, 이것은 **세계사적** 규모의 변화다. 역사의 하나님이 함께하시는 미래는 단순히 현재가 연장되는 것이 아니라, 약속이 성취되는 지평이다. 미래에 대한 새로운 시각은 과거에 대한 새로운 경험을 함축한다. 과거는 미래와 묶일 수 있고 이야기의 도움을 받아 서술될 수 있다. 따라서 과거는 단지 사건의 연속이 아니라 한 백성에 관한 이야기의 일부이자 그들 정체성의 원천이다.[40] "나는 너의 조상의 하나님, 곧 아브라함의 하나님…이다." 하나님이 모세에게 말씀하신다. "이제 내가 내려가서 이집트 사람의 손아귀에서 [내 백성을] 구하여, 이 땅으로부터 저 아름답고 넓은 땅…으로 데려가려고 한다"(3:6, 8).

하나님은 한 **인격**으로서 역사 안에서 행동하는 분이기 때문에 과거와 미래를 묶으실 수 있다. 떨기 속에서 들려오는 목소리는 계속해서 일인칭 단수를 점차 고조되는 방식으로 사용하는데, "나는 나"라는 자기 계시에서 절정에 이른다. 일인칭 화법은 이스라엘의 하나님에 대한 정체성을 표

---

40 Assmann, *Invention of Religion*, p. 137를 보라.

현하는 데 결정적이다. 불타는 떨기 이야기에 나오는 하나님이 그토록 빨리 철학자들의 하나님과 결합되고, 어떤 경우에는 대체로 그러한 철학적 하나님으로 동화되어 버리는 것은 역설이다. 70인역은 "나는 나"의 축약형 "나"(I Am)를 '호 온'(*ho ōn*)으로 번역했는데, 그 덕분에 야웨를 무한자, 절대적 존재, 어떤 것에도 매이지 않은 분, '나'라고 말할 수 있는 무엇과도 같지 않은 존재로 재구성할 수 있었다. 그러나 야웨는 비인격적 힘도 신령한 임재도 아닌 인격, 좀 더 정확히 말하자면 인격과 **비슷한 어떤 존재**다. 하나님은 피조물이 하나님에 대해 예측하는 어떤 대상과도 오직 (대략적으로) 유사한 존재일 뿐, 일치하지는 않기 때문이다.

출애굽 이야기에는 하나님이 일인칭 단수를 사용하신다는 사실 이외에도 하나님의 인격성을 단언할 이유가 있다. 모세를 부르시는 전체 이야기는 하나님이 인격적 존재라는 사실에 근거한다. 하나님은 보고 들으신다. 하나님은 기억하고 아신다. 하나님은 말씀하신다. 모세가 반응하기를 기다리고, 또한 그에게 반응하신다. 그리고 그 모든 것의 전제로, 하나님은 내려오신다. 혹은 떠나 계신다(출 3:1-4:17). 출애굽에서처럼, 만물에 관한 이야기 전체에서도 마찬가지다. 이것이 **이야기**가 되는 이유는 주인공인 하나님이 중요한 의미에서 인격적 행위자이시기 때문이다.

출애굽기에서 최초에 하나님은 부재한 상황이며, 그런 다음 그분은 백성을 고통에서 건져 내 아름답고 넓은 땅에서 살게 하기 위해 오신다(출 3:8). 이제, 단순히 구원자인 신이 와서 그들을 해방시키고 떠날 수도 있다. 그 신의 이름을 알 필요조차 없다(청구서를 받을 때 알게 되겠지만). 그러나 이스라엘의 구원만큼이나 중요한 점은, 야웨는 단지 구원자이기만 한 것이 아니라, 고통스러운 긴 부재 끝에 새로운 방식으로 임재하기 위해 그 백성과 **함께** 거하고 길을 걷기 위해 오신다는 점이다(40:34-38). 이는 신적 무소부재와는 다르며, 이름이 있는 인격적 하나님의 특별한 임재 방식이다. 하나님이 모세와 주고받는 대화는 그러한 '함께함'을 엿볼 수 있는 생생한 예다. 하나님은 모세의 이름을 부르시고, 모세는 "제가 여기에 있습니다"라고 대답하며, 하나님은 "내가 너와 함께 있겠다"라고 약속하신다(3:4, 12). 예수 그리스도 안에서 하나님이 오시는 상황은 이러한 임재의 친밀성을 강조할 터이다. '백성과 **함께한다**'라는 말은 그들 '**안에**' 있다는 뜻이다(5장을 보라). 이야기의 마지막 부분인 요한계시록에서 '불'은 여전히 새 예루살렘 **내부에** 있으며, 도성은 하나님이 내주하시는 임재를 여러 각도로 비추며 존재하게 된다(9장).

나는 나

진부해 보일 수 있지만, 모세의 요청으로 하나님이 이스라엘 자손에게 하나님 자신의 이름을 기꺼이 주신다는 사실은 중요하다. "나는 나"라는 표현이 이름을 밝히는 대신 '뒤로 감춘다'라는 주장에 학자들은 거의 일치된 공감대를 형성한다.[41] 장뤽 마리옹(Jean-Luc Marion)의 말을 빌리면, "고유명사에 사로잡히거나 매이는" 상황을 회피하기 위해 하나님은 그러한 요청을 거절하신다.[42] "나는 나"가 신비로운 하나님의 자기 묘사이지 이름이 아니라는 점을 이러한 합의가 올바르게 이해한 셈이다. 그러나 그 합의는 명백한 사실을 무시한다. 그 자기 묘사는 야웨라는 **이름**과 연결되어 있으며, 사실 하나님은 이 이름을 주시되 어떤 망설임도 없이 영구적으로 주신다는 점이다.[43]

---

41 Assmann, *Invention of Religion*, p. 132를 보라.
42 Marion, "Death of the Death of God," p. 180.
43 그러한 합의에 반대하는 논지는 Moberly, *God of the Old Testament*, p. 77를 보라.

(특히 고대 세계에서는) 이름이 사람에 대해 뭔가를 말해 줄 수는 있지만, 사람들은 자신에 대해 주로 정보를 전달할 목적으로 다른 이들에게 자신의 이름을 알려 주지는 않는다. 이름을 알려 주는 것은 관계를 맺고자 하는 적극성을 시사한다. 단순히 일정 거리를 둔 관계가 아니라, 이를테면 직접 **말하거나** 말을 걸 수 있으며 알 수 있는 상대가 기꺼이 되고자 한다. 그것은 하나님이 이름을 불러 주신 모세가 불타는 떨기에서, 또한 출애굽 내내 하나님과 관계를 맺은 방식이기도 했다.[44] 이것이 '누군가를 이름으로 안다'라는 표현이 함축하는 바다. 모세가 하나님에 대하여 "저를 이름으로 불러 주실 만큼 저를 잘 아시며, 저에게 큰 은총을 베푸신다고 말씀하셨습니다"라고 말할 때처럼 말이다(출 33:12). 바로 앞 구절에서는 "주님께서는 마치 사람이 자기 친구에게 말하듯이 모세와 얼굴을 마주하고 말씀하셨다"라고 확인해 주었다(3:11). 이스라엘 백성에게 "대대로 기억할" 이름을 주심으로써(3:15), 야웨는 백성 전체를 이러한 형식의 상호 관계로 부르신다.

상호 간에 말을 걸고 반응하는 것은 서로가 **함께하는** 필수적인 방식이며, 적어도 하나님이 이스라엘과 함께하기 위해 선택하신 방식이다. 이것이 하나님이 자신의 고유명사를 알려 주시는 주된 이유이지만, 유일한 이유는 아니다. 하나님의 이름은 또한 이 하나님을 다른 모든 이들과 구별하는 역할을 한다. 출애굽기는 많은 신이 존재하지만 야웨가 이스라엘의 유일한 하나님이라는 사실을 전제한다. 이것은 "내 앞에서 다른 신들을 섬기지 못한다"라는 명령에서 표현되는 **충성의 유일신주의**이며(출

---

44   "근본적으로 대화적"이고자 하며 "부름과 응답"에 초점을 맞추는 유대인의 "이름 신학"(Name-theology)에 대해서는 Ben-Sasson, *Understanding YHWH*, pp. 291-292를 보라.

20:3),⁴⁵ 이사야서나 예레미야서에서처럼 야웨 이외에는 다른 어떤 신도 없다는 주장에 근거를 두는 **배타적 유일신주의**가 아니다. 배타적 유일신주의의 문맥에서 '하나님'을 말한다는 것은 한 분의 참되신 하나님을 지칭한다는 뜻이다. 그럼에도 "신도 아닌"(렘 5:7) 신들이 많이 있기 때문에, 여기서도 하나님의 이름은 바울이 표현하듯 "이른바 신이라는 것들"(고전 8:5)로부터 한 분의 참되신 하나님을 구별하는 역할을 한다. 이름은 백성과 야웨 사이의 상호적 관계를 위한 매개의 역할을 한다.

이 관계는 친밀하다. 하나님은 그가 "나의 백성"(출 3:7), 심지어 "나의 보물"(19:5)이라 부르는 백성 가운데 거하신다. 그러나 스스로의 정체를 "나는 나" 혹은 "나는 나일 것"으로 밝히는 하나님에 대해서는 심오하게 불안한 뭔가가 있다. 그러한 하나님은 인간의 기획을 돕도록 제물이나 탄원으로 압력을 가하거나 인간들이 자기 뜻대로 삶을 살아갈 수 있도록 그들의 길에서 비켜나는 방식으로 **통제할 수 없다**. 사람들은 하나님께 기도할 수 있고, 하나님은 그들의 기도에 응답하실 것이다. 유명한 모세의 경우처럼(출 32:11-14을 보라), 사람들은 하나님과 심지어 협상할 수 있고, 하나님은 거기에 흔들리실 수도 있다. 그러나 이 모든 과정에서 하나님은 **하나님**이실 것이고, 하나님은 **하나님**이 할 일을 하실 것이다. 야웨는 그런 분이다.⁴⁶ 아브라함과 이삭이 심장 떨리게 배웠고(창 22장), 그리하여 하나님이 "아브라함의 하나님 그리고 이삭의 두려우신 분"으로 알려졌던 것처럼 말이다(창 31:42, 옮긴이 사역).⁴⁷

그러나 하나님의 조종 불가능성의 반대는 하나님의 **신실함**이다. 하나

---

45   충성의 유일신주의에 대해서는 Assmann, *Invention of Religion*, pp. 79-88, 335-337를 보라. 그것이 가져오는 결과에 대한 우리의 평가는 그와 다르다.
46   Buber, *Moses*, pp. 52-53를 보라.
47   번역은 Alter, *Five Books of Moses*, p. 174.

님의 백성만 하나님을 조종할 수 없다는 뜻이 아니기 때문이다. 그 무엇도 하나님을 조종할 수 **없다**. 하나님은 자기 일관성을 유지하신다. 어떤 각도에서 보면, 이것 역시 나쁜 소식처럼 보일 수 있다. 특히 경쟁하는 세력과 이익 관계에 따라 교차 압력을 받으며, 잘못을 범할 수 있고 취약한 사람들에게는 더욱 그렇다. 하나님이 오로지 규칙만을 근간으로 하는 정의의 하나님이시기만 하다면 그럴 수도 있다. 사람들은 그들이 받아 마땅한 것만 받게 될 테고, 연약한 그들은 결국 파멸할 것이기 때문이다. 그러나 언약의 갱신에 대해 논하면서 살펴보겠지만, 하나님은 근본적으로 자비의 하나님이다(2장을 보라). 조종 불가능성과 자기 일관성은 **사랑**의 하나님이 지닌 성격적 특성이다.

그렇다면 불타는 떨기의 하나님은 누구신가? 조종할 수 없고 완전히 자기 일관성을 지녔으며 인격적인 하나님, 자기 발생적이고 소멸이 불가능한 생명력을 지닌 하나님, 듣고 보고 부르고 말씀하고 귀 기울이고 역사 가운데 행동하시는 하나님, "아름답고 넓은" 땅에서 그 백성과 함께하겠다는 약속을 지키기 위해 또한 그들과 함께 집을 세우기 위해 모든 장애물을 극복하고 오시는 하나님이다. 모세에게 하나님의 자기 계시는 분명하고 잊을 수 없었다. 백성의 편에서 하나님과 맺은 관계는 훨씬 허약하다. 심지어 야웨가 그들을 해방시키고, 시내산에서 그들 자신이 '불타는 떨기'를 직접 경험한 뒤에도, 그들은 야웨를 버리고 금송아지를 택한다. "이스라엘아! 이 신이 너희를 이집트 땅에서 이끌어 낸 너희의 신이다"(출 32:4).[48]

---

[48] 이스라엘 백성이 형상 제작 금지(출 20:4, 23)가 아니라, "너희는 내 앞에서 다른 신들을 섬기지 못한다"(출 20:3)라는 계명 (역시) 어겼다는 우리의 주장은 2장을 보라.

비판과 모호성

이집트에서의 삶을 삭막하게 묘사한 설명은 이스라엘 백성이 하나님과 함께하는 진정한 집으로서 **약속된 땅**에 대한 비전을 두드러지게 만드는 배경막 역할을 한다. 출애굽기에서는 그 땅이 "젖과 꿀이 흐르는 땅"(출 3:8, 17; 13:5; 33:3)이며, "홍해에서 블레셋 바다까지, 광야에서 유프라테스강까지"(출 23:31) 이르는 경계가 하나님이 아브라함에게 약속하셨던 영토(창 15:18)와 대략 일치한다는 점 이외에는 그다지 많은 것을 알려 주지 않는다. 바로의 권세와 영광을 떠받치는 잔혹한 노동과 대조를 이루어, 약속된 땅은 풍요롭고 비옥한 땅에서 이루어지는 목축과 농경 생활을 표상한다. 노동은 힘들지 않고, 영원한 예속에서 자유롭다(적어도 이스라엘 자손에게는 그렇다. 레 25:44-46을 보라). 십계명(출 20:1-17)과 율법과 규례(출 20:22-23:33)는 장차 집이 될 약속된 땅의 특징인 사회관계들의 종류를 더 상세하게 개괄하는데, 다음 장에서 곧 이를 다시 살펴보려 한다. 결정적으로 중요한 점은 이스라엘의 새집의 특징이 이스라엘과 함께하시는 하나님의 임재를 포함하고 전제하며 그에 부합한다는 사실이다.

반복되는 압제

이집트에서의 '디소이킥'(*dysoikic*, 집이 손상된)한 삶과 약속된 땅의 집과 같은 곳에 거하는 삶, 이 두 가지 삶의 방식에 있는 대조적 상황을 고려할 때, 이집트에서 구출된 것은 단지 과거 이방 땅의 압제자에 대해 심판이 이루어졌다는 뜻일 뿐만 아니라 이스라엘 공동체 안에서도 '디소이킥'한 삶의 형식을 거부한다는 뜻이기도 하다. 그것은 그 땅에서 고통당하는 이들에 대한 공감을 불러일으키고, 최선의 경우, 일련의 대안적 실천과 훨씬 더 의로운 사회적 관행을 형성하는 데 동기를 부여하도록 의도되었다. "너희는 너희에게 몸 붙여 사는 나그네를 억압해서는 안 된다. 너희도 이집트 땅에서 나그네로 몸 붙여 살았으니 나그네의 서러움을 잘 알 것이다"(출 23:9). 그러한 규례가 도입되었다는 사실은 그 자체로, 이스라엘이 이집트의 방식을 답습하려는 유혹을 받았다는 증거다. 그들의 조상이 이집트 여인 하갈을 홀대한 사실이 보여 주듯(창 16, 21장), 그 방식은 그들 자신의 역사에서도 완전히 낯설지만은 않았다.[49] 앞에서 우리는 출애굽에서 바로에 맞서는 하나님의 반감이 또한 이스라엘의 바로왕 솔로몬을 향하기도 한다는 사실을 보았다.

그러나 어떤 면에서 구원의 기억이 지닌 효력은 차단되고 끊겼다. 아마 가장 큰 문제는 이스라엘에서 노예 제도가 지속되었다는 점이다. 출애굽기는 솔로몬의 압제를 (암시적으로) 비판하는 것처럼 노예 제도를 비판하지는 않는다. 출애굽기는 (신약처럼) 노예 제도를 전제하며, 그 제도를 폐지하기보다 규제하려고 한다.[50] 하나님을 주인으로 섬기는 종이 되는 것과 인간 주인의 노예가 되는 것은 양립 가능해 보인다. 즉 노예 제도가 "본질적으로 착취적이거나 부당하게 해를 입힌다고 여겨지지 않는다."[51] 여기에는 노예로 살아가는 이들의 실제 경험을 민망할 정도로 무시하는 태도, 이스라엘 자신의 고통과 해방이 함축하는 의미를 미리 차단해 버리려는 명백한 의도가 있다. 성경 전통에서는 오직 예언자들만 평등주의 사회 비전을, 그것도 오직 종말론적 비전으로서만 진술한다. "사람마다 자기 포도나무와 무화과나무 아래 앉아서 평화롭게 살 것이다. 사람마다 아무런 위협

49　우리는 이러한 통찰을 Ryan Gregg과의 개인적 서신 교환을 통해 얻었다. 또한 하갈 이야기에 대한 고전적 읽기는 Delores Williams, *Sisters in the Wilderness*, pp. 15-33를 보라.
50　Harrill, "Slavery"와 거기에서 인용된 문헌을 보라.
51　Levenson, *Hebrew Bible*, p. 136.

을 받지 않으면서 살 것이다. 이것은 만군의 주님께서 약속하신 것이다"(미 4:4). 앞으로 살펴보겠지만, 요한계시록의 신적 무정부주의는 이러한 평등주의 비전 위에 세워진다(9장).

해방과 폭력

구원의 열매에서뿐만 아니라 구원 그 자체의 성격에도 모호함이 존재한다. 구원을 이루기 위해서는 하나님의 권세가 바로의 권세에 맞먹는 정도보다 훨씬 커야 한다. 이집트의 이데올로기에서 바로는 신을 대표하기 때문에(그는 최상위 신인 태양의 아들이다[52]), 구원은 신들의 경합이다. 신적 구원자인 야웨의 권세와 압제자 신의 '화신'인 바로의 권세가 맞붙는 것이다.[53] 이에 상응해 한편에는 하나님의 메신저인 모세와 아론, 다른 한편에는 바로의 주술가들과 그들의 '비술' 사이에서 대결이 벌어진다. 바로와 야웨 양편 모두 출애굽을 이런 식으로 본다. "그 주가 누구인데 나더러 그의 말을 듣고서 이스라엘을 보내라는 것이냐?" 바로는 빈정대며 모세에게 묻는다. "나는 주를 알지도 못하니 이스라엘을 보내지도 않겠다"(출 5:2). 그리고 야웨는 열 가지 재앙을 내리는 이유가 바로와 이집트 사람들에게 "내가 주님임을" 알게 하기 위함이라고 말씀하신다(7:5; 참조. 15:1-11).

야웨는 "내가 손을 들어 이집트를 치고, 그들 가운데서 이스라엘 자손을 이끌어 낼 때에" 그 대결이 결판날 것이라고 말씀하신다(출 7:5). 그러나 궁극적으로, 출애굽의 관점에서 그 싸움은 엄밀히 말해 바로에게 승리하기 위한 것이 아니다. 즉 바로가 주장하던 일종의 '위대한 집'의 자리를 야웨가 대신 차지하기 위한 싸움이 아니다. 만약 그렇다면, 야웨의 도

---

[52] Assmann, *Invention of Religion*, p. 47.
[53] Levenson, *Hebrew Bible*, p. 141.

움을 받아 이집트를 떠난 야곱의 집은 단지 예속의 한 형태에서 다른 형태로 옮겨 갔을 뿐이다. 헤겔이 비판적으로 표현하듯, 바로의 멍에에서 풀려난 그들은 야웨의 멍에를 지게 될 것이다.[54] 바로는 억압하고 노예로 삼는 정치권력의 영구적 체제를 구현하는데, 출애굽에서 하나님은 그 정치 체제에 맞서기 시작하셨다. 그것은 수많은 예언서와 요한계시록의 마지막에 나오는 종말론적 정의의 비전을 향한 궤적의 출발이었다. 승리를 가능하게 한 징조와 기적은 단순히 바로의 패배를 가져온 치명타가 아니라, 인종 학살을 자행하는 압제자에 대한 "위대한 심판의 행위"였다(출 7:4, 옮긴이 사역). 그러나 출애굽기는 많은 현대의 독자들이 갖는 의문을 다루지 않는다. 혹독한 심판이 정당했는가? 모든 사람의 창조주이신 하나님은 그 동일한 체제 아래에서 고통당하던 이집트 사람들, 혹은 그러한 위대한 심판의 행위로 몰락한 부유한 이들뿐만 아니라 가난한 이들에게도, 힘 있는 이들뿐만 아니라 힘없는 이들에게도 관심을 가지셨는가?

종살이의 집에서 해방되는 출애굽에는, 많은 이들에게 과도한 폭력으로 느껴지는 하나님의 심판이 수반된다. 그리고 약속된 모국의 땅으로 들어갈 때도, 많은 이들에게 신적 권한으로 자행된 징벌과 인종 학살의 폭력으로 느껴지는 하나님의 심판이 수반된다(신 9:4-5). 해방과 정복은 한 이야기의 양면이며, 그 양쪽 모두 폭력에 바탕을 둔다. 본문에서 이스라엘이 '디소이킥'한 삶을 극복하기 위해서는 이집트 사람들을 학살하고 가나안 사람들에게서 그들의 집을 강탈하는 과정이 필요해 보인다. 정의와 자비를 강조하는 히브리 성경의 중심 맥락의 관점에서뿐만 아니라 예수님의 가르침과 본의 관점에서도, 구원과 정복에 수반되는 폭력은 출애굽이 매

---

54   Hegel, "Spirit of Christianity," p. 191.

우 핵심 비중을 차지하는 이스라엘의 건국 이야기와 기독교의 구속 이야기에서 커다란 윤리적 도전 하나를 제기한다.

2장
하나님의 가족으로 사는 것

이집트는 "종살이의 집"(출 20:2), 즉 전형적인 '디소이코스'(집이 손상된)다. 구출이 지향하는 목표는 하나님이 함께 계시는 약속의 땅, 물질적으로나 사회적으로나 진정한 의미의 집이다. 출애굽기에서 이스라엘 자손은 참된 목표에까지 이르지는 못한다. 그 대신, 하나님은 그들이 광야를 지나는 내내 성막에서 그 백성과 함께 거하기 위해 오신다. 그러나 하나님이 그들 가운데 거하기 위해 오시기 전, 이스라엘 자손은 특정한 종류의 백성, 즉 '집'이라는 이름에 합당한 사회적 공간을 이루어야 한다. 좀 더 정확하게 말하자면, 그들이 하나님과 그들 서로는 물론이고 그 땅과 일련의 올바른 역동적 관계를 이룰 때만 이스라엘은 하나님의 집이 될 수 있다. 언약의 역할은 이러한 집을 구성하는 일련의 근본적인 관계를 규정한다.

이번 장에서 우리는 언약의 이야기, 즉 언약의 성립, 위반, 갱신에 관한 이야기를 들려주려 한다. 그 과정에서 하나님의 집을 규정하는 여러 관계의 특징을 살펴볼 생각이다.

언약이 세워지고 깨지다

이스라엘 자손이 어떤 종류의 백성인가를 결정하는 근본적인 요소는, 아브라함이 그들의 공통 조상이라는 점에 있지 않다. 이집트를 떠날 때 다른 그룹 역시 그들에게 합류했고(출 12:38), 아브라함은 다른 '민족들'의 시조이기도 하기 때문이다(창 25:1-4, 12-16). 혹은 그들이 같은 언어를 사용하며 같은 땅에서 같은 통치자 아래 살아간다는 사실도 아니다.[1] 그들을 하나의 백성으로 만들어 주는 점은 바로 야웨가 그들과 언약을 세우고, 공동체적 삶의 규범으로 율법을 준다는 사실에 있다. 그 율법은 "성공적인 삶이자 하나님과 적절한 관계로 들어가는 유일한 길이다."[2] 종살이하던 집에서 오래 살아온 그들이 하나님의 "제사장 나라…거룩한 민족"(출 19:6)으로서 하나님의 집이 되고 그 안에서 살아가기 위해서는 자유의 규약이 필요했다.

언약

십계명(출 20:1-17)과 규례(출 21-23장)의 내용이 명백하게 보여 주듯, 언약의 율법은 백성의 삶에 존재하는 모든 관계를 관할한다. 다시 말해, 그들 서로의 관계, 땅과의 관계, 가장 중요하게는 하나님과의 관계를 관할한다. 율법은 공동체의 모든 일원에게 동일하게 적용되고, 선하고 절대적인 충성 대상의 궁극적 근원("주 너희의 하나님"; 20:2)을 알려 주며, 외부적 행동뿐만 아니라(예를 들면, "거짓 증언을 하지 못한다"; 20:16) 모든 사람의 욕망의

---

[1] Hegel, "Spirit of Christianity," p. 187를 보라. 좀 더 최근에 Willie Jennings는 백성과 땅 사이에 야웨가 들어간 것을 이스라엘 정체성의 결정적 특징으로 본다. Jennings, *Christian Imagination*, pp. 254-259, 343의 주 22.
[2] Schmid, "Genesis of Normativity," p. 119.

성격에도("너희 이웃의 집을 탐내지 못한다"; 20:17) 관여하는 기본적인 도덕 원칙을 명시한다. 다양한 그룹에 속한 사람들과의 관계를 규제하는 조항뿐만 아니라(예를 들면, 히브리 종은 "여섯 해 동안 종살이를 해야 하고, 일곱 해가 되면 아무런 몸값을 내지 않고서도 자유의 몸이 된다"; 21:2), 땅이나 동물과의 관계에 대한 조항도 들어 있다(예를 들면, "소가 어떤 남자나 여자를 받아서 죽이면, 그 소는 반드시 돌로 쳐서 죽여야 한다"; 21:28). 중요한 것은 율법에 이방인, 고아와 과부 같은 "절박하게 혹은 만성적으로 취약한" 이들을 보호하는 조항이 들어 있다는 점이며, 마이클 웰커(Michael Welker)는 이를 "자비 규약"(mercy code)이라고 부른다.³ 율법은 현대 정치 체제의 어떤 부분보다 더 많은 부분을 다룬다. 그것은 개인과 공동체의 삶 전체를 관할했다.

새로운 형태의 언약. 하나님이 이스라엘과 언약을 세우시는 방식은 고대 세계에서 하나의 혁신을 보여 주며, 그 영향력은 우리 시대의 정치적 사고와 관습에까지 이어진다. 얀 아스만은 그 혁신을 이렇게 요약한다. "첫째, 하나님은 신들 앞에서 백성을 대표하는 왕이 아니라, 백성들과 직접 이 조약을 맺으신다. 둘째, 충성 조항은 백성 앞에서 신들을 대표하는 왕과 백성 사이가 아니라, 하나님과 백성 사이에 성립한다."⁴ 출애굽기는 하나님과 백성 사이의 중재자를 없앤다. 하나님은 언약을 세울 때 백성에게 직접 말씀하시고, 모세는 단지 메신저의 역할만 맡는다. "너희는 내가 이집트 사람에게 한 일을 보았고, 또 어미 독수리가 그 날개로 새끼를 업어 나르듯이 내가 너희를 인도하여 나에게로 데려온 것도 보았다. 이제 너희가 정말로 나의 말을 듣고 내가 세워 준 언약을 지키면, 너희는 모든 민

---

3 Welker, "Power of Mercy," p. 230.
4 Assmann, *Invention of Religion*, p. 205. 이러한 분석은 Assmann만의 고유한 주장이 아니다. Kennedy의 "'To All the Children of Israel,'" pp. 1-8, 44-52를 보라.

족 가운데서 나의 보물이 될 것이다. 온 세상이 다 나의 것이다. 그러므로 너희는 내가 선택한 백성이 되고, 너희의 나라는 나를 섬기는 제사장 나라가 되고, 너희는 거룩한 민족이 될 것이다"(출 19:4-6).

언약의 세 번째 새로운 특징은 하나님이 백성에게 그것을 **제안**하신다는 점이다. 언약은 그들에게 강요되지 않으며, 백성의 동의 없이는 효력이 발생하지 않는다. 동의는 거부할 자유를 함축하며, 이는 헤겔이 주장한 것처럼 하나님이 세우신 국가에서는 모든 사람이 "정치적으로 무효"가 아님을 분명히 가리킨다.[5] 바뤼흐 스피노자(Baruch Spinoza)는 자신이 이상적으로 여기는 정부 형태를 정당화하기 위해 애쓰면서, 헤겔과는 달리 이스라엘 자손은 "힘에 의한 강요나 위협의 두려움 없이 자신들의 천부인권/자연권을 자발적으로 포기하고 하나님께 이양했다"라고 썼다.[6] "자발적으로"라는 표현은 철학적 개념으로는 맞는 말이지만,[7] 그들의 자유는 동등하고 완전히 독립적인 상대편으로서 갖는 자유가 아니다. 하나님이 그들을 종살이에서 해방하셨고, 또 광야에서 그들에게 먹을 것을 공급하는 유일한 원천이었다는 점에서, 그들은 자신들의 존재를 하나님께 빚지고 있었기 때문이다(출 16:1-35). 존 레벤슨은 이 문제를 냉정하게 좀 더 일반적으로 표현한다. "성경에서 누가 하나님과의 언약 제안을 거절하고도 살아남아서 거절했다는 말을 할 수 있겠는가?"[8] 그렇다 하더라도, 백성의 동의는 필수적이며, 그들은 "다 함께" 그렇게 한다(19:8). 다시 한번 단순한 메신저로서 모세는 그들의 응답을 하나님께 전달한다. "주님께서 말씀하신 모든

---

5 Hegel, "Spirit of Christianity," p. 202.
6 Spinoza, *Theological-Political Treatise*, p. 302.
7 이러한 철학적 개념의 자유에 대해서는 de Rose, "Horrific Suffering, Divine Hiddenness and Hell," pp. 29-30를 보라.
8 Levenson, "Covenant and Consent," p. 77.

것을 우리가 실천하겠습니다"(19:8; 참조. 24:3, 7). 아스만은 백성이 "주권적인 상대편의 역할"을 감당하는 언약에 동의함으로써 이스라엘이라는 나라가 태어났고, 그와 함께 새롭고 "어느 정도 '민주적인' 백성의 개념"이 태어났다고 말한다.[9]

신정 정치의 비전. "어느 정도"라는 수식어가 중요하다. 시내산에서 하나님이 "내가 내려왔고"(출 3:8, 옮긴이 사역) "너희를…나에게로 데려[왔다]"(19:4)라고 말씀하실 때, 우리는 하나님이 야곱의 집을 자신의 **백성**으로 만들고자 하신다는 사실을 깨닫는다. 언약은 이스라엘 자손을 그들의 하나님과 묶어 주는 동시에, 그들을 "한 백성으로" 통합한다.[10] 모세가 하나님을 위해 세울 성막은 단순히 사람들이 찾아가는 성지가 아니라, 통치하시는 하나님의 보좌 역할을 하는 언약궤가 자리 잡은 왕궁이다. 성막은 이스라엘을 "제사장 나라…거룩한 민족"(19:6)으로 만들며, 결국은 그들이 하나님의 가족이 되게 할 것이다(참조. 민 12:7). 여기서 '민주적'이라는 말은 통치를 받는 이들의 최초 동의를 받아 하나님의 통치가 이루어지는 것을 의미한다.

이러한 민주주의는 신정주의적(theocratic)이다. 출애굽의 반바로주의(anti-pharaonism)는 백성과 하나님 사이에 군주가 끼어드는 상황을 거부하고 (참조. 삼상 10:19), 백성과 하나님이 직접 연결되는 것을 선호한다. 아브라함과 맺은 선재적이고 일방적이며 무조건적인 언약에 근거해 온 땅의 주인이신 하나님은 이스라엘에게 "모든 민족 가운데서 나의 보물"로 삼기 위해 "어미 독수리가 그 날개로 새끼를 업어 나르듯이 내가 너희를…나에게로 데려[왔다]"라고 말씀하신다(출 19:4-5). "너희가…언약을 지키면"(19:5)이라

---

9   Assmann, *Invention of Religion*, p. 205.
10 Buber, *Moses*, p. 66.

고 한 시내산의 언약은 조건적이지만, 아브라함 언약처럼 "삶 전체를 포괄하는" 하나님과 "삶의 관계로 들어가는 것을 전제한다."[11]

출애굽기가 보여 주는 신정 정치의 비전은 하나님 안에서 삶의 모든 영역을 통합하며, 대체로 자율적이고 구별된 '사회적 장들'(social fields)로서 기능이 분화하는 것을 막는다.[12] 히브리 예언자들에게 이 비전은 종말론적이며, 이는 요한계시록에서도 마찬가지다. 앞으로 살펴보겠지만, 요한계시록에서 이 비전은 세상의 근본적 변혁과 일련의 모든 사회적·물질적 관계가 하나님과 사실상 직접 연결될 때 실현된다(9장). 출애굽에서 모세의 역설적인 역할은 그 뒤로 예언자적이고 묵시적인 방향이 나아갈 궤도를 설정한다. 즉 입법가이자 지도자로서 모세는 하나님이 백성과 맺으시는 직접적 관계를 매개한다. 그는 고대 왕들처럼 백성과 하나님 사이에 빠뜨릴 수 없는 연결 고리로서 자신을 끼워 넣으려는 유혹에 저항해야 한다. 그러나 신정 정치의 비전이 역사적 기획이 되는 순간, '전체주의 종교'(total religion)의 반이상향적 특징을 띨 위험이 발생한다.[13] 우리는 배교 이후의 폭력에서 (출 32장) 이러한 반이상향적 잠재력을 엿본다. 노골적으로 출애굽의 정복 서사에 호소하는 (기독교) 정치 신학들이 배태한 정착 식민주의에서[14] 반이상향은 수 세기에 걸쳐 세계를 재구성하는 정치적 과정이 된다.

배교

백성이 언약에 동의하면서 이스라엘의 탄생이 **거의** 이루어진다. 두 단계

---

11 Buber, *Moses*, p. 103.
12 사회적 장들에 대한 개념은 사회학자 Pierre Bourdieu가 그의 방대한 작품을 통해 자세하게 전개했다.
13 전체주의 종교에 대한 비판은 Sloterdijk, *Im Schatten des Sinai*; Assmann, *Totale Religion*을 보라.
14 Cave, "Canaanites in a Promised Land"를 보라.

가 더 남아 있다. 어떤 면에서는 그저 형식에 불과한 단계들이다. 첫째, 언약에 인을 치는 것인데, 이는 아무런 문제 없이 진행된다. 그런 뒤 모세가 해야 할 마지막 임무가 남는다. 하나님에게 가서 하나님이 직접 "율법과 계명"을 기록하신 돌판을 받아 오는 것이다(출 24:12). 그렇게 언약이 온전히 이행될 때, 이스라엘이 짓게 될 성소에서 하나님이 그들 "가운데 머물면서 그들의 하나님이 되[시는]" 길이 열릴 것이다(29:45). 바로 이것이 그들이 이집트에서 구출된 목표였지만, 단순히 그러한 구출만의 목표는 아니었다. 앞에서도 언급했듯이, 성막에서 하나님이 그분의 백성 가운데 거하시는 것은 창조 세계를 향한 목적이 선행적으로 실현된다는 뜻이다. 모세가 하나님의 임재 앞에 서면서 하나님이 세상을 창조하신 목적과 이스라엘을 이집트에서 구출하신 목적의 성취를 예비하는 주춧돌이 이제 막 놓이려 한다.

그러나 하나님이 모세에게 돌판과 성막에 대한 청사진을 주시는 동안, 골짜기 아래에서 백성들은 스스로 엄숙히 맹세했던 언약을 깨뜨린다. 아직 하나님이 돌판에 그 조건을 씀으로써 그 언약에 '날인'하지도 않은 상태인데 말이다. 모세가 산으로 올라간 지 사십 일이 지났다. 사람들은 모세가 죽었다고 추정했고, 아마도 자신들이 산 위에서 보았던 하나님의 "타오르는 불"이 그를 집어삼켰을 것이라고 생각했다(출 24:17).[15] 그들의 시각에서는 언약의 중재자가 죽었으니 언약 역시 끝났다. 무산된 것이다. 광야의 여정을 계속하기 위해서는, 지금까지 야웨가 한 것처럼(출 13-14장; 32:34; 33:2; 33:14-15) 그들을 앞서 인도할 누군가가 필요했다(32:1). 따라서 그들은 아론을 시켜 그들을 위한 신들을 만들어 내게 한다. 아론은 수송

---

15   Buber, *Moses*, p. 151.

아지를 주조한다. 한창 어리고 힘 좋은 "자연 생식력과 정력의 이미지"인 동물이다.[16]

백성은 수송아지 앞에 쌓은 제단에서 제사를 지내고 제물을 바친 뒤, 먹고 마시고 흥청거리며 놀았다(출 32:6). 하나님의 시각에서는 집단적 배교의 행위였다. 아론은 이것을 "주님의 절기"로 의도했지만(32:5), 백성은 금송아지를 보면서 이것이 "너희를 이집트 땅에서 이끌어 낸(*he'eluka*, '헤엘루카') 너희의 신(*eloheka*, '엘로헤카')"이라고 외쳤다(32:4). 출애굽기에서 '엘로힘'(*elohim*)은 복수형 명사로, 한 분이신 이스라엘의 하나님을 지칭하기 위해 쓰일 때는 언제나 단수형 동사를 취한다(예를 들면, 1:20; 2:24-25; 6:2; 13:17-19; 19:19; 20:19-20). 복수형 동사는 단 하나의(!) 송아지로 대표되는 금으로 만든 여러 신들(golden gods)을 언급할 때, 그리고 **오직 그들을 언급할 때만** 사용된다(32:1, 4, 8, 23). 아론과 백성들은 모두 그들 각각의 방식으로 금송아지가 자신들을 이집트에서 구출해 준 분(들)의 재현이라고 생각했다. 그러나 그들은 이 구원자가 아브라함과 이삭과 야곱의 하나님 한 분, 즉 야웨이심을 잊었다.

이것은 야웨와 모세가 왜 금송아지를, 야웨를 대체하고 그와 경쟁하는 새로운 거짓 신으로 받아들였는지 분명히 볼 수 있게 해 준다.[17] "이스라엘아! 이 신이 너희를…이끌어 낸 너희의 신이다"(출 32:4)라는 말은, 십계명에서 "나는 너희를…이끌어 낸 주 너희의 하나님이다"(출 20:2)라고 하신 하나님의 선언에 맞서기 때문이다. 시편 기자의 표현대로, 이스라엘 자손은 "자기들의 영광이 되신 분을 풀을 먹는 소의 형상과 바꾸[었다]"(시 106:20). 처음에 "모든" 백성이 언약에 동의했던 것처럼(출 19:8), 이제는 "모

---

16 Kass, *Founding God's Nation*, p. 535.
17 Childs, *Book of Exodus*, p. 564.

든" 백성이 신상 주조를 위해 자신들의 금귀고리를 가져온다(32:3). "너희는 내 앞에서 다른 신들을 섬기지 못한다"(20:3). "너희는 너희가 섬기려고…우상을 만들지 못한다"(20:4). "너희는…은이나 금으로 신들의 상을 만들지 못한다"(20:23). 그들은 이와 같은 언약의 핵심 기둥들을 저버린 것이다.

이스라엘 자손은 언약의 토대를 무너뜨림으로써 언약을 깨뜨렸다. 그들은 언약의 당사자이자 그 언약이 궁극적으로 의존하는 분을 거부한 셈이다. 모세는 하나님과 백성 사이의 관계가 근본적으로 파기되었음을 강력한 상징으로 보여 준다. "하나님이 손수 돌판에 쓰신 증거판"(출 31:18)을 산 아래로 내던져서 깨뜨려 버린 것이다(32:19). 우리는 "나는 주"라고 쓰인 조각과 "너희의 하나님이다"라고 쓰인 조각이 바닥에 나뒹구는 장면을 상상해 볼 수 있다. 야웨는 언약을 제안하면서 이스라엘 자손에게 그들이 언약을 지키면 "나의 보물이 될 것"(19:5)이라고 약속했지만, 금송아지가 만들어진 후에는 이스라엘에게 "나의"라는 말을 쓰지 않는다. 모세에게 말씀하시면서 하나님은 이스라엘을 "너의 백성" 혹은 "이 백성"으로 부르신다. 야웨가 아닌 금송아지를 두고 "이스라엘아! 이것이…너희의 신들이다"라고 말한 이스라엘에 대한 하나님의 반응이다. 깨어진 가정에서는 소유대명사가 유독 크게 들려온다. 자신의 생명을 희생해서라도 결단코 깨진 관계를 회복시키고자 하는 모세는 하나님이 백성을 버리도록 내버려 두지 않으려 한다. 하나님께 말을 하면서, 모세는 계속해서 이스라엘을 "**당신의** 백성"이라고 부른다.

언약이 완전히 성립되기도 전에 이스라엘 자손은 어째서 그토록 빨리 언약을 깨뜨렸을까? 모세는 사라진 것처럼 보였고, 모세가 사라지자 야웨 역시 부재한 것처럼 보였기 때문이다. **다시금** 부재의 상황인 것이다! 야웨는 그들이 여러 세대에 걸쳐 종살이를 하는 긴 세월 동안 그들 곁에 계시지 않는 것처럼 보였다. 그런 다음 이집트에서 탈출한 후, 야웨는 그들을 배고프고 목마른 광야로 이끌었다. "노예로 사느니 죽는 게 낫다"라는 혁명적 구호에도 불구하고, 광야에서의 죽음과 이집트에서의 압제 사이에 선택해야 하는 상황이 오자, 많은 이들은 고기 가마와 떡이 있는 종살이 하던 집으로 돌아가기를 원했다(출 16:1-17:7). 죽고 나면 자유를 얻는 것이 무슨 소용이라는 말인가. 죽으면 자유를 꿈꿀 수도 없지 않은가. 만나와 메추라기, 바위에서 물이 솟아나는 기적으로 해결되기는 했지만, 그러한 위기는 쉽게 잊히지 않았다. 그리고 이제 그들은 다시 홀로 남겨졌다. 그리고 그들은 모세에 대한 믿음과 야웨에 대한 믿음을 상실했다.

신실하신 하나님

언약 파기는 하나님이 이스라엘과 맺으신 관계에 대해 핵심적인 질문을 제기한다. 그 관계는 어떤 원칙에 기초하는가? 어떤 원칙도, 상급 법정도 하나님보다 높을 수는 없기 때문에, 그 원칙에 대한 질문은 그보다 더 심오한 질문으로 이어진다. 이것은 성경에서 가장 중요한 질문이기도 하다. 바로 하나님의 도덕적 성품에 관한 질문이다. 우리가 이 질문에 어떻게 대답하는가가 우리가 하나님의 집에 대해 어떻게 생각하는가를 형성한다.

선함의 영광

우리는 두 질문에 대한 출애굽기의 답을 모두 두 개의 짧은 본문으로 이루어진 여섯 구절(33:18-20; 34:5-7)에서 얻는다. 이는 성경 전체에서 몇 안 되는 가장 중대한 본문에 속한다.

처음에 하나님은 언약 파기에 대해 노여움으로 반응하시고, 백성 전부를 없애 버리기로 작정하신 것처럼 **보인다**. 그러나 우리는 하나님의 반응에서 양면성을 감지한다. 하나님은 아직 산 위에서 모세에게 말씀하신다. "**나를 말리지 말아라.** 내가 노하였다. 내가 그들을 쳐서 완전히 없애 버리겠다"(출 32:10). 마치 모세의 허락을 구하기라도 하는 듯 보이고, 혹은 적어도 반발을 기대하는 것처럼 들리는 말이다.[18] 모세는 그 틈을 놓치지 않고 곧바로, 결정을 취소하시도록 하나님을 설득한다(32:11-14).

모세는 위기를 해결하기 위해 내려오다가 우상을 둘러싸고 춤추는 백성들을 보고는 그 자신이 분노에 휩싸인다(출 32:19). 이내 바닥에는 하나님이 직접 쓰신 증거판이 산산조각 난 채 나뒹군다(32:19). 이스라엘 자손은 그들의 금신상을 가루로 빻아 물에 섞은 쓰디쓴 잔을 들이켜야 했다(32:20). "진의 이 문에서 저 문을 오가며 저마다 자기의 친족과 친구와 이웃을 닥치는 대로 찔러 죽여라"라는 모세의 명령을 받은 레위인에게 삼천 명이 도륙당하고 목숨을 잃었다(32:27). 야웨 역시 "백성에게 재앙을" 보냄으로써 처벌에 손을 얹으신다(32:35). 모세와 야웨는 합의했다. 배교한 백성 전체가 멸망하지는 않겠지만, 가혹할 징벌을 받아야 할 터이다. 그러나 징벌을 받은 뒤, 모세가 하나님께 백성을 용서하고 그들 가운데 와서 거하시기를 끈질기게 구할 때 놀라운 일이 일어난다. 이는 구원사에서 결정적인 순간이 된다. 바로, **자비가 하나님의 핵심 성품이자 하나님이 이스라엘을 다루시는 기본 원칙으로 드러난 것이다.**

하나님의 길, 하나님의 영광. 모세가 여호와께 말한다. "저에게 주님의 영광을 보여 주십시오"(출 33:18). 이는 "인격적 하나님에 대한 어떤 구체적

---

18   Childs, *Book of Exodus*, pp. 567, 577.

이고 가시적인 경험"을 구하는 것이다.[19] 하나님은 의외의 방식으로 그 간청을 허락하신다. 이스라엘이 큰 죄를 범한 뒤, 모세는 백성이 머무는 진에서 멀리 떨어진 곳에 회막을 쳤다. 앞서 이 회막에서 이루어진 하나님과의 대화에서, 모세는 야웨께 이렇게 구했다. "내가 참으로 주의 목전에 은총을 입었사오면, 원하건대 주의 길을 내게 보이사 내게 주를 알리시고 나로 주의 목전에 은총을 입게 하시며…"(출 33:13, 개역개정). 움베르토 카수토(Umberto Cassuto)는 "주의 길"에 대해, 모세는 하나님께 "정의의 법정을 이끄는 주님의 원칙, 주님이 사람들에게 상과 벌을 내리실 때 적용하시는 기준, 사람이 자신의 죄에 대해 주님께 용서받을 수 있는 길, 그리하여 **주님을 아는** 특권을 얻게 해 주는 길"을 구하고 있다고 해석한다.[20] 조금 전 하나님의 진노를 막 목격하고 이스라엘이 그 최악의 결과를 피하도록 도운 모세는, 이스라엘의 미래가 어떤 토대에 달려 있는지 알고 싶어 한다.

야웨는 하나님의 영광을 보여 달라는 모세의 요청을 허락하심으로써, 그리고 그것을 하나님에 대한 시각적 경험에서 하나님의 성품에 대한 질문으로 바꿈으로써 하나님의 길에 대한 질문에 답하신다. 하나님의 성품은 곧 하나님의 길을 규정한다.

> 여호와께서 이르시되, 내가 내 모든 선한 것을 네 앞으로 지나가게 하고 여호와의 이름을 네 앞에 선포하리라. 나는 은혜 베풀 자에게 은혜를 베풀고 긍휼히 여길 자에게 긍휼을 베푸느니라. 또 이르시되, 네가 내 얼굴을 보지 못하리니 나를 보고 살 자가 없음이니라. 여호와께서 또 이르시기를, 보라

---

19   Childs, *Book of Exodus*, p. 595.
20   Cassuto, *Commentary on the Book of Exodus*, p. 433. Kass, *Founding God's Nation*, p. 697의 주 6에서 재인용.

내 곁에 한 장소가 있으니 너는 그 반석 위에 서라. 내 영광이 지나갈 때에 내가 너를 반석 틈에 두고 내가 지나도록 내 손으로 너를 덮었다가 손을 거두리니, 네가 내 등을 볼 것이요 얼굴은 보지 못하리라. (출 33:19-23, 개역개정)

브리버드 차일즈(Brevard Childs)가 지적하듯, 하나님의 영광, 하나님의 이름, 하나님의 얼굴은 "그분의 본질적 성품의 매체"다.[21] 야웨가 "**내 영광**이 지나갈 때에…**내가 지나도록**"이라고 말씀하시는 것처럼, 여기서 하나님과 하나님의 영광은 서로 바꾸어 쓸 수 있다.

그러나 하나님과 영광을 동일시했음에도 불구하고, 하나님의 자기 계시는 **오직 하나님이 자기를 감추실 때만** 가능하다. 불타는 떨기가 보여 주듯, 하나님의 '형태'는 계속 변화하기 때문이다. 하나님은 자신과 모세 사이에 손을 넣어, 지나가는 동안 그를 가려 주신다. 이미 하나님을 본 적이 있었으며(출 24:11), 하나님의 영광을 보고 싶어 하는 모세는 하나님의 **얼굴**을 보지 못한다. 같은 장의 앞부분에서, 우리는 하나님은 진 바깥의 회막으로 오셔서 "마치 사람이 자기 친구에게 말하듯이 모세와 얼굴을 마주하고"(출 33:11) 말씀하신다. 그러나 하나님과 "얼굴을 마주하고" 말하는 것은 분명 하나님의 얼굴을 **보는 것**과 다르다. 하나님의 얼굴을 본다는 것은 어떤 매개도 통하지 않고 하나님께 나아감을 의미하며, 이는 모세뿐만 아니라 어떤 인간에게도 허락되지 않는다.[22] 하나님의 친구인 위대한 모세 역시 오직 하나님의 등만 볼 수 있다. 그러나 모세는 하나님의 **영광**을 보고, 하나님이 지나가실 때 그분의 **이름**을 듣는다.

---

21 Childs, *Book of Exodus*, p. 596.
22 이사야 6장을 예외로 볼 수 있겠지만, 거기에서도 예언자가 하나님의 얼굴을 보았는지는 분명하지 않다.

하나님의 길, 하나님의 선하심. 그럼에도 중요한 것은 모세가 무엇을 보고 듣는가보다, 하나님이 무엇을 보고 듣고 있는지 모세에게 **말씀하시는가**다. (하나님에 관한 한, 우리는 우리의 감각을 전적으로 신뢰할 수 없다.) 하나님의 영광이 지나갈 때, 하나님은 모세에게 "내 모든 선한 것을 네 앞으로 지나가게" 할 것이라고 말씀하신다(출 33:19, 개역개정). 하나님의 영광은 사람들을 두려움에 떨게 만드는 하나님의 우월하고 결코 조종할 수 없는 휘황찬란한 능력이 아니다. 시내산에서처럼 그저 "번개"와 "천둥소리," 지진과 "타오르는 불"이 아니다(19:16, 18; 24:17). 하나님의 영광은 그러한 화려함과 힘만큼이나 **선하심**으로 이루어진다. 그것은 "이스라엘이 경험하는 하나님의 은택"을 의미한다.[23] 하나님의 선하심을 맛본 사람들을 묘사하면서, 예언자 예레미야는 이렇게 쓴다.

> 그들은 돌아와서 시온산 꼭대기에서 찬송을 부르고,
>> 주의 좋은 선물[선하심],
>
> 곧 곡식과 새 포도주와 기름과
>> 양 새끼와 송아지들을 받고 기뻐할 것이며,
>
> 그들의 마음은 물 댄 동산과 같아서
>> 다시는 기력을 잃지 않을 것이다. (렘 31:12)

하나님의 영광, 다시 말해 하나님의 **모든** 선한 것이 지나가는 것을 볼 때(출 33:19), 모세는 하나님의 백성이 번영하기 위해 필요한 모든 원천을 본다. 바로 그 선하심이 이스라엘과 함께하시는 하나님의 길을 규정한다.

---

23 Childs, *Bok of Exodus*, p. 596.

자기 계시의 마지막 단계로, 하나님은 자신의 **이름**, 곧 야웨를 선포할 것을 약속하신다. 이것은 불타는 떨기에서 계시되었던 이름이다. 이 이름 아래, 하나님은 이스라엘의 자녀들을 종살이하던 집에서 구출하셨고 인도하셨으며 먹이셨고 그들을 위해 싸우셨으며 결정적으로 그들과 언약을 맺으셨다. 그들이 깨뜨려 버렸지만 말이다. 이제 하나님은 그 이름을 선포하면서 그 이름에 대한 다른 해석을 주신다. 단순히 "나는 나" 혹은 "나는 나일 것"에서, "[나는] 은혜를 베풀고 싶은 사람에게 은혜를 베풀고, 불쌍히 여기고 싶은 사람을 불쌍히 여긴다"로 수정된다(출 33:19). 이런 식으로 표현하면서 해석에서 원래의 모호함을 유지한다. 즉 하나님은 은혜를 **베풀고 불쌍히 여기시겠지만, 누구에게** 은혜를 베풀고 불쌍히 여기실 것인지, 또한 어떤 특정한 경우에도 은혜를 베풀고 불쌍히 여기실 것인지의 **여부**는 여전히 열려 있다. 여기서 분명한 것은 하나님의 주권이다. 하나님은 그분이 할 일을 하실 것이다. 이제, 주권 자체가 위안을 주는 것은 아니다. 그러나 하나님의 주권에 대한 확증은 그 자체만으로 오지 않는다. 하나님의 영광, 곧 하나님의 능력과 선하심에 대한 계시가 하나님의 영광에 선행한다. 하나님은 하나님이실 것이다. 그리고 그분은 주권적이며 선하시다.

그렇다 하더라도, 이야기의 이 순간만큼은 **배교 후의** 이스라엘을 하나님이 선하게 대하실 것인지, 집 만들기 프로젝트가 다시 제자리로 돌아갈 수 있을지는 여전히 의문으로 남는다. 하나님의 길은 주권과 선하심 사이의 잠재적 긴장 안에 여전히 숨어 있다.

자비와 용서

하나님은 모세에게 자기 계시를 **약속**하시면서 "[나는] 은혜를 베풀고 싶은 사람에게 은혜를 베풀고…"라고 자신의 이름에 대해 모호한 해석을 주셨다. 즉 회막에서 모세에게 "내가…이름을 네 앞에서 **선포하리라**"라고 말씀하신다(출 33:19, 개역개정). 그러나 이러한 하나님의 약속이 주어진 뒤, 모세가 다음 날 아침 하나님께 나아가기 위해 "산꼭대기"에 이르기 전에(34:2) 밤새 어떤 일이 일어났다. 이름의 해석에 있던 모호함이, 따라서 이스라엘과 함께하시는 하나님의 길에 있던 모호함이 사라진 것이다.

하나님의 무조건적 헌신. 시내산에서 하나님은 자기 계시의 **행위**를 통해 자신이 누구에게 은혜를 베풀 것인지에 대한 열린 질문에 대답하신다.

> 그때에 주님께서 구름에 싸여 내려오셔서, 그[모세]와 함께 거기에 서서 거룩한 이름 '주'를 선포하셨다. 주님께서 모세의 앞으로 지나가시면서 선포하셨다.
>
> > "주, 나 주는
> > 자비롭고 은혜로우며,
> > 노하기를 더디하고,
> > 한결같은 사랑과 진실이 풍성한 하나님이다.
> > 수천 대에 이르기까지 한결같은 사랑을 베풀며,
> > 악과 허물과 죄를 용서하는 하나님이다.
> > 그러나 나는 죄를 벌하지 않은 채 그냥 넘기지는 아니한다.
> > 아버지가 죄를 지으면, 본인에게뿐만 아니라
> > 삼사 대 자손에게까지 벌을 내린다." (출 34:5-7)

여기서 주권자이신 하나님은("은혜를 베풀고 싶은 사람에게 은혜를 베풀고"; 33:19) 자비에 대한 영구적인 헌신을 맹세하신다. 야웨는 모든 세대에게 자비와 은혜를 베풀 것이다. 야웨는 모든 세대에게 한결같은 사랑과 진실을 풍성하게 베푸실 것이다.

하나님이 진노하셔서 이스라엘을 멸하겠다는 결정을 처음으로 내리신 이후, 영원한 자비와 한결같은 사랑, 진실함에 대한 이 헌신은 놀라워 보일 수도 있다. 그러나 호명만 되지 않았을 뿐, 하나님의 마음이 이스라엘의 신음에 움직였을 때, 그리고 아브라함과의 언약을 기억하셨을 때 이미 이러한 요소들이 작동하고 있었다. 아브라함과 맺으신 언약은 "숨 쉬는 모든 짐승 곧 살과 피가 있는 모든 것과 더불어 세운"(창 9:15) 언약처럼 **무조건적인 하나님의 약속**이었다(15:7-16).

금송아지 사건은 용서 없이는 이스라엘이 존재할 수 없다는 사실을 여실히 드러냈다. 하나님이 계속 이스라엘의 하나님이 되기 위해서는 이스라엘이 살아 있어야 하고, 따라서 하나님은 이스라엘이 다른 신들을 더 좋아할 때조차 "노하기를 더디하고" 오히려 한결같은 사랑을 풍성하게 베푸셔야 한다. 하나님은 이스라엘이 신실하지 못한 것으로 드러날 때도 계속 신실해야 한다. 잘못을 분명히 밝히지만, 잘못을 범한 사람에게 (궁극적으로) 그 값을 치르게 하지 않는 것, 즉 용서가 이스라엘의 존재 조건이다.[24] 하나님은 신실**하시고** 또한 신실**하실** 것이며, 용서하실 것이다. 바로 이것이 하나님이 이스라엘을 다루시는 기본 원칙이고, 주의 길을 보여 달라는 모세의 요청(출 33:13)에 대한 야웨의 결정적 응답이다. 단호히 징벌하는 정의는 여전하지만, 그것이 자리 잡은 곳은 변치 않는 자비의 지평 안이다. 많은 이들의 죽음과 이스라엘 백성 전체의 고통을 포함할지언정, 결코 백성이 멸망하는 법은 없다.

언제나—용서. 출애굽기의 절정을 이루는 세 장(32-34장)에서 모세가

---

[24] 용서에 대한 이러한 설명은 Volf, *Free of Charge*, pp. 121-224를 보라. 『베풂과 용서』(복있는사람).

하나님과 벌이는 격렬한 말싸움은 용서를 위한 분투다. 모세는 야웨가 "주님의 백성에게 내리시겠다던 재앙을 거두[는]" 것만으로는 만족하지 않는다(32:14). 그는 이스라엘이 죄를 용서받고 야웨와의 관계가 회복되기를 원한다. 그는 하나님께 이렇게 말한다. "슬픕니다. 이 백성이 금으로 신상을 만듦으로써 큰 죄를 지었습니다. 그러나 이제 주님께서 그들의 죄를 용서하여 주십시오. 그렇게 하지 않으시려면, 주님께서 기록하신 책에서 저의 이름을 지워 주십시오"(32:31-32). 하나님은 이스라엘을 용서하시든지, 이스라엘과 함께 모세를 없애시든지 둘 중 하나를 택하셔야 한다. 모세는 다시금 논쟁에서 이긴다. 하나님은 배교에 대해 명시적으로 이스라엘을 용서하시지는 않지만, 언약을 갱신하고(34:10) 하나님의 영광으로 성막을 가득 채움으로써(40:34) 용서를 **시연**하신다.

더욱 중요한 점은, 모세가 하나님께 구한 것보다 더 많은 것을 받았다는 사실이다. 즉 단지 하나의 중대한 범죄에 대한 용서가 아니라, 언제나 용서하시겠다는 약속을 받았다. 이는 "이제 너는 나를 말리지 말아라"라는 하나님의 말씀이, 모세와 하나님 사이에 협상이 가능했다는 사실을 새롭게 조명해 준다. 이 약속은 하나님과 이스라엘의 관계에서 중대한 변화다.[25] 언약의 갱신 과정에서 우상숭배와 배교에 대한 용서와 처벌에 대한 하나님의 진술 그리고 언약의 최초 규정의 일부였던 십계명의 평행 조항을 비교해 보면 이 변화를 가장 분명하게 볼 수 있다. 십계명에서도 하나님의 성품과 성품에서 비롯된 행동은 우상의 제작과 숭배를 금지하는 이유가 된다. "나, 주 너희의 하나님은 질투하는 하나님이다. 나를 미워하는 사람에게는 그 죗값으로 본인뿐만 아니라 삼사 대 자손에게까지 벌을

---

[25] Adam Clayton Powell Jr.는 설교에서 지나가는 글로 "하나님에 대한 새로운 개념"이라고 부를 만큼 이것을 새롭게 보았다. Powell, *Keep the Faith, Baby!*, pp. 243-244.

내린다. 그러나 나를 사랑하고 나의 계명을 지키는 사람에게는 수천 대 자손에 이르기까지 한결같은 사랑을 베푼다"(출 20:5-6). 그러나 언약이 갱신된 뒤 하나님의 성품과 행동에 생긴 세 가지 중요한 변화에 주목해 보라. 34:5-7에서 다음과 같은 사실을 발견한다.

1. 우리는 "자비롭고 은혜로우며 노하기를 더디고 한결같은 사랑과 진실이 풍성한 하나님"을 마주한다. 십계명에 나오는 "질투하는 하나님"에 대한 언급은 없다.
2. 자기 계시에서는 용서가 먼저 나오고, 다함없는 용서에 대한 확신이 주어진 뒤에야 징벌에 대한 언급이 나온다. 십계명은 반대 순서로 나온다.
3. 아마도 가장 중요한 것은, 십계명과는 다르게 하나님의 용서는 하나님에 대한 이스라엘의 사랑과 그들이 하나님의 계명을 지키는지 여부로 결정되지 않는다는 점이다.

이 세 가지 변화는 신학적 혁명과도 같다. 이제 하나님은 무엇보다 사랑의 **대상**이 아니라, 풍성하고 변하지 않는 사랑의 **행위 주체**시다. 비록 징벌적 정의 때문에 하나님의 변하지 않는 사랑과 신실함에서 비롯되는 자비가 '완화된다고' 해도, 혹은 징벌적 정의를 변하지 않는 자비의 도구로 삼는다 해도, 하나님은 **무조건적인 약속**을 하셨다.[26]

하나님과 통상적으로 "얼굴을 마주하고" 말하며, 이 경우 산 위에서 잠시 하나님의 임재 가운데 있었던 모세는 이러한 새로운 하나님의 자기 계

---

26   하나님이 정의를 자비로 완화한다기보다 자비를 정의로 완화한다는 생각은 Kass, *Founding God's Nation*, p. 563에 나온다.

시에 어떻게 반응하는가? 협상에 성공한 그는 "급히 땅에 엎드려서 경배 [했다]"(출 34:8). 어떤 말도 필요 없었다. 각고의 노력 끝에 모세는 마음을 가다듬었다. 경외심이 가득한 엄숙한 침묵에서 감사와 찬양이 울려 퍼진다. 야웨는 모세에게 가장 특징적인 하나님의 성품을 계시하셨다. 바로 한결같은 사랑과 변치 않는 신실함이다. 하나님의 영광은 **이스라엘에게 베푸시는 변함없는 선하심이다**. 모세가 경배하면서 땅에 엎드릴 수밖에 없게 만든 말씀은, 구원사의 가장 핵심적인 중심축이다. 그 말씀이 없었다면 예수 그리스도 역시 생각할 수 없었을 것이다(3장을 보라).

하나님의 용서가 허락되고 언약이 갱신됨으로써, 성막이 지어질 수 있었고 비로소 하나님의 영광이 성막을 채울 수 있었다. 출애굽기의 가장 마지막에 나오는 말씀은 "그들이 길을 가는 동안에, 낮에는 주님의 구름이 성막 위에 있고, 밤에는 구름 가운데 불이 있어서, 이스라엘 온 자손의 눈앞을 밝혀 주었다"라는 것이다(출 40:38). 야웨는 이스라엘 가운데 하나님의 집을 만드셨고, 이스라엘을 하나님의 가족으로 삼으셨다. 그러나 백성의 여정은 끝난 것이 아니라 이제야 막 제대로 시작되었다.

계속되는 긴장

중요한 몇 가지 긴장이 출애굽기 전체를 관통한다. 분명 어떤 것은 헷갈리고(심지어 마음을 불편하게 하고), 어떤 것은 이해할 만하며 유익하다. 이후 수많은 유대 사상뿐만 아니라 기독교 신앙은 이러한 여러 긴장을 부분적으로는 재확인하고, 부분적으로는 해결하고자 했다.

부재와 임재

출애굽 이야기는 하나님의 백성 가운데 하나님이 부재하신 상황으로 시작해 하나님의 임재로 끝난다. 즉 "그 모든 행진하는 길에[서]" 하나님은 이스라엘과 함께하실 것이다(출 40:36, 개역개정).[27] 혹은 행진하는 그 모든 길에서 그들은 하나님과 함께할 것이다. "이스라엘 자손은 [하나님의 임재를 나타내는] 구름이 성막에서 걷히면 진을 거두어 가지고 떠났다"(40:36). 출애굽기가 들려주듯, 이스라엘은 이집트에서 오래 살았고 오래 고통당했다. 하나님의 부재는 그들이 시련 가운데에서 혹은 시련 때문에 하나님을 잊어버릴 만큼 오랫동안 계속되었다. 출애굽기는 하나님이 늦게 오시는 상황에 대해 설명하지 않는다. 우리의 감수성이 순종에 대한 복과 불순종에 대한 저주를 약속하는 신명기 27-32장 같은 본문의 영향을 받아 주로 형성되었다면, 그러한 설명을 당연히 기대할 텐데 말이다.[28] 출애굽은 떠나 있던 하나님, 결국 잊혔고 청하지도 않았건만 이제 이스라엘을 구하러 오기로 결심하신 하나님으로 시작한다.

하나님이 오신 뒤에도, 처음에는 이스라엘 자손에 대한 압제는 더 심해지기만 한다(출 5:22-23). 나중에 하나님이 홍해 바다의 기적을 통해 그들을 해방하신 뒤에도, 하나님은 할 일을 충분히 하신 것 같지 않다. 이스라엘 자손은 여전히 배고픔, 목마름, 폭력적인 적들이라는 실존적 위협과 마주한다. "나는 나" 혹은 "나는 나일 것"이라는 이름을 가진 분에게 어울리게 하나님은 올 때가 되면 오시고, 하고자 하는 일을 하신다.[29] 하나님이

---

27 NRSV는 "그들이 길을 가는 단계마다"라고 번역한다.
28 이에 대한 간략한 논의는 Wright, *God and the Pandemic*, pp. 7-14를 보라. 출애굽기에 대해서, 그는 "이스라엘이 이집트에서 노예가 되었을 때, 아무도 이것이 그들이 범한 죄의 결과라고 말하지 않았다"라고 쓴다(p. 30). 『하나님과 팬데믹』(비아토르).
29 "믿는 자들이 주의 길에 대해 아무리 많이 배운다 한들, 그 길은 항상 인간의 기대를 당혹스럽게 혹은 겸손하게 만든다." Moberly, *God of the Old Testament*, p. 81.

아브라함과 맺으신 언약이 출애굽기 처음 몇 장에 암시되어 있기는 하지만, 하나님의 부재와 하나님의 임재는 둘 다 그저 하나님의 결정에 따른 것처럼 보인다. 야웨가 스스로를 한결같은 사랑과 신실함을 지닌 하나님으로 드러낸 자기 계시 이후에도 이러한 주권적 예측 불가능성이 계속된다는 사실은 전혀 놀랍지 않다. 구하러 오시는 하나님은 임재와 부재 사이를, 하나님의 백성을 위해 놀라운 이적을 행하는 것과 아무것도 하지 않는 것 사이를, 구원자와 "자신을 숨기시는 하나님"(사 45:15) 사이를 번갈아 오가신다. 적어도 이것이 출애굽과 역사 내내 하나님의 백성이 하나님을 경험한 방식이다. 히브리 성경의 어떤 본문은 임재와 부재 사이의 긴장을 설명하기 위해 이스라엘의 죄를 가리키기도 한다. 그러나 출애굽기에서, 그리고 이후 욥의 경우에서 부재의 이유는 불가해한 하나님의 주권 안에 숨겨져 있다.

하나님이 오시는 것에 관한 이야기, 구출과 동행하시는 임재의 이야기는 완성에 대한 열망으로 가득 차 있으며, 이 열망은 부재의 경험과 세상을 변화시키는 지속적인 임재의 약속 사이에 편만한 긴장에서 솟아오른다. 또한 이것은 신약성경에서 하나님의 백성이 경험하는 현실이기도 하다. 기독교가 들려주는 만물의 이야기에서 이 열망은 오직 사람들 가운데 세워진 하나님의 궁극적인 집, 곧 새 예루살렘에서 만족될 것이다(7, 9장을 보라).

특정성과 보편성

출애굽은 이스라엘 자손의 이야기이며, 그들이 그저 **하나**의 백성이 아닌, 하나님의 그 백성을 이루게 되는 이야기다. 책의 핵심 지점에서 그들과 언약을 막 맺으려고 할 때, 야웨는 "너희는 모든 민족 가운데서 나의 보물이 될 것이다"라고 말씀하신다(출 19:5). 온 땅을 하나님이 소유하셨지만, 이스라엘은 더욱 특별하게 소유하셨다. 십계명과 그것이 담긴 언약의 책 전체는 다음과 같은 하나님의 선언으로 시작한다. "나는 **너희**를 이집트 땅 종살이하던 집에서 이끌어 낸 주 **너희의** 하나님이다"(20:2). 이스라엘은 하나님의 보물인 반면, 출애굽기에서 다른 민족은 압도적으로 하나님과 이스라엘의 원수, 압제나 우상숭배의 현현으로 등장한다. 이집트 사람처럼 그들은 이스라엘 자손을 압제하고 인종 학살을 자행한다. 아말렉 사람처럼 그들은 "몰려와서…공격[한다]"(17:8-16). 혹은 가나안 사람처럼 야웨가 이스라엘에게 약속한 땅을 소유하거나, 분명 거부하기 힘든 우상숭배와 배교의 유혹을 가져오는 근원이다(23:23-33).

야웨는 오직 한 백성의 하나님처럼 보인다. 오직 한 번의 축복만 가능한 이삭이 야곱에게만 복을 빌어 주고, 에서를 거의 빈손이나 다름없이 돌려보낸 것처럼 말이다(창 27:38). 『가인의 저주』(*The Curse of Cain*)에서 레지나 슈바르츠(Regina Schwartz)는, 하나님이 두 형제 중 하나만을 선택한 것, 다른 모든 민족 가운데 한 민족을 선택한 것, 그리고 그러한 선택이 초래하는 충돌은 유일신주의의 배타적이고 따라서 폭력적인 유산의 일부라고 주장한다.[30] 출애굽기는 이러한 분석을 인정하는 듯이 보인다. 그러나 출애굽기는 고립된 본문으로 존재하지 않는다. 오히려 창세기와 짝을 이루며, 슈바르츠의 주장과는 반대로 창세기에서는 한 사람이나 민족을 선택하는 것이 반드시 다른 이들에 대한 배제를 수반하지는 않는다.

야곱과 에서의 이야기는 창세기에서 가장 쓰라린 부분이며, 하나님의 이스라엘 편애를 논하기에 가장 적절한 이야기 가운데 하나다. 이 이야기

---

30 Schwartz, *Curse of Cain*.

는 형제 가운데 한 명, 여러 민족 가운데 한 민족을 선택하는 것에 관해 들려준다. 통상적인 시각과 다르게, 조너선 색스(Jonathan Sacks)는 그 이야기에 하나가 아닌 두 개의 복이 있었다고 주장한다. 첫 번째는 권력과 부의 복이고(창 27:28-29), 두 번째는 자손과 땅의 복이다(28:3-4). 아브라함의 유산인 두 번째 복만 야곱의 것이 되어야 했고, 첫 번째 복은 이삭이 사랑했던 아들(25:28) 에서의 것이 되어야 했다. 야곱은 속임수를 써서 그것을 가로챘고, 밧단아람에서 돌아올 때 형에게 돌려주었다. 에서에게 자신의 **부**를 선물로 보내고 그에게 **엎드려 절을 한** 야곱은 이렇게 말한다. "제가 드리는 이 선물을 받아 주십시오…제가 형님께 가지고 온 이 선물[복]을 기꺼이 받아 주시기 바랍니다"(창 33:10-11). 둘 다 각자의 방식으로 복을 받았다.[31] 색스의 해석은 하나님이 아브라함을 부르신 사실과도 결을 같이한다. 하나님은 단 한 사람, 이스라엘 자손의 조상을 부르셨지만, 단지 그 자신만이 아니라(물론 그것도 사실이지만!), 그 안에서 "땅에 사는 모든 민족"이 복을 받게 하기 위함이었다(12:1-3).[32]

이와 관련해서, 하나님이 아브라함의 첫째 아들 이스마엘과 그의 어머니 하갈에게 주신 "저 아이에게서 큰 민족이 나오게 하겠다"(창 21:18)라는 약속은 "아브라함과 사라에게 주신 약속과 놀랄 만큼 유사하다"(참조.

---

31 Sacks, *Not in God's Name*, pp. 134-138. 『하나님의 이름으로 혐오하지 말라』(한국기독교연구소).

32 창세기 12:3b의 번역은 어렵기로 유명하다. 어떤 이들은 동사를 수동형으로 보아야 한다고 주장하고("복될 것이다"), 다른 이들은 당연히 재귀형이라고 주장한다("그 자신들을 복되게 할 것이다"). 우리는 어떤 번역을 선택하든지 그 신학적 의미가 성립한다는 Claus Westermann의 의견에 동의한다(Westermann, *Genesis 12-36*, pp. 151-152). 수동형 독해가 배타적으로 기독교에서만 사용되는 것이 아니며, 상관없는 신학적 헌신 때문에 사용되는 것도 아니며, 현대 유대교의 별난 독해도 아니라는 점은(Wyschogrod, *Abraham's Promise*를 보라), 70인역이 해당 구절을 번역하는 방식을 보면 분명해진다. *Eneulogēthēsontai en soi*는 분명히 수동형이며, 재귀형으로 읽으려면 중간태가 필요하다(*eneulogēsontai*). 이와 관련한 문법적 조언에 대해서는 Harold Attridge에게 감사드린다.

12:2; 17:15-16).³³ 창세기에서는 고통스럽고 도덕적으로 의문이 드는 형제간의 분리가 일어나기는 하지만(노예로 삼는 것은 말할 것도 없이), 하나님은 이스라엘 자손이 아닌 이들을 그저 배제하기만 하는 것이 아니라 그들에게도 약속을 주신다. 그럼에도 여전히 명백하고 중요한 **편애**가 존재하는 것은 사실이다. 오직 이스라엘의 자녀만 하나님의 보물이다. 그들만 특별한 아브라함의 언약에 포함된다. 나머지 인류와 하나님의 돌봄을 받는 모든 대상은 오직 노아의 언약에만 포함된다(9:8-17).

출애굽기에서 이스라엘이 아닌 민족을 부정적으로 구분하는 것과 창세기에서 하나님이 모든 민족을 돌보시는 것을 어떻게 연결해야 하는가? 출애굽기에서 하나님이 오직 이스라엘에게만 "자비롭고 은혜로우며 노하기를 더디 하고 한결같은 사랑과 진실이 풍성한"(34:6) 점을 어떻게 이해해야 하는가? 그렇지만 다시금 다른 한편으로 보자면, 출애굽기에서 이스라엘은 혈통만으로 배타적으로 규정되지 않는다. 종살이하던 집을 떠날 때 야곱의 집에 합류한 이들 역시 언약의 백성에 포함되었다(12:38). 하나님이 이스라엘을 편애하시는 것과 하나님이 세상을 돌보시는 보편성 사이의 긴장은 해결되지 않은 채 남는다.

폭력과 자비

선하심, 자비, 한결같은 사랑의 풍성함, 진실함은 언약이 갱신될 때 하나님이 모세에게 드러내신 자기 계시의 핵심이다. 이스라엘은 악과 허물과 죄에 대해 하나님께 언제나 용서받을 수 있다. 그러나 죄에 대한 책임은 면제되지 않는다. 야웨는 "노하기를 더디하[시지만]"(출 34:6), 처벌을 면제

---

33 Fretheim, *Abraham*, p. 10.

하지는 않으실 것이다. 언약이 갱신된 이후에도 우상숭배와 배교에 대해 여전히 죽음으로 처벌받을 수 있다. 일단 언약 안에 들어가면, 거기에서 벗어나는 길은 오직 결코 원치 않는 값을 치를 때뿐이다. 모세와 하나님은 모두 배교자를 죽인다. 그리고 모세가 죽은 이후에도, (다른 많은 범죄와 더불어) 배교는 여전히 죽음으로 다루어진다. 하나님의 자비와 용서는 민족 전체의 차원에 한해서만 적용된다. 그 자비와 용서는 "증손에 이르는 사대가 받는" 처벌을 **포함한다**.[34] 하나님의 자비와 한결같은 사랑이 둘러싸기는 하지만, 하나님의 강렬한 질투와 진노는 여전히 남아 있다.

출애굽기는 하나님께 충성된 이들과 그렇지 않은 이들을 근본적으로 구별한다. 하나님을 향한 충성의 의무는, 인간 사이의 수준에서 친구와 적의 관계로 번역된다. 이스라엘 안에서 하나님을 향한 충성은 형제와 형제를, 친구와 친구를, 이웃과 이웃을 가르며, 그것은 때로 끔찍한 결과를 가져온다(출 32:25-29; 참조. 신 13:6-11). 동일한 구분이 이스라엘과 가나안 사람과의 관계에서도 되풀이되는데, 가나안 사람은 야웨를 향한 이스라엘의 충성에 위험 요소로 간주되기 때문이다. 야웨에게 충성을 다하지 않고 우상숭배에 빠지도록 다른 이들을 유혹하는 이스라엘 사람이 죽임을 당해야 하는 것처럼, 동일 공간을 공유하거나 근접한 이웃인 다른 민족들 역시 도말되어야 한다. 아스만은 배교자, 우상숭배자, 하나님의 백성을 배

---

34 Childs, *Book of Exodus*, pp. 405-406. 히브리어 *poqed*('찾아오다', NRSV는 20:5에서는 '벌을 내리다'로, 34:7에서는 '찾아오다'로 번역한다)가 '찾아오다'를 의미할 수도 있고 '기억하다'를 의미할 수도 있다는 모호함을 근거로, Leon Kass는 야웨가 직접 개입하여 처벌하는 것('찾아오다')의 가능성과 함께, 본문이 '기억하다'를 염두에 두었을 가능성이 있으며, 이는 부정한 행위가 "세상의 기본 골조 안에 오래 머물면서 어떤 회개나 정화가 있을 때까지 자손의 삶을 오염시키는 것을" 허락함을 함축한다(*Founding God's Nation*, p. 312). 아마도 우리는 야곱의 삶에서 두 번째 경우의 예시에서 그것을 볼 수 있을 터이다. 에서의 복을 속여서 가로챈 뒤, 그 자신도 여러 번 속임을 당했고, 그가 저지른 속임수의 결과는 요셉에 대한 편애와 뒤섞여 그의 자손에까지 전해진다. Held, "No Excuses: Jacob's Sin and Its Consequences," *Heart of Torah I*, pp. 64-67를 보라.

교와 우상숭배에 빠지도록 유혹하는 이들에 대한 폭력이 우리가 출애굽기에서 처음 만나는 특별한 형태의 유일신주의, 곧 그가 "충성의 유일신주의"라고 부르는 신념에 뿌리를 둔다고 주장한다. 세상의 창조와 묶여 있는 진리의 유일신주의("나는 주다. 나밖에 다른 신은 없다"; 사 45:18)와는 구별되는, 충성의 유일신주의는 구원이나 언약에 매인다("나는 너희를 이집트 땅…에서 이끌어 낸 주 **너희의** 하나님이다"; 출 20:2). 질투, 분노, 폭력은 사랑, 은혜, 용서만큼 충성에 초점이 맞춰진 관계에서 나온다.[35]

충성의 유일신주의에 대한 출애굽 서사에서, 언약이 갱신될 때 하나님이 밝히신 이스라엘에 대한 무조건적 헌신은, 언약을 깨뜨린 이스라엘 백성들에게 우상숭배와 배교에 대해 여전히 죽음으로 징벌하겠다는 말씀과 긴장을 이룬다. 이러한 긴장은 하나님의 자비에 대한 혁명적인 핵심 본문에서도 볼 수 있다. "죄를 용서하는" 하나님과 "죄를 지으면…찾아오는/벌을 내[리는]" 하나님 사이의 긴장이다(출 34:7). 월터 브루그만(Walter Brueggemann)은 이러한 긴장의 근거를 야웨의 존재 안에 있는 '부조화' 심지어 '모순'에서 찾는다. "이스라엘은 야웨의 존재 핵심에 심오하고 항구적인 부조화가 존재함을 알아챘다. 즉 하나님은 극도로 **다른 이들을 위하**는 성향이 있고, 또한 **하나님 자신을 위하시는** 특징이 있다."[36] 이 책의 바탕이 되는 논지는 하나님 안에 그러한 긴장이 존재하지 않는다는 것이다. 사랑이신 하나님의 존재적 통일성 때문이다. 로완 윌리엄스(Rowan Willi-

---

35   "모세 시대의 세 번째 차이"라고 부른 것에 대한 Assmann의 언급을 보라(첫 번째는 "자유와 포로" 상태의 차이, 두 번째는 "내부인과 외부인" 사이의 차이다). Assmann, *Invention of Religion*, pp. 82-88.
36   Brueggemann, *Exodus*, p. 947. 그는 "그 긴장을 방법적으로나 체계적으로 해결하는 것은 용납될 수 없다"라고 쓴다. 이러한 모순이 "성경의 하나님을, 훨씬 서정적이고 온화하고 낭만적이고 길든 신들과 가장 대조적으로 규정한다. 바로 이런 모순이 성경의 하나님을 흥미롭고, 믿을 수 있으며, 위험하게 만든다"(p. 947).

ams)가 바르게 주장하듯, 사랑은 창조 세계에 선이 되지 않는 그 자체의 유익에는 관심이 없다.[37] 우리처럼, 하나님에 대한 이러한 관점을 받아들이면서도 성경으로서 출애굽기의 권위를 인정하는 이들은 계속되는 신학적 딜레마에 부딪힌다.

땅과 순례

출애굽기 마지막에서 야웨가 성막 가운데 임하신 장면은 출애굽기가 시작될 때 하나님이 부재하신 상황에 대한 응답이다. 출애굽기를 창세기와 함께 읽을 때, 그 중요성은 더욱 심오해진다(서곡을 보라.) "태초에 하나님이…창조하셨다"로 시작한 이야기는 재앙과 가짜 시작, 우회로를 지나기는 했지만, "주님의 영광이 성막에 가득 찼다"에 이르기까지 움직여 왔다. 그러나 이것은 이야기의 끝이 아닌 새로운 시작이다. "하나님이 가까이 계심을 구체적으로 경험할 수 있는 공간으로 세상을 변화시키는 것을 목표로 하는" 과정이 시작된 셈이다.[38] 성막을 "주님의 영광"으로 채우심으로써, 태초에 세상을 하나님의 비신적(nondivine) 타자로 창조하셨던 분이 마침내 그 안에 거하러 오신다.

이것은 하나님과 세상의 융합이 아니다. 하나님의 영광은 여전히 구름과 불에서 가시적으로 드러나며, 그분이 거하시는 곳은 거룩하고 위험한 장소로서 속된 영역과 구별된다(민 17:12-13을 보라). 그러나 또한 세상에서 하나님은 제사장의 노동으로 유지되고 희생 제물로 영양을 공급받는 신령한 개체로도 거하시지 않는다. 하나님은 "찬양받을 만한 위엄이 있으시며" "한결같은 사랑…이 풍성한" 구원자로서(출 15:11, 14; 34:6) 이스라엘의

---

[37] Williams, *Tokens of Trust*, pp. 11-13; 참조. Williams, *On Augustine*, pp. 73-74.
[38] Janowski, "Die Einwohnung in Israel," p. 25.

전부를 요구하시지만 그분에게는 그들이 가져오는 어떤 것도 필요하지 않다. 백성 "가운데" 거하시는(출 29:45-46; 레 26:11) 하나님은 일차적으로 빼앗는 것은 고사하고, 받는 것이 아닌 **주는 것**을 원하신다. 족장들처럼(출 32:13), 모든 이스라엘 자손은 하나님의 종이며, "[하나님의] 말을 듣고 [하나님이] 세워 준 언약을 지키[는]" 것이 그들의 의무다(출 19:5). 그러나 바로를 섬길 때와 달리, 하나님을 섬김으로써 그들은 어떤 것도 소외시키지 않으며, 오히려 고귀한 하나님의 "보물"이 된다(19:5).

따라서 출애굽기에 나오는 이야기의 아치는 이집트에서 경험한 하나님의 부재로부터 광야의 성막에서 경험하는 하나님 임재의 방향으로 움직인다. 관련은 있지만 서로 구별되는 이야기의 또 다른 아치가 나온다. 그 아치의 방향은 바로 "종살이하던 집"(출 20:2)에서 "아름답고 넓은 땅, 젖과 꿀이 흐르는 땅"(3:8)으로 움직인다. 출애굽기는 약속된 땅을 여섯 번 언급한다(3:8, 17; 13:5; 22:26; 33:3; 34:24). 그 경계를 "홍해에서 블레셋 바다까지, 광야에서 유프라테스강까지"(23:31)로 명시하며, "주님께서 그들을 데려다가 주님의 소유인 주님의 산에 심으실 것입니다"(15:17)라며 이스라엘이 그 땅을 소유하게 되는 것을 경축한다. 그러나 이 두 번째 아치는 출애굽기에서 완결되지 않는다. 이스라엘이 그 땅을 소유하지 않게 된다는 말이다. 이것이 더욱 이상한 이유는, (성막이 세워지고 야웨의 영광이 그 안을 채움으로써) 창세기 1장에서 세상의 창조로 시작된 더 큰 이야기의 아치가 완결**되었기** 때문이다. 성막은 하늘과 땅의 창조 목적을 선행적 방식으로 성취한다. 그러나 약속된 땅 예루살렘에 제대로 된 영구적인 집을 세우시는 하나님의 임재가 없다면, 광야를 떠도는 이동식 성막이 무슨 수로 창조 세계의 성취와 비슷해질 수 있겠는가?

성막에서 하나님은 "그 모든 행진하는 길에" 이스라엘과 함께하실 것이다(출 40:36, 개역개정). 바로 이것이 이동식 성막 구조의 핵심이다. 이스라엘 자손을 이집트에서 이끌어 내실 때, 야웨는 낮에는 구름 기둥으로, 밤에는 불기둥으로 그들 앞에 가셨다. 이제 성막에 거하러 오신 하나님의 임재를 보여 주는 구름과 불이, 행진하는 그 모든 길에서 이스라엘을 이끈다. 이스라엘이 어디에 진을 치든 구름과 불이 성막 위에 머문다는 점에 주목하면서, 색스는 [중세의 현자 라시(Rashi)의 연구에 기초해] 진을 치는 것 자체가 행진의 일부였다고 제안했다.[39] 특정 장소의 신이 되는 경향이 있는 고대의 신들과 달리, 하늘과 땅의 창조주이자 선택된 백성의 하나님인 야웨는 모든 장소의 하나님이기도 하다(출 19:5; 참조. 시 24:1; 사 66:1; 욥 26장; 28:23-28).

약속된 땅은 여전히 중요하지만, 잠재적으로 온 창조 세계를 포함하도록 비전이 확장된 것처럼 보인다. 창조의 성취를 미리 보여 주는 야웨의 성막 임재와 "그들이 길을 가는 동안에" 백성과 동행하며 그들을 이끌어 가는 것에서(출 40:38), 창조 세계 전체가 잠재적으로 땅의 약속에 들어왔다고 이해할 수 있다(참조. 민 14:20-23).[40] 포로기와 포로기 이후 예언자들(특히 제3이사야)의 종말론적 환상은 온 땅의 갱신을 포함한다. 요한계시록은 이러한 예언자들의 비전을 가져온다. 밧모섬의 요한은 "새 하늘과 새 땅"(계 21:1)을 본다. 땅의 약속은 새 창조의 약속으로 확장된다. 이 약속이 성취되는 날까지, 성소가 고정식이든 이동식이든 하나님의 모든 오심은 여전히 잠정적일 것이다. 하나님이 오시는 모든 장소는 떠나는 장소며, 약속된 미래로 나아가는 계속되는 순례의 일부다. 출애굽기는 경계를 가진 땅의 약속과 유배 상태의 순례 사이에 있는 긴장으로 끝난다. 그러한 긴

---

39 Sacks, *Covenant and Conversation*, pp. 322-323.
40 Wright, *History and Eschatology*, p. 256를 보라.

장에도 불구하고 '이동식 시내산', 곧 성막 위에 있는 구름과 불로 표상되는 야웨의 영광이 "이스라엘 온 자손의 눈앞"에 있다(출 40:38).

부재와 임재, 편애와 보편성, 폭력과 자비, 땅과 순례. 출애굽기에서 발견하는 이러한 긴장은 이제부터 우리가 요한복음을 길잡이 삼아 들려주고자 하는 만물의 이야기를 규정할 것이다. 이 긴장은 기독교 성경의 마지막 두 장, 히브리 예언자들의 종말론적 환상에 기초한 새 예루살렘의 환상에서 해소된다. 혹은 해소된다고 우리는 주장하려 한다. 그런 뒤, 새 창조는 하나님의 영광으로 가득 채워진 보편적인 지성소가 될 것이며, 온 땅이 불타는 떨기이자 시내산이자 성막이 될 것이다. 온전해진 하나님의 집이 될 것이다.

2부 생명의 말씀

3장

집에 오신 하나님

출애굽기의 끝—요한복음의 시작

창세기와 출애굽기를 하나의 단위로 묶어 주는 이야기의 아치는 혼돈의 비(非)세상을 향해 하나님이 창조의 말씀을 하심으로써 이루어진 세상의 창조에서 시작해(창 1:1-2), "주님의 영광이 성막에 가득 [차는]" 상황으로 끝난다(출 40:34). 이야기의 진행 과정에서 이스라엘은 이집트에서의 압제와 잠재적 소멸 상황에서 구출되었고, 야웨와의 언약을 통해 한 백성으로 세워졌다. 취소할 수 없는 이 언약의 성격은 야웨의 한결같은 사랑과 신실함에 근거한다. "내가 이스라엘 자손 가운데 머물면서 그들의 하나님이 되겠다"(출 29:45). 하나님의 영광이 성막을 가득 채웠을 때, 하나님은 이스라엘을 하나님의 집으로 만들겠다는 이 약속을 성취하신다. 이 동일한 행위에서 하나님은 창조 세계에도 예비적 주춧돌을 놓으신다. 아담과 하와의 범죄에서 출발해 홍수를 거쳐 바벨탑에 이르는 원시 역사(primeval history)에서 집을 망치는 일련의 사건들은 물론이고, 이집트에서 일어난 아브라함의 범죄에서 시작해 금송아지 배교의 엄청난 죄악으로 절정에 이르는 성서 역사(sacred history)에서도 계속 집을 망치는 사건들이 있었음에도 불구하고 말이다.

요한복음의 서문에서 요한은 창세기와 출애굽기를 관통하는 이야기의 시작과 끝을 단 열다섯 구절로 재서술한다(요 1:1-5, 9-18).[1] 그러나 또한 그는 그 이야기를 양쪽 방향 모두로 확장한다. 바로 그것이 우리가 들려주고 싶은 기독교적 만물의 이야기에서 요한복음이 중심을 차지하는 이유다. 요한복음 도입부에서 이야기의 아치가 시작하는 지점은 하나님이 혼돈과 마주하셨던 창세기 1장의 태초보다 훨씬 더 뒤로 거슬러 올라간다. 하나님이 마주한 유일한 실재는 하나님이신 말씀밖에 없었던 '때'다. 그 아치는 **형식상** 출애굽기가 끝나는 지점에서, 백성 가운데 거하시는 하나님과 함께 끝난다. 출애굽기에서 야웨의 영광이 성막을 가득 채우고, "이스라엘 온 자손의 눈앞[에]" 있었던 것처럼(출 40:38), 요한복음은 이렇게 말한다. "그 말씀은 육신이 되어 우리 가운데 사셨다. 우리는 그의 영광을 보았다"(요 1:14). 하나님과 그 백성은 취소할 수 없는 방식으로, 그러나 여전히 오직 선행적인 방식으로만 서로에게 집이 되었다. 그러나 이러한 형식적 병행 관계는 실질적 발전을 동반한다.

복음 전도자가 볼 때, 그는 창세기와 출애굽기가 들려준 동일한 이야기를 이어 가고 있다. 우리는 동일한 목표를 추구하는 동일한 주인공을 만난다. 바로 땅 위의 공간에 거하기 위해 오시고, 그리하여 사람들 가운데 계심으로써 창조를 완성하는 이스라엘의 하나님이시다. 그러나 "말씀이 육신이 되[었다]"라는 표현이 가리키듯, 중요한 변화가 있다. 성막이 살아 있는 인간의 육체가 되었으며, '거함'은 '성육신'으로 바뀌었다. 여기서 말

---

[1] Wright, "Pictures, Stories, and the Cross," p. 58; Wright, "Son of Man," p. 90를 보라.

하는 영광은 이제 단지 야웨의 영광이라기보다는 말씀이신 하나님의 영광이다. 이러한 변화들은 다시 하나님에 관한 개념, 하나님이 창조 세계를 향해 품으신 궁극적 목표에 관한 이해, 인간의 특징과 그들이 하나님과 맺는 관계에서도 중대한 변화를 함축한다.

이야기 역시 부분적으로 바뀌었다. 이야기를 마치려면 아직 들려주어야 할 부분이 남아 있는데, 그 부분이 이제 예수님 안에서 육신이 되신 하나님에 의해 굴절되었다. 그러나 이는 그저 예수님 이후에 이루어진 일들을 그전에 이루어진 일들에 덧붙일 수 있다는 말이 아니다. 하나님이 "빛이 있으라" 하고 말씀하셨던 지점으로부터(창 1:3, 개역개정) 예수님 안에서 "참 빛, 곧…각 사람에게 비추는 빛"이 세상의 모든 지점에 이르기까지(요 1:9, 개역개정) 이야기의 모든 부분이 재조정되어야 한다. 육신이 되신 '말씀의 빛' 안에서, **과거 자체**가 바뀐 것은 아니다. 다만 그것을 **어떻게 보는가** 그리고 **어떻게 들려줄 것인가**가 바뀌어야 한다. 요한복음에서 창조와 구속을 말하는 이야기의 첫 부분은 창세기와 출애굽기에서 들려준 이야기를 수정하거나 요약하는 것과 관련된 문제가 아니라, 그 이야기를 다른 빛에 비추어 보는 것에 관한 문제다.

우리는 후속 책에서 만물의 이야기 중 창조에 관한 조각을 들려주려 한다. 이번 장의 목적은 중간에서 이루어진 결정적 전환을 살펴보는 것이다. 이 책의 나머지 부분에서는 하나님의 백성을 구하고 그들과 함께 거하기 위해 오신 하나님인 예수 그리스도와 함께, 기독교적인 새 출애굽의 이야기를 들려준다. 그러나 새 출애굽의 이야기는 출애굽이 시작했던 지점에서 출발하지 않는다. 출애굽을 전제하고, 그것이 **끝난** 지점에서 출발한다. 그 백성과 함께하시는 하나님의 변함없는 임재는 이제 구출과 용서, 언약의 움직임이 마지막에 도달하는 지점이 아니라, 그러한 움직임의 전제가 된다. 성전인 예수님의 육신 안에서 하나님의 영광이 세상에 임했다. 그것은 죄의 손아귀에서 집을 망치는 '디소이킥'한 권세에 붙들린 세상에서 하나님의 집 만들기 역사를 규정하는 것이 급진적이고 비가역적 은혜임을 의미한다.

"그가 자기 땅에 오셨으나"

출애굽기에 나오는 하나님의 구원과 거하심을 요한복음에 나오는 하나님의 오심과 비교할 때, 연속성과 새로운 발전 두 가지를 다 발견한다. 우리는 "그가 자기 땅에 오셨으나, 그의 백성은 그를 맞아들이지 않았다"라는 요한복음 1:11의 말씀을 도구로 삼아, 이 두 책과 이야기의 두 부분 사이의 복합적인 관계를 더 깊이 살펴볼 수 있다.

"그가…오셨[다]": 계시지 않던 분이 오심

출애굽기에서 하나님이 그 백성을 이집트로부터 구하기 위해 내려오셨던 것처럼, 요한복음에서도 "참 빛"이 세상에 온다(요 1:9). 출애굽기처럼, 요한복음 역시 이 오심의 타이밍에 대해서는 침묵한다. 지연된 일이라는 점이 분명한 이 오심에 대해 어떤 설명도 제공하지 않는다. 하나님이 늦으셨다는 사실은 고려의 대상조차 되지 않는 듯 보인다. 육신이 되셨다는 말씀은 이집트에서 종살이를 하는 이스라엘 자손의 일반적인 부르짖음과 비슷한 무언가에 대한 응답이 아니다. 다음과 같은 시편 기자의 호소는 고사하고 말이다.

주님, 언제까지 나를 잊으시렵니까? 영원히 잊으시렵니까?

언제까지 나를 외면하시렵니까?
언제까지 나의 영혼이 아픔을 견디어야 합니까?
언제까지 고통을 받으며 괴로워하여야 합니까?
언제까지 내 앞에서 의기양양한 원수의 꼴을 보고만 있어야 합니까?

나를 굽어살펴 주십시오. 나에게 응답하여 주십시오. 주, 나의 하나님,
내가 죽음의 잠에 빠지지 않게 나의 눈을 뜨게 하여 주십시오.
나의 원수가 "내가 그를 이겼다" 하고 말할까 두렵습니다.
내가 흔들릴 때에, 나의 대적들이 기뻐할까 두렵습니다. (시 13:1-4)

욥기와 예레미야애가처럼 히브리 성경 전체는 지연된 정의에 대한 항의, 고통당하는 자들의 필사적인 부르짖음, 심지어 하나님에 대한 비난으로 가득 차 있다. 그러나 하나님은 올 때가 되면 오신다. 시간은 하나님의 것이다.

하나님이 오실 때조차, 하나님의 부재는 완전하게 끝나지 않는다. 하나님은 하나님이시며, 하나님이 할 일을 하신다. 하나님의 부재와 임재 사이의 소형 변증법은 이스라엘이 광야를 떠돌 때의 특징이기도 했다(2장을 보라). 요한복음에서도 마찬가지다. 예수님이 지상 사역을 하시는 동안에도 그랬고, 떠나신 뒤에도 그랬다. 나사로를 살리신 이야기는 이런 요점을 보여 준다. 예수님 자신의 삶이 위험에 처했고, 안전을 위해 예루살렘을 떠나 요단강을 건너가신다. 이는 하나님과 고통의 관계에서 주요한 변화가 일어났음을 시사한다. 즉 예수 그리스도 안에서 하나님은 고통에 노출되셨고 어떤 의미에서 고통을 겪으신다. 요단강을 건너는 동안 예수님께 소식이 전해진다. "주님께서 사랑하시는 사람이 앓고 있습니다"(요 11:3). 예수

님은 나사로를 고치기 위해 베다니로 가기 전에 일부러 이틀을 지체하셨고, 그 결과 나사로는 죽는다. 예수님이 도착하셨을 때, 나사로의 여자 형제들은 늦게 오신 예수님께 질책이 담긴 인사를 건넨다. "주님이 여기에 계셨더라면 내 오라버니가 죽지 아니하였을 것입니다"(11:21, 32). 그러나 목숨을 거는 일임을 아는 제자들의 만류에도 불구하고, 예수님은 **오셨다**. 그리고 예수님은 나사로를 죽은 자들 가운데서 일으키신다. 친구를 죽음에서 구하기 위해 예수님은 "자신의 죽음으로 이어질 계획"을 감행하신다.[2] 그 죽음 역시 다른 이들을 위한 것이며, 세상의 생명을 위한 일이 될 터이다. 도움을 주기 위한 방문을 일부러 지체하기는 했지만, 예수님은 결코 친구들의 고통에 무관심하시지 않다. 주변의 고통에도, 그 자신의 고통에도 무관심하시지 않다. 그러나 그분은 어째서 사람들이 고통을 당하는지 설명하시지 않으며, 고통에 처한 이들을 위한 보편적 구원을 베푸시지도 않는다. 적어도 아직은 아니다. 오히려 그분은 고통이 완전히 제거될 수 없는 현재 형태의 세상에서 고통과 어떻게 맞서 싸워야 하는지 예를 보여 주신다.

요한은 예수님 안에서 하나님이 오심으로써 죄와 고통, 죽음을 끝낼 사건이 일어났다고 보았다. 그러나 예수님 자신의 고통과 그분의 제자들이 당하는 고통이 이 사건의 중심이다. 성령이 그들과 함께하시겠지만, 일차적으로 그들을 고통에서 건져 주기 위해서가 아니라 그들이 예수님의 길을 따라갈 수 있도록, 또한 고통에도 불구하고 기쁨과 소망을 가질 수 있도록 힘을 주시기 위해서다(참조. 요 14:1, 27; 16:21, 22). 예수님께 일어났던 일들은 제자들에게도 마찬가지로 일어날 것이다. 하나님의 부재도, 고

---

2 Bauckham, *Gospel of Glory*, p. 67. 『요한복음 새롭게 보기』(새물결플러스).

통의 즉각적 종결도 아닌, 고통 가운데 계시는 하나님의 임재를 경험할 것이다. 고통에 대한 최종적 승리는, 단지 예수님의 고통을 통해서뿐만 아니라 그분을 따르는 자들의 고통을 통해서 이루어질 것이다(6장을 보라).

"자기 땅에": 세상의 생명을 위하여

더 넓은 초점. 출애굽기에서 하나님은 이전에 자신과 언약을 맺었던 아브라함의 자손에게 오신다. 요한복음에서는 창세기 12:3("땅에 사는 모든 민족이 너로 말미암아 복을 받을 것이다")의 지평이 훨씬 더 명확하게 드러난다. 요한복음에서 "자기 땅"이란 말씀으로 "말미암아 창조[된]" 모든 것을 말하며, 이는 인간과 비인간 할 것 없이 **어떤 자격 요건 없이 창조된 모든 것을** 의미한다. "그가 없이 창조된 것은 하나도 없[기]" 때문이다(요 1:3). 말씀의 관심에서 벗어난 것은 아무것도 없지만, 복음서의 나머지 부분은 말씀이 오신 주된 이유가 인류임을, 인류 가운데서는 다른 어떤 대상보다 이스라엘 백성임을 보여 준다. 이스라엘 민족이 받는 복을 통해 다른 민족들이 복을 받기 때문이다.

요한이 일차적으로 인류의 렌즈를 통해 보고, 인류에게 초점을 맞춘 창조를 말할 때 사용하는 기술적 용어가 "세상"이다. "모든 것이…창조되었[다]"라는 주장은(요 1:3) "세상이 그로 말미암아 생겨났[다]"라는 주장과(1:10) 병행 관계를 이룬다. 근원적이고 결코 정복할 수 없는 생명의 거점이신 살아 계신 한 분 하나님이("그 안에 생명이 있었으니"; 1:4, 개역개정) 세상과 그 신적 생명을 나누어 갖기 위해 세상에 오셨다. 예수님이 군중을 먹이는 기적을 행한 뒤 하신 말씀처럼, "하나님의 빵은 하늘에서 내려와 세상에 생명을 주는 것이다"(요 6:33).

출애굽기에서 이스라엘의 구원은 바로와 그가 가진 권력의 몰락에 달려 있고, 이스라엘이 한 백성으로 살아가는 것은 가나안 사람들을 그 땅에서 몰아내는 것에 달려 있다. 바로의 노예를 해방시키고 그들에게 땅을 주어 집으로 삼게 하실 하나님은 민족들 **위에서** 다스리는 분이어야 한다. 바로의 주술사들과 겨룸으로써, 모세는 하나님께 그러한 능력이 있음을 입증한다. 유사하게 제2이사야(사 40-55장을 지칭한다—옮긴이)는 바빌론으로 끌려온 이스라엘 자손에게 하나님의 능력은 그들을 본국으로 돌려보내고도 남을 만큼 충분히 강하다고 확신시킨다. 그에게 민족들은 "전혀 없는 것이나 다름이 없[기]" 때문이다(사 40:17). 제3이사야(사 56-66장을 지칭한다—옮긴이)는 한 걸음 더 나아가 야웨가 이집트 사람, 가나안 사람, 바빌론 사람과 맺는 지배 관계는 이스라엘 이외의 다른 모든 민족과 맺는 전형적 관계가 아님을 보여 준다. 하나님은 단지 이스라엘을 보호하려는 목적으로만 민족들을 다스리시지는 않는다. 하나님은 민족들에게 알려지고 그들에게 경배받는 것에 관심을 가지신다. 즉 이방인들이 "만민이 모여 기도하는 집"인 회복된 성전으로 나아오고(사 56:7), "이스라엘 자손이 아닌 이들이 제사장직을 수행한다."[3] 더 나아가, 인간 이외의 창조 세계 전체 역시 새로워진다. 손상과 파괴의 모든 원천이 땅에서 제거되는 것으로 끝나는 비전에서, 야웨는 "내가 새 하늘과 새 땅을 창조할 것이니"라고 말씀하신다(65:17-25).

특정한 것과 보편적인 것. 하나님의 관심이 확장되는 상황의 배후에는 이스라엘의 영원한 구속을 위해서는 창조 세계 전체의 영원한 구속이 필요하다는 근본적 통찰이 있다. 오직 창조주 하나님만 이 일을 하실 수 있

---

3   이사야 56:6-7에 대한 Fishbane, *JPS Bible Commentary*, p. 413. 예언자 말라기의 비전은 더욱 대담하다(말 1:11). 모든 민족이 예루살렘 성전에서만이 아니라 그들이 있는 곳 어디서든 참되신 하나님을 경배할 수 있다.

다. 그러나 그러한 하나님은 단순히 이스라엘만의 하나님이실 수 없다. 정확하게 **이스라엘의 하나님**으로서, 하나님은 또한 **모든** 민족의 하나님이셔야 한다. 이스라엘과의 언약을 통해 복이 이방인에게로 전해진다. 요한복음 서문은 이러한 비전을 위한 토대를 놓는다. 세상의 창조주가 만물의 구속자이시다. 하나님이 창조하신 만물이 하나님이 돌보시는 영역 안에 있다. 요한복음에서 예수님은 에스겔서에서 선한 목자로 묘사되는 야웨의 이미지를 차용해(겔 34:1-31), 목자의 책임 범위를 확장하면서 이렇게 말씀하신다. "나에게는 이 우리에 속하지 않은 다른 양들이 있다. 나는 그 양들도 이끌어 와야 한다. 그들도 내 목소리를 들을 것이며, 한 목자 아래 한 무리 양 떼가 될 것이다"(요 10:16).⁴ 예수 그리스도 안에서 하나님은 유대인들을 위해 오셨고, 따라서 또한 이방인들을 위해 오셨다. 하나님은 하나님이 창조하신 것, 곧 모든 사람과 창조 세계 전체를 구속하고자 하신다.

출애굽기에서 보았던 보편성과 특정성 사이의 긴장은 제거되지 않았지만, 이제 그 특성이 변화된다. 그 긴장은 줄어들기보다 심화된다. 선택받은 백성 가운데서 이제 선택받은 개인, 즉 예수 그리스도가 있다. 이것이 바로 하나님이 1세기 팔레스타인 유대인으로 성육신하신 특정성의 걸림돌이다. 그분은 세상의 모든 우리에서 나아오는 "양들의 문"이시다(요 10:7, 16). 하나님의 구속 역사의 보편적 범위에도 불구하고, 예수님 안에서 하나님이 오신다는 사실을 인식하는 이들로 이루어진 공동체의 특정성은 유지된다. 그들은 "그를 맞아들[이고]" "그 이름을 믿은" 사람들, 그리하여 "하나님의 자녀가 되는 특권"을 받은 사람들이며(요 1:12), 하나님 가족

---

4   요한복음 10:16을 마태복음 15:24("나는 오직 이스라엘 집의 길을 잃은 양들에게 보내심을 받았을 따름이다")과 조화시키고자 노력하면서, Augustine은 이스라엘에게는 "그 자신이 오신" 반면, 이방인에게는 오직 "특사를 보내셨다"라고 쓴다. Augustine, *Gospel of John* 47.4.

의 일원들이다. 예수님이 세상을 떠나 "아버지께로" 돌아가신 뒤(16:28) 남은 열매는 분명 보편화된 이스라엘도,[5] 이스라엘을 그 일부로 포함하는 구속받은 이들의 보편적 공동체도 아닌, 사방으로 둘러싸인 작은 공동체였다. 그렇다고 해도, 그리스도와 그 공동체뿐만 아니라 이스라엘 바깥에 있는 이들 역시 하나님의 선교의 지평 안에 포함되었다. 그것은 온 세상을 포괄하며 그리스도 안에서 하나님의 사랑으로 모두를 끌어안기 위함이었다.

"그의 백성은 그를 맞아들이지 않았다": 사랑에도 불구하고

말씀은 온 세상을 끌어안기 위해 왔으나, 그 세상은 정작 "그를 맞아들이지 않았다"(요 1:11). "하나님께서 세상을 이처럼 사랑하셔서 외아들을 주셨으니, 이는 그를 믿는 사람마다 멸망하지 않고 영생을 얻게 하려는 것이다"(요 3:16). 여기서 "세상"은 양면적이며, 이는 요한복음 내내 그렇다. 인류라는 측면에서 본 창조 세계는 "그로 말미암아 생겨났[으며]" **동시에** "그를 알아보지 못[한]" 세상이기도 하다(요 1:10). 요한복음에서 하나님이 오신 사건은, 하나님의 백성인 이들이 스스로의 집을 망쳐 버렸고, 스스로를 하나님이 거하시기에 적합하지 않은 곳으로 만들었음을 가정한다. 인류의 상태는 이스라엘이 야웨에게서 돌아서서 금송아지에게 절한 이후의 상태와 유사하다. 말씀 안에 있었고 말씀 안에 있는 생명이 세상과 그 안의 모든 피조물을 살아 있게 함에도 불구하고(요 1:4), 모든 인간은 풍성한 삶 대신 위축된 삶을 살아간다. 그들 스스로 번영을 경험할 때에도, 더 심오한 차원에서는 사실 멸망해 가고 있다(요 3:16). 모든 사람을 비추는 창

---

5   Levenson은 *Hebrew Bible*, pp. 155-156에서 올바르게 그렇게 주장한다. 특정성을 지닌 그리스도의 보편적 중요성에 대한 기독교 신학의 지속적인 질문을 능숙하게 다룬 연구는 Collins, *Unique and Universal*을 보라.

조의 말씀의 빛에도 불구하고, 인류는 어둠 속에서 살아간다. 더 나아가, 생명이자 빛이신 분이 세상에 왔을 때조차 "사람들이 자기들의 행위가 악하므로 빛보다 어둠을 더 좋아하였다"(요 3:19). 이스라엘 자손이 자신들을 구하러 온 야웨를 믿지 않고, 이후 금송아지를 위해 야웨를 저버렸던 것처럼, 이방인이나 유대인이나 할 것 없이 세상 역시 하나님과 하나님의 집 만들기 계획을 저버렸다(요 1:10-11).

이에 상응해, 요한복음에서 하나님이 오시는 동력으로 작용하는 하나님의 사랑은, 하나님이 언약을 갱신하기 바로 전에 모세에게 드러내신 사랑과 유사하다. 그것은 바로 **죄에도 불구하고** 유지되는 "한결같은 사랑과 진실"이다(출 34:6). 요한이 예수님을 "은혜와 진리가 충만하셨다"라고 묘사한 부분은(1:14), 히브리어로 된 출애굽기 34:6의 원래 표현을 헬라어로 번역한 것이다.[6] 요한에게 하나님이 오신 이유는 하나님의 "한결같은 사랑과 진실"이 "수천 대에 이르기까지" 계속되기 때문이며, '세상'이 드러낼 수도 있고 드러내지 않을 수도 있는 **하나님에 대한 사랑, 하나님을 아는 지식, 하나님에 대한 믿음, 하나님께 대한 순종과는 무관하게** 지속되기 때문이다. 요한1서는 하나님이 오신 동기, 이야기 전체의 토대를 단순하고 간명한 말로 표현한다. "하나님이 우리를 먼저 사랑하셨기 때문입니다"(4:19). 요한은 하나님의 무전제적·무조건적 사랑이 먼저였음을 강조함으로써, 우리가 출애굽기에서 보았던 혁명적 전환에 담긴 급진적 함의를 이끌어 낸다. 즉 하나님의 호의를 획득하기 위해 인간이 먼저 하나님을 사랑하는 것에서, 이스라엘의 죄악에도 불구하고 이스라엘을 향한 하나님의 변함없는 사랑으로 전환한 것이다.

---

6   Tsutserov, *Glory, Grace, and Truth*, pp. 39-89; Bauckham, *Gospel of Glory*, pp. 51-52를 보라.

집이 존재하려면, 그 구성원들이 거기에 있을 뿐 아니라 서로를 '맞아 들여야' 한다. **하나님의** 집이 존재하려면, 하나님이 거기 계실 뿐 아니라 맞아들여져야 한다. 하나님의 집에 대한 기독교의 이야기에서 핵심 질문은 이것이다. 예수님은 그저 하나님이 오신다는 사실을 전하러 오신 것인가, 아니면 그분이 바로 이미 오신 하나님인가 하는 점이다.

우리 가운데 계신 하나님

하나님이 이스라엘 백성을 이집트에서 건져 내기 위해 오셨을 때, 해결해야 할 첫 번째 질문은 하나님이 누구이신가 하는 점이었다. 많은 나라의 많은 신 가운데 누가 모세를 구원자로 불렀으며, 하나님은 어떤 성품을 가진 분인가? 질문의 첫 번째 부분은 바로 해결된다. 떨기나무에서 들려오는 목소리는 자신을 아브라함의 하나님으로 밝힌다. 하나님의 성품에 관해서는 야웨라는 하나님의 이름에 그 답이 들어 있다. 마찬가지로, 요한복음 서문에서도 그 목적 가운데 하나를 드러낸다. 세상을 하나님의 집으로 만들기 위해 다시 한번 그리고 결정적으로 자기 땅에 오신 분의 정체를 밝힌 것이다(참조. 1:11). 물론 이것이 마지막 오심은 아니다. 어떤 이들은 예수 그리스도가, 심지어 '십자가에 죽으신 예수님'이 여기서 말하는 행위 주체라고 주장하지만,[7] 서문은 이분이 "태초에" 하나님과 함께 계셨

---

7   Karl Barth는 여기서 우리가 가정하는 서문 독해 방식에 의문을 제기하는 것으로 유명하다. 그는 하나님의 오심에서 행위 주체가 말씀이라고("그 **말씀**은 육신이 되어": 요 1:14) 이해하는 방식에 의문을 제기한다. Barth는 하나님의 오심에서 행위 주체는 성육신 이전의 말씀이 아니라 예수 그리스도라고 주장한다. 하나님의 신성이 "인간성을 그 자체로 에워싼다.…그의 신성 안에서 그의 인간성 역시 우리와 즉각적으로 만나지 않는다면, 그것은 거짓 하나님의 거짓 신성일 것이다.…그[예수 그리스도] 안에서, 하나님이 사람 없이 존재하지 않는다는 사실이 단번에 영구적으로 성립된다"(Barth, *Humanity of God*, p. 47). 『하나님의 인간성』(새물결플러스). Barth는 '인카르나투스'(*incarnatus*, 성육신하신 말씀)로서의 예

고 하나님이셨던 말씀이라고 분명히 밝힌다(1:1). 그러나 바로 이 명확성이 피할 수 없는 더 많은 질문을 불러일으킨다.

하나님이신 예수님

요한은 오실 이를 가리켜 '하나님'이라는 말을 세 번 사용한다. 요한복음 가장 첫 구절("그 말씀은 하나님이셨다"; 1:1), 서문의 마지막 부분("외아들이신 하나님"; 1:18[8]), 복음서의 마지막 부분에서다("나의 주님, 나의 하나님"; 20:28). 이렇듯 **하나님**이 정말 인간 예수님 안에서 세상에 오셨다는 확증은 요한복음의 서문과 요한복음 전체를 감싸 안는 틀을 이룬다. 그런데 여기서 '하나님'이라는 말은 무엇을 의미하는가?

수 그리스도와 '인카르난두스'(incarnandus, 성육신하실 말씀)로서의 예수 그리스도를 구분함으로써, 말씀과 예수 그리스도를 엄격하게 동일시하는 주장을 약화시킨다[CD IV/2, p. 683를 보라. 여기서 예수 그리스도는 구약에서는 '인카르난두스'(incarnandus)로서, 신약에서는 '인카르나투스'(incarnatus)로서 자신의 주체를 드러내신다. 참조. CD I/2, p. 165]. 영원토록 "하나님은 사람"이시지만, 그것은 "본성"적인 것이 아니라 "이 신적인 자유의지와 선택, 이 주권적 결정 안에서" 이루어졌다(Barth, *Humanity of God*, p. 48). John Behr는 이러한 생각을 이어받아 급진화한 것처럼 보인다. '인카르나투스'(incarnatus)와 '인카르난두스'(incarnandus) 사이의 구분은 떨어져 나가고, 성육신은 나사렛에서 예루살렘의 십자가로 이동했으며, 그 결과 서문의 첫 번째 문장은 "가장 먼저 말씀이 있었다. [그리고 십자가에 달리신 예수님이 있다]"로 해석된다(Behr, *John the Theologian*, p. 269). Behr는 성육신하지 않은 말씀과 성육신한 말씀 사이를 구분함으로써 왜곡된 현대성에서 성육신의 언어를 구해 냈다고 이해한다. 그러나 예를 들면, Augustine은 그러한 구분을 명백하게 옹호했다. "육신이 되었고, 그리하여 우리의 손으로 만질 수 있는 이 말씀은 동정녀 마리아에게서 태어나 육신으로 존재하기 시작했지만, 요한이 '태초부터 계신 것'이라고 말했기 때문에 그때[마리아의 때] 말씀으로 존재하기 시작한 것은 아니다"(Augustine, *First Epistle of John* 1.1). Cyril of Alexandria 역시 마찬가지였다. 그는 예수님의 배고픔과 피로에 대해 이렇게 쓴다. "우리가 노골적으로 그분을, 말하자면 **아직** 육신이 되지 **않은** 것으로 혹은 자기 비움으로 낮추지기 **전**이라고 본다면, 그러한 것들은 말씀에 전혀 맞지 않는다.…그러나 **일단** 그분이 사람이 되셨고 자신을 비우셨다면, 이것이 그분에게 어떤 해를 끼칠 수 있는가?" (Cyril of Alexandria, *On the Unity of Christ*, p. 107, 저자 강조) Martin Luther 역시 같은 입장이었는데, 그는 그리스도가 "그의 성육신 **이래** 신적인 것과 뗄 수 없이 연합된 그의 인간 본성에 따라" 우리와 함께 머물러 계셨다고 쓰며, 여기서 성육신은 분명 그분이 인간으로 수태되고 출생한 것을 의미한다. *LW* 22:113, 저자 강조.

8 Frey, *Glory of the Crucified One*, p. 318: "신적인 것['테오스'(*theos*)]은…일원적인 것['모노게네스'(*monogenes*)]과 동격으로 연결되어 있다."

이번 장에서 지금까지 우리는 불타는 떨기나무의 하나님이, 요한이 말하는 하나님이신 예수님을 가리킨다고 단순히 전제해 왔다. 이러한 입장은 뒷받침하는 논증이 필요하다. 수 세기 동안 그리스도인 사이에서는 요한이 예수 그리스도의 온전한 신성을 인정하며 그분을 이스라엘의 하나님과 동일시한다고 폭넓게 받아들여져 왔다. 그러나 현대의 학자들 사이에서는 이러한 견해에 대한 반대 입장이 존재한다.[9] 그리고 이러한 입장은 이해할 만하다. 초기 기독교 저자들 역시 인정했던 요한복음의 몇몇 특징은, 예수님이 하나님이시라는 요한의 확증이 만들어 내는 단순해 보이는 틀을 복잡하게 만든다. 첫째, 요한복음에서 "아버지"는 "하나님과 사실상 바꾸어 쓸 수 있으며,"[10] 예수님은 명백히 "아버지"가 아니라 "외아들"이시다. 둘째, 복음서에서 내내 예수님은 아버지께 의존하신다. 아버지는 그를 보내셨다(5:37); 예수님은 아버지께서 하고 계신 일을 보고 그대로 행하며, 아버지께서 하시는 말씀을 듣고 그대로 말한다(5:19-20, 30); 그 외에도 예는 많다. 의존성은 예수님이 하나님께 권한을 위임받은 대리인에 불과하다고 암시하는 듯이 보인다. 혹은 어쩌면 그는 "하늘을 지으[신]" "[야웨의] 말씀"이 성육신하신 존재다(시 33:6). 셋째, 복음서 내내 예수님은 오직 사람들 앞에서만 하나님을 대신해서 혹은 하나님으로서 행동한 것이 아니라, 하나님 앞에서도 그렇게 하신다. 아버지인 하나님이 그분의 말과 행동을 받으신다. 하나님에게 말하는 하나님이라고?

중심 사안은 두 가지다. (1) 예수님의 온전한 신성 (2) 아버지와 구별

---

9   최근의 논의는 Frey, "Between Jewish Monotheism"을 보라.
10   Marianne Meye Thompson과의 이메일 교신(2021년 7월). 또한 그의 *Promise of the Father*를 보라. (요한복음에서 "나는 [나]"의 의미와 그 중요성 같은) 몇몇 사안에 대해 우리 사이에 불일치가 존재하기는 하지만, 여기의 내용은 그녀와 주고받은 긴 이메일에 많은 부분을 빚지고 있다. 우리는 요한복음을 다루는 나머지 부분에서 그녀의 주석을 지속적으로 참조했다. Thompson, *John*을 보라.

됨. 요한이 두 가지 모두를 긍정한다고 생각한다면, 우리는 세 번째 사안에 직면해야 한다. 바로 하나님의 유일성이다.

나는(I AM). 서문 마지막에 요한은 성육신을 이렇게 요약한다. "그 말씀은 육신이 되어 우리 가운데 사셨다. 우리는 그의 영광을 보았다. 그것은 아버지께서 주신 외아들의 영광이었다. 그는 은혜와 진리가 충만하였다"(요 1:14). 앞에서도 말했듯, "은혜와 진리가 충만하[다]"라는 구절은, 모세에게 야웨의 영광이 나타났을 때 출애굽기 34:6의 "한결같은 사랑과 진실"을 요한의 방식으로 표현한 셈이다. 이것은 불타는 떨기에서 보여 주었던 원래의 자기 계시를 되풀이하면서, 예수님의 영광이 "[나는] 은혜를 베풀고 싶은 사람에게 은혜를 베풀고, 불쌍히 여기고 싶은 사람을 불쌍히 여긴다"라고 말한 분과 **동일한 영광**임을 암시한다(출 33:19). **바로 그** 하나님, '나는 나'인 분이 예수님 안에서 육신을 입으신 것이다.

요한복음의 주요 본문에서 예수님은 자신이 누구인지 밝히면서 "나는"(*egō eimi*, '에고 에이미', I am)이라는 구문을 반복해서 사용하신다. 단순히 헬라어의 일인칭 단수 대명사와 일인칭 단수 'be' 동사로 이루어진 구문이다. "[나는] 그분의 신발 끈을 풀 만한 자격도 없소(*ouk eimi egō*, '아욱 에이미 에고')"(요 1:27), 혹은 "나는 스파르타쿠스다," "나는 바다코끼리다"라고 말할 때도 우리는 똑같은 단어를 사용할 것이다. 그러나 예수님이 "나는"이라는 표현을 여러 차례 사용하시는 점에는 분명한 신학적 무게가 실린다. 가장 눈에 띄는 것은, 예를 들면 "너희로 하여금 '내가 곧 나'임을 믿게 하려는 것이다"(요 13:19; 참조. 6:20; 8:24, 28; 18:5, 6)처럼 완전형 '나는'으로 구성된 구절들이다. 이 모든 경우에서 관심을 기울여야 할 부분이 있다. 일상적인 상호작용을 하는 사람으로 예수님을 인식하고 인정하는 것이 아니라, 예수님 안에 하나님이 계시며, 구원을 행하고 계시다는 통찰의 문제로 접근해야 한다는 점이다.[11] '말씀'에 대한 언급으로 시작하는 복음서 첫 구절에 이미 익숙한 요한복음의 독자들은 해당되지 않겠지만, 예수님의 말씀을 직접 듣던 사람들에게는 완전형 '나는' 구절들이 충격으로 다가왔을 것이다. 그중 가장 놀랍고 의외였을 구절은 "아브라함이 태어나기 전부터, 내가[나는] 있다"(요 8:58)였을 것이다. 하나님처럼, 예수님의 존재는 역사 시대를 가로지르며, 모든 시간에 대하여 동시대적으로 작용한다. 이에 대한 암시는 히브리 성경의 두 핵심 본문에서 발견된다. 하나는 출애굽기 3:14로, 하나님의 이름이 처음으로 모세에게 계시되는 장면이다.[12] 전

---

11   Frey, *Glory of the Crucified One*, p. 293. 또한 단지 "나는"이라는 표현이 명시적으로 사용될 때뿐만 아니라 "[나는] 생명의 빵이다"처럼 은유적 서술에서 사용되는 경우에서도 기독론적 독해를 주장하는 것을 보라. Frey, *Glory of the Crucified One*, pp. 292-293.

12   요한복음의 완전형 "나는" 구절들이 불타는 떨기 이야기에서 영감을 받은 것으로 읽어야 한다는 제안은 어려움에 직면한다. 한편으로, 출애굽기에서 하나님을 "나[는]"으로 부르는 것은 "나는 곧 나" 혹은 "나는 곧 나일 것이다"("'나'라고 하는 분이 너를 그들에게 보냈다고 하여라"; 출 3:14)의 축약형이기 때문에, 관련성은 명백해 보인다. 그러나 70인역은 "나는 나"를 "에고 에이미 호 온(*egō eimi ho ōn*)으로 씀으로써, 출애굽기의 명백한 '나'를 '에고 에이미'(*egō eimi*)가 아닌 '호 온'(*ho ōn*)으로 번역한다(Bauckham, *Testimony of the Beloved Disciple*, p. 246). 요한이 우리가 보는 것과 같은 70인역을 보았을 것이라고 가정한다면, 예수님의 '에고 에이미'(*egō eimi*)는 출애굽기 3:14에서 왔다고 보기 힘들다. 개인적 교신에서, Harold Attridge는 다음과 같은 강력한 반론을 제기했다.

> 출애굽기(70인역)에서 그 구문은 에고 에이미 호 온(ἐγώ εἰμι ὁ ὤν)이며, 이는 모세의 질문 "그들이 저에게 그의 이름이 무엇이냐고 물으면 제가 그들에게 무엇이라고 말해야 합니까?"에 대한 응답으로 나온 말이다. 하나님의 응답은 적어도 두 방식으로 해석될 수 있다. 하나는 분사 구문 호 온(ὁ ὤν)을 서술어로 보는 방식이다. 따라서 "나는 '존재하는 이'다"(I am 'the one who is')가 된다. 서술어는 모세가 하나님에 대하여 묻는 사람들에게 말해 주어야 할 이름을 지시한다. 그렇다면 그 이름은 ὁ ὤν, 즉 '존재하는 이'(the one who is)다. 그러한 해석은 다음 구절로 암시되는데, 헬라어로 그 구절에서 '보냈다'의 주어는 ὁ ὤν이다. Philo도 그것을 이런 식으로 이해했으며, 이는 그가 하나님과 그의 특별한 이름을 일반적으로 ὁ ὤν으로 지칭하는 방식으로 이어졌다. 그러나 그 문장을 약간 다른 식으로도 이해할 수도 있다. 에고 에이미(ἐγώ εἰμι) 다음에 쉼표를 넣으면, 그 구절이 질문에 대한 답이 되고, 분사 구문은 단지 이 이름이 의미하는 바를 풀어 주거나 설명하는 셈이 된다. 바로 이것이 전도자가 그 구절을 이해하는 방식처럼 보이며, 그러한 이해는 다음 절(3:14b)의 히브리 원어에서 영감을 받았을 가능성이 있다. 즉 모세를 '보낸' 것은 '존재하는 이'(who is)가 아니라 '나'(I am, אהיה)이며, 70인역과 Philo는 이것을 ὁ ὤν, '존재하는 이'(the one who is)로 번역한다. 어떤 경우든, 이사야의 구절[43:10]이 출애굽기에서 작동하고 있음을 알아차릴 수 있다(혹은 그 반대일까?). ἐγώ εἰμι에 대한 요한의 용법이, 출애굽기에서는 명시적이고, Philo와 요한 양쪽에서는 모두 두드러지는 이름 모티브와 밀접한 연관성을 갖는다. 내 생각에는 그 점이 출애굽기와의 관련성을 상당히 견고하게 만들어 준다

도자는 이 본문을 되풀이하는데, 그에게 "하나님은 예수님의 인격 안에서 자신의 정체를 새롭게 드러내고 계시기" 때문이다.[13] 두 번째 본문은 이사야 43:10-11이다. 출애굽기에서는 여타의 신들과 다른 이스라엘의 하나님 야웨를 강조하는 반면, 제2이사야는 유일하신 창조주이자 구속자이신 이스라엘 하나님의 배타적 신성을 강조한다.

> 나 여호와가 말하노라 너희는 나의 증인,
> > 나의 종으로 택함을 입었나니
> 이는 너희가 나를 알고 믿으며
> > 내가 그[70인역: *hoti egō eimi*, '호티 에고 에이미']인 줄 깨닫게 하려 함이라.
> 나의 전에 지음을 받은 신이 없었느니라
> > 나의 후에도 없으리라
> 나 곧 나는 여호와라
> > 나 외에 구원자가 없느니라. (사 43:10-11, 개역개정)

완전형 '나는' 구절에서 예수님은 자신을 이스라엘의 하나님과 "동일한 영원한 선상에" 있다고, 즉 동일한 존재론적 서열로 묘사하신다.[14] 그러한 서열이 두 경우로 존재할 수 없기 때문에, 우리는 요한복음에서 예수님이 바로 육신으로 오신 이스라엘의 하나님**이라고** 결론 내릴 수 있다. 그렇지만 여기서 '이다'에 대한 결론이 함축하는 바를 이해하기 위해서는 삼위일

(Attridge, 이메일 교신, 2021년 3월 14일).
13   Attridge, 이메일 교신, 2021년 3월 14일.
14   Attridge, "What's in a Name?," p. 91.

체에 대해 깊이 숙고할 필요가 있다.[15]

말씀. 요한복음과 창세기 둘 다 "태초에"라는 말로 시작한다. 창세기 본문은 이렇게 이어진다. "하나님이…창조하셨다." 성경에서 하나님은 창조의 행위에서 처음으로 등장하신다. 요한은 이 순서에 개입해 이렇게 쓴다. "태초에 **말씀이 계셨다**"(요 1:1). 그는 이어서 "모든 것이 그로[그 말씀으로] 말미암아 창조되었으니"(1:3)라고 말한다. 창세기에서 하나님이 있으라고 말씀하심으로써 모든 것이 창조되었던 것처럼 말이다(창 1:3-31). 그렇다면 말씀은 단순히 하나님의 발화(speech)인가?

요한이 '말씀'을 사용하는 방식을 이해하기 위해 제2차 성전 시대 유대교부터 그리스 철학 전통에 이르기까지 여러 복잡한 사항을 파고들 필요는 없다. 여기서 우리가 관심을 기울여야 할 부분은 예수님 안에서 "우리 가운데 사[신]"(요 1:14) 말씀과 하나님 사이의 관계다. 이를 위해서는 두 가지만 언급하면 충분하다. 첫째, [잠언의 지혜나 필론(Philo)의 로고스(logos)와는[16] 달리] 어떤 의미에서든 말씀이 창조되었음을 가리키는 암시는 어디에도 없다. 사실, 요한은 "모든 것이 그로 말미암아 창조되었으니, 그가 없이 창조된 것은 하나도 없다"라고 강조한다(1:3). 아우구스티누스가 아리안주의자들을 길고 격렬하게 논박하면서 지치지 않고 반복해서 말하듯, "모든 것이 말미암는 말씀은 창조되지 않았으며" 창조되었을 수 없다.[17] 유대교에서는 피조물과 창조주 사이에 존재론적 경계선을 단호하게 긋는데, 여기서도 명백히 말씀은 유일하신 한 분의 창조주 쪽에 선다.[18] "그 말씀

---

15 하나님과 창조를 다루는 다음 책에서 우리는 그렇게 할 생각이다.
16 Philo에 대해서는, Boccaccini, "From Jewish Prophet to Jewish God," p. 340를 보라.
17 Augustine, *Gospel of John* 1.11. Bauckham은 만물을 창조한 행위 주체로서 말씀이 "하나님 자신의 고유한 정체성에 본질적"이라고 쓴다. Bauckham, *Testimony of the Beloved Disciple*, p. 241.
18 이 문제에서 창조주와 피조물 구분의 중요성에 대해서는 Boccaccini, "From Jewish

은 하나님이셨다"(1:1).

둘째, 말씀은 단순히 하나님의 '연장선'이 아니다. 즉 "비와 눈이 하늘에서 내[리는]" 것처럼(사 55:10) 하나님의 입에서 '나오는' 무엇이거나, 이레나이우스(Irenaeus)가 비유하듯[19] 세상에서 무슨 일을 행하기 위해 내뻗은 하나님의 팔과 같은 것이 아니라는 얘기다. 창세기에 나오는 하나님의 발화와는 다르게, 말씀은 창조의 행위 때 하나님의 입에서 나오는 음성이 아니고, 신이 아닌 무언가를 향해 나오기 '이전', 바로 태초부터 하나님과 함께 계셨다.[20] 세상에서 행하시는 말씀은 태고부터 하나님과 마주하고 계셨으며, 바로 이것이 요한이 말씀이 "하나님과 함께" 계셨다고 말할 때 함축하는 의미다(요 1:1). 이때의 헬라어 전치사는 '프로스'(*pros*)다.[21] 따라서 우리는 이 구절을 "말씀이 하나님을 향해 있다"라고 표현할 수 있다. 요한은 예수님이 자신을 보내신 "아버지께로" 돌아가시는 상황에 대해 쓸 때 이 동일한 전치사를 여러 번 사용한다(14:12, 28; 16:10, 28). '프로스'에 대한 이런 번역은 "그 말씀은 하나님과 함께(*pros*) 계셨다"와 "그 말씀은 하나님이셨다"라는 표현이(요 1:1) 아버지께 방향을 정한 채 살아가는 "아버지의 품속에(*eis*, '에이스') 계신" "외아들이신 하나님"이라는 표현(요 1:18)과[22] 인클루지오(inclusio, 성경의 문학 기법 중 하나로 일종의 수미상관 구조를 말한다—옮

Prophet to Jewish God"을 보라.

19 Irenaeus, *Against Heresies* 4.pref.4; 4.20.1.

20 이에 대해서는 Behr, *John the Theologian*, pp. 258-259를 보라.

21 대안적으로, '프로스'를 움직임의 의미가 아닌 동반의 의미로 읽을 수도 있다. 그렇다면, 태초에 하나님과 함께(*pros*)한 말씀은(1:1), 예수님이 자신의 성육신 이전의 영광에 대해 말씀하실 때 사용하신 '파라'(*para*)와 의미 면에서 동등할 것이다. "창세 전에 내가 아버지와 함께(*para*) 누리던 그 영광으로"(17:5). 그러나 1:1에서 '프로스'를 '파라'의 의미로 이해한다 해도, 신학적으로 바뀌는 것은 거의 없다. 대안적 독해에 대해서는 Brown, *Gospel according to John*, p. 5를 보라.

22 Behr, *John the Theologian*, p. 258.

긴이)를 이룬다는 점에서 더욱 확실해진다.²³ 전도자는 말씀이 육신이 되신 후, 하나님과 말씀 사이를 아버지(말씀이 향하고 있는 하나님)와 아들(말씀이신 하나님) 사이의 관계로 구분해 은유적으로 표현한다. 그 관계는 상호적이며, 아들은 "창세 전부터" 이미 아버지의 사랑을 받는 대상이었다(요 17:24). 마르틴 루터는 말씀이 하나님을 '향해'(pros) 있다는 사실은 "하나님 그 자신이신" 일종의 사랑스러운 "대화"를 가리킨다고 바르게 말한다.²⁴

하나님을 마주 보는 하나님으로서, 말씀은 하나님과 함께 무(無)의 공허함과 창조된 만물 양쪽 모두를 마주하고 선다. 말씀은 창조되었거나 범속하지 않고, 창조되지 않은 신적 존재다. "그 안에 생명이 있었으니 [en(엔)]"(요 1:4, 개역개정, en은 문법적으로 미완료 시제). 말씀은 어떤 것도 소멸시키지 않는 꺼지지 않는 불꽃이 상징하던(출 3:1-2) 자기 발생적 생명의 근원적 현장이다(2장을 보라).

한 분이신 하나님

요한은 "하나님을 마주 보는 하나님"이라는 생각이, 하나님은 한 분이시라는 유대교의 중심적인 고백이자 요한 자신이 목표로 하는 고백에서 자신을 밀어 떨어뜨리도록 위협한다는 사실을 안다. 그의 복음서는 하나님의 단일성을 단호하게 견지하면서도 말씀의 온전한 신성과 하나님과의 구별됨을 모두 존중하는 하나님에 대한 기독교적 이해를 분명히 표현하기 위한 노력의 출발점에 서 있다.

"나와 아버지는 하나." '나는' 구문에서 예수님은 자신을 하나님과 동일시하신다. 말씀이신 그분은 언제나 그리고 여전히 창조주 하나님이다. 요

---

23 Thyen, *Johannesevangelium*, pp. 105-106를 보라.
24 *LW* 22:12-13. Lüpke, "Luther's Use of Language," p. 151를 보라.

한 복음에서는 하나님과의 이러한 동일시가 경쟁의식이나 괴리감, 예수님(혹은 말씀)과 하나님 사이에 분리를 만들어 낸다는 느낌이 전혀 없다. 예수님은 또 다른 "두로의 왕"이 아니다. 즉 마음이 교만해져서 스스로 "나는 신이라, 내가 하나님의 자리 곧 바다 가운데에 앉아 있다"라고 말하는 피조물이 아니다(겔 28:2, 개역개정). 심지어 아버지의 지시에 매우 순종하는 신적인 아들인 것도 아니다. 구름 기둥/불기둥, 시내산, 성막, 성전 그리고 이제 나사렛의 예수. 이렇듯 마치 그의 육신이 하나님의 백성 가운데 야웨가 나타났던 일련의 '현장'에 있었던 단지 또 다른 육신이라는 듯, 그리고 야웨와 **어떤** 차이도 존재하지 않는다는 식으로 동일시하지도 않는다. 하나님과 구별되는 하나님으로서, 그분은 하나님과 하나다. 아버지-아들의 은유는 구별됨을 분명하게 표현하지만, 둘 사이의 분리될 수 없는 연합을 전해 주는 주된 방식이기도 하다.

예수님은 하나님과의 관계에서 자신의 위치에 대해 '유대인들'과 논쟁을 벌인다. 그 가운데 하나에서 "나와 아버지는 하나이다"라고 말씀하신다(요 10:30). 대명사와 명사에 따라오는 복수형 일반 조동사(am이 아니라 are)는 그 두 분이 구별되었다는 뜻이다. "하나"는 연합을 강조한다. 여기서 '하나'에 해당하는 헬라어는 중성형 '헨'(hen)인데, 남성형 '헤이스'(heis)는 '하나의 동일한'의 뜻과 달리, '연합된'을 의미한다. 아버지와 아들은 두 분이 행하시는 고유한 종류의 일에서, 특별히 에스겔에 따르면 이 문맥에서는 백성의 참된 목자, 곧 야웨(겔 34:11)의 일에서 연합된다.[25] 예수님은 연합의 특성을 이렇게 설명하신다. "아들은 아버지께서 하시는 것을 보는

---

[25] 예수님이 하나님만의 고유한 행동을 하셨다는 사실에 기초해 예수님이 이스라엘 하나님의 고유한 정체성을 공유하신다는 주장에 대해서는 Bauckham, *Jesus and the God of Israel*, 『예수와 이스라엘의 하나님』(새물결플러스); Hays, *Echoes of Scripture in the Gospels*. 바울과 관련해 Bauckham의 주장을 확장한 연구는 Tilling, *Paul's Divine Christology*를 보라.

대로 따라 할 뿐이요 아무것도 마음대로 할 수 없다. 아버지께서 하시는 일은 무엇이든지 아들도 그대로 한다"(요 5:19). 그렇다면 예수님의 행동이 열등하며 파생적인 것처럼 보일 수도 있다. 그러나 문맥상 예수님의 요점은 오히려 아버지의 행동과 "자신의 행동의 동질성과 동등한 가치"를 강조한다.[26] 그 이유는 똑같은 것을 보고 행할 때 예수님은 단순히 아버지를 모방하시는 것이 아니기 때문이다. "나는 세상의 빛이다"(요 8:12)라고 담대하게 선포할 수 있는 이유를 설명하면서, 예수님은 "내가 혼자 있는 것이 아니라 나를 보내신 아버지께서 나와 함께하시기 때문"이라고 말씀하신다(8:16). 간결하면서도 어딘지 수수께끼 같은 말씀이다. 예수님은 자신을 단지 아버지와 거리를 두고 존재하면서 아버지를 보고 따라 행하는 존재로 보시지 않는다는 점을 이 말씀이 암시한다. 예수님과 아버지의 연합은, 헤겔의 표현을 쓰자면 단지 "개념적"이지 않으며, "살아 있는 관계"다.[27] 예수님과 아버지는 존재적으로 연합되어 있다.[28] 어떻게 그러한가?

상호 내주. 예수님은 자신이 하나님의 어떤 대리자라도 할 수 있는 다른 종류의 일들뿐만 아니라, 오직 야웨만 하실 수 있는 고유한 신적 역사를 동일하게 행한다는 점을 설명하신다. 그러면서, 예수님은 자신과 아버지의 연합이 갖는 특징을 명확하게 밝히신다. 그와 아버지는 **상호적으로 거하신다.** 예수님은 자신과 아버지의 상호 내주에 대해 두 번 말씀하신다. 두 번 모두 복음서의 결정적인 지점에서 나올 뿐만 아니라, 두 번 모두 듣는 이들에게 자신에 대한 믿음을 촉구한다.[29] 먼저 예수님은 자신의 반

---

26 Frey, *Glory of the Crucified One*, p. 291.
27 Hegel, "Spirit of Christianity," p. 260.
28 Bauckham은 "아버지와 나는 하나다"라는 구절을 쉐마["야웨는 우리의 하나님이시오, 야웨는 오직 한 분뿐이십니다"(신 6:4)]에 대한 암시로 본다. Bauckham, *Testimony of the Beloved Disciple*, p. 250.
29 요한복음에서 "믿으라"라는 명령형은 각각 결정적인 지점에서 다섯 번 사용되었다. 4:21(사

대자들에게 "아버지께서 내 안에 계시고, 또 내가 아버지 안에 있다는 것을" 믿으라고 말씀하신다(요 10:38). 이 말씀에서는 "아버지와 나는 하나다"라는 주장이 하나님의 유일성을 침해하지 않으며, 어째서 예수님을 돌로 치는 것이 마땅하지 않은지(10:31) 이유를 설명하려 한다. 그러나 따라오는 본문이 보여 주듯, 그러한 시도는 실패로 돌아간다. 종교와 정치 질서의 수호자들은 그분을 잡으려고 하고, 그분은 요단강 건너편 지역으로 피하신다.

두 번째는 고별 설교의 시작 부분이다. 예수님은 어떻게 자신의 제자들이 아버지를 알며 "이미 보았[는지]" 분명하게 밝히신다(요 14:7). 빌립은 어리둥절해하며 "주님, 우리에게 아버지를 보여 주십시오"라고 요청한다(14:8). 자신을 알고 보는 것이 아버지를 알고 보는 것임을 설명하면서, 예수님은 두 번째로 "내가 아버지 안에 있고 아버지께서 내 안에 계[신다]"라고 말씀하신다(14:10). 그런 뒤 역시 두 번째로 제자들에게 그러한 주장을 받아들일 것을 권고하신다. "네가 믿지 않느냐?"라고 수사적으로 물으신 뒤, "…믿어라"라고 강조하며 권고하신다. 이러한 반복은 아버지와 아들의 상호 내주에 대한 믿음이, 단지 아버지를 아는 것에 대한 구절(14:7-11)뿐만 아니라 두 갈래의 명령으로 시작한 본문 전체의 절정에 해당한다는 점을 분명히 한다. "너희는 마음에 근심하지 말아라. 하나님을 믿고 또 나를 믿어라"(14:1).[30]

두 가지 주요 관심사가 아버지와 아들의 상호 내주, 혹은 이후 삼위일체 논의에서 나온 예술 용어를 사용하면 '페리코레시스'(perichoresis)의 개

마리아인 사역), 14:1(고별 설교를 시작하며), 20:29(복음서 마지막에 '의심하는' 도마와의 대면에서). 나머지 두 번은 상호 내주의 주요한 신학적·기독론적 주장과 관련된다.

30   이런 의견은 Frey, *Glory of the Crucified One*, p. 307.

념을 이끌어 간다.[31] 첫 번째 관심사는 엄격하게 신학적이며, 하나님의 유일성과 관련된다. 아버지와 아들의 의지와 행동이 오로지 부합하기만 한다면, 심지어 완벽하게 부합한다 해도, 하나님의 하나 됨은 위협받는다. 각각 아버지와 아들이 일의 어떤 부분을 하고 있다면, 신적 노동의 분화(예를 들어, 아버지는 보내고, 아들은 실행하는)의 결과로든, 독립적 행위자로서 동일한 임무에 공동의 노력을 기울이는 것이든(예를 들면, 부분적으로는 아들이 죽은 사람들 가운데서 스스로 부활하고, 부분적으로는 하나님이 그를 살리시는) 아들은 두 번째 하나님일 터이다. 그렇다면 이스라엘 하나님의 유일성을 고려할 때, 예수님의 비판자들이 제기하는 다음의 혐의는 정당화된다. "당신은…자기를 하나님이라고 하였소"(요 10:33; 참조. 5:18). 그러나 만약 아버지와 아들이 상호 내주를 통해 연합되어 있다면, 한쪽의 행위는 다른 한쪽의 행위이기도 하다. 바로 그것이 우리가 예수님을 믿을 때, 하나님을 믿는 이유이기도 하며, 예수님을 볼 때 하나님을 보는 것이기도 한 이유다(12:44-45). 그리고 그것이 한쪽의 영광이 다른 한쪽의 영광인 이유다(17:1).

요한에게 '페리코레시스'가 중요한 다른 이유는 구원론적이고 윤리적이기 때문이다. 아버지와 아들의 상호 내주는 예수님과 제자들의 상호 내주에 반영된다. 예수님이 제자들 안에 거하시는 것처럼, 제자들은 그분 안에 거해야 한다. 그들 안에 그분이 계신다는 것은 그들 안에 있는 그분의 사랑이 있다는 말이며, 그분 안에 그들이 있다는 것은 그분의 사랑을 그들이 실천한다는 말이다(요 15:1-17). 그러나 제자들 안에 거하시는 예수님 안에는 또한 아버지가 거하신다. 즉 "내가 그들 안에 있고, 아버지께

---

[31] Manastireanu, "Perichoresis"; Twombly, *Perichoresis and Personhood*를 보라.

서 내 안에 계신 것"(요 17:23)은, 아버지가 아들을 사랑하시는 그 사랑이 그들 안에 계신 예수님 때문에 그들 안에도 있음을 의미한다(17:26). 바로 이것이 그들 개인의 삶의 토대이자—"너희는 나를 떠나서는 아무것도 할 수 없다"(15:5)]—믿는 자들의 공동체로서 그들이 이루는 연합의 토대다(17:23). 우리는 6장에서 이러한 주제로 다시 돌아갈 생각이다.

아버지, 아들, 성령

예수님과 성령. 요한복음에서 아버지-아들 관계는 압도적 우위를 차지해 예수님의 사역에서 또 다른 가장 필수적인 구성 요소인 관계가 보이지 않게 자주 가린다. 바로 성령과 예수님의 관계다. 우리는 이미 예수님이 아버지께서 하시는 일을 하시며 그 반대도 마찬가지임을 지적했다.[32] 아들이 세상에 있는 동안 아버지의 일을 하는 것처럼, 그분이 죽고 떠나신 후에는 성령이 예수님의 일을 하신다. 사실 아버지와 아들 두 분 모두가 믿는 자들 안에 거하고 일하시는 방식으로 성령은 임재하신다(요 14:20-24).[33]

그러나 성령이 예수님의 일을 하실 뿐만 아니라, 그 반대도 성립한다. 중요하지만 종종 제대로 인정받지 못하는 방식으로, **예수님**은 이 세상에 와서 아버지께로 돌아가는 중간 시기에 성령의 일을 하신다. 연이어 두 차례나 세례 요한은 예수님에 대하여, 성령이 그 위에 내려와 머물렀다고 말한다(요 1:32-33). 요한복음에서 '머무는 것'은 '관계의 영속성'을 말하기 위한 기술적 용어이며, '거하는 것'과 밀접하게 연계된다.[34] '머무는 것'의 언어는 "이새의 줄기에서 [난] 싹" 위에 "나[주님]의 영"이 내려오는 것에

---

32 Thompson, *John*, p. 320.
33 Attridge, "Trinitarian Theology," pp. 80-81를 보라.
34 Brown, *Gospel according to John*, pp. 510-511.

대한 예언을 되울림한다(사 11:1-2; 참조. 42:1).[35] 이사야가 말하는 야웨의 종처럼, 예수님의 사역 전체는 성령의 능력으로 이루어졌다.[36] 성령이 예수님 위에 내려와 머무는 것은 그분이 "하나님의 아들"이라는 표지인데(요 1:34), 요한복음에서 이 호칭은 "분명하게 단순한 메시아 이상의 존재임을 함축한다. 즉 이는 예수님을 다른 모든 인간과 구별하며, 하나님의 편에 위치시킨다."[37] 따라서 앞에서 본 것처럼 아들의 모든 사역 안에서 일하고 있는 분은 아버지만이 아니다. 성령 역시 일하고 계신다.

예수님의 삶에 대한 삼위일체론적 설명. 요한이 예수님과 성령, 아버지를 연결하는 방식은 예수 그리스도의 신성에 중요한 함축적 의미를 갖는다. 지난 한 세기 반 동안, 일반적으로 '아래로부터의' 기독론(인간 예수의 승격)으로 여겨지는 성령 기독론과 일반적으로 '위로부터의' 기독론(하나님이 인간의 육신을 취함)으로 여겨지는 말씀/로고스 기독론이 구분되어 왔다.[38] 그러나 둘 중 어느 쪽도, 혹은 둘의 조합 역시 우리가 요한복음에서 발견하는 사실을 적절하게 설명하지 못한다.

요한의 기독론은 분명하게 '위로부터'다. 예수님 안에서, 만물의 창조주이신 하나님이 육신을 입고 "자기 땅에" 오신다. 그러나 육신이 되신 말씀은 결코 혼자가 아니다. 전도자가 한편으로는 아들과 아버지의 관계를 서술하는 방식에서, 다른 한편으로는 아들과 성령의 관계를 서술하는 방식에서 우리는 이 사실을 깨닫는다. 아들의 인격은 아버지나 성령과 구별된

---

35 공관복음에 나오는 예수님의 세례 이야기와 비교할 때, 예수님 위에 '머무는' 성령은 요한의 창의적 발상이다. Thyen, *Johannesevangelium*, p. 122.
36 Raymond Brown은 "예수님께는 성령이 영구적으로 계신다"라고 쓴다. (Brown, *Gospel according to John*, p. 66). 이는 맞는 말이지만, 전적으로 참은 아니다. "성령께는 예수님이 영구적으로 계신다"라는 말 역시 동일하게 참이기 때문이다. 예수님 위에 내려와 머무는 것은 성령이며, 예수님은 성령의 능력으로 자신이 하는 일을 하시고 그분의 존재로 존재하신다.
37 Frey, "Between Jewish Monotheism," p. 201.
38 그러한 구분에 대해서는 Pannenberg, *Jesus-God and Man*, pp. 33-37를 보라.

다는 점에서뿐만 아니라 아버지와 성령이 그분 안에 계신다는 점에서 그 고유한 정체성이 결정된다. "나는 혼자 있는 것이 아니라, 나와 나를 보내신 아버지[가 함께하신다]"(요 8:16).[39] 이것이 요한이 그리스도의 신성한 인격을 '페리코레시스'의 개념 방식으로 설명한 최초의 버전이다. 이 은유는 아들로서 그리스도가 어떻게 온전히 그 자신이면서 또한 아버지나 성령과 그토록 가장 친밀하고 분리되지 않고 함께 계실 수 있는지 표현한다. 인간 가운데 거하기 위해 오신 신적 위격 안에는 이미 언제나 다른 두 분이 함께 계시며, 그 존재와 행위는 그 두 분과 분리될 수 없다. 루터는 이것을 이런 식으로 표현한다. "성 삼위일체 전체가 그리스도의 인격 안에서 알려진다. 우리가 아들에게 가면, 우리는 동시에 아버지와 함께 있다"(루터가 삼위일체 **전체**에 관해 쓰고 있음을 고려할 때, 여기에는 성령도 함축되어 있음이 분명하다).[40] 요한복음에는 초기의 삼위일체론만 나타나는 것이 아니다.[41] 그에 상응하는, **예수 그리스도 안에서 육신이 되신 신적 위격에 대한 초기의 삼위일체론적 설명** 역시 나타난다. 이후에 보게 되겠지만, 요한복음에는 믿는 자들의 인격에 대해서도 유사한 '삼위일체론적' 설명이 나온다(5장). 요한계시록에서 그것은 세상 전체에 대한 '삼위일체론적' 설명이 된다(9장).

예수 그리스도의 신성에 대해서는 두 가지를 간략하게 언급함으로써 마무리하고자 한다. 첫째, 요한의 설명에는 긴장이 존재한다. 그는 자신이 세 가지를 말해야 한다는 점을 안다. (1) 말씀/아들은 하나님이다. (2) 말씀/아들은 하나님/아버지와 구별된다. (3) 하나님은 분리될 수 없는 한 분

---

[39] 이러한 번역은, Thompson, *John*, p. 182를 보라.
[40] *LW* 23:87.
[41] 그러한 의견은 Frey, "Between Jewish Monotheism," p. 218를 보라.

이다. 요한은 철학적이거나 교리적인 논문이 아닌 영적인 글을 쓰면서 이 세 가지를 모두 일관되게 주장하기 위해 애쓴다. 또한 그는 그 문제와 씨름하는 첫 번째 사람이기도 하다. 그 이후의 신학자들은 그 사안을 명확하게 정리하고자 노력하면서도, 또한 하나님의 삼위일체는 여전히 신비로 남아 있음을 분명히 했다.[42] 둘째, 긴장의 많은 부분은(예를 들면, 말씀/아들과 하나님/아버지의 동등함과 예수님이 아들로서 아버지께 압도적으로 의존하시는 것 사이의 긴장) 예수님의 인간성과 관계가 있다. 우리가 복음서에서 발견하는, 세상이나 아버지와 관계를 맺고 있는 아들은 언제나 **성육신하신** 말씀이다.

육신이 되신 하나님

그렇다면 세상을 향한 사랑 때문에 "자기 땅에 오[신]" 것은 누구인가? 말씀이 오셨다고만 말하는 것은 옳은 답이 되기 힘들며, 심지어 그 말씀 안에 아버지와 성령이 함께 거하신다고 해도 마찬가지다. 맞다. "하나님에게서 [온]" 것은 말씀이었다(요 8:42). 그러나 로마 통치하의 팔레스타인 나사렛으로 '오신' 분은 그저 말씀이 아니었다. 하나님은 '**육신이 된 말씀**'으로 오셨다(요 1:14).

땅 위를 걷는 하나님?

에른스트 케제만(Ernst Käsemann)은 요한이 예수님을 "땅 위를 걷는 하나

---

42 Thomas Aquinas의 삼위일체론 신학을 분석하면서, Karen Kilby는 부정의 삼위일체론(apophatic trinatarianism)을 바르게 주창한다. Kilby, *God, Evil, and the Limits of Theology*. 참조. Volf, "Apophatic Social Trinitarianism."

님"으로 묘사한다고 말한다. 그러면서 예수님의 인간성은 그분의 신성을 위한 제복에 지나지 않으며, 그분이 입으신 육신은(1:14a) 제자들이 보았던 아버지의 아들로서의 영광을(1:14cd) 위한 투명한 망토가 되어 버렸다는 유명한 주장을 했다.[43] 그러나 이는 전혀 맞지 않는 말이다. 요한복음에서 예수님의 동시대 사람들은 모두 그분을 철저하게 인간으로 보았다. 그분의 적대자들이 보기에, 예수님은 스스로를 하나님으로 생각할지 모르지만, 만약 그렇다면 그분 자신도 속은 사기꾼이었다. 예수님의 제자들은 그분 안에서 하나님이 일하고 계심을 느꼈지만, 부활 이후에야 그분의 신적 영광을 보았다(요 20:28). 이야기에서 그 시대 사람들에게 예수님은 그들 각자와 동일한 존재였다. 즉 인간이자 필멸의 육신을 지녔고, 혹은 루터가 생생하게 표현하듯 어떤 관점에서는 "불쌍한 벌레 주머니"의 인상적인 예시였다.[44]

'예수님: 인간의 옷을 입으신 하나님' 아니면 '예수님: 그저 인간'의 두 가지 선택은 '하나님'인 경우와 '사람'인 경우가 원칙적으로 상호 배타적이라고 확신할 때에만 가능해진다. 요한복음은 창조주와 피조물이 존재론적 구분에서 서로 다른 쪽에 서기는 하지만, 예수님의 경우에는 창조되지 않은 말씀이 창조된 육신이 **되었다**는('창조된 육신'으로 나타났다'가 **아니라**) 확신으로 쓰였다. 말씀이 창조 세계에서 특정한 개체가 "되었다"(*egeneto*, '에게네토', 요 1:14). 그리고 창조 세계 자체는 말씀으로 말미암아 "[창조]되었다"(*egeneto*, '에게네토', 요 1:3). 하나님이셨고 하나님인 말씀이 육신이 되셨기 때문에, 예수님은 참으로 인간이며 동시에 참으로 말씀이셨다. 케제만 보다 약 25년 전에, 루돌프 불트만(Rudolf Bultmann)은 그 사실을 제대로

---

43 Käsemann, *Testament of Jesus*, p. 7.
44 *LW* 22:103.

이해했다. "예수님의 전적인 인간성 안에서 그분은 계시자다. 맞다. 그분의 백성도 그분의 '독사'(*doxa*, 영광―옮긴이)를 본다(요 1:14b). 정말로, 보이지 않았다면, 계시에 대해 말할 근거가 없다. 그러나 이것은 복음서 전체를 관통하는 역설이다. '독사'는 '사르크'(*sarx*, 육신―옮긴이)와 **나란히** 보여서도 안 되고, 마치 창문을 통해 보는 것처럼 '사르크'를 **통해** 보여서도 안 된다. 오직 '사르크' 안에서 보여야 한다."[45] 하나님이 인간이 되셨다는 요한의 주장은 반쪽짜리가 아니었다. 세상을 하나님의 집으로 만들기 위해 예수님 안에서 오신 하나님은 우리 가운데 누구와도 마찬가지로 인간이시지만, 유일한 창조주의 신성을 그대로 지니셨다. 말씀으로서 그분은 바로 유일한 창조주시다.

예수님 안에서 창조주와 피조물이 이룬 연합은 전적으로 고유하다. 성육신하신 하나님으로서, 예수님은 역사의 마지막에 하나님과 세상 사이에 이루어질 연합을 선행적으로 보여 준 것이 **아니다**.[46] 그러나 성육신은 하나님의 집으로서 세상의 성격에 중요한 의미를 가져온다. 즉 그 집의 물질성이 갖는 중요성을 강조한다. 또한 세상 가운데 계신 하나님의 임재는 그 세상에서 세속성을 제거하는 것이 아니라 그 세속성 안에서 세상을 완성한다는 점을 보여 준다.

아들의 인간성

요한복음의 주요 본문에서 예수님과 마주치는 첫 순간, 우리는 걸어가는

45　Bultmann, *Gospel of John*, 63.
46　예를 들면, Hegel이 그렇게 주장한다("Spirit of Christianity," pp. 272-273). 또한 아들에게 참예함으로써 세상이 삼위일체 안으로 통합된다고 생각하는 이들 역시 그렇게 주장한다(아래를 보라).

한 사람을 본다. 세례 요한은 자신의 제자 두 명과 함께 서서 그 남자를 가리키며 수수께끼처럼 말한다. "보아라, 하나님의 어린양이다"(요 1:36). 제자들은 흥미로운 이 낯선 사람을 따라간다. 복음서에서 예수님이 처음 하시는 말씀은, 스토킹을 당하고 있다고 느끼는 사람이 할 법한 말이다. 그분은 그들을 향해 돌아서며 물으신다. "너희는 무엇을 찾고 있느냐?"(요 1:38) 예수님의 질문에 반응하면서도 직접적인 답은 하지 않은 채, 그들은 그분을 랍비라고 부르면서 어디에 묵고 계신지 묻는다. 예수님은 "와서 보아라"라고 대답하시고, 그들은 그분을 따라가 그날을 그분과 함께 지낸다(1:39). 그것은 히브리 성경이 "육신," 좀 더 정확하게 말하자면 **인간의** 육신이라 부르는 피조물의 범주에 속한 이들 사이에서 이루어지는 평범한 만남이다. 그들은 여기저기 옮겨 다니고, 시간의 흐름을 경험하며, 종종 보거나 듣지 못할 때도 다른 이들의 존재를 지각한다. 그들에게는 쉴 곳과 먹을 음식과 잠이 필요하다. 생기와 연약함은 그들의 특징이다.

겉보기에 가장 하찮은 백성과 마찬가지로 위대한 바로나 로마 황제도 모든 인간은 육신이며, "모든 육체는 풀이요, 그의 모든 아름다움은 들의 꽃과 같을 뿐이다. 주님께서 그 위에 입김을 부시면, 풀은 마르고 꽃은 시든다. 그렇다. 이 백성은 풀에 지나지 않는다"(사 40:6-7). 예수님과 함께 그분의 집으로 간 두 사람은 이내 그분이 메시아이심을 믿게 된다(요 1:41). 그들은 친구들에게 예수님에 대해 말하고, 그 친구들 중 적어도 한 명은 그분의 초자연적 지식을 알게 된다(요 1:48). 그러나 이들 중 누구도 예수님의 인간성에서 뭔가를 빼거나, 그 인간성보다 훨씬 그분을 높여 드림으로써 예수님의 인간성을 축소하지 않는다. 초기 그리스도인들은 하나님께 바치는 희생 제물로 아버지 아브라함에게 거의 죽임을 당할 뻔한 이삭을(창 22:1-19) 예수님의 죽음을 미리 보여 주는 그림자라고 믿었는데, 그러한 이삭과 마찬가지로 성육신하신 예수님 역시 인간이다.[47] 그분은 하나님이 생명의 숨결을 불어넣으셨던 아담이나 하와와 다름없는 인간이다.

초기 그리스도인 저자들에게 예수님의 피로와 갈증은(요 4:6-7) 그분의 참된 인간성을 보여 주는 핵심 표지였다.[48] 이방인 비평가 켈수스(Celsus)는 이에 동의했고, 이것을 예수님의 신성을 반박하는 논증으로 삼았다.[49] 예수님의 참된 인간성을 보여 주는 더 미묘한 표지는 나사로를 살리신 이야기에 나오는 두 단어로 된 문장이다. 비록 이 이야기의 중심 행동과 "나는 부활이요 생명이니"(요 11:25)라는 이야기의 절정을 이루는 확증은 그분을 인간 이상의 존재로 보이게 만들지만 말이다. 전도자는 예수님이 나사로의 무덤 앞에 서서 "눈물을 흘리셨다"라고 쓴다(요 11:35). 인간은 눈물을 흘리는 유일한 생명체다. 진짜 좋은 일에 압도될 때 우리는 기쁨의 눈물을 흘린다. 비극이 우리와 우리가 사랑하는 이들을 덮칠 때 우리는 슬퍼하며 눈물을 흘린다. 마리아와 다른 문상객들이 우는 것을 보시고, 예수님 역시 "마음이 비통하여 괴로워하[면서]" 우셨다(요 11:33). 나사로를 죽은 사람들 가운데서 일으킬 것을 예수님이 아셨다는 점에서(11:11), 주석가들은 그분이 우신 이유에 대해 논쟁을 벌인다.[50] 그 이유가 무엇이었든, 예수님은 기꺼이 이러한 영향을 받아들이셨고, 사람들이 울 때 흔히 하는 행동을 하셨다. 즉 침착함을 내려놓고 어떤 의미에서 자신의 육신과

---

47 Levenson, *Death and Resurrection*, pp. 200-219를 보라.
48 예를 들면, Tertullian, *On the Flesh of Christ* pp. 5, 9.
49 Irenaeus, *Against Heresies* 3.22.2; Tertullian, *Against Praxeas* 21.8; 27:11; Origen, *Contra Celsum* 1.69-70. 이 세 문헌에 대해서는 Marianne Meye Thompson의 도움을 받았다.
50 예를 들면, Bauckham은 이렇게 말한다. "비통해하는 베다니 자매에 대한 사랑과 그 사랑 때문에 실제로 그 자신의 생명을 내주리란 사실을 아는 복합적 결과다"(Bauckham, *Gospel of Glory*, p. 66). Thompson, *John*, p. 248: 마리아의 부족한 믿음, 다른 이들의 고통에 대한 긍휼, 사랑하던 이를 상실한 경험이 복합적으로 작용했다.

하나가 되셨다. 헬무트 플레스너(Helmut Plessner)는 이러한 인간 특유의 경험을 "몸이 자아를 대신해 반응하게" 하는 것이라고 묘사한다.[51]

기독교 전통의 중요한 갈래들은 몸이 주도할 때 발생하는 것처럼 보이는 혼돈을 예수님도 경험하셨다는 사실을 불편하게 여겼다. 아우구스티누스는 예수님 자신 이외의 어떤 사람이나 어떤 대상도 "그분을 괴롭게 할 수 있다"라고는 상상조차 하지 못했다. 그분은 성육신하신 하나님이기에, 오직 스스로의 의지에 의한 고의적 행동으로만 "괴로움을 당하셨다."[52] 아우구스티누스의 입장에서는, 예수님이 나사로의 무덤에서 우신 이유는 그런 상황에서 우는 것이 인간으로서 산다는 사실을 의미하기 때문이 아니었다. 그분은 "사람에게 우는 것을 가르치고 있었기 때문에" 우셨다.[53] (우리는 그러한 가르침이 왜 필요한지 의문스럽다.) 그러나 복음서는 예수님이 흘리신 눈물의 진정성을 희석하는 그러한 해석을 제공하지 않는다. 아우구스티누스는 "만약 반석이 흔들린다면," 그리스도는 더 이상 믿을 수 있는 토대가 아니라고 믿었다. 예수님이 한계 상황에서 감정을 완전히 통제하셨다는 주장은 그의 이런 믿음에서 비롯된 추론이다.[54] 그러나 예수님은 자신이 고통을 당하는 상황에서조차 다른 이들의 안녕에 일관된 관심을 가지셨다. 예수님에게 고통은 스위치처럼 껐다 켰다 할 수 있는 게 아니었다. 그래야만 그런 관심이 제자들에게 본이 될 수 있다. 그분이 그러한 관심을 아주 특별하게 드러낸 경우가 있다. 예수님은 십자가에 달려 극도의 고통에 시달리면서도 아들과 스승을 빼앗긴 자신의 어머니와 "사랑하는

---

51 Plessner, *Laughing and Crying*, p. 144.
52 Augustine, *Gospel of John* 49.18. "이런 방식 혹은 저런 방식으로 영향을 받는 것 혹은 받지 않는 것은 그분의 능력 안에 있었다."
53 Augustine, *Gospel of John* 49.19.
54 Augustine, *Gospel of John* 52.3.

제자"를 염려하고 그들이 서로를 돌보게 하셨다(요 19:26-27).

"보시오, 이 사람이오!"

요한은 예수님의 참된 인간성을 단순하게 전제하고서 말한다. 그가 강조하는 것은 하나님으로부터 멀어진 세상에서 예수님이 인간으로 존재하는 **방식**이 보여 주는 모범적 성격이다. 그것은 그분이 높임을 받으시는 일이자 오신 목적이기도 했던 긴 굴욕의 "시간" 동안 온전히 드러난다(요 12:27을 보라).

진리의 권세와 영광. 예수님이 잡히신 뒤, 사건은 빠른 순서로 움직인다. 그분은 안나스로부터 가야바에게로 보내졌고, 가야바는 고발자로서 그분을 재판장인 빌라도에게 데려간다. 예수님을 가둔 몇 시간 동안, 빌라도는 그분에게 가혹하게 채찍질을 가한다. 그분의 뜯긴 살점을 덮는 자색 옷을 입혔고, 그분의 머리 위에는 야자나무 가지에 30센티미터 길이의 못을 달아 만든 왕관을 씌웠다. '디부스 렉스 라디아투스'(*divus rex radiatus*, '빛을 발하는 신성한 왕'이라는 뜻—옮긴이)를 희화한 모습이었다.[55] 빌라도는 조롱하듯 냉소적으로 예수님의 무죄를 선언하면서,[56] 고발자들과 모여든 군중 앞에 그분을 유대인의 왕으로 소개한다. 빌라도는 예수님을 가리키

---

[55] 그러한 의견은, Thyen, *Johannesevangelium*, p. 720.
[56] 수 세기 동안, 요한복음을 해석하는 사람들은 빌라도는 예수님을 놓아주려는 의도였다고 생각했다. 예를 들면, Augustine은 채찍질이 예수님을 놓아주도록 고발자들을 설득하기 위한 의도였다고 말한다(Augustine, *Gospel of John* 116.2). 이러한 해석에 따른다면, 빌라도는 예수님을 죽이기 원했던 유대인 지도자들에게 이용당한 것이며, 무죄한 이 사람의 죽음에 대한 책임은 그들에게 있다. 빌라도가 유대인 통치자들을 몰아붙여서 로마의 통치를 안정화하도록 돕고 카이사르를 그들의 유일한 왕으로 선언하도록 몰아갔다고 보는 대안적인 해석은 Thyen, *Johannesevangelium*, pp. 702-730를 보라. Thyen은 빌라도와 가야바가 좋은 관계를 맺고 있었다고 주장한다. 예수님에 대한 혐의를 몰랐거나 지지하지 않았다면, 그를 잡을 때 "제사장들과 바리새파 사람들이 보낸 성전 경비병들"을 도울 "로마 군대 병정들"을 보냈을 리 없었을 터이다(요 18:3).

며 "보시오, 이 사람이오!"라고 말한다(요 19:5). 단지 하나님의 형상으로 지어진 깨지기 쉽고 일시적인 아름다움을 간직한 인간의 몸, 게다가 고문당하고 굴욕당해 반쯤 부서지고 존엄성이 부정당한 이 사람 역시 육신이 되신 말씀이다.[57] 예수님은 폄하되고 학대당한 인간들, 권력과 영광을 차지하기 위한 싸움에서 패한 희생자들, 혹은 예수님의 경우처럼 정치적·종교적 생존을 위해 분투하는 희생자들의 운명을 자발적으로 나누어 가지신다. "아무도 내게서 내 목숨을 빼앗아 가지 못한다. 나는 스스로 원해서 내 목숨을 버린다"(요 10:18).

군중 앞에서 재판장과 고발자 사이의 이 대화에서, "보시오, 이 사람이오!"가 뜻하는 바는 이것이다. "자칭 유대인의 왕들이 그리고 위대한 카이사르의 통치에 도전하는 사람이 누구든 어떻게 되는지 보고 배워라!" 또한 그것은 "스스로를 하나님이라 칭하여 신성을 모독하고 다른 이들을 배교로 이끌며 국가의 존립을 위협하는 이들이 어떻게 되는지 보고 배워라!" 한 수준에서 이 장면은 정치 권력의 역설적인 유약함을 보여 준다. 빌라도는 그 지역의 통제권을 잃는 것을 두려워하고(요 19:8), 유대인 지도자들은 로마의 지방 행정관이 불안해할 때 어떤 일이 일어날지 두려워한다(11:47-50).[58] 빌라도의 존속 여부는 제국이 행하는 테러리즘으로서의 십

---

[57] Bultmann은 이 장면을 요한복음 1:14과 연결하면서, "'말씀이 육신이 되었다'(*ho logos sarx egeneto*)라는 선언이 그것의 가장 극단적인 결과 안에서 가시적으로 드러났다"라고 쓴다. Bultmann, *Gospel of John*, p. 559.

[58] Augustine은 예수님이 빌라도에게 이렇게 말씀하시는 장면을 상상한다, "갓 태어난 그리스도에 대해 들었을 때 늙은 헤롯이 겁을 먹고 느꼈던 순전히 공허한 두려움을 갖지 마시오"(Augustine, *Gospel of John*, 116.2). 그러나 권력과 충성심에 근거한 통치는 약해질 것이며, 통치자의 두려움은 그들의 통치의 성격 안에 새겨질 것이다. 헤롯의 두려움(마 2:3)은 그가 그것을 경험한 형태에서는, 말하자면 헤롯 자신과 다른 '세상의' 통치자들과 같은 방식으로 통치하는(그는 그렇게 추정한 것처럼 보인다) 경쟁자에 대한 두려움이라는 측면에서는 '공허'했다. 그러나 그리스도가 오신다는 점은 그러한 형태의 통치에 종말을 가져온다는 의미에서는 공허하지 않았다.

자가 처형처럼[59] 잔혹함을 가시적으로 과시하고 실재하는 인물이든 상상의 인물이든 경쟁자를 제거하는 데 달려 있다. 또 다른 수준에서, 이 장면은 역사에서 수백만의 사람들이 당했고 여전히 당하고 있는 것처럼, 타당한 이유 없이 고문과 굴욕을 당하는 한 무고한 사람의 짓밟힘을 보여 준다. 그러나 요한이 이 이야기를 들려주는 이유는 일차적으로 정치적 '맹금류'를 비판하기 위함도 아니고, 그들의 발톱에 걸려든 '양들'의 무고함을 드러내기 위함도 아니다. 오히려 요한에게 "보시오, 이 사람이오!"라는 말은 일차적으로 공격과 조롱을 당하는 예수님, 육신이 되신 말씀의 역설적인 **권세**와 **영광**을 보여 준다. 생명을 파괴하는 가장 잔혹한 비인간성에 대한 참된 인간성의 숨겨져 있으면서도 결정적인 승리를 이야기한다.

진리의 통치. "당신이 유대 사람들의 왕이오?" 빌라도가 예수님께 묻는다(요 18:33). "당신은 카이사르의 경쟁자요?" 그가 알고 싶은 점은 바로 이것이다. 예수님은 이 질문에 대답하지 않으신다. 아마도 부분적으로 빌라도가 이 질문을 제기하는 방식으로 답하자면, 그 대답이 부정과 긍정, 설명의 복잡한 그물망으로 이루어져야 하기 때문일 터이다. 예수님은 답을 피하면서 말씀하신다. "나는 진리를 증언하기 위해 태어났으며, 진리를 위하여 세상에 왔소. 진리에 속한 사람은 누구나 내가 하는 말을 듣소"(18:37). 그분 자신은 "이 세상에 속한 것이 아니[며]"(18:36), 그분의 나라 역시 이 세상에 속하지 않았다. 그분은 진리를 증언하기 위해 세상에 오셨다. 예수님은 그 자신이 증언하기 위해 온 바로 그 진리이며, 이 진리는 생명과 자유, 궁극적으로는 사랑이라는 사실을 말하지 않은 채 남겨 두신다. 이 사랑은 만물의 창조주이신 그분이 창세 전부터 받은 바로 같은 종

---

[59] Richard Horsley와 Neil Asher Silberman은 십자가 처형을 "국가의 후원을 받는 테러리즘"의 형태로 묘사한다. Horsley, Silberman, *Message and the Kingdom*, p. 86.

류의 사랑이며, 이제 그분이 오셔서 모든 인간 안에서 살아나게 하고 하나님의 집이 된 세상에서 법으로 세우고자 하는 같은 종류의 사랑이다(17:26). 그 사랑은 그 자체에 힘을 지니고 있지만, 칼의 힘이나 고문을 실행하는 힘이 아니다. 예수님께 그 자신의 안전을 위해 싸우고 그분의 통치를 보호하고 확장할 군대가 없는 이유가 바로 그 때문이다(18:36).

아우구스티누스가 생각한 것처럼, 예수님은 빌라도에게 "나는 이 세상에서 그대의 통치에 전혀 방해가 되지 않소"라고 말씀하신 것이 아니다.[60] 이 세상에 속하지는 않을지라도, 그분의 '나라'는 이 세상을 **위한** 것이며, 모든 관계를 재정의하고 모든 개체를 재구성함으로써(이에 대해서는 7-9장에서 살펴볼 것이다) 세상이 모든 사람을 위한 하나님의 집이 될 수 있게 한다. "진리에 속한 사람은, 누구나 내가 하는 말을 듣소"(요 18:37). 진리에 속한 이들은 이스라엘과 세상의 거짓 목자를 대신해 사람들을 이끄는 참된 목자의 양들이다(겔 34:1-31). 그분은 각각의 이름을 알고 그들 모두를 좋은 풀밭으로 이끄신다(요 10:3).[61] 진리에 충성하는 이들, 즉 하나님이시며 또한 하나님이 행하시는 성육신한 사랑에 충성하는 이들은 더 이상 카이사르에 속하지 않으며, 더 이상 그의 권력에 매이지 않는다. 그러나 그들은 단지 하늘의 집으로 향하는 여정에 있는 영혼들이 아니라, 그들 안에서 그리고 그들을 통해 세상 안에서도 참된 집이 되어 무언가가 빛을 발하는 '정치적' 공동체다. 빌라도는 이 중 어떤 것도 이해하지 못할 가능성이 크며, 설사 이해한다고 해도 여전히 옹졸한 지배자의 냉소적인 반응으로 대화를 끝낼 것이다. 그의 가치는 '힘'과 카이사르에 대한 '충성심'이다.

---

60   Augustine, *Gospel of John* 115.2.
61   요한복음 18:37, 10:3은 둘 다 '아코우에인'(*akouein*)과 소유격 '테스 포네스'(*tēs phōnēs*)로 구성되어 있는데, "이해하고 받아들이면서 듣는 것"을 가리키며, 이는 에스겔 34장의 되울림이다. Brown, *Gospel according to John*, p. 854.

진리는? 그는 "진리가 무엇이오?"라고, 그리고 그것이 정치와 무슨 상관이냐고 묻는다(요 18:38). 오히려 그는 이렇게 물어야 했다. "**누가 진리요?**" 바로 그 답이 그 앞에 서 계셨다.

참된 인간성. 예수님은 하나님의 사랑이라는 이유로 채찍을 맞았고, 조롱당했고, 십자가에 달렸다. 훼손된 그의 몸은, 하나님의 사랑이 집을 잃은 세상의 어둠과 대면했을 때 취한 모습이다. 겉으로 보기에, 그것은 신적이고 제왕적인 위엄, 심지어 인간의 존엄마저 결핍되었지만(자색 옷을 입은 채 십자가에 달린 예수님의 모습은 왕권과 인간성에 대한 풍자였다[62]), 볼 수 있는 눈을 가진 이들에게 그의 몸은 변치 않을 권세와 영광을 부여받았다. 고문은 고발당한 자에게서 진실을 캐냈고, 그렇게 드러난 진실은 불온한 비밀이나 숨겨진 범죄가 아닌 바로 규범적 인간성의 특징이었다.

'참된 인간성'과 "보시오, 이 사람이오!"를 연계할 때에는 특별히 주의해야 한다. 요한이 이야기를 들려주는 것처럼, 빌라도가 반쯤 파괴되고 굴욕당한 가짜 왕을 가리키는 순간, 예수님은 "세상에 생명을 [주기 위해]" 자신의 생명을 주고 계신다(요 6:51)는 사실을 빌라도는 깨닫지 못한다. 이 상태의 예수님을 딱 잘라서(*tout court*) 규범적 인간으로 호명해야 한다면, 이보다 더 큰 역설도 없다. 풍성한 생명과 반쯤 파괴된 생명이 동시에 존재하고 죽음과 생명이 하나가 된다![63] 역설이 부조리로 빠져드는 상황을 막기 위해, 우리는 '영원한 생명'은 현재의 이 삶과 아무런 상관이 없으며, 풍성한 생명은 '육신적인' 모든 것을 파괴함으로써 얻을 수 있다고 가정해

---

[62] 이것은 Harold Attridge의 주장에서 빌려 왔다.
[63] 기이한 순환 논리는 말할 것도 없다. 즉 예수님은 세상의 생명을 위해 자신의 생명을 내어 주고 계셨고, 그렇게 하심으로써 세상의 생명을 위해 자신의 생명을 내어 주는 것으로 세상의 참된 생명을 정의하셨다. 그렇다면 세상의 생명이란 세상의 생명을 위해 자신의 생명을 내어주는 것으로 정의한다…이런 식이다.

야 할지도 모른다. 그러나 영적인 것만을 강조하는 이런 이원론적 해석은 요한복음을 제대로 다루는 것이 아니다(4장을 보라).

채찍에 맞고 수치를 당하고 십자가에 달린 예수님의 인간성의 규범성을 이해하는 더 나은 방법이 있다. 바로 참된 인간성이 세상에 생명을 가져오는 임무를 수행하다가 잔혹하고 폭력적인 악의 힘을 대면할 때 **취할 수 있는**(그리고 때로는 취해야 하는) 모습이라고 말하는 것이다.[64] '에케 호모'(Ecce homo)는 생명을 파괴하는 힘에 사랑으로 저항하는 참된 인간이다. 이후에 주장하겠지만(4장), **바로 그 고난과 바로 그 수치가** 곧 그분의 영광이다(17:1). 그러나 십자가는 결코 그분을 위한 '왕의 보좌'가 아니다.[65] 십

---

[64] 빌라도가 "보시오, 이 사람이오"라고 말한 것은 전도자를 대신해 규범적 인간성의 비전을 표현한다고 John Behr는 바르게 강조한다. 그는 '요한 학파'에서 그 구절을 "살아 있는 인간이며, 사실 하나님의 영광 그 자체로 밝혀지는 것은 바로 그 순교자"라고 받아들였던 것을 근거로 삼는다[Behr, *John the Theologian*, p. 195; '에케 호모'(*ecce homo*)에 대한 이런 해석을 확증하는 연구는 Attridge, "Reading the Fourth Gospel," p. 158를 보라]. 그러나 우리는 그가 이런 주장을 설명하는 방식만큼은 따를 수 없다. 그는 성육신이 십자가 사건에서 일어난다고 보며, 십자가를 창조의 완성으로, 부활은 단지 십자가 사건의 반대 면이라고 본다. Behr에게는 십자가 사건에서(십자가 위의 훼손된 몸에서), 이 몸이 온전해지고 달라진 영속적인 영광의 몸으로 일으켜지는 부활로의 움직임이 존재하지 않는다. 결과적으로, 말씀은 영원히 십자가에 달린 자다. 말씀이 십자가에 달린 자이기에, 십자가에 달린 자가 표준적 인간이며, 그의 존재에 참예하는 그리스도의 추종자들인 순교자들이야말로 고차원적 인류다. 이것은 다른 이들 가운데서도 Hans Urs von Balthasar의 연구와, 정도는 덜하지만 Jürgen Moltmann에게서 분명하게 나타나는, 하나님의 존재를 고난과 결부시키는 형태의 극단적인 경우처럼 보인다(Balthasar, *Theo-Drama*, 5:510; Balthasar, *Theo-Drama*, 3:226; Moltmann, *Trinity and the Kingdom*, p. 59). Linn Marie Tonstad는 Balthasar와 Moltmann이 취한 입장을, "하나님의 생명 안에서 일어나는 사건으로서" 고통을 "신화화"하는 것으로 바르게 묘사했다(Tonstad, *God and Difference*, p. 11). 여기서 Behr와 해석적 논쟁으로 들어가는 것은 적절하지 않다. 우리의 관점에서는, 모든 독창성에도 불구하고 그의 해석은 타당해 보이지 않는다. 신학적으로, 우리는 삼위일체의 '춤추는' 사랑과 '고난받는' 그 동일한 사랑을 구분할 필요가 있다고 생각한다. 고난받는 사랑은 인간의 죄와 취약함에 대한 하나님의 구속적 관여의 표지다. "춤추는 사랑이 삼위일체 위격 사이의 내부적 사랑이라면, 고난받는 사랑은 적대감으로 가득 찬 세상을 향해 돌아선 **그 동일한 사랑**이다. 그것을 인간에게 적용하면, 전자는 세상의 완벽한 사랑이며 우리의 최고의 사랑이 지니는 불안정하고 불완전한 상호성 안에서 그 완벽한 사랑이 되울림하는 것이고, 후자는 그 동일한 사랑이 심각하게 흠이 난 세상의 변화에 관여하는 것이다." Volf, *Exclusion and Embrace*, p. 359. 『배제와 포용』(IVP).

[65] 이와 다른 의견은 Frey, *Glory of the Crucified One*, p. 175.

자가에서 드러난 영광은 그분의 통치의 영광이 아닌, **승리로 끝나는 그분의 고유한 분투의** 영광이다. 사실 그분의 분투와 통치 둘 다 그분의 고유한 사랑으로 규정되지만 말이다. 그분의 통치는 바로 이런 고난과 그분이 가진 또 다른 차원의 영광으로 돌아가심으로써 비롯되는 영원한 생명이다. 그것은 바로 창세 전부터 그분이 아버지와 나누어 가진 영광이다(요 17:24). 그분은 아버지와 함께 그 왕의 보좌를 나누어 가지시며, 마침내 그 보좌를 인류 전체와 나누어 가지실 것이다(9장을 보라).

쿠르 데우스 호모?

말씀이 육신이 되었다. 진짜 육신, 그리고 중요한 방식으로 모범적인 육신이 되셨다. 그러나 말씀은 **왜** 육신이 되셨을까? 개신교 신학의 많은 이들은 대략 캔터베리의 안셀무스(Anselm of Canterbury)에 부합하는 답을 내놓는다. 그는 하나님이 인류의 죄로 발생한 빚을 갚음으로써 인류를 구원하기 위해 오셨다고 주장했다. 그들 스스로는 그 빚을 갚을 수 없다. 그들은 유한한데, 그들이 무한한 하나님에 대한 이행 의무를 위반함으로써 발생한 그 빚은 무한하기 때문이다. 오직 하나님만이 무한한 빚을 갚으실 수 있다. 그런데 그 빚을 갚을 의무가 있는 것은 오직 인간이다. 따라서 오직 하나님-인간만이 인류를 구속할 수 있다. 그러므로 유한한 존재들은 갚을 수 없는 빚을 갚기 위해 성자가 인간이 되신다.[66] 성육신의 전체 목적은 십자가 위에서 죽음으로써 인간의 죄를 갚고, 따라서 죄를 지은 인류와 거룩하신 하나님 사이의 간극을 메꾸는 것이다.[67] 개신교 신학에서는

---

[66] Anselm, *Cur Deus homo*.
[67] 구원하는 것이 그리스도의 죽음이라는 점은 Anselm이 '쿠르 데우스 호모'(*Cur Deus*

안셀무스의 구속에 대한 이해의 다양한 변형들이 지배적이며, 성육신은 오직 구속의 전제로서만 의미가 있다. 즉 하나님은 죽음으로 죄를 속하셔야 하지만, 오직 인간만이 죽을 수 있다는 것이다.[68]

4장에서 살펴보겠지만, 요한은 그리스도가 어떻게 죄를 감당하며, 속죄를 위해 성육신이 갖는 중요성이 정확하게 무엇인지 설명하지는 않는다. 그러나 그에게 예수님은 "세상 죄를 지고 가는 하나님의 어린양"인 점은 맞다(요 1:29). 죄에 대한 해결책이 안셀무스가 생각했던 것이든 아니든 상관없이, 요한복음에서 성육신의 주된 역할은 인간의 죄 문제를 '해결하는' 데 있지 않다는 점이 좀 더 중요하다. 성육신은 단순히 구속의 전제가 아니다. 하나님이 인간과 함께 그리고 그들 안에 거하시고, 그들에게 참되고 영원한 생명을 주시고, 그럼으로써 창조 세계를 향한 하나님의 의도를 성취하기 위해 세상에 오시는 방식이 바로 성육신이다. 그리스도가 세상의 죄를 지는 것은 종말론적 완성이 담아내는 더 큰 비전의 일부분이다.

대략적으로, 동방 신학과 가톨릭 신학은 성육신 자체에서 인간성과 신성의 연합에 초점을 맞추는 경향이 있다.[69] 구원론적 관심은 그러한 성육신에 완전히 집중된다. 아우구스티누스는 그것을 이런 식으로 표현한다.

---

homo, 왜 하나님은 인간이 되셨는가 – 옮긴이)의 질문을 던지는 방식에서 분명히 드러난다. "다른 방식으로도 하실 수 있는 것처럼 보이는데, 왜 **그분의 죽음이라는 방식으로** 인류를 구원하기 위해 하나님은 인간이 되셨을까?"(*Cur Deus homo* 2. 18, 강조 추가). 이런 식으로 질문한 것은 'Anselm'이 아닌 'Boso'(Anselm의 제자이며, 이 책은 Boso와의 대화 형식으로 되어 있다 – 옮긴이)일지라도, 그 질문을 본문의 특징으로 삼은 것은 분명 Anselm이다(*Cur Deus homo*, 서문).

68 예를 들면, Calvin, *Institutes* 2. 12. Calvin은 단일한 '속죄 이론'을 주장하지 않으며, 오히려 다양한 심상과 논지를 사용한다. 그중 하나가, 그리스도가 타락한 모든 인간 때문에 징벌을 받으셨다는 생각이다. Calvin, *Institutes* 2.16.2, p. 10. 『기독교 강요』(부흥과개혁사).

69 20세기 후반, 개신교에서 가톨릭 신학이나 정교 신학과의 교류가 급격히 활발해진 이래, 개신교인들 사이에서도 그러한 이해가 점점 더 보편화되었다. 가장 영향력 있고 설득력 있는 예 중에는 Kathryn Tanner의 연구가 있다. Tanner, *Jesus, Humanity, and the Trinity*, pp. 1-35; Tanner, *Christ the Key*, pp. 247-273를 보라.

말씀은 신랑, 육신은 신부이며, 그들의 '신방'은 그 둘이 하나가 된 '동정녀의 모태'였다. 결혼 은유는 "한 몸"을 이룬 아담과 하와에 대한 분명한 메아리다(창 2:24). 그러나 아우구스티누스에게, 첫 인간 부부의 연합은 성육신의 은유일 뿐 아니라 교회에 대한 은유이기도 하다. 그는 이렇게 이어간다. "교회는 [그리스도의] 육신과 하나가 되고, 그리스도는 머리와 몸으로 온전해진다."[70] 많은 동방 신학에서, 하나님이 창조 세계를 품으시는 목적의 주요 핵심은 창조주와의 연합을 통해 참되고 영원한 생명을 주기 위함이다. 그러한 연합은 그리스도 안에서 일어나며, 육신이 되신 말씀을 통해 그리스도 안에서는 인류가, 인류와 함께 창조 세계 전체가 아들과 하나가 되고, 그럼으로써 아버지와 하나가 된다.[71] 이러한 설명에서, 성육신은 구원의 전제도 아니고 그것을 위한 수단도 아니며 구원의 내용 자체다. 육신이 되심으로써 그리스도는 하나님과 인류를 연합시키며, 그 결과와 함께 **바로 그것이** 구원이며 영원한 생명이다.

그러나 요한복음에서 이런 식의 '온전한 그리스도'(whole Christ)에 대한 증거는 미미하다. 혹은 그분의 인간 본성과 다른 인간들이 이룬 공동체 덕분에, 그들이 서로와 맺는 관계와는 전혀 다른 방식으로 예수님이 그들과 관계를 맺으신다는(인간으로 **그분이 사신 방식이** 모든 사람을 위한 표준이라는 점은 제외하고) 증거는 미미하다. 가장 최선은 예수님이 "내가 땅에서 들려서 올라갈 때에, 나는 모든 사람을 내게로 이끌어 올 것이다"라고 하신 말

---

[70] Augustine, *First Epistle of John* 1.2. 교회와 그리스도가 '온전한 그리스도'를 이룬다는 생각을 약화시키는, 이 은유의 교회론적 중요성에 대해 바울은 아우구스티누스와는 매우 달리 이해했다. 그 점에 관해서는 Volf, *After Our Likeness*, p. 142를 보라.

[71] John Jizioulas는 그러한 신학적 비전을 대표하는 설득력 있는 우리 시대의 정교회 신학자다. 그는 "아버지는 세상을 교회가 되게 하기 위해 창조하셨다"(Zizioulas, *Lectures in Christian Dogmatics*, p. 133). 그 과정의 중심에 육신이 되신 말씀이 있으며, 그 육신은 "모든 인류, 사실상 창조 세계를 포함한다"(p. 108).

씀에 호소하는 것이다(요 12:32).⁷² 그러나 모든 사람을(혹은 일부 초기 사본에 따르면, 모든 것을) 자신에게로 이끌어 오는 그리스도와, 모든 사람 혹은 모든 것이 온전한 그리스도를 이루게 되는 것 사이의 비약은 상당하다. 요한복음에서 주장하는 성육신은 성령이 그리스도를 온전한 머리와 몸으로 삼으신다는 의미도 아니고, 성령이 그리스도의 육신으로 우주 전체를 포괄하게 함으로써 그리스도에 의해 전제되고 그리스도와 연합한 우주 전체가 아버지와 연합할 수 있다는 의미도 아니다. 간단히 말해, 예수님의 진정한 인간성은 그 자체로도 혹은 하나님과 인간 사이의 형이상학적 연결 고리로서 어떤 구원도 이루지 않는 것으로 보인다. 오히려 그리스도는 성령의 능력으로, 아버지와 아들은 믿는 이들 각자 안에 **거하러 오신다**(요 14:23). 그렇다. 창조되지 않은 것과 창조된 것 사이를 연결하는 예수 그리스도는 내려오셨고(1:11) 아버지께로 돌아가셨다(14:12). 그러나 그런 다음 다시 내려오실 것이다(21:22). 7장에서 주장하겠지만, '위로'와 '아래로' 사이의 복합적인 운동 전체는 창조 세계 전체를 하나님의 집으로 만들기 위해 내려오시는 하나님의 좀 더 기본적인 하향 운동을 위해 작동한다.⁷³

우리는 구원의 전제로서의 성육신과 그리스도와의 통합으로서의 성육신 이 두 가능성을 간략하게 살펴보았다. 그러나 그 어느 쪽도 말씀이 육신이 되어 "우리 가운데 사셨다"라는 주장에 충분한 무게를 두지 않는다

---

72   예를 들면, 그리스도와 교회에 대한 Augustine의 신학을 다룬 책 Joseph Ratzinger, *Introduction to Christianity*, pp. 239-240에 그러한 의견이 나온다. 『그리스도 신앙』(분도출판사).

73   Dettweiler, *Die Gegenwart des Erhöhten*, p. 202. Mary Coloe는 요한이 기술하는 바를 다음과 같이 바르게 지적한다. "믿는 자들이 하나님이 계시는 천상의 집에 살기 위해 가는 것이 아니라, 아버지와 보혜사와 예수님이 믿는 자들 안에 거하기 위해 오시는 것이다. 그것은 인간계에서 신계로 올라가는 '상향' 운동이 아니라, 신계에서 인간계로 내려오는 '하향' 운동이다." Coloe, *God Dwells with Us*, p. 163.

(요 1:14). 육신이 되셨다는 말은, '모든 것'을 창조하고 그 안에 모든 사람과 모든 생명체의 '생명'을 지닌 분이(1:1-4) 그들에게 '영원한 생명'을 주기 위해 오셨다는 것이다(3:15). 그분은 그들 가운데 거하는 방식으로 그리고 성령이 오심으로써 그들 안에 거하는 방식으로(6장을 보라) 육신이 되셨다. 그것은 모든 사람과 창조 세계 전체가 성육신 덕분에 아들 안으로 통합되고, 그리하여 그분과 아버지의 관계를 그들과 나누어 가질 수 있게 함으로써 그들에게 참된 생명을 준다는 뜻이 아니다. 즉 창조 세계가 아들이 되고 그럼으로써 신격화되는 것이 아니다. 인간과 함께 그리고 인간 안에 거하기 위해, 하나님이 그리스도 안에서 성령을 통해 오시는 것이다. 그리고 만물 안에 하나님의 생명을 불어넣음으로써 창조 세계를 완성하신다(참조. 요 5:26). 즉 창조 세계가 삼위일체 하나님의 집이 됨으로써 그 자체의 온전함을 이룬다.[74]

출애굽기처럼 요한복음도 한 백성을 해방하고 창조하고 그들 가운데 거하기 위해 오시는 하나님에 관한 이야기다. 두 본문은 모두 하나님의 집으로서의 창조 세계를 추구한다. 바로 그것이 하나님이 인간이 되신 이유다.

---

[74] 우주가 아들로 통합되는 것이 부당한 신학적 입장이라는 주장은 우리의 요점이 아니다. 우리가 주장하는 것은 좀 더 평범하다. (1) 우주가 아들 안으로 통합되는 것은 요한복음, 그리고 요한복음과 같은 궤도에서 쓰인 요한계시록에서 하나님이 세상을 창조하신 목적이라고 생각하는 방식이 아니다. (2) 하나님이 창조 세계에 거하기 위해 오시고 그것을 하나님의 집으로 만든다는 생각이 하나님의 창조 목적에 대한 훨씬 유익한 방식이며, 인간이(또한 인간 이외의 존재가) 거주하는 사회적·생물학적·물질적 공간으로서 창조 세계가 갖는 복합적 통합성을 좀 더 존중한다.

4장
생명과 빛

말씀이 새 생명, 곧 하나님의 생명을 세상에 주기 위해 예수 그리스도의 육신 안에 거하러 오셨다. 창조주로서 말씀은 모든 창조된 생명의 근원이자 생명 자체다(요 1:4).[1] 구속자로서 말씀은 요한이 "영원한" 생명 혹은 하나님으로부터 온 **새로운** 생명이라 부르는 것의 근원이다(참조. 1:13). 창조된 생명과는 달리, 새로운 생명은 단순히 '만들어지지' 않으며("우리가…사람을 만들자"; 창 1:26), 생기 없는 물질 안에 넣어 주는 것도 아니다("주 하나님이…그의 코에 생명의 기운을 불어넣으시니, 사람이 생명체가 되었다"; 창 2:7). 창조된 생명으로 존재하는 인간이 새로운 생명을 가질 수 있는 유일한 방법은, 자신들의 삶을 예수 그리스도께 맡기고(요 20:31) 하나님을 알게 됨으로써("영생은 오직 한 분이신 참 하나님을 알고, 또 아버지께서 보내신 예수 그리스도를 아는 것입니다"; 요 17:3) 그 생명을 받는 것뿐이다(요 1:12).

---

[1] 이 책과 짝을 이루도록 기획한 하나님과 창조에 대한 우리의 다음 책을 보라.

계시

믿기 위해서는 하나님을 아는 지식이 필요하다. 단지 하나님이 존재한다는 사실을 알거나 심지어 하나님의 성품을 아는 것이 아니라, 하나님이 창조 세계를 위해 무슨 일을 하러 오셨는지를 알아야 한다. 그러나 하나님을 아는 지식과 하나님에 대한 믿음은 어떻게 생기는가? 그 답은 두 가지 측면이 있다. 하나는 하나님이 인간 인지의 지평선에 **나타나심**으로써 알 수 있고 믿을 수 있다. 다른 하나는 그들이 인지하는 것이 무엇인지 실제로 **이해하는** 것이다.[2] 그 두 가지가 함께 하나님의 자기 계시를 구성한다. 우리는 다음 장에서 하나님에 대한 이해를 살펴볼 계획이다. 여기서는 하나님의 나타나심을 다룰 텐데, 이는 그리스도 안에서 하나님의 오심이 지니는 부분적이지만 본질적인 측면이다.

자기 제시로서의 자기 해석

배신당하고 결국 십자가에 달리기 바로 전, 예수님은 자신의 사명 전체를 요약하면서 아버지께 이렇게 기도하신다. "나는 이미 그들에게 아버지의 이름을 알렸으며(즉 그분이 사는 동안 행하신 이적과 말씀을 통해), 앞으로도 알리겠습니다(즉 그분의 죽음과 부활을 통해)"(요 17:26). 1장에서 보았듯, 하나님의 이름을 알리는 것은 모세를 부르신 사건에서 핵심적인 부분이었다(출 3:13-15). 하나님의 이름을 알고 그 이름을 야곱의 집에 알리는 일은, 그들을 구출하고 하나님이 그 백성 가운데 거하시도록 이끄는 그분의 임무 전

---

2 Marianne Meye Thompson은 우리가 '나타나기'와 '이해하기'로 부르는 것에 대하여, 자신의 주석 곳곳에서 '시각'과 '통찰'이라는 표제 아래 논한다(예를 들면, Thompson, *John*, pp. 33, 232). 최근의 논의는 Attridge, "Signs Working"을 보라.

체에서 전제 조건이었다.

　이러한 유사성에도 불구하고, 예수님은 새로운 모세가 아니다. 예수님이 알리신 하나님의 이름은 예수님 자신과 완전히 다른 분의 이름이 아니기 때문이다. 자신의 '시간'을 앞에 두고, 예수님은 "아버지, 아버지의 이름을 영광스럽게 드러내십시오"라고 기도하신다(요 12:27-28). 그분은 아버지의 영광이 가시적으로 보이도록 기도하기보다는 아버지가 **예수님**을 영광스럽게 하셔서 이제 곧 자신이 겪게 될 수치스러운 죽음이 역설적으로 그분의 신적 영광을 가장 뛰어나게 보여 준다는 사실이 드러나게 해 달라고 간구하신다. 모세와 달리, 예수님은 사람들에게 알리기 위해 하나님의 이름을 알게 된 것이 아니다. 그 자신이 바로 인격이 된 그 이름**이시다**. 마찬가지로, 모세에게는 하나님의 이름에 대한 해석이 주어져야 했던 반면, 예수님은 그 자신이 그 이름이자 그 해석이시다. 그분은 그 **자체로 자기 해석이 되신 하나님의 이름이다**. 요한복음의 서문에서 본론으로 넘어가는 지점에서, 우리는 이런 구절을 만난다. "일찍이 하나님을 본 사람은 아무도 없다. 아버지의 품속에 계신 외아들이신 하나님께서 하나님을 알려 주셨다"(1:18). 좀 더 문자적으로 표현하면, 마지막 구절은 이렇게 쓸 수 있다. 즉 그분의 말씀, 표징, 본, 죽음, 부활 안에서 "외아들인 [예수님이신] 하나님이 [하나님을] 해석하셨다(*exēgēsato*, '엑세게사토')."[3]

　먼저, 예수 그리스도 안에서 하나님의 자기 제시를 통해 빛을 발하는 주요 속성, 그분이 행하시는 모든 일을 끌어가고 그것에 자격을 부여하는 힘에 주목해 보자. 그런 다음 우리는 그분이 하러 오신 '일'을 살펴보려

3　삼위일체적 신학에서 일부 신학자들이 내재적 말씀을 하나님의 자기 표현 혹은 자기 해설이라고 기술하는 것처럼, 우리는 여기서 요한이 일차적으로 가리키는 것이 말씀의 영원한 존재보다는 하나님에 대한 말씀의 **성육신한** 해석이라고 받아들인다. Bonaventure를 따라 Hans Urs von Balthasar는 그 둘을 통합시킨다. Balthasar, *Theo-Logic*, 2:160-161를 보라.

한다. 이 단수의 일(*ergōn*, '에르곤')은 (1) '행하심들'(*erga*, '에르가') 혹은 '표징들' (2) '말씀' 혹은 '강화', 그리고 무엇보다 (3) 그분의 죽음과 부활로 이루어지는데, 우리는 표징, 죽음, 부활에 초점을 맞추어 논의할 것이다.

성육신하신 사랑

출애굽 전에 하나님은 모세에게 그 이름을 해석해 주신다. "나는 곧 나다" 혹은 "나는 곧 나일 것이다." 모세를 부르시는 문맥에서, 이것은 단지 정보가 아니라 살아 계신 주권자 야웨가 압제 아래에서 신음하는 야곱의 자손을 구출하기 위해 모세와 함께하실 것이라는 **약속**이다. 배교 이후에, 야웨는 모세에게 또 다른 보완적인 자기 해석을 주신다. "[나는] 은혜를 베풀고 싶은 사람에게 은혜를 베풀고, 불쌍히 여기고 싶은 사람을 불쌍히 여긴다"(출 33:19). 이 역시 단순한 정보가 아닌 약속이다. 야웨가 불쌍히 여길 이들은 집단적 배교라는 위기에 빠진 이스라엘 백성이며, 이런 상황은 그들의 전체 역사에서 내내 계속된다(출 34:5-7). 야웨의 두 번째 자기 해석은 첫 번째를 기초로 하며, 거기에 무조건적 자비를 추가함으로써 첫 번째 해석에 나온 하나님의 선하심을 더욱 분명하게 드러낸다. 그러한 선하심이 없다면, 하나님이 그 백성 가운데 거하시는 것과 그 백성이 하나님의 집이 되는 것은 불가능하다.

요한복음에 따르면, 사명의 시작부터 마지막까지 예수님은 온 세상을 위한 하나님의 무조건적 사랑의 체현이시다. 공적 사역에서 배신, 정죄, 죽음으로의 전환에 대해 전하면서, 요한은 예수님을 이렇게 설명한다. "자기의 사람들을—먼저 자신의 유대인 백성, 그다음으로 인류 전체 역시(요 1:11)]—사랑하시되, 끝까지(*eis telos*, '에이스 텔로스') 사랑하셨다"(요 13:1). 즉 그분은 마지막 한마디 "다 이루었다"(*tetelestai*, '테텔레스타이')를 내뱉는 순간까지 그들을 사랑하셨다(19:30).[4] 마지막 만찬의 시작 지점에서, 하나님의 이름인 분의 지상에서의 삶을 이렇듯 사랑의 삶으로 묘사하는 것은, 하나님의 이름을 알리는 예수님의 목적에 대해 말씀하시는 17:26과 인클루지오를 이룬다. "아버지께서 나를 사랑하신 그 사랑이 그들 안에 있게 하고, 나도 그들 안에 있게 하려는 것입니다." 여기서 예수님이 말씀하시는 아들에 대한 아버지의 사랑은 신성의 핵심인 영원한 사랑이며, 바로 이것이 "창세 전부터" 하나님의 생명을 규정한다(요 17:24).

요한1서는 요한복음에서 들려주는 하나님의 자기 해석 내용을 단 두 마디로 표현한다. "하나님은 사랑이시라"(요일 4:8, 16). 기독교 역사에서 하나님이나 사랑에 대해 이보다 더 형성적인 진술은 없다. 아우구스티누스는 성경 전체에서 사랑을 찬양하는 다른 어떤 말이 나오지 않는다 해도, (제대로 이해되었을 때) "하나님은 사랑이시라"라는 표현은 우리가 알아야 할 모든 것을 말해 주며, "다른 어떤 것도 찾으려 할 필요가 없다"라고 쓴다.[5] 그러나 아우구스티누스에게 하나님은 사랑을 규정하시기만 하는 분이 아니다. 대담하게 그는 그 주장을 역전시키기도 한다. 즉 "하나님은 사랑이시라"에는 "사랑은 하나님이다"가 따라온다고 말한다.[6] 이제, 분명 '사랑'이 요한복음이나 출애굽기가 하나님에 관해 말하는 전부이거나 우리가 하나님에 관해 말해야 하는 전부는 아니다. 만일 능력에 대해, 예를 들어 창조하거나 구원하는 하나님의 능력에 대해 어떤 말도 하지 않는다면,

---

[4] 이와 같은 주장은, Thyen, *Johannesevangelium*, p. 583를 보라.
[5] Augustine, *First Epistle of John* 7.4.
[6] Augustine, *First Epistle of John* 7.6. Karl Barth는 Augustine이 이 구절을 이해한 방식이 아닌, 그가 이해한 방식이 일으키기 쉬운 오해에 대해 경고한다. "요한1서 4장에 따라 하나님이 사랑이시라고 말한다면, 사랑이 하나님이라는 그 반대 논리는 하나님과 합당하게 동일시될 수 있고 동일시되어야 할 그 사랑이 무엇인지가 하나님의 존재에 의해, 따라서 하나님의 행동에 의해 조율되고 분명해질 때까지 주장할 수 없다." *CD* II/1, p. 276.

우리는 하나님과 **하나님의** 사랑에 대해 말하는 것이 아니다. 그러나 마찬가지로, 만일 사랑이 능력을 갖추지 못한다면, 즉 그 능력이 사랑의 능력이 아니라면, 우리는 **사랑이신** 하나님의 능력에 대해 말하지 않는 셈이다.[7] 요한복음이 예수님의 사역 전체를 제시하는 방식을 안내하는 출애굽기 본문에서도, 하나님의 능력과 사랑의 연관성을 볼 수 있다(2장을 보라). 즉 하나님의 영광, 하나님의 능력이 드러내는 찬란함은 모세 앞에 하나님의 **선하심**으로 나타나며, 선하심은 **무조건적 자비**로 해석된다(출 33:19; 34:5-7). "하나님은 사랑이시라"라는 말은 예수님이 드러내신 하나님의 자기 해석을 요약해 준다. 이 말은 출애굽기의 전통을 이어받아 그것을 하나님의 존재 자체에 대한 진술로 발전시킨다. 그것은 하나님이 모든 사람, 만물과 맺으시는 불변의 무조건적인 관계에 대한 진술이다.[8]

예수님이 자신의 사명을 완수하실 때, 우리는 사랑인 하나님의 실재가, 창조된 생명뿐만 아니라 '육신이 되신 말씀'이 세상에 주러 온 '영원한' 생명 둘 다의 궁극적 근원임을 깨닫는다. 앞으로 살펴보겠지만, '영원한' 생

---

[7] Hitler가 살기 등등한 권력을 행사하는 가운데서 전한 유명한 강의에서, Karl Barth는 사도신경 첫 문장("나는 전능하신 아버지 하나님…[을] 믿으며")에 대하여 이렇게 말한다. "그러나 '전능하신' 것은 하나님이 아닙니다: 최고의 권력이라는 개념의 관점에서 우리는 하나님이 누구이신지 이해할 수 없습니다.…'전능하다'라는 것은 혼돈, 악, 악마를 의미합니다.…하나님의 전능하심은…따라서 그 스스로가 **사랑**이신 하나님의 권세입니다"(Barth, *Dogmatics in Outline*, pp. 48-49). Barth가 의미한 것은, 하나님의 전능하심이란 단순히 사랑의 전능함이라고 해석할 수도 있다. 즉 "오직 사랑만이 전능하다"(Jüngel, *Gott als Geheimnis der Welt*, p. 26). 그러나 Augustine이 주장한 "사랑은 하나님이다"처럼, "오직 사랑만이 전능하다"라는 표현이 참이 되기 위해서는 신중한 요건이 필요하다. Barth가 표현하는 것처럼, "이 살아 계시고 사랑 많으신 분의 신성, 즉 하나님의 신성"을 구성하는 것은 "자존성(aseity), 즉 살아 계시고 사랑 많으신 하나님의 자유다"(CD II/1, p. 321). 보통 말하는 사랑이 신적인 것은 아니다. 신적인 것은 자유롭게 사랑하시는 분, 그리고 사랑에서 기인하지 않는 그 무엇도 하시지 않는 분이다.

[8] Martin Luther가 표현하듯, 하나님이 많은 속성을 가지고 계신다고 해도 "하나님은 사랑 외에 그 어떤 것도 아니시기" 때문에 "그분의 모든 복은 사랑에서 흘러나온다"(*LW* 30:300). 또한 *LW* 23:98를 보라.

명은 창조된 생명의 대체물이 아닌 성취물이다.[9] 이는 출애굽기 마지막 부분에서 성막에 거하러 오신 하나님의 임재가 창세기에 기술된 창조의 의도를 잠정적으로 완성하는 것과 유사한 논리다.

표징

예수님의 '표징' 혹은 '행하심'은 요한복음에서 중심 개념이다. 본문을 읽을 때 우리는 그 중요성을 감지할 수 있으며, 요한은 마지막 부분에서 그것을 확증해 준다. "예수께서는 제자들 앞에서 이 책에 기록하지 않은 다른 표징도 많이 행하셨다. 그런데 여기서 이것이나마 기록한 목적은 여러분으로 하여금 예수가 그리스도요 하나님의 아들이심을 믿게 하고, 또 그렇게 믿어서 그의 이름으로 생명을 얻게 하려는 것이다"(요 20:30-31). '표징'은 물을 포도주로 바꾸는 사건에서부터 죽은 나사로를 다시 살리신 사건까지, 요한이 예수님의 상징적 행동을 지칭할 때 사용하는 용어다.[10] 이것을 기록한 목적은 믿음을 불러일으키기 위함이다. 그러나 대제사장들과 지도자 위치에 있던 바리새인들이 두려워한 것과는 달리(11:47), 표징이 모든 사람에게 그 목적을 달성한 것은 결코 아니었다. 나사로를 죽은 사람들 가운데서 살리신 가장 놀라운 표징은 많은 사람을 믿음으로 이끌었지만, 오히려 다른 이들에게는 불신을 강화했고 예수님께 십자가 처형을 내리도록 그들을 자극했다(11:47-50; 12:37-43). 우리는 다음 장에서 하나님을 아는 것과 예수님을 믿는 것에 관한 문제를 다룰 때 이러한 표징의 '실

---

9   본서 pp. 183-186를 보라.
10 표징이 정확히 무엇인지, 예수께서 무엇을 표징으로 간주하셨는지에 대해서는 학계에 상당한 논쟁이 있다. 우리는 기적이든 아니든, 실재하는 물질에 예수님이 적극적으로 개입해 진짜로 삶이 향상되는 결과를 일으키는 것을 '표징'으로 받아들인다.

패'로 돌아갈 것이다. 여기서 우리의 목표는 예수님 안에서 하나님이 자기를 제시하실 때 표징이 갖는 중요성과 하나님의 집이라는 세상의 특징에서 표징이 갖는 중요성을 살펴보는 것이다.

표징과 믿음 간의 관계에 대해 사람들은 표징이 믿음을 **보증한다**고 흔히 생각한다. 표징은 하나님이 예수님 안에서 일하고 계심을 보여 준다. 모세와 비교하는 것도 도움이 된다. 모세가 자신의 지팡이를 땅에 던지면 그것이 뱀으로 바뀌고, 뱀의 꼬리를 잡으면 다시 지팡이로 돌아온다. 그는 이러한 기이한 일과 그 이상을 행하여 "[이스라엘 자손들이] 주[께서]…너에게 나타난 것을 믿을" 수 있게 한다(출 4:5). 그러나 요한복음에서 예수님은 그러한 기이한 일들을 행하지 않으신다. 성전 청소에 대한 대담한 발언을 정당화할 근거를 대라는 요구를 받으셨을 때, 예수님은 모든 표징 중의 표징, 곧 죽은 자들 가운데서 살아나는 자신의 부활을 들어 그러한 요구를 일축해 버리신다. 하나님이 (자기 회의에 사로잡힌) 모세에게 이스라엘 백성이 자유롭게 하나님을 예배할 미래에 대한 어떤 표징도 약속하지 않으시는 것과 마찬가지로(1장을 보라), 예수님의 부활은 표징이라기보다는 장차 올 시대의 축소되지 않은 실재가 지금 여기에 침투했다는 뜻이다(요 2:13-22).[11] 하나님은 이스라엘 백성을 압제하는 바로를 징벌하는 동시에 야웨의 우월성을 입증함으로써 바로가 이스라엘 백성을 놓아주도록 압박을 가하기 위해 모세를 통해 이집트에 재앙을 내리셨다. 그 반면에, 예수님은 이러한 징벌적 이적도 행하지 않으신다. 오히려 이집트에서 구출된 뒤 광야에서 이스라엘 백성이 만나, 메추라기, 물을 받았던 것처럼(출 16:1-17:7), 요한복음에서 예수님의 모든 표징은 그것을 받은 대상들의

---

11 부활을 "가장 절정에 이른 표징"으로 보는 대안적 해석은 Bauckham, *Glory*, p. 60를 보라.

삶을 직접적으로 개선한다(적어도 일부 징벌처럼 삶을 간접적으로 개선하기보다는). 예수님은 그저 믿음을 불러일으키거나 불신을 벌하기 위해 표징을 행하시지 않는다. 그렇지만 여전히 그 표징들은 믿음을 굳건히 해 준다.

표징이 의미하는 것

예수님이 표징에 대해 하신 말씀에서, 우리는 각각의 표징이 의미하는 바를 배운다. 안식일에 행하신 치유는 예수님이 '하나님과 동등하심'을 보여 준다(요 5:10-47). 많은 이들을 먹일 만큼 빵을 배가시킨 기적은, 예수님 자신과 그분의 '행하심'이 "생명의 빵"임을 드러낸다(6:25-65). 날 때부터 보지 못하는 이의 눈을 뜨게 하신 사건은 예수님이 하나님을 아는 참 지식을 주신다는 뜻이다(9:13-41). 죽은 사람을 다시 살리신 사건은 예수님이 "부활이요 생명"이시라는 뜻이다(11:7-44). 여기서 표징들은 "믿는 것의 내용을 정의한다."[12] 그렇지만 **어떤 식으로** 정의하는가?

표징이 믿음의 내용을 어떤 식으로 정의하는지에 대해 예수님은 스스로 한 가지 방식을 차단하신다. 즉 표징은 예수님에 대한 믿음의 참된 목적을 보여 주는 **구체적 표본**이 아니다. 말하자면, 그것은 물질적 삶을 향상하도록 돕기 위한 것이 아니다. 그것은 예수님이 기적을 통해 먹이시는 것을 맛본 '군중'이 생각하던 바였고, 예수님은 그런 생각에 이의를 제기하신다. "너희가 나를 찾는 것은 표징을 보았기 때문이 아니라, 빵을 먹고 배가 불렀기 때문이다"(요 6:26). 그들은 그저 더 많은 빵의 원천이 아닌 다른 뭔가를 가리키는 **표징**으로서의 그 특징은 놓친 채, 빵을 단지 빵으로만 경험했다.[13] 그리고 그 때문에 예수님이 배가시키신 평범한 빵이 하

---

12   Attridge, "Signs Working," p. 8.
13   누가복음에 나오는 이러한 주제에 대해서는 Croasmun, Volf, *Hunger for Home*을 보라.

나님의 사랑이 성육신한 것이며, 생명의 빵으로서 참된 생명인 예수님 자신을 가리킨다는 사실을 놓치고 말았다. 그분은 단순히 영양분의 원천으로 축소될 수 없는 분이다. 영원한 생명은 단지 범속한 삶의 천상 버전이 아니다. 하나님의 집은 단지 재화의 풍요를 의미하지 않는다. 단지 지상의 재화의 원천으로 예수님과 관계를 맺는 것은, 루터가 표현하듯 "그를 뜯어먹고 그의 피를 빨아먹는 것"을 유일한 관심으로 삼으면서, "벼룩이 떠돌이를 사랑하듯 하나님을 사랑하는" 것이다.[14]

예수님의 표징을 이해하는 지배적 방식은 무리에 대한 예수님의 반박을 진지하게 여기면서 그 표징들을 **단순히 상징으로만** 보는 관점이다. 즉 창조된 생명의 물질적 증진은 '영원한 생명'에 대한 영적 진리를 예시한다는 관점이다. 요한복음 6장에 대한 주석에서 루터는 예수님의 이적과 가르침이 "배를 위해 기획된 것"이 아니라고 쓴다. 예수님은 자신의 말씀을 듣는 이들의 관심을 "배에서 성령으로…빵과 돈에서 복음으로, 밭과 땅에서 하늘로" 이끌고자 하셨다는 것이다.[15] 그러나 이런 관점 역시 옳지 않다. 요한은 창조된 생명과 영원한 생명을 구별하는 한편으로, 여기서 루

---

[14] *LW* 23:32.

[15] *LW* 23:5, 8. Luther는 하나님이 물질적 필요를 상관하지 않으신다는 것이 아니라, 그러한 관심이 창조와 섭리의 영역에 속한다는 것을 의미했다. 복음의 선포는 "배를 위해서는" 필요하지 않는데, "복음을 허락하시기 오래전부터 하나님은 세상의 육신적 필요를 만족시키셨기" 때문이다(*LW* 23:6). Luther는 일상의 삶을 강하게 긍정했고, 평범한 일로의 부르심과 목회자의 일로 부르심에 동등한 가치를 두었다. "평신도와 사제, 군주와 주교, 종교적인 일과 세속적인 일 사이에는 진정한 차이, 기본적 차이가 없다. 직무와 일에 관한 한 예외이지만, 지위에 관한 한 그렇지 않다"(*LW* 44:129; 참조. Taylor, *Sources of the Self*, pp. 211-233).『자아의 원천들』(새물결). 그러나 그가 창조의 선한 것들이 아닌 복음의 선한 것들에 대해 쓰고 있는 수사적 상황에서, 또한 믿음을 격려하고자 했다는 점에서, 그는 창조된 다른 선한 것들과 더불어 썩어질 음식을 폄하하면서, 썩어질 음식에 주된 관심을 갖는 이들은 "암퇘지가 겨와 껍질을 먹는 것처럼" 음식을 먹는다고 쓴다. "그 사료가 그 사람에게 어떤 유익이 있는가? 그는 살이 오르자마자 도살될 것이다"(*LW* 23:32). 이와 대조적으로, 그는 생명의 빵으로서 예수님이 "세상에 영원한 생명을 허락하시며, 심지어 죽음을 소멸하신다"라고 쓴다. *LW* 23:33.

터가 주장하듯 그 둘을 대립시키지는 않는다. 표징이 영향을 미치는 삶의 증진은 예수님이 주러 오신 '영원한 생명'의 **내용과 관련된 측면들**이다. '영원한 생명'은 평범한 필멸의 삶을 포함하고 변화시킴으로써 그것을 능가한다.[16] 요한이 표징의 영적 가치를 특별히 중요하게 여긴 것은 맞지만, 그렇다고 '물질적' 가치를 부정하지는 않는다. 만약 요한복음이 물질적 선에 대한 예수님의 관심이 명백하게 드러나는 공관복음을 대체하는 것이 아니라 해석하도록 의도되었다면 이러한 요점은 더욱 힘을 얻는다. 발을 씻기시는 장면은 그 둘의 통일성을 보여 주는 좋은 예다. 요한복음은 이 놀라운 섬김의 행동에 대한 두 가지 해석을 담고 있다. 하나는 발을 씻기시는 행위가 죄 용서의 상징이라는 점이며(요 13:8-11), 다른 하나는 그것이 실제의 물질적 필요에 맞추어진 섬김의 본이라는 점이다(13:12-16).[17] 삶의 영적인 차원과 물질적인 차원은 예수님의 표징 안에서 통합된다. 그 둘을 통합한다는 점에서, 표징들은 그것이 예견하고 가리키는 하나님의 집과 아주 유사하다.

요한복음에서 예수님의 표징은 삶의 또 다른 두 영역인 지식과 행동을 함께 묶는다. 이 둘의 통합은 하나님의 집으로서 세상이라는 개념 자체에

---

16 Bauckham, *Gospel*, p. 71; Thompson, *John*, pp. 87-91를 보라.

17 어떤 주석가들이 역설로 보는 지점에서 Augustine은 상보성(용서와 섬김)을 본다(Thyen, *Johannesevangelium*, pp. 588-589). 서로를 섬기는 일에서든, "그리스도께서도 우리를 위해 중보하시는 것처럼 서로를 위해" 용서하고 기도하는 일에서든, "지존자께서 겸손히 그것을 실천하신 대로 서로에게 겸손을 실천하라"라는 부르심을 이 두 해석은 똑같이 주장한다 (Augustine, *Gospel of John* 58. 4-5). 그러나 Augustine은 그가 '유대인들'이 그랬다고 생각한 것처럼("약속된 땅, 원수에 대한 승리, 다산, 많은 자녀, 풍성한 소출, 정말로 참되고 선하신 하나님이 그들에게 약속하셨던 모든 것"), "주께 땅의 일을 구하는 것"을 강력하게 거부한다. 이러한 것들은 "육신의 마음을 지닌 사람들"에게 주어진 약속이었다. 그러나 새 언약은 "새로운 사람"을 위한 것이며, 그에게 "성취는 불멸성이고, 양식은 진리다"(Augustine, *Gospel of John* 30.7). 이후의 Luther처럼, 여기서 Augustine 역시 '땅의 일'과 '하늘의 일'을 구별하면서도 서로 연관 지어야 할 때, 그 둘을 분리하고 대립시킨다. 그뿐 아니라, 그는 '땅의 일'을 '옛 언약' 및 유대인들과 연결하는데, 이는 그의 신학적 반유대주의의 일부이기도 하다.

본질적이다. 발을 씻기시는 마지막 장면에서 예수님은 제자들에게 "너희가 이것을 알고 그대로 하면 복이 있다"라고 말씀하신다(요 13:17). 헤럴드 애트리지(Harold Attridge)는 이 이야기에서 '알고 하기'의 패턴이 예수님의 표징과 사역의 역할에 대해 좀 더 일반적인 지침을 제공한다고 주장한다. "다른 어떤 역할을 하든, 표징은 행동으로의 부르심이며 [요한복음에서] '암묵적 윤리'의 기능을 한다."[18] 예수님의 표징은 메시아적 약속들을 실현하는 셈이다. "배고픈 자들이 배부르게 되고(시 78:24; 사 58:7), 목마른 사람들이 물을 얻고(사 43:20) 심지어 포도주도 넘치게 얻으며(사 25:6; 55:1), 보지 못하는 자가 보고, 걷지 못하던 자가 걷고(사 35:5-6), 하나님의 영은 죽은 사람들을 되살린다(겔 37:12-14)."[19] (오직 부분적으로만 충분하지만 정말로 생생한) 예견적 차원에서 표징은 약속된 미래의 현시다. 요한복음의 독자는 표징을 보면서 유익을 얻고, 다른 이들을 위해 그것을 '행해야' 한다.

일상적 경험의 변혁

지금까지 우리는 표징이 미래에 있을 하나님의 집의 부분적 예견이며, 예수님을 믿는 믿음을 불러일으키도록 의도되었고, 믿는 자들 스스로 표징을 '행하도록' 예수님이 본이 되고 동기를 제공하신다고 말했다. 대부분의 주석가가 예수님의 표징이 갖는 또 다른 중요한 차원을 놓친다. 바로 그것이 세상에 대한 더 풍성한 경험으로 가는 경로이며, 그 자체로 하나님의 집에서 집의 안락함을 느끼게 하는 본질적 차원이라는 점이다. 어떻게 그런지 이해하기 위해, 본문의 표면 아래로 약간 들어가 볼 필요가 있다.

단순한 사물이 아닌 사물에 대하여. 그 안에 "생명이 있었고 [또한 있

18　Attridge, "Signs Working," p. 11.
19　Attridge, "Signs Working," p. 11.

는]" 말씀이며, 인격으로 존재하는 하나님의 사랑인 예수님은 변함없는 창조주이시며, 따라서 만물을 위해 **주시는 분**(giver)이다. 이렇게 간단하고 친숙한 생각에는 중대한 귀결이 따라온다. 하나님의 세상에서 (물건이든, 유기체든, 인격이든) 각각의 개체는 결코 그저 '사물'이 아니다. 특히 현대의 '사물화된' 세상에서는 종종 그렇게 보이지만 말이다.[20] 그것들은 하나님의 선물이기 때문에, **관계들의 교점**이다. 선물이란 누군가가 다른 누군가에게 뭔가를 자유롭게 나눠 줄 때 받을 수 있다. 결과적으로, 선물은 단순한 사물이 아니라, 주는 사람과 받는 사람 사이의 관계를 생생하게 보여 주는 예시다. 말하자면, 사랑에 빠진 사람이 연인에게 보낸 미개봉 편지가 그들의 관계처럼 살아 있는 식과 마찬가지다. 예수님의 표징 역시 그와 유사하다. 그분은 결혼식 손님에게 포도주를, 큰 무리의 사람들에게 빵을, 걷지 못하는 사람에게 움직이는 능력을, 보지 못하는 사람에게 시력을, 죽은 사람에게 생명을 선물로 주신다. 주는 행위 자체는 단지 육체적 필요를 만족시키거나 예수님이 채워 주시는 영적 필요를 가리키는 것 이상의 역할을 한다. 잘 받을 때, 주는 행위는 받은 이들이 주는 이와 맺는 관계, 자신과의 관계, 또 받은 것과의 관계를 변화시킨다. 선물로서, 표징은 받는 이들에게 예수님에 대한 믿음을 끌어내고, 자신이 사랑받는 존재라는 깨달음을 불러일으키고, 따라서 **포도주, 빵, 건강, 좀 더 일반적으로는 세상에 대한 경험**을 증진시킨다.[21]

---

20 물신화에 대해서는 Lukács, "Reification," pp. 83-222. 좀 더 최근의 자료는 Honneth, *Reification*; Bewes, *Reification*을 보라.
21 여기서 우리는 Ludwig Wittgenstein에 근거를 두는데, 그는 다음과 같은 유명하면서도 수수께끼 같은 말을 남겼다. "행복한 사람의 세상은 행복하지 않은 사람의 세상과 다른 세상이다"(Wittgenstein, *Tractatus Logico-Philosophicus* 6.43). 이러한 주장 뒤에는 자아와 그 주체성이 언제나 그 자신의 세상을 구성하는 일부라는 생각이 있다. 그는 "내가 나의 세상이다"라고 쓴다(5.63). 이는 각각의 개인이 그들 자신의 세계에 스스로 갇힌 채 살아간다고 주장하는 것이 아니라, 우리의 환경이 우리 자신에 대한 감각을 한정하기는 하지만, 또한

요한복음에 두 번 나오는 발을 씻기는 사건은 사랑의 선물이 그것과 관련된 인격과 사물에 무슨 일을 하는지를 보여 주는 좋은 예다. 각각 나름의 방식으로 넘치는 사랑의 행동이다. 먼저 마리아가 예수님의 발을 씻긴다(요 12:1-8). "마리아가 매우 값진 순 나드 향유 한 근을 가져다가 예수의 발에 붓고, 자기 머리털로 그 발을 닦았다"(12:3). 이는 제삼자가 그 장면을 기술한 내용이다. 거기 있던 유다는 그 행위에 대해, 귀한 물질을 어리석게 낭비하는 행동으로 본다. 도둑인 그는 그것을 팔면 한몫을 챙길 수 있다고 생각했기 때문이다(12:4-6). 대조적으로, 예수님은 그 행위를 진정한 사랑의 선물로 보고 그 같은 일을 높이 평가하신다. 집을 가득 채우던 향기에 대해 그들이 각각 어떤 경험을 했는지 생각해 보자. 예수님과 유다 두 사람 모두에게, 나드 향유 한 근을 부은 고급스러운 향은 똑같은 향이고, 이는 일반적인 후각을 지닌 누구에게라도 마찬가지일 터이다. 그러나 그 가치를 자기 소유로 삼을 수 있음에도 낭비**로서의** 향과, 헌신의 행위**로서의** 향은 서로 **다른 향**이다. 마리아와 그녀의 행동에 대한 유다와 예수님의 정서적 관계와 해석적인 관계(유다에게는 어리석은 낭비였고 예수님께는 귀한 선물)가 각각 그 향유에 대한 경험을 바꾸어 놓는다.

두 번째, 예수님이 제자들의 발을 씻기신다(요 13:1-17). 이 장면은 요한복음 17:26까지 이어지는 문단의 시작 부분에 나온다. 그 부분은 예수님이 "자기의 사람들"을 사랑하시되 끝까지 사랑하셨다는 확증의 말로 시작하고, "아버지께서 나를 사랑하신 그 사랑이 그들 안에 있게 하고, 나

언제나 그 감각을 통해 굴절되기도 한다는 뜻이다. 세상이 우리에게 어떻게 보이는가는, 세상과의 관계에서 우리 자신에 대한 자기 해석과 세상과의 정서적 관여에 달려 있다. 첫 번째는 지각의 수동적 혹은 수용적 측면이고, 두 번째는 지각의 능동적 혹은 건설적 측면이다(Fuchs, *Leib-Raum-Person*, pp. 163-174). 세상이 우리에게 어떻게 보이는가는 세상에 대한 우리 자신의 해석적이고 정서적인 관여에 달려 있다.

도 그들 안에 있게 하려는 것입니다"라는 기도로 끝난다. 발을 씻기신 것은 예수님이 보이신 사랑의 행동이며, 그 사랑은 개인위생과 편안함의 문제이기도 한 그 행동을 훨씬 가치 있게 만든다. 어떤 의미에서 이 행동은 그 사건에서 모든 것을 변화시킨다. 첫째, 제자들의 눈에서 주님으로서의 예수님이 변화된다. 즉 신성 자체가 새로운 빛을 발하게 되었다. "내 발은 영원토록(eis ton aiōna, '에이스 톤 아이오나') 씻기지 못할 것입니다"(13:8, 저자들의 번역). 하나님이 유대인 노예보다도 품위가 떨어지는 일을 하실 리가 없다는 식의 하나님에 대한 관습적인 시각이 베드로의 저항을 불러온다(6장을 보라). 그러나 바로 이 주님, 이 참되신 하나님은 그 일을 하신다. 여기서 주님은 이방인 노예의 모습을 취하시며,[22] 하나님이 일반적으로는 하지 않으실 다른 무언가를, 곧 십자가에서의 죽음을 예고하신다.[23] 둘째, 베드로가 자기 자신과 맺는 관계가 변화된다. 베드로는 예수님이 자신의 발을 씻기실 때 영광스럽기도 하면서 동시에 겸허해지기도 했다. 이제 그는 존엄이 훼손되는 일 없는 겸손을 상상할 수 있다.[24] 셋째, 예수님이 발을 씻기신 일은 그 행동 자체를 변화시킨다. 그 행동의 목표는 단지 청결한 상태가 아니다. 청결함이 어떻게 발생하는가는 관심을 기울일 문제가 아닌

---

22 Rudolf Bultmann은 간략하게 "종의 모습을 하신 하나님"이라고 쓴다. Bultmann, *Gospel of John*, p. 468.
23 다른 주석가들과 더불어, Hartwig Thyen은 제자들의 발을 씻기시는 예수님의 모습은 십자가 죽음에서 궁극적인 방식으로 드러난 사랑의 **표징**이라고 쓴다. Thyen, *Johannesevangelium*, p. 583.
24 예수님의 가르침의 결과, 베드로에게 겸손은 예수님이 이루시는 새로운 세상과 "상관없[는]" 사람이 되지 않으려면 반드시 필요한 덕목이다(요 13:8). (베드로가 아직 이해하지 못하는) 상징적 수준에서, 발 씻기기는 베드로가 영원한 생명과 상관없는 사람이 되지 않기 위해서 꼭 필요한 죄 용서를 의미한다["그러나 [그 용서를] 성취하지는 않는다" (Thompson, *John*, p. 286)]. 그러나 물질적 수준에서, 그것은 만약 그분이 자신의 발을 씻기시도록 허락하는 반면, 그 자신은 다른 이들의 발을 씻기지 않는다면(요 13:34), 종말론적 생명의 유업, 급진적인 상호 사랑을 근본적으로 일부 실천하는 데 합당하지 않다는 의미다. Thyen, *Johannesevangelium*, p. 586; 6장을 참조하라.

것처럼 말이다. 그 일은 사랑의 표현이며, 불쾌한 일임에도 불구하고 청결함을 가져오는 사랑의 실제적 실천 역시 그 목표의 일부다. 마지막으로, 인생길을 걸으며 오물이 묻고 뒤틀리고 망가진 더러운 발 역시 다른 빛으로 조명된다. 그 발들은 역겹고 '손대기 싫은' 혐오의 대상이 아니다. 오히려 호감이 가지 않는 특징 안에서, 부분적으로는 바로 그런 특징 **때문에**, 발 역시 사랑의 대상이다. '피에타'(*Pietà*)에서 십자가에 달려 죽은 분의 몸과 마찬가지로 말이다. 제자들의 발을 씻기는 사건에서, 예수님은 그들이 세상과 맺는 관계의 틀 전체를 재구성하시며, 그럼으로써 그들이 세상에서 새로운 방식으로 존재할 수 있게 하신다.

관계의 교점으로서의 사물. 두 번의 발 씻기기가 보여 주듯, 사물, 사람, 사건은 단순히 제삼자의 관점에서 보이는 문제 그 자체가 아니다. 발을 씻긴 이런 사건들처럼, (환영하는) 사랑으로 행해지고 사랑으로 행해졌다고 지각된 어떤 행동이든, 사랑이 흩뿌려진 세상, 때로는 사랑으로 활활 타오르는 세상을 경험하게 함으로써 아무리 약간이라 할지라도 세상을 변화시킨다. 이런 변화야말로 예수님이 가져오는 선물의 중요한 부분이다. 세상이 우리의 집이 되려면 그 변화가 반드시 일어나야 한다.

예수님이 발을 씻기신 행위가 일차적으로 제자들의 위생과 안락함의 욕구를 돌보는 일이었다고 생각한다 해도, 물론 모든 것을 놓치는 것은 **아니다**. 발을 씻기는 행위는 더러운 길에서 샌들을 신고 걸어 다니는 이들에게는 실제적 필요를 충족시킨다. 즉 예수님은 이방인 노예가(혹은 현대의 서비스 산업이) 똑같이 할 수 있는 일, 어쩌면 훨씬 더 잘할 수 있는 종류의 중요한 서비스를 제공하셨다. 그러한 필요를 만족시키는 것 역시 집에 있다고 느끼기 위해서는 꼭 필요하다. 그러나 그러한 결과**에만** 초점을 맞춘다면, 우리는 단지 예수님이 누구이신가 하는 점뿐만 아니라 더러운 발과 깨끗한 발 그리고 발을 씻기는 행동이 무엇인가에 대한 결정적 핵심을 놓치고 만다. 이는 요한복음 곳곳에 나오는 다른 표징들, 뛰어난 품질의 풍족한 포도주(2:1-11), 굶주린 채로 돌아가지 않아도 될 만큼 충분한 빵(6:1-16), 병에서 치유되어 아버지가 되돌려받은 아들(4:43-54), 자유롭게 돌아다닐 수 있도록 고침받은 다리(5:1-14), 또렷하게 볼 수 있는 눈(9:1-41), 죽음의 손아귀에서 잡아 빼낸 생명(11:1-44) 역시 마찬가지다. 표징의 중요성은 표징이 제공하는 물질적 혜택이나 그것이 일으킬 영적 각성으로 축소되어서는 안 된다. (예수님의 추종자들 역시 그러한 표징을 행함으로써 이 두 가지 혜택에 기여하고 싶어 하기는 하지만 말이다.) 그 둘은 세상을 위해 선물을 주시는 하나님의 사랑 안에서 통합되며, 그 목표는 인간들이 맺는 모든 관계 안에 하나님의 사랑이 거하는 것이다. 올바로 이해했을 때, **그 사랑은 사물과 사람의 변화된 일련의 관계들을 규정하며**, 이는 세상을 집으로 경험할 수 있게 해 준다. 사물, 생명체, 사람 같은 평범한 대상은 관계들의 교점으로서, 즉 피조물을 향한 하나님의 사랑과 하나님과 서로를 향한 피조물의 사랑의 교점으로서 새로운 생기를 얻는다. 예수님은 자신이 한 행동을 제자들에게도 하라고 명령하시면서, 바로 **그런** 종류의 사랑을 실천하고 세상에서 **그런** 종류의 존재가 되라고 그들을 초대하신다(6장을 보라).

요한복음에서 예수님의 표징은 하나님의 집으로서 기능하는 새로운 세상을 예견한다. 그 세상은 본질적으로 모든 개체와 맺는 새로운 실존적 관계와 더불어(예를 들면, 사랑의 섬김과 새로운 지각 방식), 일련의 새로운 환경(예를 들면, 치유)을 포함한다.[25] 따라서 이러한 집이 된 세상을 이루려면 단지 제자들의 올바른 '지식과 행동'이나 세상과의 올바른 정서적 관계 맺기 이상의 무언가가 필요하다. 무엇보다 예수님은 축소될 수 없는 차이와 깨뜨릴 수 없는 하나 됨을 지닌 그분의 구원 사역의 두 결정적 측면인 십자가와 부활을 통해 하나님의 집을 세우신다. 예수님의 전 생애는 바로 그 두 가지 사건을 향해 있다.

긴 시간

요한복음의 가장 위대한 역설은 만물의 창조주인 말씀이 연약한 육신이 되고 창조 세계 안에 거하시는 성육신의 신비가 아니다. 오히려 모든 창조된 생명 가운데 변함없고 억제할 수 없는 생명력의 근원인 말씀이, 야웨가 이스라엘 자손 가운데 거하신 것처럼 인간 가운데 거하기 위해 오셨을 뿐 아니라, 십자가 위에서 고통스럽고 수치스러운 죽음을 당하기 위해 오셨다는 점이다. 요한복음의 생명은 죽음에서 절정에 이른다("다 이루었다"; 요 19:30). 역설이 부조리로 빠져들지 않게 막아 주는 힘은 죽음보다 강한 하나님의 사랑이다.

앞에서 설명한 것처럼, 하나님의 사랑은 만물의 이야기를 압축한 요한복음의 이야기 전체를 움직이는 힘이며, 그 이야기가 보여 주는 것은 바로 이 사랑이다. 하나님은 세상을 사랑하셔서 독생자를 내어 주되 **죽음에 이르기까지 내어 주는 결정적 행동**을 취하신다(요 3:16).[26] 그러나 아버지가 세상을 향한 사랑 때문에 아들을 주셨다고 말하더라도, 아들이 아

---

[25] 여기서 우리가 호명하는 새로운 세상의 요소들은 우리가 다른 곳에서 제안한 번영의 삼중 구조와 상응한다. Volf, Croasmun, *For the Life of the World*, pp. 164-186; Volf, Croasmun, McAnnally-Linz, "Meanings and Dimensions of Flourishing"; Volf, McAnnally-Linz, *Public Faith in Action*, pp. 11-18.

[26] 요한복음 3:16이 되울림하는 두 히브리 성경 본문이 이 요점을 확인해 주며, 이 요점은 요한복음 전체 구조에서 명백해진다. 첫째, 하나님이 아들을 '주신'(*edōken*, '에도켄') 것은 그 종에게 [죄악을] '지우신'(*paredōken*, '파레도켄') 고난당하는 하나님을 상기시킨다(사 53:6, 70인역). 둘째, '독생하신' 분을 주신 것은 이삭을 희생 제물로 거의 바쳤던 것을 상기시킨다["너의 아들, 네가 사랑하는 외아들 이삭을 데리고"(창 22:2). 70인역은 '외아들'을 '사랑받는 아들'로 바꾸기는 했다].

버지의 뜻을 받아들이는 수동적 대상이라는 말은 아니다. 상호 내주를 통해 아버지의 사랑을 받고 아버지와 연합하신 아들 역시 세상을 사랑하며, 세상의 생명을 위해 자발적으로 자신의 생명을 내어 주신다(6:51; 10:18). 요한이 들려주는 이야기처럼, 예수님이 십자가에서 죽으신 이유의 핵심은 하나님의 사랑이다. 바로 이 사랑은 생명을 주기 위해 오신 동기일 뿐만 아니라, 하나님의 생명과 예수님이 세우러 오신 하나님 집의 생명 모두의 '법'이 된다. 그러나 하나님의 사랑을 가리키는 것이, 세상의 생명을 위해 하나님의 죽음이 왜 필요한가에 대한 질문에 답을 해 주지는 않는다. 엄격하게 말해서 심지어 그 죽음이 정말로 필요한지의 **여부**에 대해서 답하지 않는다. 요한은 예수님이 죽으셨**어야만** 한다고, 하나님이 다른 방식으로는 세상에 영원한 생명을 주실 수 없었다고 주장하지 않는다. 그리고 사랑이 세상에서 겪는 진통에 대해 들려준다. 아마도 요한은 신비를 존중하고, 사랑의 하나님이 폭력적인 세상에 비폭력적인 방식으로 영원한 생명을 주시는 것이 합당했다고 지적하는 점 외에, 그 문제에 대해 말할 수 **있는** 전부를 말하는 듯하다(p. 204의 주 39를 보라).

십자가로 가는 길

먼저 사랑이 십자가로 가는 길에서 종교적·정치적 권력과 대립하면서 겪는 진통을 살펴보자. 예수님을 심판하고 십자가에 매달았던 그 지방의 유대인 통치자들과 그들을 관할하던 로마 집정관의 관점에서, 예수님은 정치사회 질서에 대한 위협이었다.[27]

---

[27] Jürgen Moltmann은 원래 신성모독과 반역 혐의를 중심으로 예수님의 십자가의 길에 대해 훨씬 더 폭넓게 사복음서에 모두 바탕을 둔 비슷한 설명을 제시했다[Moltmann, *Crucified God*(1974), pp. 126-145]. Michael Welker는 예수님이 십자가를 지시도록 이끈 요인으로 그분이 율법을 무시하고 대중 여론이 변화했다는 점을 추가함으로써 이 그림을 채웠다

참 목자. 요한이 들려주는 대로, 아버지가 그 안에 거하시고, 아버지 안에 거하시는 예수님은(3장을 보라) 이스라엘의 자녀들을 이집트의 종살이에서 구출하신 이스라엘의 하나님 야웨다. 예수님 역시 그러한 역할을 **행하신다.** 그분은 "노끈으로 [만든] 채찍"으로 첫 번째 공적 행동을 하신다. 그분은 "소와 양과 비둘기를 파는 사람들"을 내쫓으시고, "돈 바꾸어 주는 사람들의 돈을 쏟아 버리시고, 상을 둘러 엎으셨다"(요 2:14-18). 성전은 "내 아버지의 집"이지 "장사하는 집"이 아니라고 말씀하신다(2:16). 이것은 성전에 대한 공격이 아니라, 가난하고 경건한 이들에게서 자신들의 부를 쥐어 짜내는 성전 관리들에 대한 공격이었다.[28] 그러나 예수님은 가난한 사람들의 경제적 이익을 변호하는 데서 멈추지 않는다. 요한복음의 다른 본문에서 그분은 자신을 사람들을 미혹하는 '거짓 목자'의 대안으로 제시하신다. 예수님은 자신을 '선한 목자'라고 주장하시는데, 이는 백성이 신뢰할 수 있는 지도자이신 하나님을 의미한다(야웨는 "내가 직접 내 양 떼를 먹이고, 내가 직접 내 양 떼를 눕게 하겠다"라고 말씀하셨다; 겔 34:15). 마찬가지로, 예수님은 걷지 못하는 자를 걷게 하고, 보지 못하는 자를 보게 하며, 이런 일들을 안식일에도 행하신다. 그분은 죽은 자를 일으키신다. 그리고 사람들은 그분을 따른다.

유대 권력자들의 눈에는 예수님이 율법을 왜곡하고 위반하면서 신성을 모독하는 배교자로 보였다. 그분이 하시는 이 모든 일이 중대 범죄다.[29] 그

(Welker, *God the Revealed*, pp. 192-197). 우리는 요한복음만 다루기는 하지만 대체로 그들의 설명을 따른다.

[28] Ripley, "Atonement and Martyrdom," pp. 76-77. 대안적인 의견으로, 예수님은 "성전 구역 안에서" 이루어지는 상업적 거래에 반대하셨다(Thompson, *John*, p. 72). 참조. Thyen, *Johannesevangelium*, pp. 169-170.

[29] '미혹하는 것'과 '사람들을 속이는 것'을 중대 범죄로 다루는 것은, Thompson, *John*, p. 36의 주 25에 나오는 Mishnah에 대한 언급을 보라.

대로 계속 놔두었다가는 이스라엘에 대한 하나님의 진노의 불꽃이 타오를 것이다.[30] 하나님이 백성을 직접 벌하지 않으시더라도, 대제사장 가야바가 말하듯 "로마 사람들이 와서 우리의 땅과 민족을 약탈할" 위험이 여전히 남아 있다(요 11:48). 그래서 그들은 예수님을 잡아서 십자가에 못 박도록 로마 사람들에게 넘겨주었다(11:45-53). 참된 하나님으로 "자기 땅"에 오신 그분은(1:11) 거짓 이스라엘의 가짜 신으로 간주된다. 유대 권력자들과 예수님 사이에 벌어진 논쟁에서 결정적 핵심은 하나님의 가족을 구성하는 세 기둥과 관련 있다. 즉 하나님과 관련해 예수님의 정체(신성모독자 대 하나님과 하나이신 분), 그분이 율법과 맺는 관계의 성격(율법을 범한 자 대 참된 해석자), 하나님 백성의 공동체에 순응하고 소속되는 확실한 방법(거룩한 폭력 대 급진적 긍휼)이다.

참된 증인. 예수님은 로마 통치자들에게도 도전이 되었는데, 이는 단지 사람들이 그분을 따랐기 때문만은 아니다. 빌라도에게 끌려가기 하루 전, 그분이 나사로를 죽은 사람들 가운데서 일으키셨다는 이야기를 들은 많은 이들과 더불어 "명절을 지키러 온 많은 무리"는 그분을 "주님의 이름으로 오시는 이⋯이스라엘의 왕"으로 높인다(요 12:12-13). 이것은 정치적 혁명의 구호였고, 빌라도는 이 점을 모두 인식했다. 그가 유대인 지도자들에게 "당신들은 이 사람을 무슨 일로 고발하는 거요?"라고 물었을 때(18:29),

---

30 비느하스는 "백성들이 모압 사람의 딸들과 음행을 하기 시작하였[을]" 때, 하나님의 진노를 돌리고자 애쓴다(민 25:1-15). "이스라엘 자손 가운데서 한 남자가⋯한 미디안 여자를 데리고 집으로 들어갔[을]" 때, 비느하스는 곧바로 행동을 취했다. "창을 들고 그 두 남녀를 따라 장막 안으로 들어가, 이스라엘 남자와 미디안 여자의 배를 꿰뚫[었다]"(민 25:7-8). 그러한 "이스라엘을 위한 속죄"를 한 것에 대해, 야웨는 그와 "평화의 언약[!]"을 맺으시면서 이렇게 설명한다. "그와 그 뒤를 잇는 자손에게 영원한 제사장 직분을 보장하는 언약을 세우겠다. 그는 나 밖의 다른 신을 용납하지 않았[기]⋯때문이다"(민 25:13). 비느하스는 마카베오상에서 맛다디아의 전형이 되었다(Goldstein, *1 Maccabees*, p. 6를 보라). 하나님이 속죄 제물로 여기는 비주술적 인간의 죽음에 대한 논쟁은 Ripley, "Atonement and Martyrdom," pp. 66-69를 보라.

그는 정보를 얻으려는 것이 아니라 공식적으로 재판 절차를 시작하려는 의도였다. 결국, 예수님을 체포할 때 파견된 로마의 병정들이 대제사장들의 경비병과 함께 가지 않았던가(18:3). 맞다. 재판 과정에서 빌라도는 예수님의 무죄를 선언하고 그분을 석방하고자 하는 마음을 표현한다. 그러나 그는 위장했을 가능성이 크다. 파견된 병정처럼 이런 위장도 권력 게임의 일부이며, 빌라도에게 중요한 것은 오직 이 게임뿐이다.

예수님은 자신을 진리의 증인, 진리의 왕으로 소개하지만(요 18:37), 빌라도는 진리의 개념 자체를 비웃는다. 그는 예수님에게 "진리가 무엇이오?"라고 묻고는 답을 기다리지도 않는다(18:38). 빌라도는 진리를 무시하는 모습을 드러낸다. (신뢰할 만한 증인들이 확인해 주면) 진실에 따라 판결을 내려야 할 **재판 과정에서** 말이다![31] 우월한 힘을 절대 가치로 삼는 사람에게 진리는 어떤 요구도 하지 못한다. 예수님에게, 진리에 대한 헌신은 사랑에 기인하는 비폭력과, 세상 권력을 도구로 사용하는 방식을 거부하는 헌신과 묶여 있다. 그분의 삶의 방식과 통치 방식은 카이사르의 방식과는 다른 종류의 나라에 속한다. 예수님의 나라는 "위에서 [오며]"(3:31; 8:23), "세상의 기초"를 놓으신(17:24, 옮긴이 사역) 하나님의 사랑의 삶에 뿌리내리고 있다. 따라서 이 세상에 있는 모든 참된 나라의 근원이 된다. 군사력이나 경찰력으로 그 나라를 얻거나 보호하려고 시도하면 그 나라는 부패하고 실패하게 될 것이다.[32] 베드로가 예수님을 보호하려고 했을 때, 예수님이 그에게 "그 칼을 칼집에 꽂아라"라고 말씀하신 것도 바로 그런 이유 때

---

31 Adolf Berger는 로마 자료들에서 "진리를 찾는 것은…민형사 재판 양쪽 모두에서 빈번하게 강조된다"라고 쓴다. *Encyclopedic Dictionary of Roman Law*, s.v. "Veritas," p. 761.
32 젊은 Hegel은 자신만의 방식으로, 예수님의 죽음을 세상의 부패에 굴복하지 않으려는 의지와 연결해 추적한다. Hegel, "Spirit of Christianity," pp. 271-272.

문이다(18:11)[33]

카이사르에 대한 예수님의 도전은 직접적이지 않지만, 오히려 직접적인 도전보다 급진적이다. 심지어 카이사르의 입장에서는 성공적이라고 여겼을 그 어떤 도전보다 훨씬 더 급진적이다. 예수님은 사회적 삶을 조직하는 대안적 방식을 가져오기 위해 오셨고, 그분이 '세상에 생명을 주기 위해' 죽기를 두려워하지 않으시는 것은 바로 이러한 대안적인 사회관계 형식의 한 측면이다. 카이사르의 관점에서, 따라서 빌라도의 판결에서 예수님은 죽어 **마땅**하다. 카이사르 이외의 어떤 것에든 충성하는 누구라도 카이사르의 절대성과 경쟁하고, 카이사르의 권력을 약화시키기 때문이다. 빌라도와 예수님의 결정적 차이는 절대적 충성(카이사르 대 사랑의 하나님), 사회적 관계를 조정하는 기본 방식(힘 대 진리), 경계 유지의 성격(폭력적 힘 대 자기희생마저 불사하는 사랑)과 관련된다. 로마인들이 예수님을 십자가에 못 박은 것은, 그분이 하나님의 본질이며 하나님이 명하시는 진리와 사랑 위에 세워진 정치를 대표하시기 때문이다. 빌라도의 권력은 "위에서" 준 것이었지만(요 19:11), 그는 그 권력을 그것의 참된 근원의 성격과는 정반대의 방식으로 사용한다. 그뿐 아니라, 예수님이 "위에서" 오셨기에(요 3:31) 카이사르 자신이 그 권력의 원천인 분을 제거하기 위해 권력을 사용한다. 빌라도의 행동은 죄의 자기모순을 보여 주는 전형이다.

예수님이 죽음을 맞이하신 결과로, 그분을 십자가로 보냈던 정치·종교 이데올로기와 권력 관계에서 중요한 변화가 일어나지는 않았다. 그분은 좁은 의미에서 '정치적' 메시아가 아니었고, 정치의 세계는 그분의 죽음으

---

[33] 요한복음 18:10-11이 예수님은 자신들의 왕을 구하기 위해 싸우지 않는 백성들이 있는 왕국의 왕이라고 빌라도에게 한 진술을 "서사적으로 구현한 것"이라는 생각은 Ripley, "Atonement and Martyrdom," p. 74의 주 51을 보라.

로 장기적인 영향을 받았을지언정, 그분이 오셨다는 사실이 그 세계를 근본적으로 변화시키지는 않았다. 자칭 그분의 추종자들 일부는 실제로 최고의 박해자이며 권력의 정치를 실천하는 이들이었다. 그렇다 하더라도, 그분이 가신 십자가의 길은 대안적 정치를 강력하게 증언한다. 그분은 생명을 섬기며 죽임 당하셨다.

우리는 언제나 궁극적 희생이 그 목표를 달성하기를 소망한다. 목자는 들짐승으로부터 양 떼를 보호하고자 목숨을 걸고, 그들을 구하면서 죽는다(요 10:11-13). 큰 고통을 당하는 어떤 사람의 문제를 해결하기 위해 친구가 죽기도 한다(요 15:13). "[이보다] 더 큰 사랑은 없다"라고 예수님은 말씀하신다. 누구도 생명보다 더 큰 것을 줄 수는 없기 때문이다. 예수님은 자신의 제자들을 바로 이러한 종류의 사랑으로 사랑함을 보여 주신다(요 15:12-13). 그러나 실제로 친구를 돕지 못한 채 생명을 잃을 수 있고, 목자가 죽임을 당하는 동안 양이 늑대에게 잡혀갈 수도 있다. 그럼에도 그들이 보여 준 사랑은 여전히 위대하다. 바로 그것이 계시자, 참 목자, 참된 증인이신 예수님께 일어난(혹은 일어난 것처럼 보였던) 경우다.

십자가

요한복음에서 예수님은 절대적 충성, 사회적 삶에 대한 기본 법칙, 경계 유지에 대한 유대와 로마 엘리트들의 사고방식에 의문을 제기했다는 이유로 십자가에 달리셨다. 이것은 개인의 가정집에서부터 사람이 거주하는 지구 전역에 이르기까지 모든 집에 해당하는 세 가지 기본 측면이다. 하나님의 사랑은 인간과 함께 거하며 그들과 함께 사는 집을 만들기 위해 예수님 안에서 세상에 들어왔다. 이것은 그 중심에 하나님의 임재를 중심으로 하는 새로운 형식의 사회적·물질적 공간이다. 지배적인 사회성의 형태와 그에 상응하는 삶의 방식을 옹호하는 수호자들은 그분을 문제적 인간으로 낙인찍고 십자가에 매달았다. 예수님이 인간이 된 생명의 하나님이시라는 점에서, 그분의 십자가 처형은 이러한 지배적 삶과 사회성 형태에 대한 자기 정죄이기도 했다.

그러나 사회성의 '디소이킥'(집이 없는) 형식을 드러내는 것은 요한의 십자가 신학이 지니는 한 측면, 정말로 부수적인 측면일 뿐이다. "복음은 자신을 죽음으로 이끈 치명적 위험에도 불구하고, 예수님이 자신의 사명을 신실하게 감당했기에 죽으셨다는 가정을 허용하지 않는다."[34] 예수님을 거부하고 십자가에 못 박은 통치자들은 하나님의 집을 규정하는 사회성 양식과 삶의 방식을 배격하기만 한 것은 아니다. 역설적으로, 그들은 자신도 알지 못하는 채로 하나님의 더 큰 목적을 성취하고 있었다. 예수님의 죽음은 그 사명의 내용 가운데 본질적 부분이었으며, 단지 세상의 반대가 가져온 유감스러운 결과이기만 한 것이 아니었다.

요한이 보여 주듯, 예수님은 죽으러 오셨다. 그분의 죽음의 목적은 이 세상에 하나님의 집을 만들게 해 주는 조건을 생성하는 것이다. 예수님의 죽음은 그 집의 인간 구성원들에 대한 무언의 가정을 담고 있다. 바로 죄와 필멸성이라는 인간 실존의 근본적 문제다. 바울이 한 것처럼(롬 5:12을 보라), 요한은 죄와 죽음을 명시적으로 묶지 않지만, 그 둘을 일관된 방식으로 다룬다. 먼저, 사랑은 하나님의 집에서 기본법이고, 비폭력은 그 경계 유지를 위한 깨뜨릴 수 없는 규칙이다. 따라서 배교와 비행의 문제는 규정 준수와 관련한 징벌 집행과는 다른 방식으로 해결되어야 했다. 이는 금송아지 사건의 위기를 겪은 후, 출애굽기 34장에서 최초로 명시된 통

---

34   Bauckham, *Gospel of Glory*, p. 70.

찰이다(2장을 보라). 용서, 즉 죄를 대신 감당하는 것은 하나님의 가족으로 사는 삶의 본질적 특징이 되었다. 둘째, 죽음의 전망 그리고 죽음과 연계된 삶의 불안정성과 두려움에 대한 감각은 집의 결속에 중압감을 주고 집을 갈가리 찢어 놓을 수 있는 위협으로 작용하는 실존적 고통이다. 출애굽기 32장에서 보았던 것처럼, 그것은 종종 비행과 배교로 나아가려는 경향을 악화시킨다(2장을 보라). 아우구스티누스가 쓴 것처럼, 죄는 그밖의 다른 어떤 원천과 상관없이 "육신의 필멸성에서 비롯된다."[35] 따라서 영원하신 하나님의 변함없는 생명에 참예하는 것의 한 측면인 '위에서' 오는 새로운 생명은, 하나님의 가족으로서 용서 다음으로 또 다른 필수적인 특징이다.

요한복음에서 예수님의 죽음은 죄와 용서의 도전을 다룬다. 예수님의 **부활**은 죽음과 영원한 생명의 도전을 떠맡는다. 사랑이 하나님의 성품이자 그 집에서 삶의 법이라는 사실을 계시하는 것과 마찬가지로 죽음과 부활 역시 아들의 집 만들기 사명의 일부다.

하나님의 어린양

요한복음 서문에서 세례 요한은 예수님의 핵심 증인으로 등장한다. 하나님께 보냄받은 "그 사람은 그 빛을 증언하러 왔으니, 자기를 통하여 모든 사람을 믿게 하려는 것이었다"(요 1:7). 세례 요한이 증언하는 주제가 참 빛이라는 점에서, 우리는 그가 일차적으로 예수님을 계시자로 가리킬 것으로 기대할 수 있다. 그러나 예수님에 대한 그의 첫 번째 직접적 진술은 계시가 아닌 죄의 도말에 대한 내용이다. "보시오, 세상 죄를 지고 가는 하

---

35   Augustine, *Gospel of John* 12.11.

나님의 어린양입니다!"(요 1:29)³⁶ 바로 그다음 날, 세례자는 다시 한번 말한다. "보아라, 하나님의 어린양이다!"(요 1:36) 요한복음 시작 부분에 두 번 반복해서 등장하는 이 말은 예수님의 사명에 관한 강령적 진술이다. 또한 막스 터너(Max Turner)가 표현하듯, "요한이 십자가에 대한 이해로 들어가는 입구"이기도 하다.³⁷

그러나 평범한 독자에게 이 입구는 일면 숨겨져 있다. 그것을 알아보기 위해서는 부분적으로 출애굽기 12장에 나오는 유월절 양과 창세기 22장에서 이삭을 대신해 하나님이 예비하신 숫양 같은 성경의 상호 참조 본문들을 알고 있어야 하기 때문이다. 그러나 요한복음 1:29에 나오는 세례 요한의 말과 성경의 간접적 상호 참조 본문에 의존하지 않는 수난 서사 사이에는 미묘한 언어적 관련성이 적어도 하나는 존재한다. 빌라도가 예수님을 마지막으로 군중 앞에 세우고 "보시오, 당신들의 왕이오"라고 역설적으로 선언할 때, 그들은 "없애 버리시오! 없애 버리시오!"라고 응답한다(요 19:14-15). 헬라어로는 '에케이노이 아론 아론'(*ekeinoi aron, aron*)인데, 여기서 사용된 명령형 동사는 세례 요한이 세상의 죄를 [없애기 위해] 지고 가는 어린양에게 사용한 용어(*airōn*, '아이론')와 같다. 로마인들이 예수님을 십자가에 못 박아 죽이려 할 때, 그들도 모르는 사이 그분은 그들의 죄와 온 세상의 죄를 감당하고 계신다.

그러나 아마도 어린양과 십자가 사이의 가장 강력한 연결 고리는 "하

---

36 Rudolf Bultmann은 예수님의 죽음을 계시로 해석하는 자신의 견해를 따르는 이들과 그 죽음을 속죄 제물로 보는 이들 사이에서 격렬한 논쟁을 시작했다(Dennis, "Jesus's Death in John's Gospel"을 보라). 우리는 둘 중 하나를 선택하지 말아야 한다고 확신한다. 십자가를 계시로 보는 시각에 대해서는 거의 논쟁이 없기 때문에, Bultmann이 확증한 것보다는 부정한 것에서 오류를 범했다고 주장할 수 있다. 석의적으로만이 아니라 신학적으로도 역시, 둘 중 하나를 선택하는 것은 잘못이다. 앞에서 지적한 것처럼, 속죄와 용서는 그리스도의 하나님의 집 만들기 사역에서 필수적이다.

37 Turner, "Atonement and the Death of Jesus," p. 122.

나님의 어린양"이 이사야의 고난당하는 종을 암시한다는 점일 것이다. 이사야는 그 종에 대하여 "주님께서 우리 모두의 죄악을…지우셨[으며]," 그는 "도살장으로 끌려가는 어린양"과 같다고 말한다(사 53:6-7).[38] 여기 어린양과 같은 분이 많은 이들의 죄를 지고 "곤욕과 심문을 당하고" 죽는다(사 53:8, 개역개정). 이사야서의 몇 장 앞에서 하나님이 "나 곧 나는…네 허물을 도말하는 자니"라고 강조해서 말씀하신 것을 기억한다면[사 43:25, 개역개정; 70인역: '에고 에이미, 에고 에이미'(*egō eimi, egō eimi*—"I am, I am")], 우리는 예수님이 요한복음에서 내내 야웨와 자신을 동일시하시는 것과 세례 요한이 선언했듯 죄를 감당하는 그분의 역할을 하나로 모을 수 있다. 세상은 죄 때문에 집을 잃어버린 상태에서 벗어나지 못하는데, 여기 그 죄를 도말하기 위해 행동하는 육신이 되신 하나님이 있다.

죄의 짐을 지는 것. 예수님이 죽음을 맞으면서 "다 이루었다"라고 선언하시는 순간까지 이야기 전체가 향해 가던 그 "시간"이 바로 예수님의 죽음이었다(요 19:30). 요한복음에서 십자가의 중요성은 속죄를 뛰어넘지만, 속죄를 포함한다. 그 중요성은 죽은 자들 가운데서 살아나신 예수님이 "아버지께서 나를 보내신 것같이" 자신의 제자들을 세상으로 보내실 때 확인된다(요 20:21). 결정적 시점에서 예수님은 제자들의 임무에 대해 죄를 용서해 주는 것 이외에 다른 무엇도 언급하지 않으신다(요 20:23). 제자들이 하나님의 집을 선포하고 구현하는 그들의 사명을 수행해 가는 과정에서 다른 어떤 일을 행하든, 그들은 죄를 감당하는 어린양의 사역을 '이어가야' 한다.

하나님의 어린양에 대한 언급은, 세례 요한이 예수님에 대해 한마디하

38　Menken, "Lamb of God"을 보라.

기도 전에 이미 서문에서 감지되는 죄 문제에 대한 관심을 이어받는다. 앞에서 지적했듯, 전도자가 육신이 되신 말씀을 "은혜와 진리가 충만"하다고 묘사할 때(요 1:14), 그는 출애굽기 34:6을 인용해 야웨가 모세에게 두 번째로 계시한 자신의 주요 성품을 예수님에게 적용한다(3장을 보라). 중요한 것은, 이러한 자기 계시가 이스라엘의 배교 **이후**, 하나님의 맹렬하고 소멸시키는 진노 **이후**, 징벌이 실행된 **이후**에 나온다는 점이다(출 32:7-35). "한결같은 사랑과 진실이 풍성한" 것은 "악과 허물과 죄를 용서하는" 것을 의미한다(출 34:6-7). 배교 후에 모세가 하나님과 벌이는 협상의 목표는 정확하게 바로 하나님의 용서를 얻는 것이었다. 금송아지 사건에서 얻은 교훈은 용서가 하나님이 이스라엘 가운데 거하시기 위한 조건이라는 점이다. 요한은 죄의 짐을 지는 것이, 세상이 하나님의 집이 되기 위한 조건임을 암시한다. 예수님 안에서 "자기 땅"인 세상에 오신 하나님은 "한결같은 사랑과 진실이 풍성한" 분이다. 그 말은 예수님이 용서하기 위해 오셨다는 뜻이다. 출애굽기 34:6을 두 번째로 되풀이하면서, 요한은 "은혜와 진리는 예수 그리스도로 말미암아 생겨났다"라고 쓴다(요 1:17). 여기서 '생겨났다'로 번역된 헬라어 '에게네토'(egeneto)는 보통 '되었다'(became)라는 의미로 사용되며, 이는 독자들을 말씀의 다른 두 가지 중심 행위로 되돌아가게 한다. 바로, 만물이 말씀으로 "말미암아 창조[되었고](egeneto)"(1:3) "그 말씀[이] 육신이 되신(egeneto)" 것이다(1:14). 여기 서문의 가장 마지막에서는 "은혜와 진리[가]…생겨났다(egeneto)." 창조, 성육신, 죄의 짐을 대신 지는 것은 말씀이 하시는 일과 결부된 창조적 '되기'들(becomings)로서 정렬된다.

요한은 어린양이 세상의 죄를 **어떤 방식으로** 지는지에 대해서는 거의 말하지 않는다. 그에게는 속죄 이론이 없으며, 특정 방식으로 그것이 하는 일이나 그 필연성을 설명해 주지 않는다. 그가 선호할 만한 어떤 가능성들이 있는지에 대한 암시조차 전혀 남기지 않은 것처럼 보인다.[39] 그러나 요한은 하나님과 속죄에 대해 세 가지 근본적인 확신만큼은 분명히 표현한다. 첫째, 어린양의 죽음은 세상의 죄를 지는 일에서 결정적 역할을 한다. 둘째, 어린양은 하나님의 진노를 누그러뜨리기 위해 희생된 것이 아니다. 요한복음에는 속죄 전에는 파괴적으로 진노한 상태였다가 속죄 후에는 세심하게 사랑을 베푸는, 감정이나 태도를 전환하는 하나님이 나오지 않는다.[40] 하나님은 사랑**이시다**. 그리고 바로 그것이 하나님이 세상을 **사랑하신** 이유다. 그 사랑으로 하나님은 "외아들을 [죽음에 이르도록] 주셨으니, 이는 그를 믿는 사람마다 멸망하지 않고 영생을 얻게 하려는 것이다"(요 3:16). 셋째, 예수님은 이사야 53:6이 종에 대해 암시하듯("주님께서 우리 모두의 죄악을 그에게 지우셨다"), 무고한 제삼자가 아니다. 그 종처럼 예수님이 "찔린 것은 우리의 허물 때문이고, 그가 상처를 받은 것은 우리의 악함 때문"이지만(사 53:5), 그분은 하나님이시다. 곧 죄악을 지우기도 하고, 또한 죄악을 그 위에 짊어지신 분이기도 하다. 그분의 죽음은 "아버지께로부터 받은 명령"인 **동시에**(요 10:18c; 참조. 18:11) 통제할 "권세"를 가진 그분이 "스스로 원해서" 하시는 일이기도 하다(요 10:18ab). 사실, 두 분의 '페리코레시스'의 관계를 고려할 때(요 10:38), 죄에 대한 죽음은 예수님 위에 머무시는

---

39 인간의 죄를 위해 그리스도가 십자가 위에서 죽는 일의 필연성을 포함하여, 어떤 특정 형식의 속죄의 **필연성**을 보여 주려는 노력은 의문의 여지가 있다. Thomas Aquinas는 이런 점에서 필연성보다는 '적합성'과 관련해 바르게 말했다. Thomas Aquinas, *ST* 3.46.3.

40 요한복음에서 하나님의 '진노'에 대해 단 한 번 언급되는데, 예수님의 메시지에 대한 세례 요한의 해석에서 나온다. "아들을 믿는 사람에게는 영생이 있다. 아들에게 순종하지 않는 사람은 생명을 얻지 못하고, 도리어 하나님의 진노를 산다"(요 3:36). 마가복음에서는 세례 요한의 사역을 묘사하는 내용을 다시 반복한다(참조. 막 3:7). 요한복음에서는 믿지 않는 사람들의 자기 심판을(3:18) 다시 지적하는 역할을 한다. 성부와 성자 하나님의 임무는 세상에 생명을 주는 것이지, 세상을 심판하는 것이 아니다. 심판은 '불신앙'의 결과이며, 결과적으로 자기 심판이 된다(3:17-18). 요한의 종말론적 심판에 대한 이야기도 동일한 방향을 가리킨다(7장을 보라).

성령과 더불어, 두 분이 공유하시는 연합되고 구분할 수 없는 뜻이자 행동이다(3장을 보라). 세상의 죄를 지고 가는 하나님의 어린양은 세상의 죄를 도말하시는 **하나님**, 그 **누구도 아닌 하나님** 자신이다.

죄와 죄악들 – 생명의 장애물. 십자가 위에서, 어린양은 세상의 **죄**(단수)를 담당한다. 출애굽기에서처럼, 또한 요한복음에서도, 다른 모든 죄악의 뿌리인 원죄는 하나님을 거스르는 인간의 주요한 죄다. 살펴볼 문제는 **배교**인데, 이는 금송아지를 하나님으로 대하는 것일 수도 있고(출 32:4), 자신을 하나님과 동일시하는 것일 수도 있고(예수님에게 반복적으로 가해진 혐의), 불신앙(요 12:37), 배신(요 13:2), 반복되는 공개적 부인(요 8:15-18, 25-27)을 통해 예수님을 하나님의 자기 계시로 인식하기를 거부하는 것일 수도 있다(요 12:37). 하나님께 신실함을 지키거나 예수님을 믿는다는 것은 곧 하나님의 '자녀', 가족 구성원이 된다는 뜻이다(요 8:31-35). 하나님으로부터 돌아서는 것 혹은 하나님이신 예수님께 자신을 맡기지 못하면 이 세상 신의 지배를 받는 '종'이 되는 것이다. 하나님의 어린양이 감당한 것은 무엇보다 바로 이 죄다.

하나님의 어린양은 **죄악들**(복수)도 지시는데, 하나의 원죄와 수많은 죄악들은 함께 가고 중복되기 때문이다(참조. 요 8:21; 8:24).[41] 6장에서 살펴보겠지만, 요한복음에서 우리는 우리가 볼 수 있는 사람들을 사랑하라는 하나님의 명령에 순종함으로써 볼 수 없는 하나님을 사랑한다. 따라서 우리가 사람들에게 저지르는 죄악들은 하나님께 대한 죄악이기도 하다. 더 나아가 불신앙, 곧 빛보다 어둠을 더 사랑하는 원죄는 악한 행동(죄악들)을 저지르는 것을 좋아하는 마음이 그 동기가 된다. 즉 그런 행동을 하는

---

[41] Luther는 '불신앙'의 대죄와 거기에서 자라나는 실제 죄악들을 구분했다(예를 들면, *LW* 31:350; 35:365). Batka, *Peccatum radicale*를 보라.

이들은 그것이 드러나 문제에 직면하는 상황을 원하지 않고, 따라서 결코 빛 가까이 오려 하지 않는다(요 3:19-20). 요한1서에서 자세히 설명하는 것처럼, 하나님의 어린양은 그런 죄악들 역시 없애기 위해 오셨다(요일 3:4-7). 하나님과 이웃을 위한 사랑이 하나가 되는 것처럼, 하나님에 대한 죄와 이웃에 대한 죄도 하나가 된다. 그러므로 하나님에 대한 죄와 이웃에 대한 죄악들을 위한 속죄와 용서에도 통일성이 있어야 한다.

죄를 제거하는 어린양의 헌신은 궁극적으로 죄와 죄악들의 도말이 아닌 생명을 주는 행위에 관한 것이다. 이는 출애굽기에서 하나님의 용서도 마찬가지다. 하나님이 배교의 대죄를 용서하신(그리고 다양한 범죄에 대한 대속 수단을 허락하신) 이유는 그렇게 함으로써 이스라엘이 그들 가운데 거하는 살아 계신 하나님과 함께 살게 하기 위함이다. 용서는 하나님의 '선하심'(출애굽기)과 '사랑'(요한복음)이, 삶의 근원에서 스스로를 단절한 채 생명을 축소하고 파괴하는 행위와 행동 패턴에 갇혀 버린 인간에게 반응하는 방식이다. 하나님의 자녀가 관련된 모든 것을 파멸하는 권력의 노예가 되는 대신 상호 돌봄과 사랑의 자유 속에서 가족으로 살아가기 위해서는, 죄가 제거되어야 한다(요 8:34-36; 참조. 요일 3:12).[42]

어떤 의미에서 속죄는 타락한 창조 세계가 선으로 다시 돌아가는 것, '레스티투티오 아드 인테그룸'(restitutio ad integrum)이다. 십자가에서 돌아가시기 전 "다 이루었다"(tetelestai)라고 하신 예수님의 마지막 말씀(요 19:30)은 창세기에서 창조의 일을 마치신 하나님을 되울림한다(창 2:1-2).[43] 세상을 창조하는 것은 '일'이지만, 죄의 짐을 지는 것처럼 고역은 아니었

---

[42] 그러한 전복된 생명의 전형적인 예가 성경의 역사에서 첫 번째 형제인 가인과 아벨의 이야기다(창 4:1-16).
[43] Hengel, "Die Schriftauslegung"를 다시 언급하는 Frey, *Glory of the Crucified One*, p. 196를 보라.

다. 제2이사야에서 하나님은 "너는 너의 죄로 나를 수고롭게 하였으며[문자적으로, 너는 내가 일하게 만들었으며], 너의 악함으로 나를 괴롭혔다"라고 말씀하신다(사 43:24). 사람이 하나님에게 '부과한' 그 힘든 수고는 예수님의 죽음으로 완성되었다. 그러나 요한복음에서 '레스티투티오 아드 인테그룸'은 장부를 깨끗하게 정리한 옛 생명이 계속되는 것이 아니라, 새로운 종류의 생명이 시작되는 것이다.

"나는…생명이니"

창세기에서 여섯째 날 끝에 이제 막 생겨난 세상이 하나님 앞에 섰을 때, 하나님은 안식하신다. 성금요일, 십자가 위에서 자신의 일을 마치신 뒤, 예수님 역시 안식을 취하신다. 무덤에서.[44] 그러나 그다음 날은 '다시 하기'의 은혜로 주어진 회복된 창조 세계의 첫째 날이 아니다. 그것은 창조의 **여덟째** 날이다. 그 안식일 이후의 밤, 결정적인 사건이 일어난다. 이는 예수님의 집 만들기 지상 임무에서 최종적이고 필수적인 단계였다.

나사로를 무덤에서 불러내시기 직전, 예수님은 슬퍼하는 나사로의 여자형제 마르다에게 "나는 부활이요 생명이니, 나를 믿는 사람은 죽어도 살고, 살아서 나를 믿는 사람은 영원히 죽지 아니할 것이다"라고 말씀하신다(요 11:25-26). 생명을 부활과 묶으면서, 예수님은 '영원한 생명'에 대해 말씀하신다. 그런 뒤 그분은 나사로를 무덤에서 불러내, 질병이 그에게서

---

[44] 요한복음은 죽음과 부활 사이에 예수님이 "음부에 내려가셨다"라는 사도신경의 전통에 대해(한글로 번역되면서 이 부분은 빠졌다—옮긴이) 전혀 말하지 않는다. 이 전통은 베드로전서 4:6("죽은 사람들에게도 복음이 전해진 것"; 참조. 3:19)과 에베소서 4:9("땅의 낮은 곳으로 내려오셨다는 것")에 근거하지만, 이 신약성경 본문들은 이 일이 성토요일에 일어났다고 특정지어 않는다.

훔쳐 간 나머지 인생을 누리게 하신다(혹은 요한이 나사로에게 그 문제에 관한 발언권을 주지 않으므로, 우리는 그렇게 추정할 뿐이다). 그를 죽음의 손아귀에서 낚아채 빼내 오심으로써, 예수님은 요람에서 무덤 사이의 삶이, 큰 시련이 닥치기 전과 후의 욥의 삶과 같아야 한다고, 즉 '천수를 누리고' 의로움과 명예가 넘치고, 가족이나 친구들과 돈독한 관계를 맺으며, 땅의 좋은 것들을 맛보는 삶이어야 한다고 **확증**하신다(욥 1:1-5; 42:12-17을 보라). 다른 말로 하면, 그것은 형통하고, 선하게 인도되고, 마땅하다고 느끼는 삶이다.[45] 이런 종류의 평범한 삶에서는, 영원한 생명의 능력이 이미 일하고 있다.

풍성하게 창조된 생명(앞서 기술한 의미에서)과 영원한 생명을 가르는 선은 분명하지 않다. 그러나 요한복음에서 영원한 생명은 단지 죄에서뿐만 아니라 죽음에서도 자유로운(일반적으로 말하는 유한성과 필멸성에서는 아니지만) 생명이다. 나사로를 평범한 필멸의 삶으로 돌아오게 하심으로써, 예수님은 그의 삶과 그를 사랑하는 이들의 삶을 향상시키고, 동시에 자신의 부활을 통해 주실 하나님의 생명이 지닌 소멸되지 않는 생명력의 선물을 가리키신다. 이 '영원한 생명'은 평범한 삶의 풍요로움도, 단지 그러한 삶을 무기한 연장하는 것도, 다시 삶을 완성하고 영속화하는 것도 아니며,[46] 모든 차원에서 참된 생명의 끝없는 충만함이다. 그러한 온전한 선물을 주는 것이 예수님의 임무가 지닌 궁극적 목표였다. 그분이 주러 오신 다른 모든 것은 바로 그 선물의 일부였다.

---

[45] 번영하는 삶의 이러한 세 차원에 대해서는 Volf, Croasmun, McAnnally-Linz, "Meanings and Dimensions of Flourishing"을 보라.
[46] 현대 신학에서, 살았던 삶의 영속화로서 죽음 이후의 삶을 논하는 내용에 대해서는 Volf, "Enter into Joy!"를 보라.

죽음에 대한 승리

예수님이 "다 이루었다"라고 말씀하시고 죽음을 맞으셨지만, 그분께는 할 일이 하나 더 남아 있었다. 죽음 자체를 이기는 일이다. 혹은 그분이 십자가에서 죽으셨을 때, 이미 죽음을 이겼을까? 아우구스티누스와 그를 따르는 많은 전통은 그렇게 생각했다. 그는 "그리스도의 죽음과 함께, 죽음이 죽었다"라고 썼다.[47] 그러나 이 아름다운 문장은 어느 정도까지 참인가? 참 목자요 증인으로서, 또한 하나님의 어린양으로서 예수님의 죽음이 어떤 면에서 죽음에 대한 승리인가? 대답의 열쇠는 죽음과 사랑의 관계에 있다.

죽음과 사랑. 예수님의 공적 사역이 끝나고 고별 설교, 십자가 처형, 부활로 넘어가는 지점에서, 요한은 예수님의 삶 전체를 사랑의 행동이라는 틀로 파악한다. "세상에 있는 자기의 사람들을 사랑하시되, 끝까지 사랑하셨다"(요 13:1). '긴 시간' 동안 예수님이 하신 일은 사랑의 행동이다.

아가서는 우리에게 "사랑은 죽음처럼 강한 것"이라고 말해 준다(아 8:6). 요한복음에서 예수님의 사랑은 죽음보다 **훨씬 강하다**. 요한1서 4:18에 따르면 "온전한 사랑은 두려움을 내쫓[기]" 때문이다. 그렇다면, 첫째, 예수님은 **죽음의 두려움**을 이기신다. 예수님의 증언 사역 전체는 암묵적으로는 하나님의 집을 위하는 열정으로 성전을 '정화하신' 순간부터(요 2:13-23)[48] 명시적으로는 안식일에 사람을 고치신 뒤부터 죽음의 위협 아래에서 이루어진다. 그러나 죽음의 위협은 그분이 그 사명을 포기하게 하지 못했

---

[47] Augustine, *Gospel of John* 12.11. 참조. 그리스도가 "그 자신의 죽음을 통해 죽음을 이겼다"라고 주장한 Martin Luther, *LW* 24:402.

[48] 성전에서 행한 일에 대한 권한이 있다는 표징을 보여 달라는 요청에 "이 성전을 허물어라. 그러면 내가 사흘 만에 다시 세우겠다"(요 2:19)라고 수수께끼 같은 답변을 하시면서, 생명에 대한 위협을 인지하셨음을 보여 주신다. 이 장면 바로 뒤에서 요한은 "많은 사람이 그가 행하시는 표징을 보고 그 이름을 믿었[지만]" 예수님의 입장에서는 "그들에게 몸을 맡기지 않으셨다"라고 쓰는데(요 2:23-24), 이러한 그의 말도 그 사실을 암시한다.

다. 예수님의 삶에서 세상에 참된 생명을 주는 사랑은 죽음의 두려움을 이기고, 삶이 어떠해야 할지를 결정할 힘이 죽음에 없음을 드러낸다.

둘째, 예수님은 **자신의 죽음이 생명을 위한 것**이 되게 함으로써 죽음을 이기신다. 그분은 자신이 잡혀서 죽음을 당하게 되리라는 사실을 알면서도 나사로를 치유하기 위해 예루살렘 가까이에 있는 베다니에 가신다(요 11:7-16). 이야기는 예수님의 사명이 지닌 목적을 좀 더 광범위하게 묘사한다. 그분은 세상의 죄를 지고 세상에 생명을 주기 위해 기꺼이 죽으러 세상에 오셨다(요 1:29; 6:51; 10:18). 예수님은 자신의 죽음을 많은 이들을 위한 생명의 수단으로 사용함으로써 죽음을 이기신다. "내가 진정으로 진정으로 말한다. 밀알 하나가 땅에 떨어져서 죽지 않으면 한 알 그대로 있고, 죽으면 열매를 많이 맺는다"(12:24).

그러나 다른 이들이 죽음 앞에서 두려움 없이 살 수 있도록 그리스도가 자신의 생명을 기꺼이 내어 주고 죽음을 맞이하셨을 때, 죽음이 죽었는가? **그분 자신의 생명**에 대해 승리를 거둔 죽음이 어떻게 죽을 수 있는가? 다가오는 부활을 모르는 모든 구경꾼에게 십자가에 달리신 예수님은 사랑과 생명 둘 다에서 패배의 화신처럼 보인다. 하나님의 집에 속한 생명의 비전과는 완전히 정반대의 모습이다. 그분은 성문 밖 하늘과 땅 사이의 십자가에 못 박혀 달리셨다. 완전히 벌거벗겨진 채 못 박하셨을 것이다. 살갗은 채찍에 맞아 보호막 역할을 전혀 하지 못하고 찢긴 상처가 그대로 드러났다. 막달라 마리아와 사랑하는 제자, 그 제자에게 대신 모셔 달라고 부탁한 자신의 어머니 말고는 모두에게 버림받은 채, 홀로 비바람과 야생동물에 노출되었다. 죽음이 가까이 다가오면서, 그분은 가장 기본적인 필요와 고통을 표현하는 외마디 요청을 하신다. "목마르다"라는 뜻의 '딥소'(*dipsō*)였다(요 19:28).

한 각도에서 이것은 사랑의 승리다. 자신이 파멸에 가까이 다가갈수록, 끝까지 견디기 위해 그분의 사랑은 더 강해져야 했다. 정말로 이보다 더 큰 사랑은 없다. 그러나 사랑의 승리를 위해 치러야 하는 대가는 극심한 고통과 사랑의 주체에게 가해진 죽음이었다. 그리고 그 사랑을 지속할 사람을 잃은 사랑 역시 죽었다. 즉 사랑의 주체의 생명이 끝나는 것은 그 사랑이 끝난다는 말이다. 예수님이 당하신 그와 같은 죽음은 죽음을 이기는 것이 아니라, 하나님의 집에서 살아가는 참된 생명과 집 만들기 프로젝트 자체의 패배를 의미했다. 십자가가 예수님이 지닌 생명의 끝이라면, 죽음은 사랑 때문에 다른 이들을 위해 죽는 이들을 삼키고, 그들이 살리려고 한 이들마저 삼킬 것이다. 새 무덤에 많은 양의 향료를 써서 왕처럼 장사를 지내는 것도, 돌이킬 수 없는 '부패의 냄새'를 일시적으로 가리는 정도의 역할밖에는 하지 못한다.[49]

부활과 생명. 죽음이 그리스도의 삶에서 최후 발언권을 가졌다면, 그리스도의 죽음에서 죽었을 리 없다. 죽음이 죽기 위해서는, 그 동일한 예수님이 죽음의 심연 저편에서 새롭게 살아나셔야 한다. 부활 주일에 바로 그러한 새 생명이 드러났고, 그 새 생명으로 규정되는 세상이 시작되었다.

반대자들과 벌인 논쟁에서 예수님은 이렇게 말씀하신다. "내가 목숨을 다시 얻으려고 내 목숨을 기꺼이 버리[며]…아무도 내게서 내 목숨을 빼앗아 가지 못한다. 나는 스스로 원해서 내 목숨을 버린다. 나는 목숨을 버릴 권세도 있고, 다시 얻을 권세도 있다"(요 10:17-18; 참조. 2:19). '버리는 것'과 '다시 얻는 것'은 동일한 행동의 양면이 아닌, 두 개의 구별되는 행동이다.[50] '…할 권세도 있고, …할 권세도 있다'라는 문장은 그저 단순한

---

49 향료의 목적에 관해서는 Thompson, *John*, p. 406.
50 우리와 다르게, Rudolf Bultmann은 '다시 얻는 것'을 단지 '버리는 것', 곧 십자가 처형을

뜻이 아니다. 예수님이 장사된 사실 역시 그 둘의 구분을 강조한다.[51] 죽음에 대한 완전한 승리는 사흘 뒤 부활에서 그분이 생명을 다시 얻으셨을 때 혹은 신약의 다른 증인들이 말하듯 일으켜졌을 때(참조. 고전 15:4, 한글 성경에서는 이러한 수동의 의미가 잘 드러나지는 않는다 – 옮긴이) 발생한다. 아버지와 아들, 성령의 '페리코레시스' 관계를 고려할 때, 생명을 다시 얻는 것과 일으켜지는 것은 동일한 하나의 일에 해당한다.

부활은 죽음의 두려움 없이 살고 세상의 생명을 위해 내어 준 생명의 능력을 확증한다. 그러나 하는 일은 그 이상이다. 부활은 (나사로의 경우처럼) 죽었던 것에 다시 생명을 주는 것이 아닌, 유한한 육신에 죽음을 무효화한 새로운 생명력을 불어넣음으로써 죽음을 소멸한다. **아마도 우리는 "아버지께로 올라[가기]" 전 제자들에게 나타나신 예수님의 모습에서 이런 종류의 생명력으로 규정되는 생명이 어떻게 보이는지 엿볼 수 있다**(요 20:17). 바울과 달리(고전 15:42-49), 요한은 부활하신 예수님의 몸에서 부활한 물질성의 표본을 본다고 말하지 않는다. 우리는 7장과 9장에서 이 문제를 다시 다룰 생각이다. 여기서 우리의 관심은 그리스도의 사명에서 부활이 갖는 중요성이다. 예수님은 십자가에서 죽기 전 제자들에게 이렇게 요약하신다. "너희는 나를 보게 될 것이다. 그것은 내가 살아 있고, 너희도 살아 있을 것이기 때문이다"(요 14:19).

계시자, 참 목자, 참 증인으로서, 예수님은 하나님의 집인 세상에서 참된 생명을 풀어서 설명해 주시고, 또한 직접 시연하신다. 하나님의 어린양으로서, 예수님은 바로 그 참된 생명의 선함에서 타락한 상태인 세상의 죄를 짊어지신다. 부활이자 생명이신 예수님은 집을 만드는 자신의 지상

높이는 것의 측면으로 본다. Bultmann, *Gospel of John*, p. 385.
51 Frey, *Glory of the Crucified One*, p. 212.

사역을 확증하고, 동시에 선행적인 방식으로 창조 세계에 꺼지지 않는 생명력을 주신다. 그것은 야웨가 야곱의 집을 종살이에서 건져 내 자유와 풍요로움이 약속된 땅으로 이끌어 가게 하기 위해 모세에게 나타나셨을 때, 불이 붙었지만 소멸되지 않는 하나님의 떨기와 유사한 새로운 물질성이다(출 3:3; 9장을 보라). 창조의 여덟 번째 날, 예수님이 죽음을 맞으실 때 죽었던 필멸의 창조 세계는 새롭고 영원한 생명을 약속의 형태로 받는다.

새로운 임재

단지 죽음을 이기고 영원한 생명력을 확보하는 것 이상으로, 그리스도의 부활은 세상에서 그분의 임재가 계속되게 해 준다. 부활 없이도, 죽음을 맞은 예수님이 세상에 계속 남아 계실 수는 있지만, 그 방식은 역사적으로 중요한 다른 여느 인물과 다를 게 없을 것이다. 즉 그분의 삶이 어떤 영향력을 끼쳤든, 그분의 삶에 대한 초기 증언들을 통해, 무엇보다 복음서를 통해 그분 자신이 인류의 역사적 기억으로 들어가는 셈이다. 그러나 신약과 그것의 문화적 파급력이 예수님의 유일한 임재 방식이라면, 요한이 제시하는 예수님의 사명은 실패로 돌아간 셈이다.[52] 요한복음에서 예수님이 잡히시던 날 밤에 아버지께 기도드렸던 마지막 말씀이 그 사명의 목표를 요약한다. "나는 이미 그들에게 아버지의 이름을 알렸으며, 앞으로도 알리겠습니다. 그것은 아버지께서 나를 사랑하신 그 사랑이 그들 안에 있게 하고, 나도 **그들 안에 있게** 하려는 것입니다"(요 17:26).[53] 이런 방식으

---

52 Joseph Ratzinger(교황 베네딕토 16세)는 부활의 중요성을 "예수님이 단지 **계셨는지** 아니면 지금도 **계신지**"의 문제와 관련짓는다. Ratzinger, *Jesus of Nazareth*, p. 242.
53 Jörg Frey는 "그리스도를 뚜렷이 구별되게 제시하는 네 번째 복음서의 목표는 이후 시대의 신도들이 예수님의 영광(*doxa*, 17:24)을 보는 것"이라고 주장한다(Frey, *Glory of the Crucified One*, p. 258). 이에 상응해, 그는 1:14의 강조점이 "아마도 두 가지를 특정하는 복합 부정 과거형 '에테아사메타'(*ethesametha*)"에 있을 것이라고 주장한다. 즉 제자들은 예수

로 그분의 사명을 진술하는 것은 내재하는 하나님의 생명과 말씀의 성육신, 종말론적 영광을 함께 묶고, 만물의 이야기 전체를 덮는 아치를 형성한다. (1) 태초 전 오직 하나님과 말씀, 성령 이외에는 어떤 것도 존재하지 않던 시작, (2) "우리 가운데(en hēmin, '엔 헤민') 사[시기]" 위해 육신이 되신 말씀(요 1:14), (3) 창조와 그분의 오심 둘 다의 궁극적 목표, 즉 그들과 함께하고, 또한 "그들 안에"(en autois, '엔 아우토이스') 있는 것(요 17:26)이다.

분명 죽음을 맞기 전에 그들 가운데 있었던 생명과 다른 양식의 생명이기는 하지만,[54] 부활 이후 예수님이 제자들에게 나타나신 것은 잠정적 형태의 임재였다. "올라가[겠지만]" "아직 아버지께로 올라가지 않[은]" 그분은 과도기적으로 그들 가운데 계셨다(요 20:17). 그분의 승천과 "마지막 날" 사이에(요 6:39-44), 그분은 다른 방식으로, 즉 성령을 통해 계속해서 제자들 안에 제자들과 함께 계실 것이다(요 14:15-18). 그러나 창조의 여덟 번째 날 저녁, "예수께서 와서 그들 가운데 [서 계셨다]"(요 20:19). 이것이

님을 "아버지의 외아들"이자 "은혜와 진리가 충만[하신]" 분 양쪽 모두로 보았다는 것이다 (p. 279). 우리는 이 본문을, 말씀이 육신이 되신 목적은 믿는 자들이 하님의 영광을 **보는** 것이 아니라, 하나님의 영광이 "우리 가운데 사[시는] 것"이라고 해석한다(1:14). 그러한 목적은 출애굽기에서 하나님의 목적과 유사하다. 즉 성막에 영광이 임한 것은 그것을 보게 하기 위함이 아니라 백성 가운데 계시는 하나님의 임재, "그들이 길을 가는 동안에" 이스라엘을 인도하고 그들과 동행하는 임재의 표징이었다(출 40:34-38, 1-2장을 보라). 우리는 요한복음 17:24-26 역시 동일 선상에서 해석한다. 궁극적 목적은 영광을 **보는 것**이 아니다. 예수님이 "아버지께서 내게 주신 사람들도 내가 있는 곳에 나와 함께 있게 하여 주시고,…내 영광을 그들도 보게 하여 주시기를 빕니다"(요 17:24)라고 자신의 바람을 표현하실 때, '히나'(bina)절이 가리키는 첫 번째 목적('나와 함께 있는 것')이 두 번째 목적('내 영광을 보는 것')을 목적으로 하는 것처럼 보일 수도 있다. 그러나 기도의 가장 마지막 말이 "[그리하여(bina)] 아버지께서 나를 사랑하신 그 사랑이 그들 안에 있게 하고, 나도 그들 안에 있게 하려는 것입니다"임을 고려할 때(요 17:26), 그럴 가능성은 낮다. 자신의 사명에 대한 마지막 말이기도 한 기도의 마지막 히나절은 믿는 자들이 예수님과 함께 있는 것과 그분의 영광을 보는 것은 하나님의 사랑과 예수님 자신이 그들 안에 거하는 것을 향해 있음을 혹은 그것의 한 차원임을 암시한다. 그렇다면 이는 요한복음 서문에서 1:14b이 하나님의 오심의 목적인 사실과 상응한다. 주장에 대한 뒷받침 근거를 제시하지 않은 채, Richard Bauckham 역시 17:26이 예수님의 사명의 목표라고 밝힌다. Bauckham, *Gospel of Glory*, p. 40.

54 나타나심의 대한 이런 복잡한 성격을 정교하게 분석한 내용은 Welker, *God the Revealed*, pp. 118-126를 보라.

그들에게 처음으로 나타나신 모습이었다. 그날 아침 막달라 마리아에게 나타나 자신이 죽은 자들 가운데서 살아난 사실을 제자들에게 알리라는 임무를 사도들의 사도에게 주었을 때 말씀하신 그대로였다(20:11-18).

자신이 제자들이 알던 예수, 십자가에 못 박힌 바로 그 예수라는 사실을 알리는 것 말고도, 이 나타나심에서는 두 가지 밀접하게 관련된 중요한 사건이 일어난다. 첫째는 파송이다. "아버지께서 나를 보내신 것같이 나도 너희를 보낸다"(요 20:21). 그분의 사명은 끝나지 않았다. 그분이 오실 때까지 그들을 통해 계속되어야 한다(요 21:22). 그분의 제자들이 **그분의 사명을 계속해** 나가야 한다. 둘째, 그분의 사명이 연속성을 띨 수 있도록, 그분은 **그들에게 성령을 주시며**, 요한은 예수님이 영광을 받으신 후 그 일이 일어날 것이라고 암시한바 있다(요 7:39). "그들에게 숨을 불어넣으시고 말씀하셨다. '성령을 받아라'"(요 20:22). 이것이 아버지께로 돌아가기 전, 하나님의 집 만들기 이야기에서 예수님이 행하시는 마지막 주요 행동, 사실 **신기원을 이루는 행동**이었다. 예수님이 사시는 동안 그 위에 내려와 머무셨던 성령이(요 1:32-34) 이제 그들 위에 머물면서 그들 안에 "영원히" 거하셔야 한다(요 14:16-18).

이제 우리는 요한복음이 들려주는 하나님의 오심에 대한 이야기에서 두 번째 주요 단락의 문턱에 서 있다. 이는 그 자체로 만물의 이야기인 하나님의 집 만들기 이야기의 일부다. 예수님이 지상에서 하러 오신 사역이 끝나고, 성령의 시대가 왔다. 그리고 성령과 함께 예수님이 새로운 형태로 임재하시는 시대가 시작되었다.

3부 생명의 성령

5장

집에 오다

자신을 맞아들이지 않는 자기 백성에게 오신 것에서 죽음과 부활을 통해 영광을 받으신 것까지, 예수 그리스도는 새로운 종류의 출애굽을 시연하고 새로운 종류의 집을 만들기 위해 만물의 역사 한복판에서 인간과 함께 거하신 하나님이었다. 그분은 자신을 불타는 떨기의 하나님, '나는 나'로 계시하셨다. 그분은 삶을 향상시키는 여러 표징을 행하셨다. 그 자신의 신적 생명의 '법'이기도 한 새로운 가정생활의 법을 주셨다. 그분은 배교의 큰 죄를 그보다 더 큰 자신의 선함으로 짊어지신 어린양이었다. 그분은 자기 백성을 대신해, 골고다의 '홍해'를 통과해 종살이하던 집을 떠났고 새 생명으로 살아나셨다. 이 모든 것에서, 즉 그분의 온 삶에서, 예수님은 여느 인간과 마찬가지로 연약하고 특정한 몸의 성막에서 인간들 가운데 거하는 인간이 된 하나님으로서 자신의 영광을 나타내셨다. 여정의 끝에서, 임무를 마친(요 19:30) 예수님은 태초 전부터 자신의 것이었던 신적 영광으로 올라가셨고, 바로 그 영광을 세상에 가져오셨다. 창조 세계를 하나님의 집으로 만듦으로써 그것을 새롭게 하기 위함이었다.

생명의 말씀, 생명의 성령, 하나님의 집

예수님이 떠나실 때, 세상은 대체로 변한 것이 없었다. 이는 그분의 사명을 '위' 세상에서 '아래' 세상으로 내려왔다가 자신에게 속한 이들의 영혼을 데리고 다시 돌아가는 것으로 이해하는 해석에 신빙성의 후광을 부여한다. 이 책에서 우리가 주장하는 바는 그러한 '적의 영토에서 빼내 오기' 방식의 요한복음 읽기와 동일한 방식의 훨씬 광범위한 기독교 신앙의 이해가 잘못되었다는 것이다. 그러나 우리가 생각하듯, 만약 그리스도의 사명이 이 세상을 변화시키는 것이었다면, 꺼져 가는 그분의 숨결과 함께 그 사명이 끝나던 순간은 영광스러운 성취가 아닌 끔찍한 실패로 보였다. 그분의 부활은 그렇게 보인 것들이 사실이 아니었음을 강력하게 증언했지만, 세상이 하나님이 집이 되기 위해서는 해야 할 많은 일이 남아 있었다. 즉 예수님이 세상을 대신해 성취하신 출애굽을 온 세상은 성령의 능력으로 '반복해야' 했다. 그것은 필수적이고 기념비적인 일이었다.

이번 장과 다음 장은 바로 이런 일이 시작되는 이야기, 따라서 만물의 이야기에서 다음 움직임, 곧 성령의 시대를 다룬다. 이 두 장은 그 뒤 7장과 9장에서 살펴볼 하나님 집이 최종적으로 도래하기 이전의 이야기, 대대로 이어져 온 죄와 죽음의 지배에서 그 어느 때보다 새로운 방식으로 탈출하는 이야기, 즉 세상의 출애굽에 관해 들려주려 한다.

일찍부터 요한복음은 집을 예수님의 이야기 전체를 지배하는 은유로 제시한다. 예수님은 자기 백성 가운데 거하기 위해 "자기 땅"에 오셨다(1:11). 이 표현은 예수님이 사랑하는 제자에게 부탁하신 어머니를 그 제자가 "자기 집"에 모신 부분에서 반복된다(19:27). 예수님이 지상에서 머무시던 삶이 끝나 가고 성령이 오시는 지점에서, 요한은 '집'을 나머지 이야기에서 지배적인 은유로 다시 끌어온다. 십자가에 달리기 전날 밤 예수님이 전하신 고별 설교는 전적으로 자신이 떠난 뒤 제자들의 삶에 관한 내용이었다. 설교 전체를 감싸는 틀인 시작 부분에서 예수님은 이렇게 말씀하신다. "내 아버지의 집에는 있을 곳이 많다. 그렇지 않다면 내가 너희가 있을 곳을 마련하러 간다고 너희에게 말했겠느냐? 나는 너희가 있을 곳을 마련하러 간다. 내가 가서 너희가 있을 곳을 마련하면, 다시 와서 너희를 나에게로 데려다가 내가 있는 곳에 너희도 함께 있게 하겠다"(14:2-3). 이 책의 나머지 부분은 예수님이 떠나신 뒤 계속되는 하나님의 집 만들기에 관한 것이다.

접히는 시간

요한이 '예수님'이라는 이름을 언급하기도 전에, 서문에서는 세상을 구속하기 위해 오시는 분이 모든 생명력의 변치 않는 근원이며, "모든 것이 그로 말미암아 창조되었[음]"을 분명히 한다(요 1:3-4). 구속자는 또한 창조자이며, 모든 생명의 원천이시다.

요한이 처음으로 예수님의 이름을 언급한 직후, 그는 창조와 유사하게 중요한 다른 주제를 강조한다. 바로 예수님이 사역을 시작하실 때 그에게 내려와 머무신 분[1]이자, 만물을 종말론적으로 갱신하는 능력이신 성령이다(요 1:32-33). 성령이 예수님 위에 머문다는(*menein*, '메네인') 개념은 이사

---

1   처음 읽을 때는 성령을 '인격'으로 보기보다는 능력으로 생각하고 싶은 유혹을 받을 수 있지만, 성령을 지칭할 때 비인칭 대명사보다는 인칭 대명사(who를 말한다—옮긴이)가 적합하다. 사실, 요한복음의 앞부분을 지나면서는 성령이 하나님의 능력 혹은 하나님이 세상에서 행동하시는 수단으로 해석될 수 있다. 그러나 예수님의 고별 설교에서, 성령은 성부와 구별되는 신적 행위 주체로 드러난다(요 14:16-17, 26; 15:26; 16:7, 13). 예수님이 공적 사역을 마치신 뒤 어느 시점에 성령이 구별된 신적 행위 주체가 **되었을** 리 없기 때문이다. 따라서 예수님 위에 머문 성령에 대해 인격적 용어로 말하는 것이 가장 합당하다.

야서의 두 예언에서 나온다. 하나는 "이새의 줄기에서 한 싹이 나며…주님의 영이 그에게 내려오신다"라는 메시아적 인물에 대한 예언이고(사 11:1-10), 다른 하나는 야웨가 "내가 마음으로 기뻐하는 사람"이며 "내가 그에게 나의 영을 주었[다]"라고 말씀하신 택하신 종에 대한 예언이다(사 42:1-4). 두 인물 모두 마지막 날에 창조 세계 전체에 개인적·정치적·생태적 회복을 가져온다. 바로 그 동일한 성령이 만물의 존재 근원이며 이제 육신이 되신 말씀인 예수님 위에 내려와 머무신다. 만물에 관한 이야기의 시작과 끝이 중간에서, 곧 예수님의 인격과 사명 안에서 하나가 된다. 이것은 알파와 오메가인 하나님이 오실 때 일어나는 시간의 '접힘'에 관해 요한이 세밀하게 주의를 기울이는 예다(서곡을 보라).

만물의 이야기에서 다음으로 나오는 결정적 분기점, 즉 예수님이 영광을 받은 뒤 성령을 주신 본문(요 7:39을 보라)에서도 시간은 유사하게 접힌다. 이야기의 양쪽 끝이 또다시 중간으로 끌려온다. 과거와 미래가 현재에서 만난다. 부활한 뒤 제자들에게 숨을 불어넣으며(*enephysēsen*, '에네피세센') "성령을 받아라"라고 말씀하실 때(요 20:22), 예수님은 하나님이 세례 요한에게 자신에 대해 알려 주신 내용에 부합하게 행동하신다. "성령이 어떤 사람 위에 내려와서 머무는 것을 보거든, 그가 바로 성령으로 세례를 주시는 분임을 알아라"(요 1:33). 자기 위에 성령이 내려온 것을 경험한 분이 이제 성령을 주신다. 성령을 불어넣으시는 행동을 통해 히브리 성경의 두 본문을 다시 되울림한다. 첫 번째 본문은 처음 인간이 창조되던 이야기다. "주 하나님이 땅의 흙으로 사람을 지으시고 그의 코에 생명의 기운을 불어넣으시니(70인역: *enephysēsen*), 사람이 생명체가 되었다"(창 2:7).[2] 두 번째 본

---

2 Thompson, *John*, p. 421를 보라.

문은 에스겔이 본 새 창조의 환상에서 나온다. 하나님의 영이 마른 뼈들의 골짜기에서 죽임당한 이들에게 생기를 불어넣어(70인역: *emphysēson*, '엠피세손') "그들이 살아나게" 하는 장면이다(겔 37:9).[3] 예수님은 첫 창조와 새 창조 둘 다에서 생명을 주는 성령을 제자들에게 주시면서, 첫 창조를 긍정하고 두 번째 창조를 미리 맛보게 하신다. 거대한 이야기의 시작과 끝이 예수님의 삶에서 하나로 모이는 것처럼, 제자들의 개인적이인 삶과 공동체적인 삶에서도 하나로 모인다.

성령이 하시는 일

이야기의 양쪽 끝이 성령을 주신 사건에서 하나로 모이는 것은 평범한 삶 중간에 일어나는 일시적인 초월의 경험이 아니다. 오히려 그것은 하나님의 임재라는 변치 않는 실재가 시작되었다는 뜻이다. 하나님이 최종적으로 집에 안착하러 오시는 것은 아직 아니지만(요 21:22-23), 성령이 오시는 사건은 예수님이 떠나시고 마지막에 다시 오시는 사이의 시간을 규정한다. 예수님에게 내려오신 성령이 일생 동안 그분 위에 "머무신"(*emeinen/menon*, '에메이넨'/'메논') 것처럼, 예수님은 자신이 주시는 성령이 제자들과 "함께 계시고"(*menei*, '메네이') 그들 "안에 계[시되]", "영원히" 그렇게 함께하실 것이라고 약속하신다(14:16-17). 삶의 모든 순간마다 성령은 그들 안에 거하실 것이고, 시간이 접히면서 그들은 만물의 이야기 전체에 의해 규정된다. 예수님의 정체성과 사명을 형성한 동일한 성령이 그들의 정체성과 사명 역시 형성한다. 예수님과 함께한 성령의 임재와 사역은 제자들과 함

---

[3] 에스겔 37장과 요한복음 20:22의 관계에 대해서는 Thyen, *Johannesevangelium*, p. 766 를 보라.

께하시는 성령의 임재와 활동과 조응한다.[4]

그러나 성령은 그들에게 혼자 오시지 않는다. 3장에서 논한 예수님의 복합적인 정체성을 상기해 보라. 아버지와 친밀한 관계인 아들은 성육신해 사람들 가운데 거하시는 분이며, 성령이 그 위에 머무신다. 우리는 그 분의 인격성을 이야기할 때 '삼위일체적'이라는 말을 쓴다. 그와 마찬가지로, 믿는 자들과 함께 계시고 그 안에 거하기 위해 오시는 성령은 아버지와 아들과 함께 오신다.[5] 성령이 오시면서, 예수님은 "내 아버지와 나는 그 사람에게로 가서 그 사람과 함께 살 것이다"라고 말씀하신다(요 14:23). 예수님의 인격성과 유사한 방식으로, 제자들의 인격성 역시 '삼위일체적'이다.

예수님과 제자들에게는 모두 성령이 머무셨으며 그들은 모두 '삼위일체적' 정체성을 소유했다. 요한복음에 표현되는 예수님과 제자들 사이의 이러한 이중적 유사성에 기초해, 우리는 신앙의 공동체를 성령의 '구현'으로 생각하거나 하나의 교회를 성육신한 아들의 연장선으로 이해하는 관점이 적절하지 않다고 제안한다. 오히려 개인과 공동체로서 제자들은 삼위일체 하나님이 임재하시는 현장이며, 또한 예수님이 성령의 기름부음을 받으시는 상황의 연장이라고 할 수 있다.[6]

---

[4] 이와 달리, Raymond Brown은 요한이 예수님이 떠나시고 "보혜사로서" 다시 오신다고 생각한다고 주장한다(Brown, *Gospel according to John*, pp. 1139-1143). 그러나 예수님이 "다른 보혜사"를 언급하시며(요 14:16), 여러 차례 이 표현을 성령과 연계시키는 것에 주목하라(요 14:17, 26).

[5] 아래를 보라. 따라서 '다른 보혜사'를 보내는 것은 성령이 예수님을 **대신해서** 오신다는 점을 강력한 의미로 함축하지는 않는다.

[6] 교회를 성육신의 연장으로 보는 견해의 문제와 그리스도가 성령의 기름부음을 받으시는 것의 연장으로 보는 견해에 대해서는, Mühlen, *Una Mystica Persona*, pp. 216-285를 보라. 이러한 생각을 개신교의 입장에서 발전시킨 내용은 Volf, Lee, "Spirit and the Church"를 보라.

성령으로 난—하나님이 거하시는

세상이 하나님의 집이 되기 위해서는, 인간이 그 집의 구성원이 되어야 하고, 그들이 자신에 대해 이해해야 하며, 그 집의 다른 모든 구성원과의 관계를 규제하는 기본 원칙이 있어야 한다. 출애굽기에서 야곱의 후손은 (1) 야웨가 그들을 이집트의 종살이에서 구출해 내심으로써(1장), 그리고 (2) 시내산에서 야웨가 공동생활의 규칙으로 그들에게 주신 "율법과 규례"를 집단적으로 받아들임으로써(2장) 한 백성이 되었다. 이번 장과 다음 장에서는 구원과 언약의 주제를 새로운 음조로 이어 가면서, 요한복음이 들려주는 하나님 가족의 구성원이 되는 이야기(이번 장)와 그 가족의 '법'과 삶에 대한 이야기를(다음 장) 살펴볼 것이다.

육과 영

예수님은 니고데모에게 "너희가 다시 태어나야 한다"라고 말씀하신다(요 3:7). 이것은 구성원의 자격 요건을 묻는 질문에서 핵심 대답이다. 여기서 태어난다는 것은 인간이 그들 스스로 **만들어 낼** 수 있는 것과 대조된다. 새로운 대처 능력을 배우고, 새로운 도덕 규칙이나 심지어 새로운 가치 체계를 채택하는 것, 이 모든 것과 그 이상이 가족 구성원으로서 해야 할 중요한 일이겠지만, 그중 어느 것도 그들을 가족으로 소속되게 해 주지는 않는다. 요구되는 것은 **새로운 존재 양식**이지 단순히 옛것의 개선이 아니다.

불안정한 육신. 예수님은 "육에서 난 것은 육이요"라고 말씀하시면서(요 3:6), 인간 생식 활동의 기본 구조와 인간 실존의 가장 근본적 문제를 동시에 호명하신다. '육'은 생물학적·사회적 취약함과 언제나 공허의 위협 아래 놓인 모든 인간 삶의 필멸성에 이름을 붙인다. "모든 육체는 풀이요, 그의 모든 아름다움은 들의 꽃과 같을 뿐이다…풀은 마르고 꽃은 시든다"(사 40:6-7). 쇠약함과 죽음을 물리치고자 노력하는 모든 인간의 육체는 실존적 자기 지향성을 특징으로 한다. 예를 들면, 모든 경쟁자에 맞서 그 자신을 '소유'하고 확고히 하려는 충동을 통해서나, 혹은 강력한 보호자 밑으로 굴복해 들어가는 도피를 통해 그런 경향성을 추구한다. 그러나 자신의 안전을 보장하려는 노력은 궁극적으로 헛되며, 자신과 타인, 또한 그들이 있는 공동의 환경까지 파괴할 때가 많다. 육의 위태로움은 상황적인 조건이 아니라 존재론적 조건이다. 흙으로 돌아가는 것은 상시적 위협이고, 잠시 후엔 피할 수 없는 현실이 된다.

마르틴 루터는 "육에서 난 것은 육"이라는 구절이 "세상에서 높임을 받고 소중히 여겨지는 모든 것"을 암묵적으로 비난한다고 제대로 감지한다. 그가 말한 것은 스스로에 대하여 "강하고 영리하고 분별력 있고 부유하고 지혜롭고 합리적이고" 고상하고 학식이 있다고 자랑하는 모든 것이다.[7] 이것은 힘과 바른 판단, 부, 지혜, 이성, 고귀함, 학식에 대한 비판이 **아니라**, 이러한 **선한 것들**이 하나님의 선물이 아닌 것처럼 소유함으로써, 또한 하나님을 포함한 다른 이들과의 경쟁과 분투에서 피난처나 자기 확신의 수단으로 삼음으로써 그것을 왜곡하고 오용하는 행태에 대한 비판이다.

'육'의 불안정성을 치료하는 방법은 육을 개선하는 것이 아니라, 개선보다 더 근본적인 변화를 일으키는 것이며, 바로 그 때문에 요한은 '태어남'의 은유를 사용한다. 그것은 "위에서"(요 3:7), "영에서"(요 3:6), "하나님에게서"(요 1:13) 나는 것이다. 즉 만물이 그로 말미암아 창조되었으며 만물의 생명력의 근원이신 분으로부터 변함없고 영원한 생명을 받는 것이다(1:3).[8]

---

7   *LW* 22:288.
8   말씀을 "생명력 자체가 [아닌], 이 생명력을 창조하는 힘"으로 이해하는 것은 Bultmann,

바로 그것이 육의 자녀가 "하나님의 자녀," 하나님의 가족의 일부가 되는 방법이다(요 1:12-13). 하나님이 흙으로 만든 사람에게(창 2:7) 혹은 마른 뼈에(겔 37:9) 혹은 육의 인간에게(요 20:22) 숨을 '불어넣으시는' 심상은, 성령이 인간 안에 거하기 위해 오실 때 새로 태어나는 것이 가능하다는 사실을 암시한다.

예수님의 고유한 신성. 하나님이 사람들 안에, 사람들과 함께 계시는 것이 우리가 들려주는 집과 만물의 이야기에서 중심적이기 때문에, 요한복음에 나오는 이러한 임재의 성격을 명확하게 하는 것이 중요하다. 요한복음을 읽는 헤겔의 방식과 대조해 보면 도움이 된다. 헤겔은 예수님이 떠나시고 성령이 오심으로써 제자들이 "잃은 것보다 더 큰" 좋은 것을 받았다고 말한다. 즉 "그들 자신의 영 혹은 그들 안에 존속[하는] 하나님의 영"을 받았다는 것이다.[9] 하나님과 인간 사이의 모든 구분은 사라졌다. 성령은 제자들의 온 존재를 살아 있게 한다. 예수님이 하나님의 아들인 것같이 그들도 하나님의 자녀들이다.[10] 성령이 오심으로써 하나님과 세상의 차이가 극복된다. 세상은 신성해지고, 하나님은 더 이상 세상의 외부에 계시는 "무한의 주체"가 아니다.[11] 그러나 이것은 헤겔의 생각이지, 요한의 생각이 아니다.

요한의 하나님은 아브라함과 모세의 하나님, 창조하고 부르고 해방시키는 하나님, 살아 있고 인격적인 하나님이시다. 하나님과 세상이 같은 공간

   Gospel of John, p. 39의 주 3을 보라.
9 Hegel, "Spirit of Christianity," p. 272.
10 Hegel은 "나는 길이요 진리요 생명"이나 "나를 믿는 사람은"처럼, 요한복음에서 예수님이 압도적으로 '나'를 강조하는 점에 주목한다. 그러나 그것을 예수님과 그들의 근본적 차이를 표현하는 것이 아닌, "유대적 특징"과의 결별을 표현하는 것으로 해석한다. 이는 그들의 "인격적 하나님"에 대한 설명을 포함하며, 그럼으로써 "그분이 친구들에게 말하는 것에서 모든 신적 개성과 신적 개별성"을 지운다. Hegel, "Spirit of Christianity," p. 269.
11 Hegel, "Spirit of Christianity," pp. 187-205를 보라.

에 있을 수 없기라도 하듯 단순히 세상의 '외부'에 계신 것은 아니지만, 하나님은 세상과 분명히 구별된다. 또한 요한은 하나님이 예수님 안에 계시는 현상과 제자들 안에 계시는 현상 그리고 좀 더 넓게는 세상 안에 계시는 현상 역시 신중하게 구별한다. 예수님 안에서 말씀인 하나님이 육신이 되셨다. 온전히 인간이시지만, 예수님은 하나님을 받아들일 필요가 없었다(참조. 요 1:11-12). 사실, 육신이 되신 말씀 이전에는, 하나님을 받아들일 인간 예수님이 존재하지 않았다. 그분은 말씀에 의해 인간이 되셨기 때문이다. 말씀이 육신이 되시는 면에서 '에게네토'(egeneto)는 만물이 말씀으로 지어지는(egeneto) 것보다(1:3) 덜 창조적이라고 결코 말할 수 없다.[12] 예수님은 **본질적으로** 하나님이시다. 그분과 달리 예수님의 제자들은 예수님을 만날 때, 그리고 그분이 그들에게 성령을 주실 때, 이미 인간이다. 하나님의 자녀가 되려면 그들은 성령과 예수님을 '받을' 필요가 있다(1:11-12). 육에서 난 그들은 또한 '하나님에 의해 태어나야' 한다. 본질적으로 하나님이신 예수님과 달리, 그들은 **은혜로**, 성령이 그들 안에 거하심으로써만 '신적'이다. 예수님 안에 하나님이 계신 것과 그분의 제자들 안에 하나님이 계신 것 사이의 이러한 근본적인 차이는 사라지지 않는다.

그러나 예수님의 인격성과 제자들의 인격성 사이에는 유사성이 있다. 성령이 믿는 자들 안에 거하러 오실 때(요 14:17), 그들에게 주신 예수님의 약속이 성취된다. "내 아버지와 나는 그 사람에게로 가서 그 사람과 함께 살 것이다"(14:23). 헬라어의 단수 대명사가 분명히 보여 주듯, 이 일은 그들 **각각** 안에서 일어난다. 믿는 사람들의 정체성은 예수님의 정체성과 일치하지는 않지만 유사하다. 아버지와 성령이 (예수님 안에서 성육신하신) 아

---

12 Frey, *Glory of the Crucified One*, p. 270.

들 안에 거하시고, 아들이 아버지와 성령 안에 거하시는 것처럼, 삼위일체 전부가 각각의 믿는 사람 안에 거하시고, 믿는 사람들 역시 삼위일체 하나님 안에 거한다. 하나님의 집에 사는 개별 구성원은 **그들 스스로가** 삼위일체 하나님의 집이다.

안에 그리고 함께. 헤겔이 종교의 발전에서 열등한 단계로 거부했던 하나님의 '대상성'(objectivity)은 성육신과 함께 감소하다가 사라지지 않는다. 사실 **증가한다.** 인간은 여전히 하나님의 얼굴을 볼 수 없지만, 하나님의 임재는 좀 더 친밀해졌다. **육신**이 되신 말씀인 예수님 안에서 인간은 하나님을 훨씬 더 생생하게 경험할 수 있다. 그들은 생명의 말씀이 말하는 것을 들을 수 있고, 눈으로 볼 수 있고, 손으로 만질 수 있고, 심지어 그 냄새를 맡고 맛을 볼 수 있다(참조. 요일 1:1). 이를 '외재적' 하나님의 친밀함이라고 부르자.

그러나 요한복음에는 '내재적' 하나님의 더 큰(혹은 아마도 그저 다른 종류의) 친밀함이 존재한다. 요한은 동일한 헬라어 전치사(*en*)를 두 가지 구별되는 의미로 사용함으로써 하나님이 임재하시는 두 방식에 대해 말한다.[13] 성육신하신 말씀이 사람들과 **함께** 거하신다(요 1:14). 성령이 그리고 성령과 함께 아버지와 예수님이 사람들 **안에** 거하신다(요 14:17). 어떤 번역("함께")이 다른 번역("안에")으로 전환되는 것은 하나님의 임재가 갖는 성격의 전환을 반영한다. 즉 예수님이 지상 사역을 하시는 동안 **육신 안에 있는 하나님**에서 예수님이 떠나신 뒤 **예수님의 육신이 부재한 하나님**으로 전환되는 것이다. 만약 이것이 전부라면, 헤겔이 들려주는 이야기와 비슷하다. 그러나 이야기는 예수님의 떠나심으로 끝나지 않는다.

---

13   이러한 입장은 Thyen, *Johannesevangelium*, p. 641.

예수님이 최종적으로 오신 뒤에는, 다시 제자들과 함께 계실 것이다. 아니, 오히려 그들이 예수님과 함께 있을 것이다(요 17:24). 바로 이것이 그분이 다시 오시는 목적이다. "다시 와서 너희를 나에게로 데려다가 내가 있는 곳에 너희도 함께 있게 하겠다"(요 14:3). 임재의 '대상성'은 그대로다. 동시에, 예수님의 사명 전체의 목표는 **제자들 안에** 계시는 것이다. 임박한 죽음과 부활을 언급하면서, 예수님은 말씀하신다. "나는 이미 그들에게 아버지의 이름을 알렸으며, 앞으로도 알리겠습니다. 그것은 아버지께서 나를 사랑하신 그 사랑이 그들 안에 있게 하고, 나도 그들 안에 있게 하려는 것입니다"(요 17:26). 그렇다면 다시, 예수님이 떠나신 이후 '함께 있음'이 '안에 있음'으로 단순히 대체되지 않는 것처럼, 그분의 재림 이후에도 '안에 있음'이 '함께 있음'으로 대체되지 않는다. 하나님의 임재는 **양쪽 모두의 방식으로** 계속된다. 이는 요한복음에 나오는 아버지와 아들의 관계와도 상응한다. 두 분은 서로 '함께'(*pros*와 *para*) 계시며(예를 들면, 1:1, 2:13:1, 3; 15:26; 17:5), 서로의 '안에'(*en*) 계신다(예를 들면, 10:38; 14:10-11). 당연히 우리는 요한계시록에 나오는 새 예루살렘에 대한 묘사에서 그와 똑같은 이중 방식의 하나님의 임재와 마주한다. 도성은 외부로부터 도성 위에 비추는 하나님의 영광을 반영하는 동시에, 그 안으로부터 빛나는 하나님의 영광을 여러 각도로 퍼뜨린다(9장을 보라).

통합 혹은 내주

3장에서 지적한 것처럼, 그리스도인의 삶이 지닌 삼위일체적 성격을 표현하는 역사적으로 지배적인 방식 중 하나는 성령이 신자들을 그리스도 안으로 통합하며, 그리스도는 그들을 아버지와의 관계 안으로 데려간다고 주장하는 것이다. 성령의 능력으로, 그리스도가 아버지와 맺으신 관계가 그들의 관계가 된다. 그리스도 안에서의 이런 삶에 대한 확장된 버전의 설명에 따르면, 우주 전체가 그리스도의 몸이 되고, 아버지와의 친밀한 관계 덕분에 참된 생명을 부여받는다(혹은 이러한 구원론적 비전의 많은 버전에 따르면, 신격화된다). 이야기는 두 가지 움직임을 포함한다. 하향의 움직임에서 아버지는 성령의 능력으로 아들을 세상에 보낸다. 그에 상응하는 상향의 움직임에서 성령은 인간을(그리고 창조 세계를) 그리스도 안으로 통합시키고(혹은 인간이 공통의 인간성에 힘입어 그리스도와 하나가 되고), 그리스도는 그들을 아버지와의 관계 안으로 데려간다. 캐런 킬비(Karen Kilby)가 이런 입장을 잘 요약해 준다. "그리스도인의 삶은 삼위일체 안으로 인도되는 삶… 진정한 통합, 아버지로부터 오고 아버지에게로 가는 아들의 움직임 안으로 성령에 의해 들어가는 삶이다."[14]

요한의 비전은 다르다. 첫째, 인간(그리고 창조 세계) 쪽에서 상향의 움직임은 존재하지 않는다. "하늘에서 내려온 이, 곧 인자밖에는 하늘로 올라간 이가 없다"(요 3:13). 요한복음에서 하늘이나 아버지를 언급하면서 '올라가다'(anabainō, '아나바이노')라는 동사가 사용되는 경우의 주어는 모두 예수님이다. 육신으로 내려오신 말씀으로서, 예수님은 영원부터 함께 계셨던 아버지께로 다시 돌아가신다(요 20:17). 그러나 중요한 점은, 예수님이 그리고 그분과 함께 삼위일체 전부가 **다시 돌아오신다**는 것이다(요 21:22-23). 둘째, 요한복음에서 그리스도는 집단적 인격이 아니다.[15] 모든 사람이

---

14 Kilby, *God, Evil, and the Limits of Theology*, pp. 52-53. 구원에 대한 이러한 이해를 옹호하는 이 시대의 가장 설득력 있는 신학자 중 한 명은 Kathryn Tanner다. Tanner, *Jesus, Humanity, and the Trinity*; Tanner, *Christ the Key*를 보라.

15 여기서 우리는 John Behr와 뚜렷하게 다른 방식으로 이해한다. Behr는 요한복음이 그리스도의 몸이라는 성전이 "십자가에서 일으켜졌고, 첫째 날이자 여덟째 날에 믿는 자들이 하나님의 집[곧 그리스도의 몸]에 거하기 위해 그 가족으로 통합될 때, 부활하신 그리스도와 함께 새로운 시작을 열었다"라고 진술하는 것으로 해석한다(Behr, *John the Theologian*, p. 194). Mary Coloe는 십자가 장면에 대한 좀 더 설득력 있는 해석을 제공한다. "예수님이

그분과의 공통적 인간성에 힘입어 예수님과 하나가 된다거나 그분의 몸으로서 그분 안에서 연합된다는 암시는 어디에도 없다. 예수님 안에 있는 신도들은 믿음을 통해 그들 안에 계시는 예수님께 의지한다. 그분은 제자들에게 "내가 너희 안에 머무는 것처럼, 너희는 내 안에 머물러 있어라"라고 말씀하신다(요 15:4, 옮긴이 사역).[16] 요한이 직설적으로 표현하듯, 예수님이 **제자들 안에 머무시는 것은** 그들과 맺으시는 능동적 관계를 보여 준다. 바로 그것이 그들의 온 존재를 질적으로 변화시키고, 그들이 하나님의 가족 구성원이 될 수 있게 한다. 그들이 그분 안에 머무는 것은 그분이 그들 안에 머무시기 때문에 일어난다. 그것은 그들이 그분과 맺는 능동적 관계이며, 요한은 그것을 명령형으로 표현한다. 셋째, 예수님이 개인들과 맺으시는 관계를 중요하게 여기는 요한복음에서[17] 사람들은 그분의 성육신 때문이 아니라 믿음과 성령을 통한 순종 안에서 그분과 능동적으로 관계를 맺음으로써 그분께 접붙여지고 그분 안에 머문다. 아버지와 아들이 믿는 자들과 함께하시는 것에 대한 핵심적 본문에서, 하나님이 사람들과 맺으시는 관계에 대한 모든 진술은 단수형이며, 각 사람은 예수님의 말씀을 믿고 사랑하고 지킴으로써 하나님이 그 안에 거하시는데, 이 모든 일을 성령이 이루신다(요 14:1, 23). 요약하면, 사람들을(그리고 나머지 창조 세계를)

부재하는 가운데, 세상에 여전히 생명을 주는 성전은 곧 제자들의 공동체 안에서 하나님이 거하시는 성전이다." Coloe, *God Dwells with Us*, p. 209.

16   요한복음에서 믿는 자들이 예수님 안에 머무는 것은 예수님과 공유하는 인간성의 결과가 아니라(구체적으로 요한복음을 언급하지는 않지만, 이러한 의견은 Tanner, *Christ the Key*, p. 91), Bultmann이 바르게 말하는 것처럼 "믿음의 관계," 혹은 "기꺼이 받아들임"의 결과다. Bultmann, *Gospel of John*, p. 535.

17   어떤 해석자들은 시대착오적으로, 그러나 의도 면에서는 올바르게 요한복음의 개인주의에 대해 말한다. 그러한 생각은 Charles F. D. Moule로부터 시작되었다(Moule, "Individualism of the Fourth Gospel"). Richard Bauckham은 시대착오의 위험을 감수하면서, 요한복음에서 발견되는 "개개인의 신자가 예수 그리스도와 맺는 관계에 대한 상당한 강조"를 설득력 있게 살펴본다. Bauckham, *Gospel of Glory*, pp. 1-20.

'삼위일체 안으로' 데려오는 것이 아니라, 삼위일체가 그들 안에 거처를 삼으신다. 창조 세계를 하나님께로 가져가는 것이 아니라, 하나님이 창조 세계 안에 계시고 창조 세계와 함께함으로써 그 안에 거하시고, 하나님의 집을 형성하기 위해 내려오신다.

지금까지 우리는 하나님의 거하시는 방식들을 돌아보면서, 어떤 진보를 볼 수 있었다. 출애굽기에서 하나님은 **그들 가운데 거하고** 그들과 함께 길을 가려는 목표를 가지고, 그 백성을 해방하러 오신다. 요한복음에서 하나님은 그들과 함께 계실 뿐만 아니라 **그들 안에 거하는** 것을 목표로, 그 백성 가운데 거하고 그들을 죄와 죽음으로부터 해방하기 위해 성육신한 분으로 오신다.

"믿어서…생명을 얻게 하려는"

육이 육을 낳을 때, 그렇게 태어난 이들은 자신의 출생에서 어떤 발언권도, 행위 능력도 갖지 못한다. 결정을 내리는 것은 다른 사람의 의지이며, 태어나는 이는 수동적일 수밖에 없다(요 1:13). 이와 달리, 성령으로 태어나는 것은, 물론 하나님이 가능하게 하시고 제한을 두기도 하지만(참조. 요 6:44), 태어나는 이의 행위 능력이 필수적이다. 이상하게 보이겠지만, 성령으로 태어나기 위해, 육은 그 자체의 출생을 **받아들일** 필요가 있다. 하나님이 오셔서 사람들을 위해 혹은 사람들에게 뭔가를 행하시는 것으로는 충분하지 않다. 출애굽기보다 요한복음에서는 오히려 더욱 그렇다. 사람들 역시 오시는 분을 받아들이고, "그 이름을 믿는" 것이 필요하다(요 1:12). 요한복음의 목적은 바로 믿음을 불러일으키는 것이며, 복음서는 이를 처음에 밝히고(1:7), 마지막에 재확인한다(20:31). 또한 복음서 내내 믿는 것에 대해 팔십 회가량 언급하면서 그 사실을 강화한다.

믿음

생명을 주는 성령에게서 자기 자신이 태어나는 일은, **믿음**으로 예수님을 받아들일 때 일어난다. 요한은 가장 마지막에 복음서의 목적을 진술하면서, "예수가 그리스도요 하나님의 아들이심을 믿게 하고, 또 그렇게 믿어서 그의 이름으로 생명을 얻게 하려는 것"이라고 쓴다(20:31). 이 진술은 예수님이 나오기도 전에 서문에 나왔던 결정적 본문과 인클루지오를 이룬다. "참 빛이…자기 땅에 오셨으나, 그의 백성은 그를 맞아들이지 않았다. 그러나 그를 맞아들인 사람들, 곧 그 이름을 믿는 사람들에게는 하나님의 자녀가 되는 특권을 주셨다. 이들은 혈통에서나, 육정에서나, 사람의 뜻에서 나지 아니하고, 하나님에게서 났다"(1:9-13). 하나님 혹은 성령이, 믿음을 통해 한 사람이 하나님의 가족으로 태어나게 하신다.

신뢰, 수긍, 의지. 요한복음에서 믿음은 세 가지 필수적인 측면이 있다. 우리는 이미 출애굽기에서도 동일한 현상과 마주쳤다(p. 78를 보라). 핵심은 **신뢰**다. 이것은 예수님 안에(*eis*, '에이스') 두는 믿음이다. 예수님이 고쳐 주신 맹인이 예수님을 믿게 되었을 때, 그는 예수님이 누구이신지, 즉 그가 처음 생각했던 대로 예언자가 아니라 주님이심을 알지 못하면서도(요 9:17, 38) 그분을 예배한다(요 9:38). 제자들이 예수님을 믿을 때, 그들은 그분께 자신들의 삶 전체를 맡겼고, 그분을 자신들이 추구하는 가치의 궁극적 근원으로, 즉 자신들의 "선생님 또는 주님"으로 삼는다(요 13:13). 자신의 존재를 예수님에게 걸고, 단지 이런저런 문제에 대한 충고나 도움을 구하는 것이 아니라, 자기 삶의 궁극적 토대로서 그분을 의지한다. 이런 근본적 신뢰가 요한복음에서 말하는 믿음의 핵심이다.

신뢰가 맹목적인 경우도 있지만, 일반적으로 신뢰는 그 사람에게 신뢰할 만한 것이 있어야 한다. 다시 말해, 신뢰의 대상이 우리가 그에게 기대하는 것을 행할 능력이 충분하고, 우리를 좋게 여기며(적어도 나쁘게 여기지는 않으며), 그 능력을 잃어버리거나 우리에 대한 태도를 바꾸지 않으리라고 여길 수 있어야 한다.[18] 바로 그것이 믿음에는 예수님에 대한 어떤 종류의 지식이나 어떤 확신에 대한 **수긍**이 필수적인 이유다. 그것은 '…라는 점을(*hoti*, '호티') 믿는 것'이다. 예를 들면, "아버지께서 나를 보내신 것을" 믿는 것(요 11:42), "'내가 곧 나'임을" 믿는 것(요 13:19), "내가 아버지 안에 있고, 아버지께서 내 안에 계시다는 것을" 믿는 것(요 14:10)이다. 요한은 '…라는 것을 믿는 것'과 '…을 믿는 것'을 명시적으로 연결한다. "나를(*eis*) 믿는" 사람들은 "아버지께서 나를 보내셨다는 것을(*hoti*)" 믿는 사람들이다(요 17:20-21; 참조. 8:24-30; 11:25-26). (전치사 없이) '믿는 것' 자체가 그 둘을 결합한다. 이 말의 온전한 의미는 우리가 이스라엘 하나님의 자기 계시라고 여기는 예수님께 우리의 삶 전체를 맡기는 것이다.[19] 그러나 요한복음에서 대개 제자들을 포함해 사람들의 믿음은 부분적이거나, 말하자면 아직 생기는 중이다.

믿음은 한 가지 특징을 더 가진다. 즉 믿음은 **의지**를 수반한다. 제한된

---

18 이러한 신뢰성과 신뢰에 대한 설명은 Govier, *Social Trust and Human Communities*; Govier, *Dilemmas of Trust*를 보라.
19 아브라함의 삶은 한 분 하나님을 믿는 믿음이 던지는 도전을 예시한다. 하나님이 그의 삶 전체를 규정하신다. 이것은 아브라함이 하나님의 명령과 약속을 받고 자신의 집과 모든 연을 끊는 일에서만이 아니라(창 12:1-3), 무엇보다 그가 자신의 미래 전체를 맡긴 하나님의 명령에 따라 자신의 아들을 희생 제물로 기꺼이 드리려는 점에서 분명히 드러난다(창 22:1-19). 아브라함의 하나님이 이삭에게 "두려운 분"이라고 불린 점은 놀랍지 않다(창 31:42). 그러한 급진적 신뢰는 성경의 유일신 신앙의 약속인 동시에 역설이다. 모리아산을 향해 걸어가는 아브라함이나 그곳에서 돌아오는 이삭의 입장에 서 본 사람이라면 쉽게 말할 수 있듯, 믿음은 언제든 '두려움'을 일으킬 수 있다. 모든 것을 주시고 또 모든 것을 요구하시는 한 분 하나님을 믿는 믿음이 거는 것은 생명의 하나님이 살아 있는 자들의 하나님, 궁극적으로는 번영하는 자들의 하나님이시라는 사실이다.

방식으로, 의지는 수긍으로서 믿음에 개입한다. 헤겔이 못마땅하게 표현하듯, 설사 "명령과 회초리"가 "믿음"의 습관을 만들어 내는 것이 사실이라고 할지라도, 나는 도저히 무언가가 그런 경우라고 믿기로 결정할 수 없다.[20] 의지가 믿음을 결정하는 전부는 아니다. 그러나 수긍에는 신중히 따져 본 판단이 수반되는 만큼, 의지 역시 수반된다. 신뢰(누군가를 믿는 것)에 관한 한, 의지는 좀 더 전면에 부각된다. 내가 누군가를 신뢰할 때, 나는 언제나 그 사람을 신뢰하려는 **의지**가 있다. 이상적인 경우, 나는 강압에 의해서가 아니라 자유롭게 신뢰한다. 물론 유아의 신뢰처럼 암묵적 형태의 신뢰도 있다. 그러나 신뢰성의 문제가 제기되는 순간, 신뢰는 명시적이 되거나 혹은 의심이나 심지어 완전한 불신으로 무너져 내린다. 예수님이 행하신 기적으로 그분에 대한 신뢰가 생겼을 때도(예를 들면, 요 2:11), 신뢰하는 사람의 의지가 개입된다. 이유가 있든(이유는 언제나 찾거나 만들 수 있다) 없든, 우리는 언제나 신뢰를 보류할 수 있기 때문이다.

두 종류의 전형적 신자. 왕의 신하가 보여 준 믿음은 사람들이 어떻게 믿게 되는지를 모범적이고 직설적으로 보여 준다(요 4:46-52). 그는 문제가 있었지만("아들이 거의 죽게 되었[다]": 요 4:47), 그 문제를 어떻게 해결해야 할지 몰랐다. 그래서 그는 치유자로 알려진 예수님께 온다. 바로 그것이 '…믿는 것'이다. 지식이라고는 할 수 없지만, 예수님이 자신의 아들을 고칠 수 있다는 주장에 대한 일종의 수긍이다. 또한 그에게는 예수님'을 믿는 믿음'도 있다. 즉 그는 "예수께서 자기에게 하신 말씀," 즉 "네 아들이 살 것이다"라는 말씀을 "믿고"(의지하고 혹은 신뢰하고) 집으로 발걸음을 옮겼다(요 4:50). 믿겠다는 의지는 이 믿음에서 암묵적이다. (중요한 점은, 그가 자신

---

20 Hegel, "Spirit of Christianity," p. 267.

의 아들이 낫기 **전에** 믿었다는 것이며, 사실상 이는 예수님이 4:48에서 "너희는 표징이나 기이한 일들을 보지 않고는 결코 믿으려고 하지 않는다"라고 꾸짖으면서 제기하신 도전을 만족시킨다.) 지금까지는 삶의 한 영역에서 발생한 단 한 가지 문제와 관련된 일회성 믿음의 행동이다. 그의 아들이 나은 뒤, 치유에 대한 예수님의 **말씀**을 믿음으로써 좀 더 종합적인 믿음으로 발전한다. "그래서 그와 그의 온 집안이 함께 예수를 믿었다"(요 4:53). 그러나 심지어 이러한 믿음조차 처음에는 온전한 의미의 믿음과는 거리가 멀었을 것이다. 희망적으로 믿음이 깊어지는 여정의 출발점에 더 가까웠을 가능성이 크다.

사도 도마는 이 신하와 반대되는 지점에서 깨우침을 준다. 예수님이 십자가에서 죽으신 뒤, 그의 의지는 믿지 않는 쪽을 택한다. 예수님이 그 신하에게 하셨던 결정적인 말씀과 놀라울 정도로 유사한 문장으로, 도마는 이렇게 말한다. "나는 그의 손에 있는 못 자국을 보지 않고 또 내 손을 그의 옆구리에 넣어 보지 않고는 결코 믿지 않을 것이오!"(요 20:25, 옮긴이 사역)[21] 예수님이 도마에게 "믿음을 가져라"라고 권면하시기는 하지만(20:27), 그의 불신은 **이유가 없지** 않다. 복음서 전체를 읽은 우리 독자들은 믿는 것이 적절한 태도라는 사실을 알지만 말이다. 이야기는 예수님의 선언으로 끝난다. "나를 보지 않고도 믿는 사람은 복이 있다"(20:29). 예수님은 여기서 보는 것과 아는 것을 비판하고, 그럼으로써 맹목적인 믿음을 촉구하시는 것이 아니다. 맹목적 믿음이 요점이라면, 그분은 처음부터 제자들에게 나타나지도 않으셨을 것이다. 오히려 예수님은 어떤 유효한 증거라도 지식으로 믿음의 수긍을 이끌어 내기에는 충분하지 않음을 지적하신다.

21　번역은 Thompson, *John*, p. 424에서 인용했다. 도마는 "나는…보지 않고는 결코 믿지 않을 것이오[*Ean mē idō…ou mē pisteuso*]"라고 말하고, 예수님은 "너희는…보지 않고는 결코 믿으려고 하지 않는다[*Ean mē…idēte, ou mē pisteusēte*]"라고 말씀하신다.

도마 자신도, 유령에게 말하고 있는 것이 아님을 확인하고자 예수님의 옆구리에 손을 넣어 보지 않고 결국 믿는다(20:28; 참조. 눅 24:36-43). 믿음은 지식을 수반한 의지의 행동이며, 곧 살펴보겠지만 흔히 말하는 것처럼 하나님의 선물이다. 그러나 믿음을 결정하는 데는 증거로는 부족하며, 급진적 신뢰가 개입되는 것을 고려할 때 그에 상응하는 급진적 위험 부담을 수반한다.

육신을 보는 것—하나님을 보는 것

루터는 "믿음은 그리스도를 붙들고, 그분의 임재를 가능하게 하며, 반지가 보석을 감싸듯 그분을 에워싼다."[22] 그리스도를 받아들이기 위한 수단으로서 믿음에 대한 이런 인상적인 이미지는 그것의 세 가지 차원 전부를 잘 포착한다. 수긍은 보석을 보석 자체로서 인정하고, 의지는 그것을 얻으려고 애쓰며, 신뢰는 그것을 감싼다. 그러나 우리가 보고 있고 감싸고 있는 것이 정말로 보석인지, 즉 단지 흔치 않은 어떤 사람, 어쩌면 예언자가 아니라 세상에 생명을 주기 위해 육신으로 나타나신 하나님인지 우리는 어떻게 알 수 있는가?(요 6:14; 7:40을 보라)[23] 이와 관련된 도전은 두 가지 측면을 갖는다. 하나는 하나님을 보는 것과 관련이 있고, 다른 하나는 예수님의 인간성 안에서 하나님을 보는 것과 관련이 있다.

하나님의 비가시성과 절대성. 하나님을 보는 것을 가로막는 장애물, 따라서 하나님을 믿는 것을 가로막는 장애물도 역시 잘 알려져 있다. 하나님은 창조되지 않으셨고, 인간은 창조된 존재라는 점이다. 한쪽의 창조되지 않았다는 성질(uncreatedness)과 광대함, 다른 한쪽의 창조되었다는 성

---

22 *LW* 26:132.
23 나타나기와 이해하기의 상호 보완적 차이에 대해서는 3장을 보라.

질과 유한성, 양쪽의 이 존재론적 차이 때문에 인간은 결코 하나님을 보고 이해할 수 없다. 하나님은 우리의 인식이나 인지 기관에 맞지 않는다. 잘 알려지지 않은 두 번째 장애물은 요한에게는 좀 더 중요하다. 모든 생명의 근원이며 생명과 죽음을 다스리는 통치자로서, 하나님은 가치와 몰가치를 구분하는 선의 궁극적 기준이시다. "오직 한 분이신 참 하나님"을 받아들이는 것은(요 17:3) 그 하나님께 우리의 궁극적 신뢰를 드리고, 하나님의 손가락으로 가치의 돌판에 쓰신 것을 인생의 궁극적 기준으로 인정한다는 뜻이다. 요약하면 우리 삶을 처음부터 끝까지 근본적으로 설정하시는 분으로 하나님을 인식하는 것이다. 하나님은 그저 측량할 수 없고 따라서 이해 불가하기만 한 분은 아니다. 또한 하나님은 절대적이고 따라서 받아들이기 어려운 분이기도 하다.

"하나님을 본 사람은 아무도 없다"라고 요한은 쓴다(요 1:18). 두 번째 자기 계시 전에 야웨가 모세에게 말씀하신 것이 사실이라면, 틀림없이 맞는 말이다. 모세는 하나님의 얼굴을 보게 해 달라고 청했고, 하나님은 단호히 거절하셨다. "내가 너에게 나의 얼굴은 보이지 않겠다. 나를 본 사람은 아무도 살 수 없기 때문이다"(출 33:20). 그러나 히브리 성경에서 다른 모든 이들처럼 모세도 하나님의 얼굴을 본 적은 없었지만(2장과 9장을 보라), 그는 하나님의 '뭔가'를 보았다. 놀랍게도, 하나님의 영광, 즉 하나님의 "외부적 현현"이다.[24] 요한복음에서 빌립은 예수님께 모세와 비슷한 요청을 한다. "우리에게 아버지를 보여 주십시오"(요 14:8). 예수님은 이에 응답하시면서, 빌립에게 그가 말하기도 전부터 그 요청이 받아들여졌음을 깨우쳐 주신다. "빌립아, 내가 이렇게 오랫동안 너희와 함께 지냈는데도 너는 나를

---

[24] Childs, *Isaiah*, p. 55.

알지 못하느냐? 나를 본 사람은 아버지를 보았다"(요 14:9; 참조. 12:45). 그러나 예수님을 봄으로써 아버지를 본다는 사실은, 하나님을 본 사람이 아무도 없다는 점과 어떻게 양립할 수 있는가? 요한은 자신의 포괄적 주장에 하나의 예외를 인정한다. 즉 "아버지의 품속에 계신 외아들이신 하나님"은 하나님을 보았다(1:18). 오직 하나님만 하나님을 볼 수 있다. 따라서 제자들은 (모세처럼) 예수님을 봄으로써 하나님을 본 것이 아니라 오직 하나님의 '뭔가'를 본 것이다. 모세보다는 훨씬 가까이에서였지만, 그들 역시 하나님의 영광을 보았다. "그 말씀은 육신이 되어 우리 가운데 사셨다. 우리는 그의 영광을 보았다"(1:14). 예수님은 이해할 수 없는 하나님을 위한 "이해 가능한 대역"이 아니라, "인간의 모습을 한" 이해할 수 없는 분으로서 바로 그 이해할 수 없는 하나님의 현현이다.[25]

하나님의 육신. 하나님의 존재 자체의 현현이 하나님과 인간 사이의 간극을 이어 줄 것이라고 생각할 수 있다. 어떤 면에서, 그것은 유한한 존재를 지각할 수 있는 영역으로 무한한 하나님을 데려오며, 구체적으로 살아내는 삶 속에서 궁극적인 선함과 진리를 보여 준다. 그러나 성육신은 문제를 복잡하게 하기도 한다. 모든 생명의 창조되지 않은 근원이자 모든 선함의 기준인 분(요 1:1-5)이 압도적인 힘과 함께 눈부신 영광에 휩싸인 채로 오지 않고 유한하고 연약한 육신으로 인간에게 오셨다. 예수님을 봄으로써 하나님을 본다는 것은 눈먼 자의 눈을 뜨게 하고 죽은 자를 살리시는 하나님뿐만 아니라, 흙 묻은 발과 눈물 흘리는 얼굴의 하나님, 벌거벗겨지고 흉하게 맞아 터지고 목이 타들어 가는 채로 십자가에 달린 하나님을 보는 것이다.

---

25 Tanner, *Christ the Key*, pp. 54-55.

야곱의 집은 하나님이 자신들을 강력한 바로에게서 구해 내기 위해 오셨음을 믿기 어려워했다. 그러나 **하나님**이 인류를 구속하기 위해 인간의 육신을 입고 오셨다는 명제는 믿음에 관한 다른 종류의 어려움처럼 보인다. 강력한 통치자들에게 괴롭힘을 당하는 세상에서 적극적으로 관심을 가지시는 하나님을 믿기는 일반적으로 어렵다. 성육신은 다른 두 가지 어려움을 추가한다. 하나는 창조되지 않은 분이 창조된 실재, 즉 특정 시간과 장소에 사는 인간 육체가 되신다는 모순적인 생각이다. (아니면 이것은 평범한 인간으로 와서 그와 같은 삶을 사실 만큼 **충분히 위대한** 하나님이라는 놀랍도록 매력적인 생각인가?)[26] 다른 어려움은 예수님이 거의 모든 이들에게 버려진 채로 고통 속에서 수치스러운 죽음을 당하신 것이 누군가 삶으로 따를 수 있는 가장 높은 가치를 구현할 뿐만 아니라 그분의 **능력**과 **영광**을 보여 주는 일이라는 기괴한 생각이다. (아니면 우리는 여기서 순전히 타자를 위해 사는 삶의 거친 아름다움을, 다른 이들의 생명 안에서 자신이 복제되도록 기꺼이 죽는 가장 숭고한 낟알을 보는가?)

요한복음에서 성육신하신 말씀에 관한 전체 이야기, 곧 예수 그리스도가 행하신 일, 하신 말씀, 겪으신 일 자체가 곧 하나님의 현현이다.[27] 그러나 복음서가 반복적으로 말해 주듯, **오직 몇 사람만** 믿었다. 예수님에 대한 사람들의 태도는 다양했다.[28] 많은 사람에게 그분은 빵 공급원, 사람들을 고치고 죽은 사람을 살릴 수 있는 기적을 행하는 사람, 그 이상의 특별한 사람은 아니었다. 십자가에 못 박히시기 이틀 전, 예루살렘으로 나

---

26 "하나님은 그분의 은혜가 이러한 대가를 견딜 수 있고 견디게 할 것이라는 사실에서, 이러한 낮아짐, 이러한 넘치는 행위, 이렇게 머나먼 여정을 감당할 능력과 의지와 준비를 갖추셨다는 사실에서 하나님은 자신이 위대하고 참된 하나님임을 보여 주신다." Barth, *CD* IV/1, p. 159.
27 Attridge, "What's in a Name?," pp. 90-91를 보라.
28 Volf, *Captive to the Word of God*, pp. 115-126를 보라.

귀를 타고 들어오실 때 그분의 주변에 모여들었던 군중에게 그분은 잠시나마 그들의 미래, "이스라엘의 왕"이었다(요 12:12-18). 그러나 다른 이들은 그분을 하나님을 모독하는 오만한 자, 사람들을 배교로 이끌고 민족의 중요한 이익과 생존을 위협하는 자로 보았다(요 5:18; 8:59; 10:33; 11:46-50). 그분을 믿었던 제자들조차 그분이 부활하신 이후, 그리고 성령의 인도하심으로 얼마 동안 그분의 이야기를 숙고한 후에야 그분이 진정으로 누구이신지 이해하게 되었다(요 16:12-14). 즉 "그의 영광, 독생하신 하나님의 영광"을 보게 되었다(요 1:14, 옮긴이 사역).

믿음에 이르는 것

요한복음은 믿음과 불신 양쪽 모두에 대해 광범위하고 복잡한, 성경에서 가장 상세한 신학적 설명을 담고 있다.[29] 양쪽 모두 두 가지 인간의 '기원'에 뿌리를 두지만, 그것에 의해 완전히 결정되지는 않는다. 사람은 "육에서" 나거나 "영에서" 난다(요 3:6). 이 두 기원은 인간으로 존재하는 두 가지의 구별되고 대립되는 방식을 대표한다. 요한복음에서 극명하게 대조시키는 진술 형식이 자주 나옴에도 불구하고, 우리는 이것이 이원론적 대립이 아님을 주지해야 한다. 여기서 중요한 점은 도덕성과 부도덕성, 물질성과 비물질성 사이의 대조가 아니다. 앞에서도 말했듯, 그것은 필멸성과 '영원' 사이의 대조, 똑같이 중요하게 도덕과 부도덕, 좀 더 넓게는 가치와 몰가치를 구별하는 기준 역할을 하는 궁극적 선에 대한 대안적 비전들 간의 대조다.[30] 요한은 궁극적 선에 대한 대안적 비전들을 좇아가는 인간의

---

29   요한복음에 나오는 믿음과 불신에 대해서는, Attridge, "Divine Sovereignty"를 보라. 따라오는 내용은 이 글에 많은 부분을 기대고 있다.
30   이것은 "그들의 신은 배요"라는 구절에서(빌 3:19, 개역개정) 사도 바울이 "배"를 사용하는 방식과 유사하다. 즉 배를 섬기는 이들은 배의 사람들이 되며, 배가 그들의 삶을 조직하

지향성을 가리켜 '사랑'이라는 단어를 사용한다. 몇 세기 뒤의 아우구스티누스가 그러는 것처럼 말이다. 바로 이러한 사랑은 믿음과 불신에 관한 질문에 결정적으로 중요하다. "육에 속한" 이들은 어둠과 악을 사랑하고, "영에 속한" 이들은 빛과 진리를 사랑한다(요 3:19-21).

눈을 멀게 하는 것과 눈을 뜨게 하는 것. 이러한 인간의 지향성이나 존재 방식은 대체로 설정되어 있고 그 자체의 탄력을 갖지만, 고정되어 있거나 변화될 수 없는 것은 아니다. 사람은 성령에 의해 "위로부터" 새롭게 태어날 수 있다. 바로 그것이 예수님께 "이끌려" 올 때, 즉 그분 안에서 단순한 육신이 아닌 육신이 되신 하나님을 볼 때 일어나는 일이다(요 6:28-45). 그렇지만 요한복음에서 사람들은 "듣지만 아무것도 **배우지 못하고**" 보아도 보지 못한다.[31] 배우게 하고 믿음을 불러일으키는 것에 관해서라면, 예수님의 사역 자체는 그다지 성공적이지 못했다. "예수께서 그렇게 많은 표징을 그들 앞에 행하셨으나, 그들은 예수를 믿지 아니하였다"(요 12:37). 다른 모든 전도자들을 따라, 요한은 이사야서의 본문을 인용해 예수님의 '실패'를 설명한다.

> 주님께서 그들의 눈을 멀게 하시고,
> > 그들의 마음을 무디게 하셨다.
> 그것은 그들이 눈이 있어도 보지 못하게 하고,
> > 마음으로 깨달아서 돌아서지 못하게 하여,

고 사물과 행동의 가치 혹은 몰가치를 부여한다. John Stuart Mill의 철학에서 쾌락(Mill, *Utilitarianism*을 보라), Friedrich Nietzsche의 철학에서 권력(Nietzsche, *Anti-Christ*, §2를 보라) 역시 마찬가지다. 요한의 "육"과 "영"뿐만 아니라, 이러한 것들은 Charles Taylor의 용어로, 초재화(hypergoods)다. Taylor, *Sources of the Self*, p. 63를 보라.

31 Attridge, "Divine Sovereignty," p. 189.

> 나에게 고침을 받지 못하게 하려는 것이다.

(요 12:40; 참조. 사 6:9-10; 마 13:15; 막 4:12; 눅 8:10)

불안하게도, 이 본문은 하나님이 어떤 사람들은 눈이 멀 수밖에 없는 운명으로 만드셨다고 암시하는 것처럼 보인다. 요한복음에서 자주 그런 것처럼, 이 문제 역시 보이는 것보다 훨씬 복잡하다.

요한이 볼 때, 인용한 구절 바로 앞에 나오는 환상에서 이사야가 본 영광의 주님은(사 6:1-5) 다름 아닌 예수 그리스도였다. 그는 이사야가 이렇게 말한 것이 "예수의 영광을 보았기 때문이[고], 이 말은 그가 예수를 가리켜서 한 것"이라고 쓴다(요 12:41). 더 나아가, 그들이 보지 못하게 하는 것에 대한 인용된 말씀은 예수님이 소경을 치유하시는 장면으로 돌아가게 한다(9:1-41). 물리적 눈과 영적 눈 양쪽 모두를 뜨게 해 주신(요 9:5-8, 37-38) 예수님은 이 치유의 중요성을 이렇게 설명하신다. "나는 이 세상을 심판하러 왔다. 못 보는 사람은 보게 하고, 보는 사람은 못 보게 하려는 것이다"(요 9:39). 육신을 입은 하나님인 예수님 자신이, 눈을 뜨게 하고 **또한** 멀게 하는 하나님이시다. 그렇다면 "하나님께서 아들을 세상에 보내신 것은 세상을 심판하시려는 것이 아니라, 아들을 통하여 세상을 구원하시려는 것이다"라는 주장은 무어란 말인가?(요 3:17)

예수님이 **누구의** 눈을 멀게 하시는지 생각해 보라. 그분은 가치와 몰가치를 분별하는 기준이 잘못되었고, 그 사랑이 잘못된 방향을 향해 있는 이들의 눈을 멀게 하신다. 눈먼 자들은 "하나님의 영광보다도 사람의 영광을 더 사랑[한]" 이들이다(요 12:43). 가치의 새로운 기준이 세상에 들어왔고 어떤 이들의 눈을 멀게 했다. 혹은 어쩌면 그들이 눈먼 채로 살아가는 삶에 빠져 있음을, 하나님 자신인 예수님이 드러내신 선의 기준 자체를 볼 수 없음을 드러냈다. 보지 못하게 하는 것은 **빛의 효과**이지, 빛을 가진 이의 의도적인 행동은 아니다. 그렇다면 누구의 눈이 멀게 되는가? 자신들이 본다고 생각하는 이들, 대안적 가치의 기준을 어떤 의심도 없이 받아들이기 때문에 예수님을 거부하는 이들이다.[32] 때로 도움이 가장 필요한 이들은 자신들에게 필요한 종류의 도움을 가장 격렬히 거부한다. 요한복음에서 예수님을 육신으로 보는 시각에서 육신을 입은 하나님으로 보는 시각으로의 전환은 추론을 통해 일어나지 않으며, 혹은 적어도 추론을 통해서만 일어나지는 않는다.[33] 그러한 전환에 꼭 필요한 것은 예수님과의 어떤 종류의 친연성이다.

보기 위한 조건. 예수님이 체현하신 궁극적 가치의 기준을 기꺼이 받아들이고자 하는 마음은 예수님을 하나님의 현현으로 보도록 도와준다. 그러나 예수님을 궁극적 가치의 기준으로 받아들이기 위해서는 그분을 하나님의 현현으로 보는 시각이 필요하다. 요한은 마치 자신의 독자들을 악순환의 고리로 떠미는 것처럼 보인다.

헤겔이 요한복음을 읽는 방식에서는 이런 문제가 존재하지 않는다. 그는 오직 하나님만이 하나님을 볼 수 있다는 강력한 주장에 동의한다. "오직 변모한 신만이 신을 알 수 있다."[34] 그러나 믿음으로 향하는 길은 여전히 어느 누구에게나 열려 있다. 믿는 자의 신성에 대한 온전한 인식이 절정에 이를 때까지, "신에 대한 믿음은 믿는 자 자신의 본성에 있는 신성에

---

32 Attridge는 예수님의 사역이 '실패'했는지에 대한 요한의 묵상과(요 12:3-43) 소경을 치유하신 일(요 9:1-41) 사이의 연관성을 우리가 볼 수 있게 해 주었다(Attridge, "Divine Sovereignty"). 그러나 마지막 세 문장에서 예수님이 어떻게 눈을 멀게 하시는지에 대한 생각은 우리의 것이다.
33 이와 다른 생각은 Tanner, *Christ the Key*, p. 56.
34 Hegel, "Spirit of Christianity," p. 266.

서 자라난다."³⁵ 인간의 발전이 따르는 움직임은 "사람이 태어나는 곳인 하나님께로 돌아가는 것"으로 끝난다.³⁶ 헤겔이 문제를 제거할 수 있는 이유는, 인간이 처음부터 영에서 태어난다고 생각하기 때문이다. 요한은 그렇지 않다.

쇠렌 키르케고르(Søren Kierkegaard)의 요하네스 클리마쿠스(Johannes Climacus, 키르케고르의 책에 나오는 가상의 철학자—옮긴이)는 이 점에서 요한을 진지하게 다룬다. 배우는 자가 배우기 위해서는, 즉 예수님 안에서 하나님을 보기 위해서는 신적 스승이 배우는 자에게 단지 가르침의 내용뿐만 아니라 이해의 조건 역시 제공해야만 한다.³⁷ 최초 상태의 피조물로서, 인간은 이해를 위한 조건을 갖추었다. 하나님이 그것을 주셨기 때문이다. 그러나 죄에 묶인 피조물로서, 인간은 이해의 조건을 박탈당했다.³⁸ 하나님이 그것을 다시 주셔야만 한다. 키르케고르에게 하나님은 단지 계시자(스승)일 뿐만이 아니라, 이해를 가로막는 죄의 권세에서 구출해 주는 분(조건을 허락하시는 분)이시기도 하다.

요한복음에서 조건의 상실은 키르케고르에서보다 덜 철저하다. 서문 시작 부분에서, 요한은 이렇게 쓴다. 말씀 안에서 "생명을 얻었으니, 그 생명은 사람의 빛이었다. 그 빛이 어둠 속에서 비치니, 어둠이 그 빛을 이기지 못하였다"(요 1:4-5). 이것은 태곳적 과거에 인류의 상태에 대한 기술이 아니다. 서문에서 이 구절 전에 요한은 과거형 be동사($ēn$)를 네 번 썼고, 매번 미완료 동사는 계속되는 지속을 가리켰다.³⁹ 여기서도 마찬가지

---

35 Hegel, "Spirit of Christianity," p. 266.
36 Hegel, "Spirit of Christianity," p. 273.
37 Kierkegaard, *Philosophical Fragments*, pp. 14-18.
38 "*Homo peccator non capax...verbi Domini*"(죄성을 지닌 인간은 주님의 말씀을 붙잡을 수 없다). Barth, *CD* I/1, pp. 220-221.
39 Thyen, *Johannesevangelium*, p. 71.

다. 창조의 말씀은 과거에도 현재에도 인류의 생명이자 빛이며, 어둠은 빛을 이기지 못한다. 사람들이 빛을 미워하고 어둠을 사랑함에도 불구하고 (3:19-21), 생명과 빛은 그것을 미워하고 그로부터 물러나는 그들에게 여전히 비추고, 어느 정도는 그들 **안에서** 빛난다.[40] 더 나아가, 심지어 생명과 빛을 미워하고 그로부터 물러나는 사람 **안에도**, 심지어 어둠을 사랑하는 사람 **안에도**, 말씀의 생명과 사랑이 존재한다. 비록 이 세상의 통치자가 주는 왜곡된 형태이기는 하지만 말이다.

경쟁적 사랑이 대체로 삶을 지배하는 이들조차 예수님을 마주할 때 그분 안에서 하나님의 말씀을 인식**할** 수 있는 이유는 바로 그 사라지지 않는 생명과 소멸되지 않는 빛 때문이다. 예수님과 마주할 때 성령은 그들에게 하나님을 볼 수 있는 조건을 주시는데, 이 조건이 이미 거기 존재하는 생명과 빛을 재구성하고 증폭한다. 단지 몇 사람의 운명이라기보다는 정도의 차이는 있지만 모든 사람의 특징인 삶의 잘못된 지향성에도 불구하고, 누구든 예수님을 받아들이는 여정을 시작할 수 있다(요 1:11). 믿음은 예수님이 들어오실 수 있게, 그분을 받아들이기 위해 팔을 벌리는 것이다.[41] 바로 이것이 우리가 하나님의 자녀가 되는 방법, 곧 "혈통에서…나지

---

40   Augustine, *Gospel of John* 1.19를 보라. Luther 역시 빛의 보편적 현존을 주지한다("거짓되거나 사악하지 않은 모든 이성과 지혜는 이 빛에서 나온다"). 그러나 창조 세계의 선함과 복음의 은혜 사이에 중첩되는 부분을 보지 못하는 그는 (우리가 보기엔 그릇되게) "어둠 속에서 걷는 [이들은]…그들 스스로가 어둠이다"라고 주장한다. *LW* 22:30, 32.

41   인간은 그들의 편에서는 어떤 행위 능력도 없는 채로 예수님을 믿음 안에서 이해하고 받아들이기 위한 **조건**을 부여받지만, 믿음을 통해 **예수님**을 받아들이므로, 그러한 받아들임에는 인간의 행위 능력이 필요하다. 본문에서 지적했듯, 믿음은 수용의 한 형태지만, 단순히 수동적인 수용이 아니라 능동적인 수용이다. 인정하건대 불완전한 유비를 사용하자면, 받아들임의 한 형태로 믿음은 축구에서 공을 받는 것과 약간 비슷하다. 나의 정신은 다른 곳에 있는데 동료 선수가 나에게 공을 패스하는 것만으로는 충분하지 않다. 공이 나에게 올 수 있고 내 발에 맞을 수도 있지만, 내가 적극적인 태도를 취하지 않는 이상 그 공을 받을 수 없다. 바로 그것이 Luther가, 정확하게 하나님의 선물이자 수용의 한 형태로서 믿음이 인간의 행위 능력과 (적어도 그의 사상의 한 시기에는) 인간의 의지를 포함한다는 입장을 견지한 이유다. "보이지 않는 기쁨, 도움, 보호를 가져오는 말씀을 의지로 붙드는 것이 믿음의

아니하고 하나님에게서 [나는]" 방법이다(1:12-13).

믿음과 소속

우리는 하나님의 가족으로 들어가는 것에서 그 가족 자체의 법으로 전환하는 지점에 도달했다. 여기서 잠깐 출애굽기로 돌아가서(1장을 보라), 출애굽기와 요한복음 모두에서 믿음의 특징과 그것이 소속이나 하나님의 임재와 어떤 관계가 있는지 지적하는 편이 유익하겠다. 하나님의 주도권이 구원의 원천이기는 하지만, 믿음 없이 구원은 일어나지 않는다. 출애굽기와 요한복음 양쪽에서 모두 믿음은 하나님이 신뢰할 수 있는 분이라는 주장에 대해 **수긍**하고 하나님을 **신뢰**하는 것을 포함한다. 그것은 기존의 삶의 방식 전체를 떠나 새로운 삶의 방식을 시작하는 것, 오직 하나님의 약속을 의지해 불확실한 미래로 발걸음을 내딛는 것을 포함한다. 두 책 모두에서 믿는 것은 어려운 일이며, 믿게 된 후에도 믿음을 유지하는 일 역시 어렵다. 믿음을 확실하게 소유하는 경우가 드물며, 종종 의심, 두려움, 불확실성에 시달린다. 심지어 가장 열성적인 신자들조차 때로 하나님께 대적하거나(모세) 예수님을 부인한다(베드로).

두 책에서는 모두 믿음에 따라오는 위험의 반대편에 새로운 생명의 약속을 제시한다. 물론 출애굽기의 '약속된 땅'은 요한복음의 '영원한 생명'이 아니다. 성막에서 백성 '가운데' 거하시는 하나님은 성령의 내주를 통해 아버지가 한 개인 안에 거하시는 예수님의 경우와 같지 않다. 마찬가지로, 바로의 압제로 인한 고통은 죽음의 포로로 사로잡혀 죄의 권세에

특성이다." Althaus, *Theology of Martin Luther*, p. 46에서 인용했다.

노예로 붙들려서 '멸망하는 것'과는 다르다. 물론 그러한 권세가 정치적 압제의 형태를 띠기는 하지만 말이다. 그러나 이러한 차이는 믿음 자체에 대한 이해보다는 구원에 대한 각각의 비전과 더 상관이 있다.

그러나 믿음에 대한 설명 자체 역시 차이가 있고, 이러한 차이는 구원과 공동체적 소속 두 가지 모두의 특징을 반영한다. 출애굽기에서 믿음은 일차적으로 집단적 사건이다. 백성은 단일한 몸으로 나타나며, 종종 지도자들로 대표된다. 모세는 개인으로서도 믿었지만, 그것은 백성의 지도자로서 자격 요건의 일부다. 요한복음의 강조점은 개별 사람들의 믿음에 있다. 개인적인 측면은 가족 전체가 믿을 때도 나타나는 것 같다(요 4:53을 보라). 이에 상응해, 요한복음에서 믿음은 공동체에 소속되는 것을 매개한다. 사람들은 '위로부터' 남으로써 하나님의 자녀가 되고 가족의 일원이 되지만, 그러한 출생은 믿음을 통해서 받는다. 출애굽기에서 믿음은 이스라엘이 **한 백성**으로 태어나기 위한 조건일 뿐, 소속을 매개하지는 않는다. 오히려 자연적 출생과 율법에 대한 순종이 소속을 매개한다. 그 결과, 출애굽기에서 이스라엘 백성은 한 민족과 유사하지만, 요한복음에서 믿음의 공동체는 자발적 단체와 유사하다. 이는 다시 공동체의 법이 지니는 성격의 차이로 이어지며, 바로 이것이 다음 장에서 우리가 살펴볼 주제다.

6장
가족의 삶

예수님은 자신을 믿는 이들의 공동체를 모으셨고, 자신이 시연한 하나님의 새로운 계시에 부합하는 새로운 법을 그들에게 주셨다. 이것은 하나님 가족의 '기본법'으로, 미래의 각 지역공동체가 집이 되고 그러한 공동체들의 네트워크가 집들의 집이 되도록 디자인된 사회관계의 규범이다.

마지막 만찬 중에 예수님은 제자들에게 말씀하신다. "이제 나는 너희에게 새 계명을 준다. 서로 사랑하여라. 내가 너희를 사랑한 것같이, 너희도 서로 사랑하여라. 너희가 서로 사랑하면, 모든 사람이 그것으로써 너희가 내 제자인 줄을 알게 될 것이다"(요 13:34-35). 이것은 공동체가 따라야 할 많은 계명 중 하나가 아니다. 이것은 '바로 그 계명', 모든 계명의 전형이다. "하나님은 사랑이시라"가 하나님의 성품 전체를 요약하는 것처럼, 서로 사랑하라는 계명은 하나님의 가족을 위한 행동 규범 전체를 요약한다. 서로 사랑하라는 계명이 **하나님 집**에서 '기본법'이기 때문에, 이 새로운 계명보다 더 상위의 법은 다른 한 계명뿐이다. 바로 하나님을 사랑하라는 계명이다.

하나님을 사랑하는 것―이웃을 사랑하는 것

놀랍게도 요한복음에는 '가장 큰' 첫째 계명에 대해 어떤 말도 나오지 않는다(마 22:36-38을 보라). 마가복음에서 "모든 계명 가운데서 가장 으뜸되는 것은 어느 것입니까?"라는 질문에 예수님은 어느 유대인처럼 이렇게 대답하신다. "첫째는 이것이다. '이스라엘아 들어라, 우리 하나님이신 주님은 오직 한 분이신 주님이시다. 네 마음을 다하고, 네 목숨을 다하고, 네 뜻을 다하고, 네 힘을 다하여 너의 하나님이신 주님을 사랑하여라'"(막 12:29-30; 신 6:4-5을 보라). 요한복음에는 이 장면에 대한 병행 구절이 나오지 않는다.

순종으로서의 사랑

그러나 요한은 하나님을 사랑하라는 계명을 무시하지 않고 사랑을 전제한다. 그가 거의 전적으로 독자들의 관심을 이끌고자 하는 주제는 사랑이 실행되어야 할 **방식**이다. 예수님은 "내 계명을 받아서 지키는 사람은 나를 사랑하는 사람"이라고 말씀하신다(요 14:21). 육신을 입으신 하나님인 예수님을 사랑한다는 것은 그분의 계명을 지킨다는 뜻이다. 요한1서는 하나님을 향한 동일한 사랑을 좀 더 일반적으로 확장해야 한다고 주장한다. "하나님을 사랑하는 사람은 자기 형제자매도 사랑해야 합니다. 우리는 이 계명을 주님에게서 받았습니다"(요일 4:21). 문제는 모든 것보다 하나님을 사랑해야 하는가 아닌가가 아니라, 어떻게 사랑해야 하는가다. 그 답은 많은 부분에서 하나님의 성품과 연결되어 있다.

첫째, 하나님은 결코 직접적인 사랑의 대상이 될 수 없다. 우리의 어떤 지각 능력으로도 하나님을 인지하는 것이 불가능하기 때문에, 하나님을 향한 사랑은 인간을 사랑하는 방식으로 표현될 수밖에 없다(요일 5:20). 요한복음에서 예수님이 아직 살아 계실 때, 그분은 직접적으로 사랑받을 수 있었고, 그러한 사랑을 받아들이셨다. 마리아가 예수님의 발에 "매우 값진 순 나드 향유 한 근"을 붓고 닦은 이야기는 예수님을 향한 넘치는 애정을 높이 칭송한다(요. 12:3-8). 그러나 예수님이 아버지께로 가신 후에는, 보이지 않는 하나님의 경우와 마찬가지로 예수님의 계명을 지키는 것이 곧 그분을 사랑하는 것이 된다.

그러나 하나님이 사랑의 대상에 '해당되지 않음'이 주된 사안은 아니다. 주된 사안은 하나님의 근본적인 자기 충분성이다. "모든 것"을 창조한 분으로서(요. 1:3), 하나님은 그 자체로(*a se*, '아 세') 존재하며, 창조된 어떤 것으로부터도 유익을 얻지 않으신다. 인간 주인들은 사실상 '종' 없이는 주인으로 존재할 수 없다. 그들을 섬겨 줄 종이 필요하다. 그 결과 주인과 종 사이에는 특유의 변증법이 생겨났으며, 거기서는 종만 종속된 대상이 아니다. 주인 역시 그들이 종으로 삼은 이들에게 종속되어 있다.[1] 하나님을 주님으로 올바르게 부를지라도(예수님을 주님으로 부르는 것은 요 13:13을 보라), 하나님은 인간의 섬김이 필요하지 않기 때문에, '주인-종'의 변증법을 초월하신다. 아우구스티누스는 이렇게 쓴다. "우리가 하나님께로 갈 때, 하나님께는 아무것도 주어지지 않는다. 심지어 우리 자신의 섬김조차 주어지지 않는다." 이에 상응해, 하나님은 "우리에게 아무것도 구하지 않으신다." 아우구스티누스는 이어서 이렇게 말한다. 사실 하나님은 "우리가 그분을 구하지 않을 때 우리를 찾으셨다. 한 마리의 양이 길을 잃었다. 그분은 그 양을 찾으시고, 기뻐하면서 자신의 어깨에 그 양을 메고 돌아오신

---

1 동일한 의견은 Augustine, *First Epistle of John* 8. 14. 인식에 초점을 맞춘 '주인-종' 변증법에 대한 최근의 고전적 설명은 Hegel, *Phenomenology of Spirit*, §§178-196를 보라.

다."²

그러므로 하나님을 향한 사랑은 인간을 위한 사랑이 종종 하는 것을, 그리고 때로 그 사랑이 의미해야 하는 것을 의미할 수 없다. "즉 하나님을 향한 사랑이 하나님의 결핍을 준다는 뜻이 아니다. 설령 결핍한 것이 오직 애정에 대한 갈망이라 할지라도 마찬가지다." 오히려 그 사랑은 순종으로 이루어진다. 그렇지만 이 순종은 말하자면 단순히 하나님이 명령하시는 사항에 대한 순종이 아니라, 하나님이 어떤 분이신지에 대한 순종이다. **순종**이라는 용어는 적합하며, 심지어 필요하다.³ 선에 대해 인간은 부적절한 인식을 갖고 있으며, 세상이 온전히 하나님의 집이 될 때까지는 율법과 성향 사이에 메꿀 수 없는 간극이 남아 있기 때문이다.⁴ 그러나 순종 역시 불충분하다. 순종은 번영하는 가족 관계보다는 '주인-종' 관계에 더 적합하다. 특히 그들 스스로가 사랑의 하나님이 거하시는 거처가 된 존재들 사이의 사랑으로 규정되는 관계일 때는 더욱 그렇다. 하나님은 인간의 행위 능력의 원천이시고, 인간의 성향이 하나님의 성향에 완전히 부합하게 되므로 명령은 마침내 불필요해진다(9장을 보라).

사랑을 사랑함에 대하여

"누가 하나님을 사랑한다고 하면서 자기 형제자매를 미워하면, 그는 거짓말쟁이입니다. 보이는 자기 형제자매를 사랑하지 않는 사람이 보이지 않는 하나님을 사랑할 수 없습니다"(요일 4:20). 놀라울 정도로 강한 주장이

---

2   Augustine, *First Epistle of John* 8.14.
3   *Pace*, 예수님이 "율법의 소멸과 사랑의 의무"를 가르치셨다고 헤겔은 주장했다(Hegel, "Spriti of Christianity," p. 223). 그러나 그 역시 율법과 사랑의 대립을 싸잡아 주장한 것은 아닌데, 율법은 "그 내용이 아닌 형식에서 사랑과 대립하며" 따라서 "사랑 안으로 끌어 올려질 수" 있기 때문이다(p. 225).
4   Hare, *God's Call*, p. 49를 보라.

다. 동료 신자를 미워하면서, 확장해서 어떤 사람이든 미워하면서, 하나님을 사랑하는 것은 **불가능**하다. 하나님에 대한 사랑은 하나님의 가족 구성원에 대한 사랑과 **분리될 수 없다**. 좀 더 비판적으로 말하면, 이웃을 미워하면서 하나님을 사랑한다고 주장하는 것은 종교적 거짓말이며, 거짓 종교의 어휘에 속한다. 어째서 그런가?

"낳아 주신 분을 사랑하는 사람은 다 그분이 낳으신 이도 사랑합니다"(요일 5:1). 여기서 요한은 하나님을 낳아 주신 분으로, 사람을 하나님이 낳으신 이로 묘사한다. 먼저는 '하나님으로부터 난' 이들, 그리고 추론적으로는 하나님이 창조하고 사랑하시는 모든 이들이다. 자녀들의 삶에 깊이 연루된 인간 부모의 사랑과 관련해 이 진술은 대체로 참이다. 하나님과 관련해서는 온전히 참이다. 아우구스티누스는 그 이유를 설명한다. 만약 하나님이 사랑**이시라면**, 우리는 "사랑을 사랑함으로써" 하나님을 사랑한다.[5] 다시 말해, 하나님이신 바로 그 사랑 자체를, 하나님이 행하시는 종류의 사랑을, 따라서 또한 하나님이 사랑하시는 대상을 사랑함으로써, 하나님을 사랑한다. 이런 관점에서 피조물을 사랑하지 않고 사랑받을 수 있는 하나님은 거짓 신이며, 그릇되게, 또한 종종 스스로를 하나님으로 높이는 비신적 개체다. 또한 이런 관점에서는 **오직** 하나님만을 향한 사랑, 단 하나의(!) 피조물이라도 제외된 나의 하나님을 향한 나의 사랑 역시 거짓이다. 그 사랑이 향한 대상인 신이 거짓 신인 것만큼이나 말이다. 하나님을 향한 모든 진정한 사랑은 하나님의 사랑에 대한 사랑이고, 하나님의 사랑이 아우르는 모든 것에 대한 사랑이다.

요한복음에 함축된, 사랑이신 하나님을 사랑하라는 계명은 다른 계명

---

5 Augustine, *First Epistle of John* 9.10.

들 가운데서 그저 하나의 별도 계명이 아니며, 심지어 다른 모든 계명의 요약도 아니다. 그것은 다른 모든 계명의 기반이며, 하나님이 제자들의 존재에 근본이신 것처럼 제자들이 살아가는 삶의 방식에서도 근본이다. 이에 상응해, "서로 사랑하라"라는 계명은 다른 계명들 가운데 그저 하나의 계명이 아니라, 사랑이신 하나님의 가족 안에서 적용되는 행동 규범 전체를 요약한 것이다.

가족의 법

예수님은 서로 사랑하라는 계명을 '새' 계명으로 묘사하신다. 그러나 한 가지 중요한 면에서 이것은 꽤 오래된 계명이다. 마태복음에서 야웨를 사랑하라는 첫 번째 계명과 '똑같이' 큰 계명인 이웃을 사랑하라는 계명이 토라에 있다고 예수님 자신이 지적하신다. 예수님은 "너는 너의 이웃을 네 몸처럼 사랑하여라"라는 레위기를 인용함으로써 그 점을 밝히신다(레 19:18). 몇 구절만 더 읽으면 알 수 있듯 이는 이스라엘에 사는 이방인을 "네 몸처럼" 사랑하는 것을 포함한다(레 19:34). 이 계명은 예수님이 발명하신 문화적 이상이라는 의미로는 새로운 것이 아니다.[6] 그러나 예수님 버전의 이 오래된 계명에는 새로운 뭔가가 있다. 하나님의 계시된 성품과 백성과의 관계에서 그 새로움은 출애굽기에서 요한복음으로의 변환을 따라간다. 계명은 같고, 그 계명을 주신 하나님 역시 같지만, 하나님의 성품과 목적에 대한 새로운 계시와 함께, 오래된 계명은 새로워진다.

---

6   올바르게 이런 의견을 주장하는 것은 Bultmann, *Gospel of John*, pp. 526-527.

"내가 너희를 사랑한 것같이"

예수님이 제자들을 사랑하신 것같이 그들도 서로를 사랑하라는 조건은 새 계명에서 중심이 된다. 그분의 사랑이 갖는 다섯 가지 특징이 특별히 중요한 조건이다.

섬김과 상호성. 첫 번째는 계명을 주시기 전 예수님이 제자들의 발을 씻기신 것과 같은 **급진적 섬김**이다. 당시 문화에서 손님의 발을 씻기는 일은 너무 천한 일이어서 유대인 종에게는 그런 일을 시킬 수 없었다.[7] 제자들은 그런 천한 일을 하고 계시는 예수님을 그저 쳐다보기만 한 것이 아니다. 그들 모두는 그분의 손이, 성육신하신 말씀이 자신의 더러운 맨발에 닿는 것을 느꼈다. 예수님은 교훈을 분명하게 전달하시고자 이렇게 말씀하신다. "너희가 나를 선생님 또는 주님이라고 부르는데, 그것은 옳은 말이다. 내가 사실로 그러하다. 주이며 선생인 내가 너희의 발을 씻겨 주었으니, 너희도 서로 남의 발을 씻겨 주어야 한다. 내가 너희에게 한 것과 같이 너희도 이렇게 하라고 내가 본을 보여 준 것이다"(요 13:12-15).

급진적 섬김의 두 번째, 좀 더 혹독한 시연은 계명을 주신 뒤에 따라온다. "사람이 자기 친구를 위하여 자기 목숨을 내놓는 것보다 더 큰 사랑은 없다"(요 15:13). 이 말씀을 하신 다음 날, 그분은 선한 목자는 "양들을 위하여 자기 목숨을 버린다"라고 전에 말씀하셨던 것처럼(요 10:11) 십자가에 달리셨다.[8] 그런 사랑이 가장 위대한 이유는, 그것을 실천하는 이들이 그저 자신의 안락함이나 명예보다 다른 이들의 안락함이나 명예를 소중하게 생각하기 때문이 아니다. 그들은 자신의 **생명**보다 다른 이들의 생명을

---

7   Thyen, *Johannesevangelium*, p. 585를 보라.
8   Richard Bauckham은 예수님의 경우 그것은 다른 이들을 구하기 위해 자신의 생명을 단지 **거는** 것만의 문제가 아니라, 다른 이들을 위해 실제로 생명을 **주는** 것의 문제였다고 바르게 지적한다. Bauckham, *Gospel of Glory*, p, 65.

소중하게 생각한다. 바로 이것이 하나님의 집 윤리의 핵심이다. 바로 그것이 복음서를 읽는 이들이 고통당하는 예수님을 보면서, 빌라도와 함께 "[참된] 인간을 보라"라고 외치는 이유다(요 19:5, 옮긴이 사역).[9]

그 메시지가 함축하는 **상호성**과 급진적 평등주의에 대한 요구를 보지 못한다면, 예수님이 본을 보여 주고 명령하신 사랑의 온전한 힘을 놓친다. 제자들 사이의 모든 차이에도 불구하고, 그들 각자는 동일한 종류의 급진적 사랑으로 서로를 사랑해야 한다. 한 사람의 위치가 공동체 안에서 그 사람이 하는 일을 결정하지 않는다. 다른 이들의 필요가 결정한다. 섬김의 평등주의는 권리의 평등주의와 대립하지 않는다. "너희가 나를 선생님 또는 주님이라고 부르는데, 그것은 옳은 말이다. 내가 사실로 그러하다"(요 13:13). 이렇듯, 예수님은 그들의 충성을 요구할 수 있고, 그럴 권리가 있다. 예수님의 제자들이 권리를 가진 이들임을 부인할 이유는 없다. 최소한 그들은 자신들의 인간성을 침해당하지 않는 방식으로 대우받을 권리가 있다.[10] 섬김의 평등주의는 개인의 권리를 부인하지 않는다. 권리를 가진 이들은 모든 경우에 섬김을 그들의 권리로 주장하지 않고 다른 이들을 사랑으로 섬길 의무가 있다.

주인이 종이 하는 일을 한다면, 모든 이들이 서로에게 종이다. 이 원칙은 불명예스러운 일뿐만 아니라 영광스러운 일에도 적용된다. 노예보다 더 낮아지는 겸손으로 제자들을 섬기시는 주님은 자신의 영광을 그들과 나누시는 주님이기도 하다. 예수님은 아버지께 "나는 아버지께서 내게 주신 영광을 그들에게 주었습니다"라고 말씀하신다(요 17:22). 사실, 다른 사

---

9   참된 인간은 **고통당하는** 인간이 아니라, 죄와 압제의 조건 아래에서 살아가면서 다른 이들을 위해 생명을 내줄 준비가 되어 있고 내어 주는 인간이다. 고통 자체는 가치가 없으며, 몰가치하다. 4장을 보라.
10 권리에 대한 기독교의 철학적 설명은 Wolterstorff, *Justice*를 보라.

람들을 섬기는 것이 영광**이다**. 그 섬김이 다른 사람들에게 영광을 **주기** 때문이다. 바로 그것이 예수님의 십자가 죽음의 영광을 얻는 일에 대해 요한의 설명이 강조하는 바다.

선행성, 무조건성, 보편성. 예수님이 사랑을 행하시는 이러한 두 방식, 곧 발을 씻기시는 행위와 십자가에서의 죽음은 그저 객관적인 교훈이 아니다. 제자들에게는 단순한 사랑의 시연 이상이 필요하다. 사랑을 할 수 있으려면, 그전에 온전해지기까지 적극적으로 사랑받아야 한다. 그들이 마땅히 해야 하는 식으로 사랑하기 위해서는, 먼저 그런 동일한 종류의 사랑을 받아야 한다. 예수님의 사랑은 **선행적**이다. 예수님은 그들이 그분을 알고, 그분을 믿고, 그분을 사랑하기 전에 그들을 사랑하셨다. 그것이 그들이 사랑하는 이유다. "우리가 사랑하는 것은 하나님이 우리를 먼저 사랑하셨기 때문입니다"(요일 4:19). 그리고 바로 그들 역시 그런 방식으로 사랑해야 한다. 하나님이 하나님을 사랑하지 않는 이들을 사랑하신 것처럼, 제자들도 그들을 사랑하지 않는 이들조차 사랑해야 한다. 그들의 사랑은 사랑을 사랑으로 교환하는 반사적인 것이 아니라, 시초적이고 대가 없는 선물이어야 한다. 곧 살펴보겠지만, 그 본질에서 그들의 사랑은 그들을 통해 표현되는 예수님의 사랑이다.

예수님의 사랑의 선행성은 **무조건적인 성격**과 밀접하게 연결되어 있다. 하나님은 사랑할 만한(아리스토텔레스의 주해에 따르면 "선하거나 아름답거나 유용한"[11]) 이들만이 아니라 그렇지 않은 이들도 사랑하신다. 하나님은 악을 행하고 빛을 미워하는 이들을 포함해 온 세상을 사랑하신다(요 3:16, 19). 마지막 만찬의 이야기는 '사랑할 만하지 않음'에 구애받지 않는 이 사랑

11　Aristotle, *Nicomachean Ethics* 1155^{b}1, 1826. 『아리스토텔레스의 니코마코스의 윤리학』(EBSBooks).

을 생생하게 예시한다. 한 명을 제외한 모든 제자가 예수님이 잡히신 뒤 그분을 버릴 것이다. 그들의 리더인 베드로는 그분을 부인할 것이다. 재정을 관리하던 유다는 그분을 배신할 것이다. 그러나 무슨 일이 일어날지 분명히 예상하고 계셨던 그들의 주 예수님은 그들의 발을 씻기심으로써 그들 모두를 똑같이 섬기고 존중하신다(요 13:3-30). 「하이델베르크 논쟁」(*Heidelberg Disputations*)에 나오는 마르틴 루터의 문장은 무조건적인 사랑의 특징과 목표를 잘 표현한다. "하나님의 사랑은 기쁘게 하는 것을 찾지 않고 창조한다."[2] 베드로가 사랑할 만한 존재로 보이지 못했을 때조차, 그리스도는 그를 사랑했고, 결국 사랑할 만한 이로 그를 재창조하셨다. 부활하신 이후 통렬한 대화에서, 예수님은 베드로를 자신에게로, 사랑에게로 되돌리신다(요 21:15-19). 유다에게 건네주신 빵 한 조각에서 알 수 있듯이, 적대감에 구애받지 않고 줄어들지 않는 예수님의 사랑은 유다, 곧 "악마"에게도 남아 있었다(6:70). 그리고 이것은 단지 예수님의 편에서 적대감

---

[12] *LW* 31:57. Augustine의 유사한 생각과 비교해 보는 것은 유익하다. 하나님이 "우리를 먼저 사랑하셨[다]"라는 주장에 대해, Augustine은 이렇게 쓴다. "언제나 아름다우신 분이 우리를 먼저 사랑하셨다. 그분이 혐오스럽고 추한 사람 이외에 어떤 종류의 사람을 사랑하셨겠는가? 그분은 혐오스러운 채로 내버려 두기 위해 그들을 사랑하신 것이 아니라, 그들을 변화시키기 위해 그리고 그들을 추한 존재로부터 아름답게 만들기 위해 사랑하셨다"(Augustine, *First Epistle of John* 9.9; 참조. Augustine, *Gospel of John* 87.3). Luther와 Augustine의 차이는 Augustine이 그의 글을 이어 가면서 던지는 수사학적 질문, "우리는 어떻게 아름다워야 하는가?"에 따라오는 두 문장과 관련된다. 그는 이렇게 답한다. "언제나 아름다우신 분을 사랑함으로써 아름다워진다. 그 사랑이 자라 가는 만큼 당신 안에서 아름다움도 자라 간다. 자선 자체가 영혼의 아름다움이기 때문이다." 동일한 질문에 대하여 루터는 이렇게 답했을 것이다. "믿음 안에서 그리스도를 붙잡고, 그분이 당신 안에 거하면서 당신 안에서 그리고 당신을 통하여 일하실 수 있게 함으로써 아름다워진다." 왜냐하면 "죄인들이 매력적인 것은 그들이 사랑받기 때문이며, 그들이 사랑받는 것은 그들이 매력적이어서가 아니[기]" 때문이다(*LW* 31:57). 우리는 일차적으로 사랑함으로써가 아니라 사랑받음으로써 아름다워진다. 즉 아름다움의 영혼인 사랑은 "혐오스럽고 추한" 사람들을 위한 그리스도의 사랑이며, 그런 사람들 안에 있는 그리스도의 사랑이다. 차이는 사소해 보이지만, 사실 근본적이다. 우리가 요한복음을 읽는 방식, 좀 더 넓게는 기독교 전통을 이해하는 방식은 Augustine보다는 Luther를 따를 것이다. Luther가 이해하는 사랑에 대해서는 Mannermaa, *Christ Present in Faith*; Mannermaa, *Two Kinds of Love*를 보라.

을 극복하는 전략이 아니었다. 그것은 그분의 원칙에 입각한 태도였는데, 심지어 배신자로서 유다가 예수님을 체포하기 위해 데려온 군인과 경비병과 함께 서 있을 때조차 바뀌지 않고 그대로였다(요 18:3-5).[13]

예수님의 사랑이 그분을 따르는 이들의 공동체에 집중되어 있기는 했지만("자기의 사람들을 사랑하시되"; 요 13:1), 그럼에도 불구하고 **"그 범위는 보편적"**이었다. 원래부터 서로 사랑하라는 계명("네 이웃을 네 몸처럼 사랑하라")은 이스라엘 자손에만 국한되지 않았고, 그들 가운데 거주하는 이방인을 포함했다. 이런 사랑의 모범을 하나님이 보여 주셨다. 하나님은 이스라엘 자손에게 상기시키신다. "너희도 이집트 땅에 살 때에는 외국인 나그네 신세였다.…내가 바로 너희를 이집트 땅에서 이끌어 낸 주 너희의 하나님이다"(레 19:34, 36). 이것은 요한복음의 "내가 너희를 사랑한 것과 같이"(요 15:12)에 해당하는 레위기 본문이다.[14] 그러나 요한복음에서 "내가 너희를 사랑한 것과 같이"는 하나님이 **세상**을 사랑하시는 것의 일부다(요 3:16을 보라). 예수님이 그들을 사랑하신 것처럼 사랑하면서, 그들은 **세상**을 포용하시는 예수님의 사랑으로 사랑해야 한다. 제자들에 대한 예수님의 사랑은 인류와 온 창조 세계를 향한 하나님의 사랑을 구체적으로 보여 주는 예다. 새 계명이 의도하는 모든 효과 중에서 예수님이 새 계명을 주면서 강조하신 한 가지는 세상에 증언하는 것이었다. "모든 사람이 그것으로써 너희가 내 제자인 줄을 알게 될 것이다"(요 13:35). 모든 사람에게 사랑의 증인이 되는 것은 하나님이 세상을 사랑하셔서서 세상을 구원하기 위해 예

---

13   유다에 대한 예수님의 사랑을 지칭하면서, Hartwig Thyen은 예수님이 베푸시는 "심지어 원수를 위한 무조건적 사랑"에 대해 쓴다. Thyen, *Johannesevangelium*, p. 606.
14   만약 이것이 참이라면, 레위기는 자기 자신에 대한 사랑("네 몸처럼")을 이웃을 위한 사랑의 척도로 만드는 반면, 예수님은 제자들에 대한 그리스도의 사랑을("내가 너희를 사랑한 것과 같이") 그 척도로 만든다고 주장하는 Bauckham의 의견이 전적으로 옳다고는 볼 수 없다. Bauckham, *Gospel of Glory*, p. 65.

수님을 보내신 것과 상응하며, 십자가에 못 박히실 때 예수님이 "모든 사람을 내게로 이끌어 [오는]"것과 상응하고(요 12:32), 자신의 몸을 "세상의 생명을 위[해]" 주시는 것과 상응한다(요 6:51, 개역개정). 예수님의 사랑은 보편적이며, 따라서 그분의 제자들의 사랑 역시 보편적이어야 한다. 그러나 그러한 사랑의 모판과 일차 활동 반경은 하나님의 가족 구성원 사이의 단단한 관계들이다. 즉 사랑의 보편성은 가까운 관계의 특정성을 건너뛰고 도달할 수 없다.

인간의 사랑 안에 있는 하나님의 사랑

복음서에 나오는 예수님의 명령과 본은 매우 중요하기 때문에, 서로를 위하고 세상을 위한 제자들의 사랑은 단순히 순종과 모방의 문제로만 생각할 수 없다. 율법 전체를 대표하는 사랑의 새 계명은 명령이나 본보다 그들에게 훨씬 더 '가까이' 있다. 예레미야서에서 하나님은 "이스라엘 가문과 유다 가문에 새 언약을 세우겠다"라고 약속하셨다. 율법의 내용은 그대로겠지만, 외부적 요구 사항이 그들의 존재 자체와 통합될 것이다. "나의 율법을 그들의 가슴속에 넣어 주며, 그들의 마음 판에 새겨 기록하여…." 그들은 서로에게 "너는 주님을 알아라"라고 가르치거나 격려할 필요가 없을 것이다. "작은 사람으로부터 큰 사람에 이르기까지, 그들이 모두 나를 알 것이기 때문이다"(렘 31:31-34).

요한은 한 걸음 더 나아간다. 중요한 의미로, 제자들의 삶을 규정하는 그리스도와 같은 사랑은, 가장 심오한 차원에서 **이제 제자들 안에 거하기 위해 온** 영원한 아버지와 아들의 서로를 향한 사랑 그리고 시간 안에서 세상을 향한 예수님의 사랑 **그 자체다.** 헤겔이 순종에 대한 요한의 대안을 외부적 계명으로 제시하는 것과 달리, 제자들은 예수라는 사람이 되고 따라서 그분이 하셨던 대로 행동하는 것이 아니다.[15] 그렇다고 칸트의 도덕 철학에 대한 초기 헤겔의 기본적 반박처럼, 이제 제자가 인간 이성의 법으로서 "자기 주님을 자신 안에 품고 다니는" 것도 아니다.[16] 오히려 예수님은 여전히 그들의 외부에 계시며 [루터의 개념에서는 "생경하며"(alien)][17], 그럼에도 불구하고 성령에 의해 그들 안에 있으면서 그들을 통해 살고 행하신다(참조. 요 17:26).

그리스도와 같은 상호적 사랑이 하나님의 집에서 살아가는 삶의 토대가 되는 원칙이라고 설명하면서, 마지막으로 우리는 그 새로움의 문제로 돌아갈 수 있다. 앞에서 넌지시 말한 것처럼, 이 새로움은 하나님의 성품에 대한 계시 그리고 하나님과 공동체와의 관계에 대한 계시의 전환과 연결된다. 요한복음에 나오는 예수님의 사랑에는 하나님의 사랑이 지닌 특징이 있고, 또한 하나님의 가족의 사랑이 지닌 특징이 있다. 사랑의 특징과 관련해서 출애굽기와 비교해 보면, 이웃에 대한 사랑의 급진성(다른 이들을 위해 생명을 내어 주기까지 섬기는 것)과 보편성(모든 인간을 구별 없이 사랑하는 것)은 새로운 점이다.

그러나 사랑의 새로움이 지닌 가장 기본 측면은 하나님이 공동체와 맺으시는 관계의 성격과 관련이 있다. 하나님은 더 이상 사람들에게 외부에 계시지 않으며, 더 이상 그저 그들 가운데 계신 것이 아니라 그들 안에 계신다. 이에 상응해, 사랑은 더 이상 단지 하나님의 성품에 영향을 받은 명령이나 심지어 인간의 성품이 된 하나님의 율법이 아니다. 오히려 요한이

---

15 Hegel, "Spirit of Christianity," p. 277.
16 Hegel, "Spirit of Christianity," p. 211.
17 "Two Kinds of Righteousness"에서 Luther가 그리스도의 내주하심을 생경한(alien) 의로움으로 설명하면서 요한복음 11:25-26과 14:6에 대한 언급을 포함하는 부분은 갈라디아서 2:20을("이제 살고 있는 것은 내가 아닙니다. 그리스도께서 내 안에서 살고 계십니다") 인용하면서 끝난다. *LW* 31:297-299.

보는 것처럼, 하나님의 성품과 행위 능력의 가장 결정적인 주요 요소인 사랑이 제자들 각자와 공동체 전체 안에 거한다. **하나님**이 각 사람 안에 거하시기 때문이다. 그들 안에 계시는 사랑의 하나님이야말로 새롭고 '영원한' 그들의 생명이다. 아우구스티누스의 탁월한 생각에 따르면, 그것이 새로운 계명인 이유는 "듣는 사람, 더 낫게는 순종하는 사람을 새롭게 하기" 때문이며,[18] 그것이 새롭게 하는 이유는 제자들이 단지 아들의 사랑과 같은 사랑으로 서로를 사랑하기 때문이 아니라, "그분이 그들을 사랑하신 바로 그 사랑"으로 서로를 사랑하기 때문이다.[19] 하나님은 사랑이시고, 사랑이신 하나님은 창조되지 않은 영원한 생명이다. 하나님의 사랑으로 사랑하는 이들은 그들 스스로 새로워지고, 또한 창조 세계를 새롭게 하도록 부름받는다.

가족 안에서 살아가는 삶

예수님이 아버지께로 가실 때, 제자들은 자신들이 출애굽 과정에서 홍해가 이집트 군대를 삼킨 뒤 이스라엘 자손이 마주했던 것과 비슷한 상황임을 깨닫는다. 예수님이 고별 설교에서 그들에게 하신 마지막 말씀은 "내가 세상을 이겼다"였다(요 16:33). 그분은 자신이 오신 목적을 성취하셨다. 즉 그분께 자신들을 내맡긴 이들이 단지 멸망하지 않게 할 뿐만 아니라 "생명을 얻고 또 더 넘치게 얻게 하려고" 오신 목적을 성취하셨다

---

[18] Augustine, *Gospel of John* 65.1.
[19] Augustine, *Gospel of John* 65.1. Augustine은 이 언급을 우리와는 다른 방향으로 받아들인다. 장차 올 세상에서, "그분이 그들을 사랑하신 그 사랑"으로, 그들은 각 피조물 **안에** 계신 하나님을 사랑할 것이다. 따라서 언제나 모든 것에서 하나님을 사랑할 것이고, 따라서 하나님은 "만유의 주님"이 될 것이다. 우리의 대안적 의견은 9장을 보라.

(요 10:10). 그러나 이스라엘 자손이 자신들을 발견한 곳은 약속받은 "아름답고 넓은 땅"(출 3:8)이 아직 아닌 광야였다. 마찬가지로, 예수님의 제자들 역시 자신들이 불확실성과 심지어 적대감의 시간과 공간에 있음을 깨달았다. 그들의 바로는 십자가의 "피비린내 나는 물" 건너편만큼 이편에도 많았다.[20] 넘치는 생명은 기다려야만 하거나, 어떤 의미로 대부분 변화되지 않은 채 남아 있어야 하며 심지어 적대적인 세상에서도 경험해야 했다. 사실, 옛것 안에서 새 생명을 기다리고 살아 내는 것은, 마지막 때에 그분이 다시 오시기 전까지 그들의 삶의 바꿀 수 없는 일부다.

떠나신 예수님의 임재

예수님이 다시 오실 때 그들은 온전하게 넘치는 생명을 갖게 될 것이고, 또한 세상도 그렇게 될 것이다. 그동안에는, 아도르노(Theodor Wiesengrund Adorno)의 용어를 소환하면 "거짓된 삶" 안에 있는 "참된 삶"을 살고자 애써야 한다.[21] 출애굽기의 심상으로 표현하자면, 모든 집은 여전히 광야에 있다. 하나님의 집으로서, 개별 신자와 믿음의 공동체는 완전한 어두움의 심연이 **아니라**, 불신과 죽음의 광야에 둘러싸여 있었고, 여전히 둘러싸여 있다(5장을 보라). 또한 광야는 모든 집과 개인, 공동체 **안에도** 다 똑같이 존재한다. 하나님의 가족으로 들어갈 수 있게 해 주는 믿음은 두려움과 의심 때문에 공격받는다. 그 가족의 법인 사랑은 언제나 사랑이 될 수 있고 되어야 하는 수준에 못 미치고, 종종 무관심으로 점차 식거나 미움으로 얼어붙는다. 대부분의 경우, 생명은 어떠한 직접적인 의미로도

---

20 이것은 Henry Highland Garnet이 한 표현으로, 출애굽기에 함축된 것보다 더 적극적으로 자유를 위해 싸우라는 그의 요청의 일부분이다. Glaude, *Exodus!*, p. 156에서 재인용했다.
21 Adorno, *Minima Moralia*, §18. 저자 사역. 『미니마 모랄리아』(길).

풍성하지 않다. 시들하고, 종종 너무 이르게 소멸한다. 풍성할 때조차도, 그 생명을 누리는 것은 시기, 불평꾼, 두려움의 벌레들 때문에 어렵고 불안정해진다.

하나님의 집과 세상의 광야 사이의 변증법 그리고 집에 대한 모든 경험에서 만들어 내는 양면성은 고별 설교에서 드러나는 그리스도의 존재와 부재가 만들어 내는 역학에 대한 경험적 이면이다. 하나님의 어린양이자 참된 인간이 승리를 거두셨지만, 그분이 다시 오실 때까지 세상에서 그리고 각각의 모든 제자의 삶에서 싸움은 계속된다. 그 결과, **믿음**은 단지 그 가족 안으로 들어오는 일뿐만 아니라 그 안에서 계속되는 삶을 위해서도 필수적이다.

성령을 통해 제자들 안에 집을 만들기 위해 오시는 아버지와 아들은, 예수님이 이루신 출애굽과 그분의 다시 오심 사이의 광야를 통과하는 여정에 반드시 필요한 지속적이며 유일한 믿음의 대상이다. 떠나신 예수님은 성령으로 그들과 함께 계신다. 그분은 제자들을 "고아처럼" 버려두지 않으신다(요 14:18). 그러나 그분은 불안정함과 고통을 제거하시는 것이 아니라 불확실성, 구속받지 못함, 불완전함의 적대감 안에서도 '영원한 생명'이 가능하게 만드신다. 한 각도에서 이것은 회복력과 소망의 원천이다. 다른 각도에서 보면, 제자들도 쉽게 경험했던 믿음의 걸림돌이다. 예수님의 고별사는 그들이 고통의 돌에 걸려 '넘어지지 않게' 하기 위함이었다(요 16:1).

제자들은 그들에게 닥친 어려움의 걸림돌을 어떻게 다루어야 하는가? 바로의 손아귀에서 벗어난 뒤, 이스라엘 자손들은 "주님과 주님의 종 모세를 믿었다"(출 14:31). 자신이 떠난 뒤 제자들이 처할 상황에 대비해, 예수님은 이 말씀을 다시 반복하면서 "하나님을 믿고 또 나를 믿어라"라고 말쓺하시지만, 중요한 세 가지가 바뀌었다(요 14:1). 첫째, 출애굽기의 서술형이 명령형으로, 계속 믿으라는 격려로 바뀐다. 둘째, '주님'이 '하나님'으로, '모세'는 '예수님'으로 바뀐다. 요한복음에서 예수님은 그 자신이 '나는 나', 곧 주님이시며, 모세처럼 단순히 주님의 종이 아니다(3장을 보라). 셋째, 예수님은 "믿어라"라는 명령형을 두 번 반복하시는데, 여기서 접속사 "또"는 설명적 용법이다. 즉 "하나님을 믿어라. **다시 말해 나를 믿어라**"라는 뜻이다.[22] 세상을 이긴 성육신 하나님이신 예수님을 믿는 제자들 역시 세상을 이길 수 있다.

적대감, 고뇌, 용기

고별 설교에서 예수님은 인간이 '육신을 가진' 피조물로서 겪는 가장 만연한 종류의 고통에 대해, 즉 의식주 결핍이나 질병, 너무 이른 죽음에 대해서는 아무런 말씀도 하시지 않는다. 사역 기간에는 '표적'과 '일'을 행하심으로써 이러한 형태의 고통을 해결해 주셨다. 그분의 임무를 이어받은 제자들은 심지어 더 큰일도 할 것이다(요 14:12). 그들이 예수님의 이름으로 무엇을 구하든 그대로 이루어질 거라고 반복해서 약속하시는데, 이것이 요점으로 보인다(요 14:13-14; 15:7, 16; 16:23-24). 그러나 이러한 능력 가운데 어떤 것도 예수님이 그들에게 예고하신 특정한 종류의 고통, 곧 적대감과 핍박을 해결하지는 못할 것이다. 좀 더 일반적으로 능력은 **바로 그** 고통을 궁극적으로 제거하는 데는 부적합한 수단이다. 심지어 기도의 능력도 고통의 원인을 제거하지 못한다. 문제가 되는 적대감과 핍박은 언어도단일 만큼, 그들이 신실하게 임무를 감당할 때 따라오는 마땅한 결과이

---

22 이와 같은 의견은 Thyen, *Johannesevangelium*, p. 615.

기 때문이다.

핍박. 고별 설교에서 예수님은 자신이 받는 것과 같은 종류의 고난에 초점을 맞추신다. 그가 고난받으시는 것처럼, 제자들도 예수님과 같은 이유로 고난받을 것이다. 예수님은 빌라도 앞에 선 자신과(요 18:36) 제자들(요 15:19) 양쪽 모두에 대해 "이 세상에 속하지 않았[다]"라고 말씀하신다. 바로 그것이 세상이 그분을 미워하고 십자가에 못 박은 이유였다. 그들을 "미워하[는]"(거부하고 적극적으로 반대하는) 이유도 마찬가지다(요 15:18). 그들에 대한 반대는 근거가 없거나 "까닭 없이(dōrean, '도레안')" 온다(요 15:25). 적어도 제자들은 그렇게 될 것이 틀림없다. 그러나 임의적으로 그런 일이 일어나지는 않는다. 그 이유는 어떤 특정 원인보다 더 깊은 곳에 자리 잡고 있다. 그것은 가치와 몰가치의 범주가 되는 신뢰와 사랑의 궁극적 대상의 차이에 근거한다(5장을 보라).

돈이든 권력이든 쾌락이든, 신뢰와 사랑의 궁극적 대상은 사실상 개인이나 공동체의 신이다.[23] 제자들을 핍박하고 심지어 죽이는 이들은 "자기네가 하는 그런 일이 하나님을 섬기는 일이라고 생각할" 것이다(요 16:2). 물론 이 하나님은 그들의 가치와 몰가치를 결정하는 근원인 **그들의** 신이다.[24] 성육신한 하나님으로서 예수 그리스도는 궁극적 가치인 참 생명과 빛의 근원이시다. 그 빛은 "악한 일"을 드러내며, 악에 빠진 이들은 그 빛에 비친

---

[23] "그 두 가지, 의존과 하나님은 서로 속해 있다. 마음에 위로와 확신을 줄 수 있는 것은 분명 그 마음의 하나님이다. 설령 그것이 거짓 신이라 할지라도 말이다"(*LW* 24:19). Luther의 *Large Catechism*에는 이제 그러한 입장의 고전적 서술이 된 문장을 담고 있다. "하나님(God)은 누구신가?"라는 질문에 대한 답은 "'신(god)'은 우리가 모든 선을 찾아야 할 곳, 우리가 모든 필요에 대한 피난처를 발견해야 할 곳을 위한 용어다. 그렇기에 신을 갖는 것은 다름 아니라 당신이 온 마음으로 그 대상을 신뢰하고 믿는 것이다." Kolb and Wengert, *Book of Concord*, p. 386.

[24] 해당 본문이 말하는 대상을 예수님의 제자들을 대적하는 유대인으로만 제한하지 않는 것에 대해서는 Thompson, *John*, pp. 335-336를 보라.

자신들의 모습을 보고 싶어 하지 않는다. 예수님의 빛이 비추는 것은 그 자체로 그들에게는 "심판"이다(요 3:19; 12:47-49). "악한 일을 저지르는 사람은," 즉 다른 가치 체계를 가지고 살아가는 이는 "누구나 빛을 미워하며," 그 빛을 가져오는 사람들도 미워하기 때문이다(참조. 요 3:19-20).

가해자와 피해자의 역할 역시 뒤바뀔 수 있고, 역사적으로도 그런 일이 자주 있었다. 예수님을 따르는 이들의 행동은 다른 빛을 따라 사는 이들에게 "악하다"라고 비난받곤 한다. 그러면 예수님을 따르는 이들 역시 미워하고 핍박하기 시작한다. 복음서에서는 이런 반전이 차단된다. 하나님이 **세상을**, 예수님을 십자가에 못 박은 바로 그 세상을 사랑하신다는 주장 때문이다.[25] 예수님이신 빛은 본질적으로 어둠 속에서 사는 이들도 사랑한다. 정복하고 제거하는 힘의 행동이 아닌, 초대하고 설득하는 증언을 통한 예수님의 방식은 우호적이거나 적대적인 비신자들 양쪽 모두와 관계를 맺는다.[26]

예수님이 떠나시고 제자들은 세상에 남은 지금, 그들은 그분의 빛과 심판이 되어(참조. 16:8-11)[27] 그분이 하셨던 비폭력적인 방식으로 '빛을 발하고' '심판한다.' 격렬하고 심지어 죽을 수도 있는 대립에 직면했을 때, 그

---

25 Volf, *Captive to the Word of God*, pp. 116-121; Thyen, *Johannesevangelium*, p. 606를 보라.
26 세상을 위해, 세상에 생명을 주러 오신 분을 따르는 이들로서, 제자들은 극심한 반대 앞에서 증인이 되는 것 외에는 할 수 있는 일이 많지 않았다. 그들은 권위적인 통치 아래서 살았다. 민주적 환경에서는 (1) 박해를 금지하고 완전한 종교적 자유를 보장하는 입법을 위할 뿐만 아니라 (2) 심오하고 변하지 않는 차이를 가진 공동체들의 공존을 가능하게 만들 정치적 환경을 조성하는 일이 가능해졌으며, 이는 사랑의 의무와도 부합한다. 그러나 심지어 그러한 정치적·법적 변혁도 근본적인 차이에 뿌리를 둔 모든 갈등을 제거하기엔 충분하지 않다. 많은 이들은 그러한 갈등을 문화적 억압 혹은 심지어 국가가 지원하는 억압의 형태로 경험할 것이다. 깊은 불일치에도 불구하고 사랑을 실천할 수 있도록 모든 당사자의 내부적 개혁이 필요하다. 그럴 때조차, 대립이 사라지지는 않는다. 앞에서 지적했듯, 삶의 모든 영역에서, 우리가 만드는 모든 집은 여전히 광야에 있고, 부분적으로는 그 집들 **자체가 광야**다.
27 Bultmann 역시 요한복음 17:11에 대한 주석에서 그렇게 말한다. Bultmann, *Gospel of John*, p. 505.

들은 예수님처럼 고난받도록 부름받는다. "종이 그의 주인보다 높지 않다…." 예수님은 절제된 표현을 사용해 말씀하신다. "사람들이 나를 박해했으면 너희도 박해할 것이[다]"(요 15:20). 만약 제자들이 자신을 반대하는 이들을 그 반대자들의 방식으로 반대한다면(역사적으로 그리스도인들은 자주 그렇게 했다), 예수님의 공동체와 하나님의 가족으로서 그들 자신의 신분을 무효화하는 셈이다. 세상의 조건에 따른 자기 보호는 정체성의 자기모순과 다르지 않으며, 바로 그것이 예수님이 마지막 말씀에서 그들을 보호해 주시고 그들의 고결함을 모두 지켜 주시도록 기도하신 이유다. "거룩하신 아버지…아버지의 이름으로 그들을 지켜주[시고]…악한 자에게서 그들을 지켜 주시[고]…진리로 그들을 거룩하게 하여 주십시오"(요 17:11, 15, 17). 여기서 진리란 예수님이 왕이시라는 것이다(참조. 18:37).

근심하는 마음, 용기 있는 자세. 고별 설교를 시작하는 말씀은 반대에 어떻게 맞설 것인가에 대한 예수님의 가르침을 요약한다. "너희는 마음에 근심하지 말아라(mē tarassesthō, '메 타라세스토')"(요 14:1). 이것은 폭력에도 끄덕하지 말라는 훈계나 두려움을 억제하는 영웅주의를 소환하는 것이 아니다. 예수님 자신도 나사로의 무덤에서 괴로워하셨을 뿐 아니라(etaraxen, '에타락센'; 요 11:33), 자신에 대한 배신과 다가오는 죽음에 대한 생각에 괴로워하셨다(etarachthē, '에타라크테'; 요 13:21). 십자가의 죽음에 대해 생각하면서, 예수님은 "지금 내 마음이 괴로우니(tetaraktai, '테타락타이')"라고 하신다(요 12:27). 그분은 두려워하셨지만, 그 두려움 때문에 자신의 사명에서 뒤돌아서지는 않으셨다. "나는 바로 이 일 때문에 이때에 왔다"(요 12:27). 루터는 예수님이 품으신 두려움과 용기의 조합을 잘 포착한다. "순전한 공포가 너희를 압도할 것이다. 구경거리가 된 내 운명이 너희를 벌벌 떨게 할 것이다. 너의 심장은 네 안에서 녹아내릴 것이고, 너는 누구를 의지해야 할지 알지 못할 것이다.…보아라, 그리고 앞에 놓인 분투에 대비해라."[28]

짝을 이루는 두 시편 42편과 43편에 대한 기억은 예수님의 두려움과 그분의 용기 사이의 간극을 잇는 다리다. "내 영혼아, 네가 어찌하여 그렇게 낙심하며, 어찌하여 그렇게 괴로워하느냐?"[70인역: *syntarasseis*, '신타라세이스'(시 42:5, 11; 43:5)]. 이렇게 괴로운 근심스러운 마음의 고통 어린 자기반성 뒤에는 적대감과 고통의 경험뿐만 아니라(42:9-10), 믿음의 사람에게 그렇지 않은 사람보다 모든 고통이 더 깊어지게 하는 두 가지 다른 경험이 더 있다. 하나는 시편 기자의 적들의 입에서 나오는 그를 향한 조롱이다. "너의 하나님이 어디 있느냐?"(시 42:3, 10) 그와 연관된 다른 하나는 시편 기자의 영혼 내부에서 솟아난 하나님을 향한 토로다. "어찌하여 하나님께서는 나를 잊으셨습니까?"(시 42:9)[29] 이러한 질문이 불러일으키는 절망 앞에서, 시편 기자는 세 번이나 스스로 확인한다. "너는 하나님을 기다려라. 이제 내가 나의 구원자, 나의 하나님을 또다시 찬양하련다"(42:5, 11; 43:5). 예수님과 그분을 따르는 이들에게 역경을 돌아가는 길은 막혀 있지만, 그들은 소망 가운데 그것을 관통해 갈 수 있다. 시편 기자가 소망 가운데 하나님을 기다렸듯, 예수님도 그렇게 하신다. 그리고 예수님은 그분 자신도 공유하는 하나님의 이름이 자신의 고난 가운데서 영광스럽게 드러날 것

---

28 *LW* 24:10.
29 시편 42편과 43편이 요한복음 12:27의 배경이라면, 요한은 마가복음(15:34)에서 십자가 위에서 시편 22편의 언어로 표현된 하나님께 버림받은 예수님의 경험을 부정하는 것이 아닙니다. 그렇다면 이 중요한 핵심에서 마가복음과 요한복음의 차이는 한쪽에서는 예수님이 하나님께 버림받았다고 느끼거나 혹은 하나님께 '버림받았다'라고 묘사될 수 있는 이들만 경험하는 종류의 고통을 겪고, 다른 한쪽에서는 그렇지 않다는 것이 아니다. 오히려 Marianne Meye Thompson이 표현하듯, 마가는 그 사건을 "앞에서 뒤로" 서술하는 반면, 요한은 "뒤에서 앞으로" 서술한다(Marianne Meye Thompson, *John*, p. 269). 여기서 Thompson은 시편 42-43편과 하나님께 버림받는 예수님의 경험에 관해서가 아니라, 예수님의 겟세마네 경험에 관해 언급하기는 한다.

임을 확인해 주는 말씀을 들으신다(요 12:28). 예수님이 소망 가운데 기다리시는 것처럼, 제자들도 그렇게 할 수 있다. 바로 그것이 그분이 그들에게 하나님을 믿고 그분 자신을 믿으라고 격려하시는 이유다(요 14:1). 그리고 바로 그것이 예수님이 그들이 핍박에 직면할 때, 성령을 통해 자신과 아버지가 그들 안에 함께 계실 것이라고 약속하시는 이유다(요 14:23).

풍성함

예수님이 약속하신 풍성한 생명은 단지 재림 이후나 마지막 심판과 부활 이후에만이 아니라, 제자들이 세상에서 불안정함과 적대감과 더불어 살아가는 그 중간 시기에도 적용된다. 바로 그것이 예수님의 메시지와 사명의 걸림돌이다. 즉 현재의 세상 형태에서, 빛은 언제나 '어둠 속에서 빛나고', 생명은 언제나 죽음의 위협을 받는다. 그러나 바로 그것이 예수님의 메시지와 사명이 주는 약속이다. 즉 어둠은 "빛을 이기지 못[할]" 것이며(요 1:5), 죽음은 생명력의 영원한 원천을 위협할 수 없다(1:4). 예수님이 제자들에게 남기신 도전은 바로 그러한 긴장을 살아 내라는 것이다.

물질의 풍성함. 요한복음에서 넘치는 생명의 어떤 측면은 파악하기 쉽다. 예수님이 행하신 표적은 모두 생명을 회복시키고 삶을 증진시키며, 그 풍성함을 증명한다(4장을 보라). 그분은 사람들의 배고픔을 충족시키고, 건강과 능력을 회복시키며, 심지어 너무 일찍 죽은 사람을 다시 살리시기도 한다. 요한이 기록한 첫 번째 표적인 혼인 잔치에서 예수님은 혼인을 축하하기 위해 질 좋은 포도주를 마음껏 공급하신다. 바로 그 사건보다 더 유려하게 그 풍성함을 묘사하는 표적도 없다(요 2:1-10). 혼인은 새 생명의 열매를 기대하는 사건이다. 예수님의 첫 번째 표적으로서, 이 사건은 그분의 나머지 사역에 대한 기대의 지평선을 그려 준다. 이사야의 종말론적 예언을 통해(사 25:6-9), 이 사건은 하나님이 약속하신 것을 다시 언급함으로써 예수님이 가져오실 것을 가리킨다.

> 만군의 주님께서 이 세상 모든 민족을 여기 시온산으로 부르셔서,
> > 풍성한 잔치를 베푸실 것이다. 기름진 것들과 오래된 포도주,
> > 제일 좋은 살코기와 잘 익은 포도주로 잔치를 베푸실 것이다.
> 또 주님께서 이 산에서
> > 모든 백성이 걸친 수의를 찢어서 벗기시고,
> > 모든 민족이 입은 수의를 벗겨서 없애실 것이다.
> > 주님께서 죽음을 영원히 멸하신다.
> 주 하나님께서 모든 사람의 얼굴에서 눈물을 말끔히 닦아 주신다.
> > 그의 백성이 온 세상에서 당한 수치를 없애 주신다.
> > 이것은 주님께서 하신 말씀이다.
> 그날이 오면, 사람들은 이런 말을 할 것이다.
> > 바로 이분이 우리의 하나님이시다. 우리가 하나님을 의지하였으니, 하나님께서 우리를 구원하신다.
> > 바로 이분이 주님이시다. 우리가 주님을 의지한다.
> > 우리를 구원하여 주셨으니 기뻐하며 즐거워하자.

요한은 물을 오래된 포도주로 바꾸신 예수님에 대한 자신의 기록을 "자기의 영광을 드러내시니, 그의 제자들이 그를 믿게 되었다"라는 말로 마무리한다(요 2:11). 그분의 기적이 만들어 낸 풍성함으로, 그리고 그것이 불러일으킨 더 포괄적인 풍성함으로, 제자들은 그분 안에서 우리가 의지하는 분이라고 이사야가 말하던 바로 그 주님을(사 25:9) 알아보았다.

예수님이 가져오신 풍성한 생명은 그저 가족적이고 공동체적이거나(그분의 첫 번째 표적이 표면상으로 그랬던 것처럼) 그저 개인적인 성격만 띤 것이 (그분의 치유가 그랬던 것처럼) 아니었다. 그것은 **정치적**이기도 했다. 비록 그 말이 다시 사용되는 일반적인 의미에서는 아니었지만 말이다. 인용한 구절에서 이사야는 구속받은 이스라엘을, 그들을 압제하던 "무너진 성읍"과 대조한다(사 24:10). 어떤 면에서 가나의 혼인 잔치는, 한 민족이 풍요로운 땅에서 그들 가운데 계시는 하나님과 함께 거하실 것이라는 약속이 처음으로 선언되었던 출애굽으로 우리를 다시 데려간다(출 3:8). 마찬가지로, 예수님은 선한 목자에 대한 말씀에서 풍성한 생명을 약속하시는데, 이 역시 일종의 정치적 선언문이다(요 10:11-16). 이것은 이스라엘의 거짓 목자들을 대적하고 하나님이 그들의 참된 목자가 되실 것을 예언하는 에스겔 34장의 되울림으로 가득하다(겔 34:2-6, 17-22, 25-39; 참조. 4장). 양들의 희생으로 자신의 힘을 키우는 거짓 목자와는 달리, 선한 목자인 예수님은 그들의 필요를 채우신다. 각각의 양들은 위험과 불의에서 안전하고, 좋은 풀을 뜯으며, 길을 잃어도 목자가 그들을 되찾을 것이다(요 10:1-10). 도둑이나 강도와 달리, 그분은 그들에게서 아무것도 빼앗지 않으실 것이다. 고용된 사람처럼 위험의 위협을 느끼면 도망하는 대신, 양들을 위해 목숨을 내놓을 것이다(요 10:11-18). 예수님의 말씀에 담긴 날카로운 날은 로마 제국의 통치자들과 예루살렘의 제사장 엘리트들을 향해 있었다.

히브리 성경이 분명하게 보여 주고 예수님이 명시적으로 말씀하시는 것처럼, 약속된 풍요에 대한 비전은 개인적·정치적 안녕을 넘어선다. 이사야 25장은 치유된 세상의 전 지구적 비전을 그려 내고, 하나님이 "죽음을 영원히 멸하[시고]…모든 사람의 얼굴에서 눈물을 말끔히 닦아" 주실 것이라고 선포한다(사 25:8). 에스겔은 모든 창조 세계, 인간, 비인간이 참여하는 우주적 평화를 구상한다(겔 34:25-31). 풍요의 범위가 더 멀리 확장되는 요한복음에서, 예수님은 자신이 주러 오신 생명을 "영원한 생명"으로 자주 묘사하신다(요 3:15, 옮긴이 사역).

넘치는 생명력. 그러한 세상과 그 안의 각 피조물의 영원한 번영이라는 포괄적이고 보편적인 비전에도 불구하고, 예수님은 일반적 의미의 풍요, 즉 질병, 압제, 고통, 죽음의 부재와 수많은 선하고 즐거운 것들과 경험들을 약속하시는 것처럼 보인다. 만약 그렇다면, 풍요의 약속은 그분이 자신을 따르는 이들에게 예고하신 고난과 정면으로 충돌하며, 장차 올 세상에서나 이루어질 것을 기대할 수 있는 소망이 된다.

그러나 예수님은 풍요를 그런 일반적 의미로 이해하지 않으셨다.[30] 그분은 사람들이 "빵을 먹고 배가 불렀기 때문"에 자신을 찾는 것에 문제를 제기하셨다(요 6:26-27). 그분은 그들에게 먹고 배가 부르는 것 **이상**을 주기를 원하셨다. 그가 주러 오신 것을 묘사할 때 사용하신 표현을 생각해 보라. "나는 양들이 생명을 얻고 또 더 넘치게 얻게 하려고 왔다"(10:10), "넘치게"는 "충분한 것보다 더 가지다"라는 의미의 헬라어 '페리손 에코신'(*perisson echōsin*)을 번역한 말이다. 이제 우리는 "충분한 것보다 더 가지다"라는 상황을 삶에서 필요하거나 바라는 **물질**에 대한 표현으로 이해할 수 있다. 그렇다면 "생명을 넘치게 가진다"라는 말은 더 이상 바라지 않을 만큼 충분히 가진다는 뜻이다. 이것이 일반적 의미의 풍요라 할 수 있다. 그러나 욕망은 우리가 이미 가진 것으로 멈추지 않는다. 그래서 이런 의미로 충분히 가지는 것은 사실상 불가능하다.[31] 충분한 것보다 더 가지는 상

---

30 4장의 "표징" 부분을 보라.
31 욕망의 '무한성'에 대해서는 Volf, *Flourishing*, pp. 50-55. 『인간의 번영』(IVP); Volf, *Captive to the Word of God*, pp. 151-178를 보라.

황은 고사하고 말이다. **끊임없는 증가**가 경제생활의 원칙인 이 시대의 사회에서는 특히 그렇다. 우리는 언제나 더 많이 일하고, 더 많이 가지고, 더 월등해야 한다.[32] 현대 세계의 확대 논리를 당연하게 받아들일 때, 2020년 단 한 해 동안 자산이 700억 달러나 증가한 제프 베이조스(Jeff Bezos)조차[33] 충분한 것보다 더 많이 갖기는커녕, 충분히 가지지 못했다.

요한복음 10:10에서, '페리손 에코신'은 우리가 필요하거나 바라는 물질이 아닌, **생명** 자체에 대한 말이다. 어떤 의미에서, 부사 '넘치게'는 '생명'에 보태는 것이 거의 없다. 루돌프 불트만이 지적하듯, 그 표현은 "생략해도 의미의 차이가 없는데, 생명(zōe, '조에')의 개념은 그러한 의미 역시 담고 있기 때문이다."[34] 살아 있기만 하다면, 우리는 충분한 것 이상의 생명이 있다. 그러나 그 표현은 억누를 수 없고 소멸할 수 없는 일종의 **과도한 생명력**을 나타낼 수 있다. 사실 이것은 요한복음에 나오는 "영원한" 생명의 중요한 측면이다. 그 생명은 영원히 지속될 뿐 아니라, 또한 장차 올 세상에서든 지금 여기에서든 강도와 깊이 면에서 '과도하며' 정복되지 않는다.[35] 모든 인간은 육신이며 그 육신은 유약하고 일시적이지만, 생명의 근원인 분이 그 안에 거하실 때(요 1:4) 생명력으로 넘칠 수 있다. 십자가 위에서 고통과 슬픔을 당하시던 예수님처럼, 적대 세력의 공격을 받고 위축될 때조차 여전히 육신은 승리할 수 있다. 생명의 능력 자체가 생기를 공급하기 때문이다.[36]

---

32 Rosa, *Resonance*, pp. 404-424를 보라.
33 Christopher Ingraham, "World's Richest Men Added Billions."
34 Bultmann, *Gospel of John*, p. 377의 주 5.
35 Jürgen Moltmann은 '영원한 생명'이라는 개념을 표현하기 위해 '영원한 생명력'이라는 말을 사용한다. 그는 이런 표현이 "경험이 오래 지속되는 시간이 아닌 강도로" 초점을 이동시킨다고 쓴다. Moltmann, *Resurrected to Eternal Life*, p. 3.
36 나치 강제수용소에서 죽기 얼마 전 Etty Hillesum이 쓴 특별한 증언은 뒤틀린 세상에서 그러한 넘치는 생명력의 가능성을 보여 주는 예다. "이곳의 고통은 실로 끔찍하다. 그러나 낮

다른 이들을 위해 고통 가운데 내려놓는 생명과 부활에서 다시 얻는 생명 사이에는 갈등이 존재하며, 아마도 이 간극은 메꾸기 힘들 터이다(요 10:17-18). 그러나 양쪽의 생명 안에는 모두 영광이 있고, 양쪽 모두가 하나님의 생명을 표현한다. 제자들에게는 예수님이 만드신 훌륭한 포도주를 즐기는 것과(요 2:1-10), 그분이 떠나신 뒤 그분의 추종자가 되기 위해 쓴 핍박의 잔을 용기 있게 마시는 것 사이에 긴장이 있다(요 15:18-16:4). 그러나 포도나무 열매에 반응해 언제라도 즐거움으로 폭발할 준비가 되어 있는 미뢰와 죽일 듯한 적대감의 압박 아래에서도 흔들리지 않는 사랑으로 굳게 서는 것의 불가능해 보이는 중압감 **양쪽 모두 '충분한 것 이상의'** 생명력을 표현한다. 이는 극단적인 경우들이기는 하지만, 넘치게 살아 있다는 것, 충분한 것 이상의 생명력을 계속해서 공급받는다는 것이 무엇을 의미하는지 예시해 준다. 그것은 싫증 내는 법 없이, 성취된 하나님의 집을 예견하는 모든 선함을 언제나 즐거워한다. 꺾이는 법 없이, 소망 가운데서 선을 대적하는 모든 것에 언제나 저항하고, 집을 망치는 강력한 '디소이킥' 세력에 맞서는, 힘들고 때로는 아주 위험한 임무에 하나님과 함께 동참한다.

넘치는 생명력은 그리스도 안에 머무신 성령이 능력을 공급하시는 삶, 선 안에서 쉼을 얻고 선을 기뻐하며 동시에 악에 저항해 싸우고 선을 위해 수고하는 삶을 규정한다. 예수님을 따르는 이들은 아버지와 아들이 성령에 의해 그들 안에 거하러 오실 때 그러한 넘치는 생명력을 미리 맛본

이 내 뒤편 저 깊은 곳으로 슬그머니 빠져나간 깊은 밤, 나는 종종 철장을 따라 내 걸음에 봄을 실어 걷는다. 그러면 삶은 영광스럽고 장엄하다는 느낌이, 그리고 언젠가 우리는 완전히 새로운 세상을 세우고 말리라는 느낌이 몇 번이고 내 마음에서 곧장 솟구쳐 오르곤 한다. 나도 어찌할 수 없이, 어떤 가장 근본적인 힘처럼 그냥 그렇게 솟아오른다." 이것이 내가 말하고 싶은 전부다. Hillesum, *Interrupted Life*, p. 294.

다. 그리고 그 생명력은 악이 선에게 굴복하고 죽음이 사라질 때 온전해질 것이다.

기쁨

이 단어가 사용되지는 않았지만, 출애굽기에서 기쁨은 이스라엘의 구원 경험에서 핵심적인 부분이다. 바로의 군대를 물리친 뒤, "손에 소구를 [든]" 예언자 미리암의 인도에 따라 이스라엘 자손은 기쁨과 환희로 춤을 추었다(출 15:1-21). 그들의 탄식과 부르짖음은(출 2:23-24) 야웨의 위대하심과 그들이 구원받은 사실에 대한 노래와 기쁨으로 바뀌었다.[37] 요한복음에서는 이보다는 덜 열광적이지만, 기쁨은 책 전체를 감싸 안는 틀이 되는 동시에 예수님의 사역 마지막에서 두드러진 중요성을 드러낸다.[38] 사실 기쁨은 집을 대표하는 감정이며, 따라서 집으로 돌아오는 것을 대표하는 감정이다.[39]

예수님으로 인한 기쁨. 요한복음 시작 부분에서, 예수님의 주요 증인이자 첫 번째 제자인[40] 세례 요한은 예수님을 신랑으로, 자신을 기뻐하는 그의 친구로 지칭한다. "신랑의 친구는 신랑이 오는 소리를 들으려고 서 있다가, 신랑의 음성을 들으면 크게 기뻐한다(chara chairei, '카라 카이레이'). 나는 이런 기쁨(chara, '카라')으로 가득 차 있다"(요 3:29). 종말론적인 이 심상은 이사야서의 두 구절을 되풀이한다. "신랑이 신부를 반기듯이, 네 하

---

[37] Brueggemann, *Exodus*, p. 803를 보라.
[38] 누가복음에서는 책 전체를 감싸는 틀로서 기쁨의 역할이 더욱 확연히 드러난다. 기쁨/즐거워함은 1장과 2장에서 예수님의 탄생과 결부되어 여섯 번이나 나타난다. 누가복음은 예수님의 승천 후 제자들이 "크게 기뻐하면서" 예루살렘으로 돌아가는 장면으로 끝난다(눅 24:52). 핵심 장인 15장에서는 하나님의 기쁨과 인간의 기쁨이 다시 여섯 번 등장한다.
[39] 이보다 광범위하게 기독교 신앙에서의 기쁨에 대해서는 Moltmann, "Christianity"를 보라.
[40] 그러한 의견에 대해서는 Thyen, *Johannesevangelium*, p. 227.

나님께서 너를 반기실 것이다"(사 62:5). "그러니 너희는 내가 창조하는 것을 영원히 즐거워하고 기뻐하라. 내가 예루살렘을 기쁨이 되도록 창조하고, 그 백성을 즐거움이 되도록 창조하겠다"(사 65:18, 옮긴이 사역). 요한복음 본문과 그 본문에서 되울림하는 이사야서 두 구절이 언급하는 중복적인 기쁨의 원천은 예수님의 사명 전체에 대한 강령이다. 첫 번째 증인으로서 세례 요한은 신랑인 예수님의 오심을 기뻐한다. 첫 번째 제자로서 세례 요한은 기쁨에 찬 신부다. 그 자신이 '기쁨'이 될 날을 기다려 왔기 때문이다(사 65:18). 하나님이 예루살렘을 기뻐하시듯, 신랑 역시 신부를 기뻐한다. 바로 그것이 요한복음 첫 부분에 나오는 기쁨이다. 요한복음 마지막에 신부, 즉 예수님의 제자들은 예수님이 십자가에 못 박히신 뒤 소망을 잃고 슬퍼하다가, 부활해 살아나신 예수님을 보자 기뻐한다. "제자들은 주님을 보고 기뻐하였다"[*echarēsan*, '에카레산'(요 20:20; 참조. 16:20)].

예수님의 오심에 대한 세례 요한의 기쁨과 그분의 부활에 대한 제자들의 기쁨은 그분의 죽음을 좋아하던 '세상'의 기쁨과 대조를 이룬다(요 16:20). 이러한 기쁨의 대립은 기쁨과 연계된 종말론적 심상이 함축하는 것을 강조한다. 첫째, 기쁨은 언제나 어떤 의미에서 좋게 느껴지지만(거의 본질상), 단지 신나기(exhilaration)만 한 것은 아니다. 신랑의 도착, 이스라엘의 해방, 혹은 예수님이 원형적 기쁨의 원천인 아이의 출생에 비유하신 구원의 도래처럼, 기쁨의 대상이 될 만한 합당한 현실이 있어야 한다(요 16:21).[41] 선한 것에 대한 확신이 충돌할 때, 상응하는 기쁨 역시 충돌하며, 한 사람이 기뻐하는 것에 대해 다른 사람은 분노하거나 슬퍼한다. 둘째, 기쁨은 언제나 개인적이고, 자아의 중심을 건드릴 때가 많지만, 요한복음

---

41 기쁨의 특성에 대해서는 Volf, "Crown of the Good Life"를 보라.

에서는 대부분 단지 자아와 자아의 사적인 선에 관해서만 다루지는 않는다. 하나님이 "예루살렘을 기쁨이 되도록 창조하고, 그 백성을 즐거움이 되도록 창조하[시는]" 것을 이스라엘이 기뻐하는 것처럼(사 65:18, 옮긴이 사역), 제자들도 예수님이 **세상**을 향한 하나님의 사랑을 구현하기 위해 오신 점을 기뻐한다(요 3:16). 그들은 그들 자신의 개인적이고 심지어 내밀한 선, 곧 그들 각자 안에 하나님이 거하시는 것을 기뻐한다. 그러나 그들은 하나님의 집일뿐만 아니라 하나님의 우주적 집을 이루는 구성원이기도 하기 때문에, 그들의 개인적인 기쁨은 온 세상의 선을 즐거워하는 기쁨 안으로 접혀 들어간다. 그들과 대조를 이루는 세상은 선에 대한 그 자체의 생각에 상응해, 예수님의 죽음을 기뻐한다. 부분적으로 이는 그분의 존재가 세상에서 통용되는 삶의 방식에 대한 심판이기 때문이다(요 3:19).

예수님 자신의 기쁨. 요한복음에서 예수님이 오시는 사건으로 인한 기쁨보다 더 중요한 것은 예수님 자신의 기쁨이다. 그분은 참 포도나무에 대한 말씀(요 15:1-11)을 이렇게 마무리하신다. "내가 너희에게 이러한 말을 한 것은, 내 기쁨이 너희 안에 있게 하고 또 너희의 기쁨이 넘치게 하려는 것이다." 요한복음은 예수님의 기쁨이 정확하게 무엇인지에 대해서는 모호하게 표현한다. 우리는 예수님의 완성된 사역의 관점에서 미리 들려주는 요한복음 15:9-10이 요약하는 그분의 사역의 핵심 요소에서 그 실마리를 발견할 수 있다.[42] 아버지는 예수님을 사랑하셨고(요 15:9) 그에게 '계명'을 주셨다(즉 집 만들기의 임무를 위해 그를 보내셨다). 예수님은 그 '계명'을 지키고 사명을 성취함으로써 그의 사랑 안에 머무셨다(요 15:10). 그 사명은 하나님의 사랑에서 비롯되며, 예수님은 제자들을 향한 사랑으로 그 일

---

[42] Segovia, *Farewell Word*, p. 150를 보라.

에 임하셨다. 정말로, 그분은 그 누구보다 더 큰 사랑으로 그들을 사랑하셨다(요 15:9, 13). 그들은 믿었고, 그래서 성령이 오심으로써 예수님과 아버지가 그들 "안에 머[무르셨다]"(요 15:4). 제자들 편에서도, 그들은 그분의 계명을 지킴으로써 그분과 그분의 사랑 안에 머물러 있어야 한다(두 번의 명령형: 15:4, 9). 그 계명은 사실 하나인데, 그분이 모두를 사랑하신 것처럼 그들 서로, 그리고 모든 인류를 사랑하는 것이다(요 13:34; 참조. 15:12). 하나님의 사랑이 제자들의 사랑이 되는 이야기를 미리 들려준 뒤, 예수님은 자신의 바람을 표현하신다. "내 기쁨이 너희 안에 있게 하고, 또 너희의 기쁨이 넘치게 하려는 것이다"(요 15:11).

그렇다면 예수님의 기쁨이란 무엇인가? 예수님은 십자가의 죽음과 부활을 포함해, 하나님의 영원한 사랑과 예수님 자신이 제자들 안에 머무는 데서 절정에 이르는 하나님의 집 만들기에 관한 전체 이야기에서 행위 주체가 되기를 기뻐하신다(요 17:26). 예수님이 표현하시는 기쁨은 그저 하나의 느낌이 아니라, 사랑의 세상을 만드는 즐겁고도 고된 사랑의 수고라는 절대 선과 감정적으로 조율된다. 예수님의 기쁨은 제자들의 "차고 넘치[는]" 기쁨과 조응한다(요 3:29; 17:13; 요일 1:4; 요이 12). 그 두 기쁨은 유사하지만, '조응하다'라는 말은 그 둘의 관계를 묘사하기에 완벽하게 적합한 단어는 아니다. 불트만이 지적하듯, 제자들의 기쁨은 "그분의 기쁨과 같은 **종류의** 기쁨이 [아니라], 그분이 **가지신** 바로 그 기쁨"이기 때문이다.[43] 예수님이 말씀하시는 것처럼, **그분의** 기쁨이 그들 "안에" 있다(요 15:11). 그들 안에 거하러 오시는 예수님은 자신의 사랑과 생명을 가지고 오시는 것처럼 자신의 기쁨도 함께 가지고 오신다. 이것은 한두 사람(예를 들면, 다시

---

43   Bultmann, *Gospel of John*, p. 507.

살아난 나사로), 어떤 일의 상태(예를 들면, 소경이 눈을 뜬 것), 어떤 경험(예를 들면, 폭풍이 잠잠해지는 사건)으로 인한 기쁨이 아니다. 이러한 것들도 물론 포함되어 있지만 말이다. 이것은 특정 종류의 삶을 사는 것으로 인한(종교적·도덕적 우월성을 말하는 것은 **아니다!**) 기쁨이다. 그것은 엄청난 선의 수혜자이자 그 안에서 능동적 행위 주체가 됨으로써 경험하는 기쁨이다. 그 선은 피조물이 하나님과 함께 그리고 서로 함께 집에 거하는 것을 목표로 하는, 세상과 함께하시는 하나님에 관한 진행 중인 이야기다.

자신의 사명에 대해 경험하는 예수님의 기쁨이 제자들의 기쁨 안에서 공감을 이룰 때, 그들의 기쁨은 차고 넘친다. 비록 그분이 다시 오실 때까지, 그 기쁨은 언제나 완성을 향해 가는 길에 있을지라도 말이다. 기쁨은 마치 완전히 투명한 수정의 반짝거림 같아서, 예수님이 두 번 강림하시는 사이의 중간기에 우리가 겪고 경험하는 적대감과 고난 때문에 생기는 '근심하는 마음'과 '탄식'조차 그 기쁨을 지우지 못한다. 알렉산더 슈메만(Alexander Schmemann)은 타락한 세상에서의 기쁨을 "해맑은 슬픔"으로 묘사한다.[44] 요한복음에 나오는 예수님의 기쁨을 잘 포착하기에는 너무 구슬픈 표현이기는 하지만 말이다. 어쩌면 '고통스러운 즐거움'이 더 나은 표현일지 모르겠다. 어떤 쪽이든, 요점은 우리가 보통 떠올리는 식의 기쁨을 상상하지 말라는 것이다. 즉 기쁨을 기분 좋은 선(예를 들면, 필요할 때 받는 도움)이나 힘든 수고의 결과로 거둔 좋은 결실(예를 들면, 아이의 출산)에 대한 즐거움으로 생각해서는 안 된다. 예수님의 기쁨과 제자들의 기쁨은, 모두가 창조 세계 전체의 선 안에서 즐거워하기 위해 사랑이 요구하는 불쾌한 일, 심지어 지극히 고통스러운 일(예를 들면, 발을 씻기는 일과 십자가에 못

---

[44] Schmemann, *Journals of Father Alexander Schmemann*, p. 137.

박히는 일)을 하는 것에 대한 즐거움, 그리고 그런 일을 이미 했다는 흔치 않은 음울한 즐거움이다.

또 다른 각도에서 보는 일상의 경험

표징에 대한 단원에서 그리스도의 집 만들기 사역을 논할 때(4장), 우리는 예수님이 행하신 표징은 그분에 대한 믿음을 불러일으키고 인간 삶의 조건을 향상시킬 뿐만 아니라, 그 표징을 믿음으로 받아들일 때 일상의 경험 역시 변화시킨다고 주장했다. 거기서 예수님은 표징의 행위 주체이며 표징을 행하는 이였고, 그 각각의 표징들은 선물, 즉 세상을 향한 그분의 사랑을 나타내는 시연이었다. 또한 믿는 자들이 적어도 세상의 작은 영역과 해석적이고 정서적인 관계를 형성하도록 도왔다. 그분이 몸을 치유해 주실 때, 그 사람은 단지 '고쳐진' 것 이상의 치유를 경험한다. 즉 그 사람과 하나님이 예수님 안에서 일하고 계심을 본 이들은 그들 자신이 관심과 보살핌의 대상이 되었음을 경험하고, 육신이 되신 말씀을 이러한 선의 원천으로 인식한다. 치유의 선물을 받는 관계의 교점에서, 자아와 예수님에 대한 그 경험은 사랑의 색으로 물들고 새로운 가능성으로 채워질 것이다. 그러한 선물을 바르게 인지하고 잘 받아들인다면 말이다. 요한복음에서, 예수님은 만물을 창조한 말씀이고, 따라서 치유의 선물은 창조 자체의 선물을 상징하기도 한다. 선한 모든 것이 하나님의 사랑을 표현하며, 바로 그러한 실존적 통찰이 총체적 실재를 향한 해석적이고 정서적인 태도를 변화시킨다. 만약 우리가 악과 고통의 존재에도 불구하고 창조 세계를 하나님의 사랑의 선물로 본다면, 창조 세계는 총체적으로 그 선함 안에서 인식되고 하나님의 사랑으로 채색된다.

예수님의 사명은 단지 표징을 행하는 것뿐만 아니라 다른 사람들 역시 표징을 행하는 이들로 만드는 것이기도 했다. 예수님은 떠나기 전, 제자들에게 이렇게 말씀하신다. "너희가 이것을…하면 복이 있다"(요 13:17). 성령이 오시면서, 제자들은 그저 하나님의 선물을 받는 수혜자에서, 하나님의 선물과 그들 자신의 선물을 하나로 통합해 그것을 전해 주는 이로 변화했다. 이번 장의 앞부분에서 살펴본 것처럼, 제자들 자신이 주는 것은 단지 예수님을 모방하거나 예수님께 순종하는 문제가 아니다. 극심한 핍박에도 불구하고, 그들의 사랑, 생명력, 기쁨은 예수님 자신의 사랑, 생명력, 기쁨이며, 이제 성령의 임재를 통해 진정으로 **그들의 것**이 되었다. 그들은 이제 하나님의 사랑의 선물을 전해 주는 이들이며, 그들의 선물은 이제 사랑의 관계들의 교점이다. 따라서 그들은 그들의 선물을 받는 수혜자들의 삶 속에 있는 사랑의 색으로 세상을 물들이는 원천이다. 이는 인간의 성취를, 특히 예수님이 주러 오신 종류의 성취를 가능하게 하는 데 꼭 필요한 사회적·물질적 피드백의 순환 역학을 만들어 내는 아주 중대한 단계다.

한 사람의 기쁨이 또 다른 사람의 기쁨을 낳을 때, 한 사람의 생명력이 또 다른 사람의 생명력에 에너지를 공급할 때, 사랑이 상호적이 되고 관계의 망 전체를 통해 퍼져 갈 때, 우리는 집의 가장 중요한 특성을 지닌 공간 안에 머무른다. 우리 대부분은 친밀한 우정에서, 낭만적 사랑에서, 자녀들과의 관계에서, 그 외의 다른 많은 곳에서, 또한 우리에게 울림을 주고 우리 자신이 소속감을 느끼는 물질적 공간에서도 종종 그런 경험을 맛본다. 그러한 공간 안에 있는 사람은 심오한 성취의 후광으로 반짝거린다. 그러한 상호적 관계가 좀 더 지속적인 사회적·물질적 공간을 규정할 때, 우리는 그 공간을 참된 집으로 경험한다. 우리는 책의 마지막 부분에서 요한계시록의 새 예루살렘 비전을 요약하면서 이런 종류의 관계성을 다시 다룰 생각이다.

선교

요한은 아버지께로 가시기 전, 예수님이 자신의 사명을 완수하셨음을 분명히 한다. 그러나 요한복음이 마찬가지로 분명하게 암시하듯, 그분의 사명은 그분이 다시 오셔서 **최종적으로** 완성될 때까지 계속 이어져야 한다(요 21:22-23). 이러한 두 완성 사이의 시간이 교회와 선교의 시간이다. 육신으로는 떠나 계시지만, 성령을 통해 예수님은 아버지와 함께, 어떤 의미에서 그분의 제자들과 더욱 친밀하게 함께 계신다. 그리고 다시 오실 때까지, 그분은 성령을 통해 세상의 집 만들기 선교를 계속해 가신다.

선교와 정체성

출애굽기는 야웨의 영광이 성막을 가득 채우고 백성이 길을 갈 때 그들을 인도하는 것으로 끝난다(출 40:34-38). 요한복음은 주님이신 예수님의 영광이 온전히 드러나고(그분의 십자가 죽음과 부활), 백성이 길을 갈 때 하나님이 그들 안에 그리고 그들과 함께 계시는 것으로(성령의 오심) 끝난다. 요한복음에서 그 백성의 여정은 세상을 향한 선교의 형태를 띤다. 부활하신 예수님은 제자들에게 "아버지께서 나를 보내신 것같이, 나도 너희를 보낸다"라고 말씀하신다(요 20:21). 선교에 대한 이런 강조는 하나님의 구속적 관심의 범위를 살펴보면 당연한 귀결이다. "내가 이스라엘 자손 가운데 머물면서 그들의 하나님이 되겠다"라는 출애굽기의 약속은(출 29:45), 요한복음에서 "세상에 생명"을 주는 약속이 되고(요 6:33), 이스라엘은 그들을 통해 모든 이들이 복을 받는 언약의 백성이라는 특별한 정체성으로 그 약속 안에 포함된다. 예수님은 민족에서 세상으로 전환되는 과정에 고유한 인장을 부여하셨지만, 그러한 전환 자체는 그분의 혁신이 아니라, 히브리 성경에 근거를 둔다. 예를 들면 주님의 종(메시아적 인물과 민족 전체 둘 다)이 뭇 민족에게 공의를 베풀 것이라는 이사야서의 약속이 있다(사 42:1-4). 이사야서에서처럼 요한복음에서도 온 세상의 선교에 관심을 둔다.

우리는 앞에서 예수님의 사명은 단지 그분이 보냄을 받고 완성해야 하는 '과제'가 아니라, 그분의 정체성을 표현하는 일임을 지적했다(3, 4장). '인간의 육신이 되신 하나님의 말씀'으로서 그분의 정체성은 세상을 하나님의 집으로 만드는 선교의 '첫 열매'나 마찬가지였다. 나머지 창조 세계가 그분의 육신이 될 운명이라는 의미가 아니라, 그분 자신이 집을 만드는 하나님이자 동시에 그 집의 전형으로 창조된 일원으로서, 순전히 고유한 그분의 방식으로 세상에 존재하신다는 의미에서 말이다. 역으로, 그분의 사명은 그분의 정체성을 규정했다. 그분이 누구이신지는, 그분이 하러 오신 일로 규정되었다. 즉 그분은 하나님의 지상의 집에 거하기 위해 인간의 육신을 입고 오신 하나님이다. 요한에게, 이것은 성육신의 구원론적 **필요성**의 문제라기보다, 좀 더 수수하게 구원과 관련된 성육신의 실제적 역할의 문제로 보인다(4장을 보라).

예수님 자신이 보냄을 받았듯 자신의 제자들을 보낼 때, 그분은 그들의 경우에서도 정체성과 선교가 분리될 수 없음을 나타내신다. 예수님의 정체성과 유사하게, 그분의 제자들도 '삼위일체적' 인격이 된다. 그러나 이는 앞에서 논했던 것처럼, 그분과 동일해지거나 그분 안으로 '통합되는' 것과는 다르다. 하나님의 집이 된 세상에서 살도록 의도된 영원한 생명을 받은 자들로서, 그들의 기본 정체성은 삼위일체 하나님이 거하시는 처소가 되는 것이며, 그들의 선교는 예수님의 집 만들기 선교를 이어 가는 것이다. 약간 다르게 표현하자면, 그들의 정체성은 곧 존재의 상태로서 그들의 선교를 말해 주며, 그들의 선교는 곧 그 자체의 온전함을 향해 자라 가는 그들의 정체성을 말해 준다. 부분적으로는 그들의 선교를 통해 온 세상이 하나님의 집이 될 때, 마침내 그들의 정체성은 온전함에 이르도록 자랄 것이다.

이러한 정체성과 선교의 관계를 고려하면서, 선교를 다루는 부분을 간략히 요약할 수 있다. 이번 장과 앞장에서 우리는 가족의 일원으로 태어나는 것, 가족의 법, 가족의 삶이라는 표제 아래 제자들의 정체성에 대해 자세하게 살펴보았다. 제자들의 선교란 바로 그들의 정체성이 지닌 그런 한 측면, 즉 그 정체성이 세상과 마주하는 측면이기 때문이다. 거꾸로, 그러한 제자들의 정체성에 대한 자세한 설명은, 우리가 그 앞의 두 장에서 전개해 나간 예수님 자신의 정체성과 선교에 대한 메아리다.

예수님의 영

생명의 성령을 통해, 예수님의 선교는 그분의 제자들의 선교가 된다. 앞에서 지적했듯이 요한복음은 예수님이 십자가 위에서 숨을 거두시는 순간까지(요 19:30) 예수님 위에 내려와 머무셨던 성령과, 제자들에게 성령을 불어넣는 부활하신 예수님을 연결한다. 예수님 위에 내려와 머무는 성령의 이미지는 이사야의 종말론적 두 예언을 메아리로 들려준다. 11:1-9에서 이사야는 "이새의 줄기에서" 나온 싹 위에 지혜롭고 주님을 경외하게 하는 "주님의 영이…내려오신다"라는 예언을 한다.

> 그는 눈에 보이는 대로만 재판하지 않으며,
> 　　귀에 들리는 대로만 판결하지 않는다.
> 가난한 사람들을 공의로 재판하고,
> 　　세상에서 억눌린 사람들을 바르게 논죄한다.

그가 하는 말은 몽둥이가 되어 잔인한 자를 치고,
> 그가 내리는 선고는 사악한 자를 사형에 처한다.

그는 정의로 허리를 동여매고
> 성실로 그의 몸의 띠를 삼는다.

그때에는, 이리가 어린양과 함께 살며,
> 표범이 새끼 염소와 함께 누우며,

송아지와 새끼 사자와 살진 짐승이 함께 풀을 뜯고,
> 어린아이가 그것들을 이끌고 다닌다.

암소와 곰이 서로 벗이 되며,
> 그것들의 새끼가 함께 눕고,
> 사자가 소처럼 풀을 먹는다.

젖 먹는 아이가 독사의 구멍 곁에서 장난하고,
> 젖 뗀 아이가 살무사의 굴에 손을 넣는다.
> 나의 거룩한 산 모든 곳에서

서로 해치거나 파괴하는 일이 없다.
> 물이 바다를 채우듯,

주님을 아는 지식이 땅에 가득하기 때문이다.

두 번째 본문인 이사야 42:1-4은 행위 주체를 야웨의 종으로 호명하며, 뭇 민족을 위한 공의에 대한 약속을 반복하지만, 중요한 것은 그 일을 성취하는 행위 능력의 양상이 바뀐다는 점이다. "그가 하는 말"과 "그가 내리는 선고"는 더 이상 몽둥이가 되어 치거나 죽이지 않는다. 하나님은 이렇게 말씀하신다.

내가 그에게 나의 영을 주었으니,

    그가 뭇 민족에게 공의를 베풀 것이다.

그는 소리치거나 목소리를 높이지 않으며,

    거리에서는 그 소리가 들리지 않게 할 것이다.

그는 상한 갈대를 꺾지 않으며,

    꺼져 가는 등불을 끄지 않으며,

    진리로 공의를 베풀 것이다.

그는 쇠하지 않으며, 낙담하지 않으며,

    끝내 세상에 공의를 세울 것이니,

    먼 나라에서도 그의 가르침을 받기를 간절히 기다릴 것이다.

이러한 종말론적 구원의 행위 주체가 하는 일에서, 세상에 생명을 주는 예수님의 사명이 갖는 몇 가지 중요한 특징을 어렵지 않게 발견할 수 있다. 즉 배고픈 자를 먹이고, 아픈 자를 치유하며, 죽은 자를 살리고, 제국을 향해 진리를 선포하며, 이 모든 일을 비폭력에 대한 뚜렷한 헌신으로 행하는 것이다.

  차이는, 예수님은 단순히 야웨의 **종**이 아니라는 점이다. 그분은 하찮은 섬김(발을 씻기는 일)을 자신의 품위를 떨어뜨리는 일로 여기지 않으며, 세상의 생명을 위해 가장 수치스러운 죽음을 기꺼이 당하는(십자가 처형) 주님이시다. 부활한 뒤 제자들에게 나타나실 때, 그분은 주님으로뿐만 아니라(요 20:18, 20), 도마와의 대면에서는 "나의 주님, 나의 하나님"으로 인식되셨다(요 20:28). 또 다른 중요한 차이는 그분이 오시는 사건이, 옛 예언자들은 알지 못했던 하나님과 인간 사이에 새로운 종류의 친밀함을 형성한다는 점이다. 바로 성령이 제자들 각자 안에 와서 거하신다. 즉 그들 각자가 영원한 생명으로 태어나고, 생수의 샘, 예수님과 같은 종류의 사랑과 생명의 풍요로움과 기쁨의 원천이 그들 각자 안에 존재한다.

제2이사야의 예언에서 "끝내 세상에 공의를 세울" 때까지 꺾이지 않는 것에 대한 부분이 놀랍고 역설적인 방식으로 성취되었다. 예수님은 수치를 당하고 꺾임으로써 승리를 거두셨고, 그분의 부활이 이를 입증했다. 이 역설은 세상에 공의를 베풀고 세울 것이라는 약속이 아직 성취되지 않은 채 남아 있음을 의미한다. 그분의 선교와 그분의 제자들의 선교는 오직 그분이 다시 오실 때 완전하게 이루어질 것이다.

4부   생명의 충만함

7장

전환

책의 나머지 부분에서는 하나님의 집이 된 세상의 공간, 시간, 물질, 관계, 즉 이야기 전체를 통합하고 그 시작에서 주어졌던 약속이 성취되는 마지막에 관해 살펴볼 것이다.[1] 이번 장에서, 우리는 현 세상의 '디소이킥'한 현실에서 하나님의 집이 된 새로운 세상으로의 전환에 대해 논하려 한다. 마지막 두 장에서는 하나님의 최종적인 지상의 집, 즉 새 예루살렘의 비전을 살펴보고(9장), 전형적인 '디소이킥' 공간인 바빌론과 대조할 것이다 (8장). 요한복음에서 논의를 시작하겠지만, 요한계시록으로 곧 넘어갈 생각이다. 복음서와 많은 면에서 매우 다르지만, 요한계시록은 소위 요한 학파에 속한다. 아마 더 중요한 것은, 그 책이 우리의 기획에 핵심적인 사상을 공유한다는 점이다. 그것은 바로 하나님의 백성과 함께 거하시는 하나님에 대한 비전이다.[2]

---

1   Kermode, *Sense of an Ending*을 보라. Kermode와 기독교 종말론에 대해서는 Fiddes, *Promised End*, pp. 8-15를 보라.
2   Frey, "God's Dwelling on Earth," pp. 83-84. Frey는 특히 요한계시록을 앞뒤로 감싸 안는 틀이 되는 장들(즉 1-3장; 21-22장)에서 요한복음과의 근접성을 강조한다. 우리는 새 예루살렘의 긍정적 비전과 관련된 바빌론에 대한 비판뿐만 아니라(13, 18-19장), 이러한 틀을 이루는 장들에 주로 의존할 것이다.

집으로 돌아감을 대표하는 인물들

마지막에 대해 논할 준비를 하기 위해, 우리는 먼저 서구 전통에서 집에 돌아오는 것을 상상하는 대안적 방식 중 지배적인 몇 가지 경우를 살펴보려 한다. 오디세우스, 탕자, 아브라함을 살펴볼 계획이다.

오디세우스
집을 떠나 10년 동안 그리스의 트로이전쟁에서 싸운 오디세우스는 고향 이타카와 그곳에 두고 온 자신의 성과 아내, 아들을 그리워한다. 그는 집으로 돌아가기를 열망한다. 그러나 비협조적인 바람과 성난 바다의 신 포세이돈은 그의 계획을 좌절시키고, 오디세우스는 길을 헤매면서 10년이라는 세월을 더 허비해야만 한다. 정복, 전리품, 영광, 무엇보다 스파르타의 왕 메넬라오스와의 연대 때문에 오디세우스는 자신이 사랑하는 집에서 멀어졌다. 트로이의 왕자 파리스가 메넬라오스의 아내 헬레네를 납치하자, 모든 그리스 귀족은 메넬라오스의 명예를 수호하기 위해 소환되었다. 오디세우스는 왕으로서 또한 그리스인으로서 자신의 의무를 수행하기 위해 집을 떠났다. 집의 어떤 면이 그를 밀어낸 것이 아니었다. 이에 상응해, 긴 여정 내내, 그는 자신의 이타카 집에 있는 좋은 것에 늘 애착을 느낀다. 그런 애착을 위협하는 것은 집에 대한 망설임이 아닌, 이국적인 매력의 유혹과 무엇보다 매혹적인 여신 칼립소의 사랑이었다. 불멸의 아름다움을 지닌 그녀 앞에서는 페넬로페도 빛을 잃고 만다. 그러나 칼립소가 오디세우스에게 자신과 함께 "이 집을 가지세요"라고 부추길 때, 그는 이렇게 반응한다. "지혜로운 페넬로페가 외모와 지위에서는 당신보다 덜 인상적으로 보인다는 사실을 나도 잘 압니다. 당신은 늙지 않는 불멸의 존재이지만, 그녀는 언젠가는 죽어야 할 존재이기 때문이지요. 그러나 그렇다 해도 나는 내 집에 이르기를, 그리고 내가 집에 돌아가는 날이 곧 오기를 매일매일 바라고 갈망합니다."[3]

그러는 동안, 백팔 명의 구혼자들이 오디세우스가 그토록 돌아가고자 안간힘을 쓰는 그 집을 위협한다. 그들은 페넬로페가 그들 중 한 명과 결혼해 자신을 이타카의 주인으로 만들어 주도록 그녀를 설득하기 위해 서로 경쟁하고, 오디세우스에 대한 기억과도 경쟁한다. 오디세우스가 페넬로페와 이타카에 계속 신실함을 지키는 것처럼, 페넬로페 역시 그와 그들의 집에 계속 신실하며, 접근하는 구혼자들에게 저항한다. 마침내 돌아온 오디세우스는 자신의 아들 텔레마코스와 소수의 충복들과 힘을 합쳐 그 구혼자들을 처단하고 자신의 집에 올바른 질서를 회복한다. 그 부부는 신실함, 꾀, 폭력의 도움으로 수많은 외부적 위협을 극복했으며, 이타카성은 한때 그랬던 것처럼 다시 이상적인 집으로 돌아간다.

탕자

누가복음에 나오는 예수님의 비유에서 반항아 아들은 오디세우스보다 훨씬 불분명한 이유로 집을 떠난다(눅 15:11-32). 예수님은 "어떤 사람에게 아들이 둘 있는데"로 시작하신다(눅 15:11). "작은 아들이 아버지에게 말하기를 '아버지, 재산 가운데서 내게 돌아올 몫을 내게 주십시오' 하였다. 그래서 아버지는 살림을 두 아들에게 나누어 주었다. 며칠 뒤에 작은아들은 제 것을 다 챙겨서 먼 지방으로 가서…"(눅 15:12-13). 그는 집에 관한 어떤 것에, 아마도 그 엄격함과 위계질서에 불만이 있었기 때문에 떠난 것처럼

---

[3]   Homer, *Odyssey* 5.208; 5.215-220 (pp. 197-199).

보인다. 당연히 집 외부의 무언가는 그에게 유혹적으로 보였을 것이다. 그러나 그것은 정확하게 집과 차별된다는 점에서 그랬다. 아마도 목표는 아버지의 집에서 발견되는 끊임없는 애착의 연쇄적 관계에 묶이지 않고, 즉 단지 거주지를 집이 되게 하는 조건들에 얽매이지 않은 채 그저 그 자신의 쾌락을 자유롭게 즐기게 해 주는 요소였을 것이다.

먼 곳으로 간 탕자는 그 이름에 어울리는 방식으로, "방탕하게 살면서" 집안 유산의 3분의 1을 완전히 탕진한다(눅 15:13). 그는 집을 버린 것이 그 자신에게 얼마나 막대한 손실인지 깨닫고 뉘우치면서 주린 배를 안고 누더기 옷을 걸친 채 돌아온다. 그가 돌아오자마자, '파테르 파밀리아스'(*pater familias*), 즉 집안의 수장은 연민 가득한 마음으로 그를 받아 주고 아들로서의 품위를 회복시켜 준다. 그런데 이것은 자리를 지키며 규칙을 지키고 집에서 살기 위해 또 그런 삶을 유지하기 위해 드는 수고를 감당해 온 큰형의 울분으로 이어진다.

탕자가 느낀 돌아오고자 하는 갈망은, 오디세우스가 느꼈던 경우처럼 오직 지키기만 하면 되는 것이 아니었다. 오히려 상실을 깨닫고, 쾌락을 추구한 끝에 불행을 경험하고, 자유를 추구한 결과 소외를 경험함으로써 먼저 그러한 갈망이 생겨나야 했다. 새롭게 발견된 집의 가치가 곧 돌아오는 동기가 된다. 집에 대한 위협은, 집 자체에서 일어나는 내부의 갈등과 그 내적 질서에서 기인한다. 그것은 먼저 둘째 아들을 밖으로 내몰았고, 이후에는 그 동생이 돌아온 것을 축하할 때 큰아들을 분노하게 만들었다.[4] 집을 유지하는 데는 수고와 올바름, 정체성과 욕망을 계속해서 재조정하려는 자발적인 마음, 준비된 화해의 자세가 필요하며, 이 모든 것은

---

[4] 해당 비유에 대한 통찰력 있는 논의는 Dolff, "Mercy, Human and Divine," pp. 64-81를 보라.

아버지라는 인물에서 예시된다.

오디세우스와 누가는 모두 집을 자기 자신 및 다른 이들과 하나가 되는 강력한 애착의 사회적·물질적 공간으로 상상한다. 그리고 두 사람 모두에게 집은 언제나 그 자체에 약간 미치지 못한 상태다. 따라서 그것을 집이 되지 못하게 하려는 세력에 맞서 '얻어 내야' 할 필요가 있다. 오디세우스는 자신이 왕으로 있는 집으로 돌아오고, 탕자는 하나님을 상징하는 아버지의 집으로 돌아온다. 오디세우스의 집은 변화하는 동맹과 분투를 통해 서로 연결된 여러 집들 가운데 하나인 반면, 탕자의 집은 단일하고 보편적인 기쁨의 천국, 모든 집들 가운데 있는 바로 그 집을 상징한다. 오디세우스는 신실함과 폭력으로 자신의 집을 지키고, 아버지는 사랑의 법에 대한 공유된 확신과 실천으로 집을 지킨다.[5]

아브라함

탕자를, 특히 그가 집으로 돌아오는 상황을 제대로 이해하기 위해서는 아브라함으로 되돌아가야 한다. 성경에서 아브라함은 길을 떠나고 도착하는 여정을 보여 주는 전형적 인물이며, 따라서 성경에서 집에 대한 비전을 이해하는 데 중심적 인물이다. 그는 바벨탑의 땅인 메소포타미아에서 왔다. 바벨탑의 이야기는 "국제적으로 일어난 의사소통의 상실과 보편적 유배 상태라는 끔찍한 선고"로 끝나는 이야기다.[6] 아브라함은 그의 '바벨론' 집으로부터 스스로 유배를 떠나는 것에서 출발하는 새로운 시작을 대표한다. "주님께서 아브람에게 말씀하셨다. '너는 네가 살고 있는 땅과 네가 난 곳과 너의 아버지의 집을 떠나서 내가 보여 주는 땅으로 가거라. 내가

---

5   Volf, *Exclusion and Embrace*, pp. 161-170을 보라.
6   Levenson, *Inheriting Abraham*, p. 19.

너로 큰 민족이 되게 하고, 너에게 복을 주어서, 네가 크게 이름을 떨치게 하겠다. 너는 복의 근원이 될 것이다.…땅에 사는 모든 민족이 너로 말미암아 복을 받을 것이다'"(창 12:1-3). 민족을 이루려면 백성과 땅이 필요하다. 하나님의 부르심으로 아브라함은 그가 본래 태어난 지역의 사람들과 땅을 떠난다. 하나님의 선물은 (이삭이 태어나는 기적을 통해) 그에게 자손을 보장하고, 또한 (출애굽의 기적을 통해) 그의 자손이 땅을 소유하는 것을 보장하는데, 이런 소유는 모든 양면성을 수반한다.

헤겔의 표현을 쓰자면, 아브라함에게 이삭을 제물로 바치라고 하신 하나님의 명령은, 아브라함과 세상의 관계를 하나님이 '매개'하신다는 점을 강조한다.[7] "너의 아들, 네가 사랑하는 외아들 이삭을 데리고 모리아 땅으로 가거라.…그를 번제물로 바쳐라"(창 22:2). "아버지의 집을 포기했던 사람은 이제 자신의 목숨을 걸었던 아들마저 포기해야 한다."[8] 하나님이 주신 땅에 대한 약속의 성취 역시 바로 이 아들에게서 나올 자손에게 달려 있었다. 이 시련은 시험이다. 아브라함은 시험을 통과하고, 아들을 돌려받는다. 그의 자손들 역시 약속된 땅을 받는다.

그러나 오디세우스에게 그랬던 것처럼, 그리고 현대적 형태의 이교도에게도 여전히 그런 것처럼, 아브라함과 그의 자손에게는 조상의 계보('혈통')와 땅('모국' 혹은 '조국')이 삶의 주요한 지향점이나 신성함의 빛을 발하는 시초적 현장이 될 수 없다.[9] 그것은 부분적으로 규정된 영토와 결부된

---

[7] Hegel은 반유대주의일 정도로 아브라함에 대해 비판적임에도 불구하고, 다음과 같이 바르게 논평한다. "아브라함은 하나님을 통해서 세상과의 간접적 관계에, 그에게 유일하게 가능한 종류의 세상과의 연결 고리에 도달했다"(Hegel, "Spirit of Christianity," p. 187). Hegel이 아브라함을 받아들이는 일반적인 태도에서 보이는 반유대주의에 대해서는 Lévinas, *Difficult Freedom*, pp. 235-238를 보라.

[8] Levenson, *Inheriting Abraham*, p. 69.

[9] 극우 민족주의 관점에서 글을 쓰며 스스로를 현대 '이교도'로 묘사하는 Alain de Benoist는 아브라함이 조상의 혈통 및 모국과 맺는 관계를 비판한다. Benoist, *On Being a Pagan*,

조상의 혈통이 갖는 우선성이 인류를 현지인과 이방인으로 나누기 때문이며, 바벨의 여파로 인류의 상태가 되어 버린 갈등으로 가득 찬 우주적 유배 상태를 강화하기 때문이다.[10] 그러나 아브라함에게는 혈통과 땅이 완전히 무시되지 않고, 하나님과, 모든 사람과 장소에 대한 하나님의 주장에 종속된다.[11] 결과는 거리감과 소속감, 집과 여정, 하나님께 방향을 정한 삶과 하나님이 약속하신 보편적 복 사이의 끊임없는 변증법이었다.[12] 에마뉘엘 레비나스는 이러한 전통의 반향을 상기시키는 동시에 더욱 급진적으로 해석해 다음과 같이 쓴다. "우리는 이타카로 귀환하는 율리시스[오디세우스]의 신화를 아브라함의 이야기와 대립시키고 싶어 할 것이다."[13] 여전히 미지의 땅으로 가기 위해 자신의 고향을 **영원히** 떠난 아브라함은 심지어 자신의 종에게 자신의 아들을 그 출발점으로 데려가는 일조차 허락하지 않았다. 여기서 집은 끝없이 후퇴하는 것처럼 보인다.

집들의 집

서구 역사에서, 특히 탕자의 이야기에서도 활용된 것처럼, 아브라함의 이야기는 오디세우스의 이야기보다 훨씬 큰 영향력을 발휘해 왔다. 기독교 세계가 이어진 수 세기 동안, 그것은 하나님의 우주적 도성에 이르는 지상의 여정을 위한 중심적 심상이 되었다. 세계 역사가 현대적 특징을 성취하기 위해 움직여 가는 동안 그 이야기는 세속화되었다. 그러나 오디세우

---

    pp. 94-99.
10 Lévinas, *Difficult Freedom*, p. 232를 보라.
11 Willie Jennings는 출애굽과 가나안 땅 점령의 이야기에서 유사한 역학을 지적한다. Jennings, *Christian Imagination*, pp. 255-257.
12 거리감과 소속에 대해서는 Volf, *Exclusion and Embrace*, pp. 25-48를 보라.
13 Lévinas, *En découverant l'existence avec Husserl et Heidegger*, p. 191, Davis, *Introduction to Levinas*, p. 33에 실린 번역(강조 추가).

스의 이야기 역시, 조화될 수 없는 여러 집들의 다원성과 그들 간의 분투라는 전제와 함께 언제나 살아 있었고, 현재에는 재유행하고 있다. 탕자의 이야기를 받아들인 이들에게 오디세우스가 제기하는 도전은, 세상의 집들의 다원성을 존중하면서도 그 보편성을 확증하는 것이다. 오디세우스의 이야기를 받아들인 이들에게 탕자가 제기하는 도전은, 특정한 집에 대한 사랑이 '이방인'에 대한 공격성으로 변질되지 않게 하는 것이다. 그 이방인들이 집의 경계 안에 살든 밖에 살든 상관없이 말이다.

두 도전을 만족시키기 위해, 우리는 '집들의 집'으로서의 세상이라는 이미지를 제안한다. 이는 종종 탕자의 전통과 연계되는 추상적 코스모폴리탄주의와 종종 오디세우스의 전통과 연계되는 논쟁적 다원주의 양쪽 모두에 대한 대안이다. 우리는 아브라함의 유산이 남긴 주된 특징을 이어 간다. 즉 하나님이 백성과 땅에 대한 우위를 가지시며, 사람들이 그들 자신 그리고 땅과 맺는 관계를 매개하신다. 바로 그것이 **약속의** 땅이 함축하는 바다. 우리의 기독교적 이해에 따르면, 종말론적인 '약속의 땅'은 세상 안에 국한된 어떤 사회적·물질적 공간이라기보다, 인간이 거주하는 온 세상이다. 그러나 '새 땅'이 구분 없는 공간은 아니다. 그 땅이 구분되지 않는 공간이라면, 유한한 존재들이 품는 애착과 소속감에 필요한 제한되고 국한된 형태도, 하나님이 이스라엘과 맺으신 영원한 언약도 지킬 수 없게 된다. 하나님이 함께 거하실 인류는 구분되지 않는 하나의 덩어리로 존재하지 않을 것이다. 이스라엘의 하나님은 많은 "백성"(*laoi*, '라오이', 복수형이다—옮긴이)의 하나님이 되실 것이다(계 21:3). 코스모폴리탄주의에 맞서, 성경적 전통은 집의 중요성을 확증한다. 그것 역시 아브라함의 유산이다. 집에 대한 강조가 다툼이 끊이지 않는 집의 다원주의로 넘어가는 것을 막는 방법은, 모든 사람과 모든 공동체가 서로와 맺는 관계를, 또한 그들이 그 모든 특정한 집들을 아우르는 이 행성 차원의 집과 맺는 관계를 매개하시는 한 분의 하나님께 헌신하는 것이다. 바로 이것이 집들의 집에 대한 비전이다. 그들 자체로도 집들인 일련의 더 넓은 여러 문맥 안에 서로 맞물려 자리를 잡으면서, 또 서로가 함께 집에 거하는 집들이 된다(서곡을 보라).

집들의 집은 종말론적 비전이다. 그 중간에, 우리의 모든 집이나 여정은 언제나 되어 가는 과정에 있다. 모든 집은 그 자체가 되어 감의 여정이다. 최선의 경우, 그것은 통과할 수 있는 경계를 가지고 다른 집들과의 역동적인 교류 안에서 존재하는 물질적·사회적 공간에 대한 사랑으로 나아가는 여정이다. 그뿐만 아니라 이러한 집들의 집인 더 넓은 물질적·사회적 공간에 대해 사랑으로 나아가는 여정이다. 그러한 변혁적 되어 감은 만물의 이야기가 그 기원으로 돌아가는 것으로 끝나는 한 이유지만, 그 여정은 또한 새로운 시작과 함께 그렇게 한다. 다른 이유는 하나님이 "**모든 것을 새롭게 한다**"라고 약속하셨기 때문이다(계 21:5). 따라서 진정한 집에 도착하는 것은 역사적 시간의 흐름 안에서 일어나는 하나의 '사건'이 아니다. 즉 어떤 본원적 과거로 돌아가는 것도, 유토피아의 미래로 도약하는 것도 아니다. 앞으로 살펴보겠지만, 그것은 모든 옛것과의 결정적 단절을 나타내지만("이전의 땅이 사라지고," 21:1), 구속받은 과거의 모든 것을 그 자체 안에서 모아 낸다.

오디세우스 이야기에서, 그리고 정도는 덜하지만 아브라함 이야기에서 폭력은 삶의 일부로 받아들여진다. 반대로, 탕자 이야기에서는 비폭력적 사랑의 법이 관계를 지배한다. 비폭력은 그리스도께서 첫 번째 오신 사건에서 중심적 요소였고, 따라서 그리스도의 영이 제자들 안에 거하기 위해 오실 때도 마찬가지다. 그러나 요한계시록에서는 특정 종류의 폭력이 잠재적으로 무대 중심에 돌아온다.[14] 요한계시록은 집을 만드는 그리스도를 단지 신실한 증인이 되기 위해 "죽임을 당한" 어린양으로 그릴 뿐만 아니라, 메시아적 전쟁을 벌이고 승리하는 사자로도 묘사한다. 그리고 바로 이 지점에서 도전은 예리해진다. 결정적인 질문은 사자의 전쟁이 어린양의 비폭력을 대체하는 것으로 끝나는가 하는 점이다.

하나님의 집은 어떻게 이루어지며, 어떤 모습으로 드러날 것인가? 그 집은 특정성과 보편성 둘 다 존중할 수 있는가? 어린양의 승리 안에는 폭력이 존재할까? 만약 그렇다면 그것은 어떤 종류의 폭력인가? 그리고 무엇보다 이 모든 일은 어디에서 일어날 것인가?

하늘 아니면 땅?

고별 설교를 시작하면서 예수님은 제자들에게 자신이 떠날 것이고, "다시 와서 너희를 나에게로 데려다가, 내가 있는 곳에 너희도 함께 있게 하겠다"라고 말씀하신다(요 14:3). 그분의 말씀은 우리의 기획에 결정적인 두 가지 질문을 제기한다. 그 대답이 집 만들기 이야기 전체가 어떻게 끝날 것인지 결정하기 때문이다. (1) 요한은 예수님이 **언제** 다시 오실 거라고 암시하는가? 부활 직후 성령이 함께 오시면서인가? 아니면 미래의 어느 '마지막 날'인가? (2) 제자들은 **어디에서** 예수님과 함께 있을 것인가? '하늘'의 처소 아니면 새로워진 땅인가? 우리는 첫 번째 질문을 철저하게 다룸으로써, 그 답으로 두 번째 질문에 대한 답을 조명할 생각이다.

---

14 요한계시록에서 그리스도가 육신으로 또한 성령 안에서 오시는 사건과 세 번째와 마지막 오시는 사건 사이의 긴장에 대해서는 Bauckham, *Theology of the Book of Revelation*, p. 104를 보라.

거할 곳

요한복음 14:2-4에서 예수님은 제자들에게 "내 아버지의 집에는 있을 곳이 많[고]," 너희가 "있을 곳을 마련하[실]" 것이며, 자신이 어디로 가는지 그들이 "그 길을 알고 있다"라고 말씀하신다. 도마는 고별 설교에 불쑥 끼어들며 참견한다. "주님, 우리는 주님께서 어디로 가시는지도 모르는데, 어떻게 그 길을 알겠습니까?" 예수님은 자신이 **그들을 어디로 데려가고 계신지** 말씀하신다. 즉 '어디에서'의 질문에 답함으로써 도마의 질문에 간접적으로 답변하신다. "내가 그 길이다." 어디로 가는 길인가? "나를 거치지 않고서는 아무도 **아버지께로** 갈 사람이 없다. 너희가 나를 알았더라면 내 아버지도 알았을 것이다. 이제 너희는 내 아버지를 알고 있으며, 그분을 이미 보았다"(요 14:5-7). 따라서 예수님은 공간적인 개념에서 제자들을 어디론가 데려가시는 것이 아니다. 그분이 오셨고, 아버지를 그들에게로 모셔 왔다.[15]

이는 지상에서 사는 동안 그랬던 것처럼 그분이 떠나신 후에도 여전히 마찬가지일 것이다. 아버지께로 가실지라도, 그분은 자신의 제자들을 고아처럼 버려두지 않으실 것이다. 예수님은 "너희에게 다시 오겠다"라고 말씀하신다(요 14:18). 이 약속은 **언제**의 질문에 대한 한 가지 답을 준다. "조금 있으면"(요 14:19), 성령이 곧 오신다. 아버지와 예수님은 예수님을 사랑하는 이들에게로 "가서 그 사람과 함께 살 것이다"(요 14:23). 예수님이 떠나신 뒤 그리고 그분이 다시 오시기 전(계 21:22-23), 제자들 자신이 하나님이 거하시는 처소이며, **예수님과 아버지가 그들이 있는 바로 그곳에서 그들 안에 거하기 위해 오심으로써** 그들 각자는 아버지에게로, 곧 예수님이

---

15 Marianne Meye Thompson, 2021년 3월 28일, 이메일 교신.

계신 '곳'으로 '인도받는다.'

요한복음 17장은 이러한 해석을 확인해 준다. "아버지, 아버지께서 내게 주신 사람들도 내가 있는 곳에 나와 함께 있게 하여 주시고, 창세 전부터 아버지께서 나를 사랑하셔서 내게 주신 내 영광을 그들도 보게 하여 주시기를 빕니다"(요 17:24). 이 말이 천상에서 예수님과 함께 있는 장면을 묘사하는 것처럼 들린다면, 예수님은 곧바로 이런 생각을 뒤집으신다. 곧이어 그분은 자신이 오신 목적이 오직 "아버지께서 나를 사랑하신 그 사랑이 그들 안에 있게 하고, 나도 그들 안에 있게 하려는 것"이라고 말씀하신다(요 17:26). 예수님이 그들 안에 있기 위해 오심으로써, 또한 그들을 개별적으로 그리고 공동체적으로 하나님의 처소가 되게 하심으로써, 그들은 예수님과 함께 있게 된다. 따라서 예수님이 계신 곳에 있는 제자들은 어디에 있는가? 요한복음 17:24에 대한 주석에서, 해럴드 애트리지는 이렇게 답한다. "아마도 친교의 식탁에 둘러앉아 유월절 사건에 대해 읽고(혹은 듣고), 죽임 당한 어린양의 영광을 보도록 훈련된 눈으로 보고, 함께 식사를 나누고 [있을 것이다.]"[16] 유월절 사건이 계시된 영광에 초점을 맞추기는 하지만, 그 전체를 보여 주지는 않는다. 제자들을 부르는 사건에서 무덤에서 부활하시는 사건까지, 예수님의 전체 이야기는 예수님의 영광에 대한 계시다. 그들과 물리적으로는 떨어져 있지만, 성령을 통해 **그들 안에** 계신 예수님은(요 14:17), 복음 전체의 증언에서 계속 **그들과 함께** 계신다. 그들은 성령이 열어 주신 눈으로 그분의 영광을 볼 수 있다(참조. 요 16:12-14).

이렇게 제자들 안에 거처를 삼으러 예수님이 오시지만 앞에서도 지적했듯 최종적인 오심은 아니다. 그렇다면, 거기에 '언제'의 질문에 대한 두

---

16 Attridge, 2021년 4월 8일, 이메일 교신.

번째 답이 있다. 예수님이 부활하고 성령을 보내 주신 이후에도, 그리고 복음서가 쓰인 이후에도, 그분은 여전히 장차 오실 분으로 남아 있다. 바로 그것이 요한복음 마지막에 나오는 "내가 올 때까지"라는 말씀이 강조하는 바다(요 21:22). "마지막 날에" 최종적으로 오실 때, 그분은 자신의 소유인 사람들을 부활의 생명으로 일으키실 것이다(요 6:39-40; 참조. 5:28-29). 그날, 예수님은 더 이상 오직 **그들 안에만** 계시거나 복음의 증언 안에서 그들과 **함께** 계시기만 하지 않을 것이다. 또한 그분은 **하나님의 집이라는 더 넓은 공간에서, 인식 가능한 형태로 임재함으로써** 그들과 함께 계실 것이다. 부활한 하나님의 백성이 부활하신 그들의 주님과 함께하는 것이다.

그런 일은 어디에서 일어날까? 바로 이것이 **어디에서** 질문의 두 번째 형태이며, 요한복음은 그 질문에 답하지 않는다.[17] 하나님께로부터 왔고 하나님께로 곧 돌아가실 예수님은(요 13:1) 영지주의에서 말하는 구속자처럼, 구속받은 이들을 자신과 함께 '위의 세상'으로 데려가는 구출 임무를 위해 적의 영토인 '아래 세상'에 그저 짧게 난입하셨던 것인가?[18] 덜 영지주의적으로 말한다면, 그분은 자신을 하나님의 백성(또한 하나님의 세상)과 하나로 묶어 그들을 아버지께로 데려가셨는가? 아니면 그분은 "저 하늘, 저 하늘 위의 하늘이라도…모시기에 부족할" 분임에도 불구하고, "땅 위에" 거하러 오신 하나님인가?(왕상 8:27) 하나님이 거하신 성막과(출 40:34-38) 성전이 있던 바로 그 땅에 말이다. 첫 번째 경우에서는 하나님이나 하

---

17 예수님이 예비하러 가신다고 말씀하시는 "거처"(monai, '모나이': 요 14:2 개역개정)는 보통 '천국'으로 추정되며, 이는 우리의 해석을 반박하는 근거로 사용할 수 있다. 그러나 N. T. Wright는 *Brill Dictionary of Ancient Greek*에 나오는 헬라어 사용법을 들어, monē(모네)가 최종 목적지가 아닌 "여행을 마치기 전 쉬어 가는 곳"이라고 주장한다. Wright, "Purgatory."

18 어떤 주석가들은 '영지주의적 구속자 신화'가 요한복음을 구성한다고 믿는다(Becker, *Evangelium nach Johannes*, pp. 177-178을 보라). 우리는 그런 생각을 요한복음과 이질적인 것으로 간주한다. Frey, *Glory of the Crucified One*, pp. 172-173을 보라.

나님의 천상 거처가 땅의 존재들을 위한 참된 집일 것이다. 두 번째 경우에서는 그 땅의 존재들과 땅이 하나님의 집일 것이다. 요한은 이 두 경우에 대해 모호한 태도를 취한다. 추론해야 한다면, 그 '어디'는 부활의 새로운 물질성에 알맞은 물질적·사회적 환경이라 말할 수 있다.

우리가 들려주는 하나님의 집 만들기 이야기의 결말을 더 잘 이해하려면, 그 주제에 딱 맞는 기독교 성경의 마지막 책, 마지막 장들에 대한 연구로 요한복음을 보완해 읽을 필요가 있다.

거룩한 도성이 내려오다

지난 장에서 예수님과 제자들의 선교를 살펴보면서 언급한 이사야서의 두 본문(사 11:1-9; 42:1-4)은 하나님의 집 만들기 사역이 새 하늘과 새 땅의 창조로 끝날 것임을 시사한다. 제2이사야는 "새로 일어날 일들"에 대한 약속을 하나님이 세상을 창조하신 일과 연결하며(사 42:5-9을 보라), 최종적 구속을 새 창조로 부른다. "보아라, 내가 새 하늘과 새 땅을 창조할 것이니, 이전 것들은 기억되거나 마음에 떠오르거나 하지 않을 것이다"(사 65:17). 이는 우주가 무로 돌아가고 새로운 우주가 옛 우주를 대신한다는 생각이 아니라, 근본적으로 변화된 세상에 대한 생각이다. 즉 "과거와는 다른 종류의 새로운 세계 질서"가 확립된다는 뜻이다.[19]

요한계시록은 하나님의 집이라는 주제를 꺼내 들어 이러한 예언자의 종말론적 심상에 살을 입힌다.

나는 새 하늘과 새 땅을 보았습니다. 이전의 하늘과 이전의 땅이 사라지

---

19 Childs, *Isaiah*, p. 537.

고, 바다도 없어졌습니다. 나는 또 거룩한 도성 새 예루살렘이, 남편을 위하여 단장한 신부와 같이 차리고, 하나님께로부터 하늘에서 내려오는 것을 보았습니다. 그때에 나는 보좌에서 큰 음성이 울려 나오는 것을 들었습니다.

"보아라, 하나님의 집이 사람들 가운데 있다.

하나님이 그들과 함께 계실 것이요,

그들은 하나님의 백성이 될 것이다.

하나님이 친히 그들과 함께 계시고,

그들의 눈에서 모든 눈물을 닦아 주실 것이니,

다시는 죽음이 없고,

슬픔도 울부짖음도 고통도 없을 것이다.

이전 것들이 다 사라져 버렸기 때문이다." (계 21:1-4)

이전 하늘과 이전 땅이 사라지는 것은 하나님과 하나님 백성이 이 땅이 아닌 어딘가에 거주하게 됨을 암시한다(참조. 계 13:6). 그러나 요한계시록은 모호하게 말하지 않는다. 어린양이 하나님을 위해 값을 치른 이들이 "땅을 다스릴 것"이라고 말한다(계 5:10). 요한복음의 언어를 사용하면, 새 땅은 아버지와 성령과 더불어 예수님이 그분의 제자들과 함께 거할 더 큰 집이다.

옛것에서 새것으로

예수님이 최종적으로 오시는 사건은, 지금의 세상이 (온전히) 하나님의 집이 된 세상으로 넘어가게 해 주는 경첩이다. 즉 옛 세상의 종말과 새 세상의 시작을 이어 준다. 역사의 중간에서 예수님은 십자가에 달려 죽으면서 그 일을 마치셨지만, 그럼에도 불구하고 예수님의 일은 교회의 선교를 통해 계속되어야 한다. 그것은 오직 하나님이 창조 세계 안에 거하기 위해 최종적으로 그리고 영구불변적으로 오신 후에야 완성된다. 새 예루살렘이 새 땅 위에 내려온 뒤 하나님은 "모든 것이 이제 다 이루어졌다"(*gegonan*, '게고난')라고 말씀하신다(계 21:6, 옮긴이 사역).[20]

마지막 일들로 이어 주는 다리

역사의 중간에서 이루어진 완성과 마지막에서 이루어질 완성은 매우 달라 보이고, 심지어 양립할 수 없어 보인다. 십자가에서 예수님은 폭력을 경험하지만, 종말에 그분은 우주적 규모로 그 폭력을 행사하시는 것처럼 보인다. 그러나 그 둘을 이어 주는 견고한 다리가 있다. 요한복음에서, 떠나가시는 예수님은 시간의 흐름에 대해 **"내가 올 때까지"**라고 말씀하신다(요 21:22). 여기서 일인칭 단수는 중대한 의미를 지닌다. 예수님이 그분의 삶과 죽음, 부활에서 구원의 역사를 **완성하셨기** 때문에, 그분이 다시 오실 때 일어날 일은 오직 그분이 이미 성취하셨던 바로 그 동일한 사명에 대한 일종의 **반복**, 혹은 행성 전체의 차원에서 행해지는 시연일 수밖에 없다. 요한계시록은 밧모섬의 요한이 보기에, 악에 대한 완전한 승리를 가져와야 할 "유다 지파에서 난 사자, 곧 다윗의 뿌리"가 다름 아닌 "죽임을 당한 것과 같[이]" 서 있던 "어린양"이라는 점을 지적함으로써 이 사실을 보여 준다(계 5:5-6). "보아라, 내가 곧 가겠다"라는 말씀은 그 삶과 죽음, 부활을 통해 승리를 거두고 하나님 보좌에 앉아 있는 어린양의 말이다.[21] 동일한 특성을 가진 동일한 행위 주체가 중간에서처럼 마지막에도 동일한 일을 하고 있다.

---

20 *gegonan*을 이렇게 번역한 것은 Aune, *Revelation*, pp. 17-22, 1126를 보라.
21 Frey, "Was erwartet die Johannesapokalypse?," p. 507를 보라.

요한복음에서 예수님은 죽은 자를 새로운 생명으로 일으키고 심판함으로써 옛 세상의 종말과 새 세상의 시작을 가져오신다. "아버지께서 자기 속에 생명을 가지고 계신 것같이 아들에게도 생명을 주셔서, 그 속에 생명을 가지게 하여 주셨기 때문이다. 또, 아버지께서는 아들에게 심판하는 권한을 주셨다. 그것은 아들이 인자이기 때문이다. 이 말에 놀라지 말아라. 무덤 속에 있는 사람들이 다 그의 음성을 들을 때가 온다. 선한 일을 한 사람들은 부활하여 생명을 얻고, 악한 일을 한 사람들은 부활하여 심판을 받는다"(요 5:26-29). 전환은 세상의 물질적 상태와 도덕적 상태 둘 다의 변혁을 포함한다(부활의 새로운 물질성과 선한 것으로 돌아가는 것). 물질적 영역과 도덕적 영역 모두에서 변혁은 앞으로도 작용하고 뒤로도 작용한다. 즉 새로운 무언가(새로운 생명력과 새로운 도덕적 가능성)의 창조와 '있던 것'의 구속(죽은 자를 일으키는 것과 신원 혹은 유죄선고를 통해 심판함으로써 일들을 바로잡는 것)으로 구성된다.[22] 죽은 뒤 다시 살아난 분과 종말론적 전환의 행위 주체가 동일하다는 사실을 고려할 때, 우리는 마지막에 그리스도가 행하실 복합적인 사역을 중간에 일어났던 예수님의 삶과 죽음, 부활에 상응하는 방식으로 해석해야 한다. 시간의 접힘 안에서 그 둘은 중복된다.

앞으로 나아가기 전, "마지막 일들"을 기술하는 데 우리의 언어는 어쩔 수 없이 더듬거리고 종종 거의 완전히 실패한다는 사실에 주의를 기울여야 한다. 그런 사실은 놀랍지 않은데, 언어는 옛 세상에서 나오는 동시에 부분적으로 옛 세상을 구성하기 때문이다. 이러한 언어의 부적절성은 이

---

[22] "있던 것"이라는 표현은 Nietzsche의 "It was[Es war]"를 되풀이한다(*Thus Spoke Zarathustra* 2부, "On Redemption," p. 110). Nietzsche에게 과거의 '구속'은 그것의 완전히 모호한 가운데 과거를 단순히 인정하는 것이다. 『차라투스트라는 이렇게 말했다』(열린책들). *Unfashionable Observations*에서, 그는 "사는 것과 불의하게 존재하는 것은 하나이며 동일한 것"이기 때문에, 모든 과거는 "심판받아 마땅하고" 소멸되어 마땅하다고 말한다(pp. 106-107). 과거는 도덕적 관점에서 구속받을 수 없다.

책과 같은 신학의 특징일 뿐 아니라, 마지막 일들을 묘사하는 성경 본문을 형성하기도 한다. 그중 가장 대표적인 본문이 바로 요한계시록이다. 요한계시록의 언어가 드러내는 기묘함은 잘 알려져 있다. 이미지와 상징으로 가득하며, 종종 서로 앞뒤가 맞지 않는다. 부분적으로, 표현이 난해하고 복합적인 이유는 요한계시록이 제국의 권력에 저항하는 암호 같은 언어로 말한다는 사실 때문이다. 그러나 그 주된 이유는 요한계시록이 마지막 일들에 대한 비전, 형태가 변화된 세상에 대한 비전을 제공하기 때문이다.

지금에 대한 메시지와 마지막 때에 대한 비전의 결합은 본문을 해석하는 데 결정적이다. 요한계시록의 목표는 무슨 일이 일어날지 예측하는 것이 아니다. 십자가에 달리신 분을 따르는 이들인 그리스도인들이 하나님이 악에 대하여 거두신 승리에 동참하게 하고, 왜곡된 형태의 현재 세상에서 하나님으로부터 비롯되는 선에 대한 소망을 불러일으키는 동기를 부여하는 것이다. 이에 상응해, 요한계시록의 독자들이 마지막 일들에 대해 말할 수 있는 까닭은, 무슨 일이 일어날지 **알기** 때문이 아니라, 그리스도의 이야기와 그것을 해석한 신약 저자들의 종말론적 비전을 알게 됨으로써 소망 안에서 꿈꾸고 행동하도록 부름받았기 때문이다. 바울이 "우리가 보이지 않는 것을 바라면"이라고 말한 것에 대해(롬 8:25) 마르틴 루터가 주석을 쓰면서 지적했듯이, 현재 세상에서 그리스도인이 품는 소망의 대상은 언제나 어둠 안에 있다.[23] 옛것의 종말과 새것의 시작을 말하는 데 적합한 언어는 "이루 다 말할 수 없는" 열망이 탄식하는 형태를 띤다(롬 8:26). 우리는 여기에 또 다른 신약 저자를 불러와 "말로 다 표현할 수

---

23   *LW* 25:368를 보라.

없는 즐거움과 영광"의 '외침'을 추가할 수 있다(벧전 1:8; 참조. 4:13). 천사의 말이 아닌 평범한 말이라는 점만 빼면 약간은 방언처럼 들리는 언어다.

부활

예수님이 죽은 자들 가운데서 부활하신 것은 하나의 단절된 사건이 아니라, 죽은 자들이 맞을 보편적 부활에 대한 예견이며 약속이다.[24] 요한계시록 시작 부분에서 요한은 예수님을 "죽은 사람들의 첫 열매"로 묘사한다(계 1:5). 그 자신이 일으킴을 받은 것처럼, 그분은 나머지 인류를 일으키실 것이다. 예수님은 자신을 이런 말로 소개하신다. "나는 처음이며 마지막이요, 살아 있는 자다. 나는 한 번은 죽었으나 보아라, 영원무궁하도록 살아 있어서 사망과 지옥의 열쇠를 가지고 있다"(계 1:17-18).

영원히 지속되는 생명.[25] 죽음을 극복하는 꿈은 인류만큼 오래되었고, 기술적으로 '죽음을 해결'하려는 트랜스휴머니스트(과학기술을 이용해 인간의 정신적·육체적 기질과 능력을 개선하려는 트랜스휴머니즘을 주장하는 이들을 말한다-편집자)의 시도만큼 새롭다.[26] 우리 자신의 필멸성에 대한 예리한 인식은 비애의 축축한 안개로 우리의 지평을 뒤덮는다. 대안적으로, 삶이 짧다는 인식은 우리의 경험에 더 큰 중요성을 부여할 수 있다. 어떤 쪽이든, 죽음에 다가간다는 사실은 우리에게 영향을 끼치며, 우리는 죽음에 대한 공포를 절대적 두려움으로 경험한다. 헤겔이 표현한 대로 죽음은 우리에게서 그저 이것이나 저것, 이 순간이나 저 순간이 아닌 우리의 "전 존재"를

---

24 **죽은 자들의 부활**과 **죽은 자들 가운데서** 부활의 차이뿐만 아니라 그것을 예견하고 약속한 점에 대해서는 Moltmann, *Crucified God*(2015), pp. 242-253를 보라.
25 비시간적 영원성보다는 시간적이고 영원히 지속되는 생명으로서 장차 올 세상의 생명에 대해서는 Volf, "Enter into Joy!"를 보라.
26 트랜스휴머니스트 종말론에 대한 최근의 광범위한 신학적 관여와 비판에 대해서는 Dürr, "Homo Novus"를 보라. 참조. Huberman의 인류학적 분석, *Transhumanism*, pp. 47-67.

앗아 가는 "절대 주인"처럼 보이기 때문이다.[27] 그러나 이러한 절대적 두려움 자체는 진정으로 절대적이지 않다. 죽음이 절대 주인이 **아니기** 때문이다.

사랑은 죽음보다 강하며, 4장에서 살펴보았던 것처럼 바로 사랑이 죽음에 대한 예수님의 첫 번째 승리다. 다가오는 몹시 고통스러운 죽음 앞에서 예수님은 이렇게 말씀하신다. "지금 내 마음이 괴로우니 무슨 말을 하여야 할까? '아버지, 이 시간을 벗어나게 하여 주십시오' 하고 말할까? 아니다. 나는 바로 이 일 때문에 이때에 왔다. 아버지, 아버지의 이름을 영광스럽게 드러내십시오." 그 이후, "하늘에서 소리가 들려왔다. '내가 이미 영광되게 하였고, 앞으로도 영광되게 하겠다'"(요 12:27-28). 증인이자 죄를 짊어지고 가는 이로서 기꺼이 죽음을 향해 가시는 예수님의 행위야말로 죽음을 이긴 사랑의 승리다. 바로 그것이 십자가의 죽음이 그분을 영광스럽게 하는 이유다. 그분의 영으로 힘을 공급받는 그리스도를 따르는 이들은 그분이 걸으신 길을 따라 걷는다.

> 이제 우리 하나님의 구원과 권능과
>> 나라가 이루어지고
>> 하나님이 세우신 그리스도의 권세가 나타났다.
> 우리의 동료들을 헐뜯는 자,
>> 우리 하나님 앞에서 밤낮으로 그들을 헐뜯는 자가 내쫓겼다.
> 우리의 동료들은 어린양이 흘린 피와
>> 자기들이 증언한 말씀을 힘입어서 그 악마를 이겨 냈다.
> **그들은 죽기까지 목숨을 아끼지 않았다.** (계 12:10-11)

---

27   Hegel, *Phenomenology of Spirit*, §194.

그리스도처럼 그분을 따르는 이들도 마찬가지다. 즉 그리스도에 대한 믿음과 사랑으로 동기부여된 증언은 사랑하는 이들을 위한 죽음이 일으키는 두려움을 이긴다.[28]

사랑하는 이들의 생명을 위해 기꺼이 죽는 이들에게 사랑하는 이들의 생명은 그들 자신의 생명보다 중요하다. 이들은 친구를 위해 목숨을 버리는, 모든 사랑 중에 가장 큰 사랑을 실천함으로써 예수님의 "새 계명"을 성취한다(요 13:34; 참조. 15:13). 그러나 사랑을 하는 이들은 자신이 사랑하는 이들만이 아니라 그들 자신도 살기를 바라고, 그 결과 자신이 사랑하는 그들과 함께할 수 있고 그들을 사랑할 수 있기를 원한다.[29] 그들은 양쪽 모두의 생명을 원하고, 그들 사이의 사랑을 원한다. 그러나 사랑을 하는 이들은 단순히 생존 이상의 것을, 즉 생명의 충만함을 원한다. 부활은 사랑이 바라는 두 가지, 즉 생존과 번영 둘 다를 충족시킨다. 요한계시록에서 부활의 생명은 단지 생명의 무한한 연장이 아니라 영원히 지속되는 생명력이다. 최초의 집이었던 동산에서 일어난 대재앙 이후 인류가 더 이상 접근할 수 없게 된 "생명나무"(창 3:22)가 새 예루살렘에 있다는 사실이 바로 그 점을 상징한다(계 22:2).

우리는 마지막 장에서 새 예루살렘의 삶으로 돌아갈 것이다. 여기서는 생명수처럼(계 21:6; 22:17), 생명나무 역시 모든 이들에게 값없이 주는 선물임을 주지하는 것으로 충분하다. 이것은 단지 '자연적인' 풍요가 아니며, 창조된 생명 자체와 마찬가지로 하나님이 끊임없이 주시는 관대함의 열매

---

28 요한계시록에 나오는 증언에 대해서는 Blount, *Can I Get a Witness?*를 보라.
29 Martin Hägglund에게 죽음은 삶에 대한 사랑에서 부딪힐 수밖에 없는 삶의 한계다(*This Life*, pp. 187-211, 361). 그러나 Hägglund와 반대로, 상실의 가능성은 우리가 삶에 부여하는 가치를 심화시킬 수 있지만, 가장 근본적인 수준에서 우리는 상실을 두려워하기 때문에 사랑하는 것이 아니다. 오히려 우리는 사랑하기 때문에 상실을 두려워한다. 사실, 상실에 대한 두려움은 많은 면에서 사랑을 약화시킨다.

다. 삶을 진정으로 살아 있게 만드는 것은 풍부한 다양성과 고품질의 재화가 아니다. 그러한 재화가 사람들을 향한 하나님의 사랑 그리고 하나님과 서로를 향한 사람들의 사랑이 보여 주는 관계의 교점이 된다.[30] 생명나무는 우리가 살펴보았던 것처럼 요한복음이 영원한 생명의 표지로 인식하는 "생명을 얻고 또 더 넘치게 얻[는]" 것을 상징한다(요 10:10, 6장을 보라).

새로운 세상. 인간은 창조 세계 공동체의 분리될 수 없는 일부분이기 때문에, 개인의 종말론은 우주적 종말론과 상응해야 한다. "창조주 하나님과 구속자 하나님이라는 두 하나님이 계시는 것이 아니라," 구속받고 완성된 창조 세계의 하나님 한 분만 계시기에, 그 두 가지는 분리될 수 없다.[31] 요한계시록에서 마지막 환상은 다음의 말로 시작한다. "나는 새 하늘과 새 땅을 보았습니다. 이전의 하늘과 이전의 땅이 사라지고 바다도 없어졌습니다"(계 21:1). 여기서 사라진다는 것은 옛 하늘과 옛 땅이 문자 그대로 소멸된다는 의미가 아니다.[32] 상상조차 할 수 없는 큰불에 다 타 없어지는 것이든, 하나님이 존재를 유예해 모든 것이 무로 돌아가게 하시는 것이든(*reductio in nihilum*, '레둑티오 인 니힐룸') 말이다. 이사야의 종말론적 예언과 부합해 새로운 창조 세계는 변혁된 옛 창조 세계, 즉 '크레아티오 엑스 니힐로'(*creatio ex nihilo*, 무로부터의 창조—옮긴이)가 아닌 '크레아티오

---

30   4장("표징" 단락)과 6장을 보라. 우리가 '우리 자신을 받아들이는' 것에 기인하며 우리가 다른 이들에게 제공하는 사랑과 생명력 사이의 관계에 대해서는 Moltmann, *Coming of God*, pp. 53-54를 보라.
31   Moltmann, *Coming of God*, p. 259.
32   "Was erwartet die Johannesapokalypse?"에서 Frey는, 요한계시록 21:1에 대한 가장 좋은 해석은 옛 창조 세계를 새것으로 **대체**하는 것을 옹호하는 방식이라고 주장한다. 그러나 그는 그러한 해석에 역행하는 본문의 측면들이 반복적으로 나오는 점을 주지해야 한다. 우리가 볼 때, 하나님 앞에서 떠나가는 "땅과 하늘"의 언어는 심판하시는 하나님 앞에서 세상의 현재 형태가 지닌 도덕적 부적합성을 상징한다(계 20:11). 그래서 21:1의 '사라짐'의 언어 역시 하나님이 구속하시는 창조 세계의 도덕적 측면과 존재론적 측면의 복합적 부적합성을 상징한다고 할 수 있다.

엑스 베테레'(*creatio ex vetere*, 옛것으로부터의 창조―옮긴이)다.

요한계시록은 새로운 창조의 세 가지 특징을 강조한다. 첫째, 새 창조에서는 **다시는 죽음이 없다**(계 21:4). 우리는 죽음을 두려워하지 않는 사랑과 한 사람이 새로운 생명으로 살아나는 것을 통해 죽음에 대한 개인적 승리를 이미 살펴보았다. 여기서는 그런 비전이 우주적 범위로 확장되는 것을 보여 준다. 즉 죽은 자들이 일어날 뿐 아니라, 죽음 자체가 더 이상 없을 것이다. 물질성 자체의 특성이 변화될 것이다. 필멸성이 극복된다.[33]

둘째, **바다가 더 이상 없다**(계 21:1). 첫 번째 창조처럼, 새로운 창조는 단순히 물리적이고 생물학적인 실재만이 아니다. 그것은 도덕적 요소를 갖는다. 창세기에서 하나님이 창조하신 모든 것은 단지 기능적인 면 이상에서 좋았다. 삶의 선한 영역이 하나씩 차례로 창조되었고, 마침내 "모든 것[이]…참 좋았다"(창 1:31). 원시 역사에서 창조 세계에 대한 인간의 공격이 초래한 일종의 '반창조의'(de-creative) 여파로 창조 세계의 선함은 손상되었다. 8장에서 살펴보겠지만, 바다는 경계가 없으며 그 사나움을 예측하

---

[33] 예를 들어, 바울은 현재의 '물질적 몸'(*sōma psuchikon*, '소마 프수키콘')이 '영적 몸'(*sōma pneumatikon*, '소마 프네우마티콘')으로 변화되리라고 기대하는 것처럼 보이는데, 이는 물질적 몸이 비물질적 몸으로 변화된다는 것이 아니라, 생명의 성령으로 온전히 살아날 것이라는 의미다(고전 15:44; 우리는 N. T. Wright와의 2022년 1월 23일 이메일 교신에서 이런 관점에 대하여 도움을 얻었다). Irenaeus는 고린도전서 7:31을 인용해, '실체'(*hypostasis/substantia*, '휘포스타시스') 혹은 '본질'(*ousia/materia*, '오우시아')이 소멸되는 것을 부인하며, 오직 '모양'(*schēma/figura*, '스케마')이 지나가는 것임을 단언한다(*Against Heresies*, 5.36.1). Augustine은 사물의 '본질'이나 '실체'는 유지되는 반면, '모양'이나 '질'은 변화될 것이라고 말한다(*City of God*, 20.14, 16). Thomas Aquinas 역시 비슷한 입장을 취한다(*SCG*, 4.97). John Calvin은 Augustine을 따라 실체와 질을 구분한다[*Institutes* 3.25.8; *Commentary on the Catholic Epistles*(벧후 3:10), *Commentary on Romans* 8:21]. 우리 시대 신학자들 가운데서, 다른 사안들에 대해서 이러한 이전의 사상가들과 어느 정도 긴장 관계를 이루지만 이 사안에 대해서만큼은 대체로 동의하는 이로는 Johnson(*Creation and the Cross*, pp. 190-193)이 있다. Tonstad(*God and Difference*, pp. 232-246)는 확고하게 불연속성을 밀어붙이면서도 피조물의 새로운 시작을 단언한다. Johann Gerhard를 따르는 Luther파 신학자들은 미래에 (인간과 천사를 제외한) 세상의 소멸을 단언함으로써 이러한 일치된 의견에서 중요한 예외를 이룬다(Moltmann, *Coming of God*, pp. 268-279에 나오는 요약된 논의를 보라).

거나 통제할 수 없다는 점에서 창조 세계를 소멸하는 모든 세력을 대표하며, 창조 세계는 그 존재를 확고하게 하기 위해 이에 맞서야 한다(참조. 창 1:2). 출애굽기에서 그 백성을 이집트의 리워야단 바로에게서 구출하실 때, 하나님은 물을 가르고 그 백성이 마른 땅을 지나 안전한 곳에 이르게 하셨고, 그런 뒤 바로와 그의 군대는 그의 억압적 질서가 세상에서 예시하던 바로 그 혼돈 안에서 종말을 맞이한다(출 15:1-12). 요한계시록이 새 창조 세계 안에 더 이상 바다가 없을 것이라고 말할 때, 그것은 창조 세계의 선함이 어떤 위협에도 노출될 일 없이 확고하게 지켜질 것임을 강조한다.

셋째, **모든 것이 새로워질 것이다.** 요한계시록 시작 부분에서 "나는 알파요 오메가다"라고 말씀하신 분이(계 1:8) 스무 장이 지나는 동안 긴 침묵을 지킨 끝에 마침내 "내가 모든 것을 새롭게 한다"라고 말씀하신다(계 21:5). 이것은 "내가 **모든 새로운 것**을 창조할 것이다. 나는 지금 바다와 죽음이 없는 전혀 다른 세상을 창조하고 있다"를 의미하지 않는다. 역사 속에서 죽었던 이들을 일으키시는 것이 분명하게 보여 주듯("사망과 지옥도 그 속에 있는 죽은 사람들을 내놓았습니다"; 계 20:13), 오히려 하나님은 모든 것을 **다시 새롭게** 하신다. 그렇지 않다면, 사람들이 살았던 삶과 모든 역사는 영원히 구속받지 못한 채 남아 있을 것이다. "민족들의 행복, 국가의 지혜, 개인의 덕이 희생되었던" 역사의 "학살 의자" 위에 무엇이 있었든, 바뀔 수 없는 그 과거 안에 여전히 갇힌 채로 남을 것이다.[34] 소망은 단지 새로운 미래에 대한 것만이 아니라, 어떤 면에서 갱신된 과거에 대한 것, 즉 모든 상처가 치유되고 모든 사람이 화해를 이루는 것에 대한 내용이기도 하다. 다시 한번 그 종말에는, 시간의 접힘을 통해 현재가 모든 과거와 만나 새

---

34 Hegel, *Reason in History*, pp. 26-27.

로운 생명을 다시 가져오고 그것을 새로운 미래로 끌어당긴다.

죽은 자들에게 미래가 있으려면, 그들은 살아나야 한다. 그러나 그들의 과거가 치유되려면, 그들은 종말론적 전환의 두 번째 주요 차원인 마지막 심판을 거쳐야 한다. 그것을 위해서도 시간이 접혀야 한다.

심판

요한계시록의 지배적 주제는 심판이다. 6장에서 19장까지 지나면서, 우리는 순서대로 일곱 봉인이 열리고, 일곱 번의 트럼펫 소리가 울리고, 일곱 대접이 비워짐에 따라 재앙이 폭포처럼 쏟아지며, 바빌론의 멸망에서 그 모든 엄청난 환난이 절정에 이르는 것을 본다. 그러나 요한계시록의 주된 관심은 오직 심판이라는 단 **하나의 요소**이며, 요한계시록은 이를 폭력적 이미지로 채색한다. 바로 억압적 제도와 그 행위 주체들에 대한 심판이다. 요한복음이 제시하는 심판의 이야기는 좀 더 종합적이고 동시에 좀 더 세밀한 뉘앙스를 띤다. 그래서 우리는 주로 요한복음에 근거해 이야기를 펼치고자 한다.

"나는 세상을 심판하러 온 것이 아니다." 예수님은 공적 사역을 마무리하실 때마다 "세상을 심판하러 온 것이 아니라 구원하러 왔다"라고 말씀하신다(요 3:17; 12:47). 그분은 세상을 위해 행동하는 하나님의 사랑이기 때문에, 헤겔이 표현하듯 자신과 대척되는 이들을 단순히 식별한 뒤 그 "대척되는 이들을 [자신과의] 대척점에" 머무르게 하지 않으신다.[35] 사실, 예수님은 심지어 그 대척되는 이들이 자신에게 매우 적대적 태도를 보일 때조차, 그들을 그 대척점에 남겨 놓지 않으신다. 그분의 사명은 적대감과 반대를 극복하는 것이다. 그분의 유일한 목표는 구원이다. 그럼에도 심판은 구원의 불가피한 결과 가운데 하나다. 한편으로 구원하러 오시는 예수님과 다른 한편으로 심판을 행하시는 예수님 사이에는 어떤 관계가 있는가?

예수님은 "어떤 사람이 내 말을 듣고서 그것을 지키지 않는다 하더라도, 나는 그를 심판하지 아니한다"(요 12:47)라고 말씀하신다. 자기 안에 생명을 가진 말씀이자 단지 생명의 활력만이 아닌 생명의 선함이 흘러넘치는 원천이시다(요 1:3). 예수님의 말씀, 사역, 죽음, 부활 안에서 분명히 드러난 바로 그 선하고 참된 생명은 "사람의 빛"이다(요 1:4).[36] 여기서 "빛"은 사물을 볼 수 있게 만들어 주는 것이 아니라 "존재 자체를 밝혀 주는 밝음"이다.[37] 예수님은 세상의 빛이시고, 그분의 빛은 창조 세계에 선행하며 창조 세계가 발생시키는 선함의 광선이며, 사람들은 그 광선을 통해 그들의 삶에 관한 진리를 알게 된다.[38] 그 빛 안에서, 참된 삶은 참으로 드러나고, 거짓된 삶은 거짓으로 드러난다. 바로 이것이 그 가장 기본적 의미에서 "심판"(*krima*, '크리마')이다(요 9:39). 즉 그저 세상에 오신 하나님의 생명의 실재로 빛과 어둠이 구분된다. 그분과 마주한 이들은, 그리고 말씀은 모든 사람을 비추시므로(요 1:4) 어떤 의미에서 모든 인간은, 그분의 삶에 비추어 그들 자신의 삶을 보게 된다. 그들의 삶의 형태와 그 삶을 유지하기 위해 그들이 가치 있게 여기는 대상에 따라, 그들은 예수님이 분명히 드러내신 종류의 생명을 거부하거나 받아들인다. 거부의 결과는 파멸이다. 창조주이며 생명의 활기와 선함의 최초 근원인 예수님이 삶에 관한 참됨과 거짓됨의 척도, 즉 "판단의 기준"이시기 때문이다.[39] 그와 마찬가

---

35 Hegel, *Reason in History*, p. 262.
36 우리가 볼 때, 빛은 "생명과 동등한 의식"이 아니라(Hegel, "Spirit of Christianity," p. 258), 생명과 동등한 **생명의 현현**(manifestation)이다. 우리는 헤겔이 생명과 빛에 대한 "의식"(consciousness)이라고 기술한 표현 대신, 생명과 빛에 대한 이해라는 표현을 사용했다.
37 Bultmann, *Gospel of John*, p. 342.
38 빛과 시력의 근원인 태양, 그리고 지식과 진리의 근원인 선함 사이의 비슷한 유비에 대해서는 Plato, *Republic* 508d-509a, 1129를 보라.
39 Hegel, "Spirit of Christianity," p. 263.

지로, 그분은 **심판하지 않는 심판자**시다. 오히려 예수님은 이렇게 말씀하신다. "내가 말한 바로 이 말이 마지막 날에 그를 심판할 것이다"(요 12:48). 여기서 '말'(*logos*, '로고스')은 예수님이 하시는 '말씀'(*rhēmata*, '레마타')과 구별된다. 이것이 그분의 삶 전체를 상징한다.[40] 예수님을 거부하는 이들은 자기 정죄를 당한다. 즉 생명의 근원을 신뢰하지 않고, 생명의 근원 그리고 그들 삶에 의도된 성격에 부합하게 살지 않겠다고 결정하는 것이다.

자기 정죄의 복합성. 우리가 살펴본 것처럼, 한 각도에서 구원받은 자들과 멸망하는 자들의 구분은 빛 자체인 분이 오시는 사건이 사람들에게 미치는 **효과**다. "나는 이 세상을 심판하러 왔다. 못 보는 사람은 보게 하고, 보는 사람은 못 보게 하려는 것이다"(요 9:39). "못 보는 사람"은 예수님이 고쳐 주신 맹인처럼, 자신이 보지 못함을 인식하고 따라서 볼 수 있게 해 주는 선물을 기꺼이 받아들이는 이들이다. "보는 사람"은 자신들이 본다고 **생각**하지만[예수님은 그들에게 "너희가 지금 본다고 말하니"라고 말씀하신다(9:41)], 사실은 보지 못하며, 따라서 볼 수 있게 해 주는 선물을 거부함으로써 보지 못하는 채로 남아 있는 이들이다. 본다고 주장하는 맹인들은 자신들의 상태에 책임이 있고 따라서 과실이 있다. 즉 그들은 "죄가…있다"(요 9:41).

자신이 보지 못하는데 본다고 착각하는 상황에 대해 사람들은 책임을 져야 한다. 그래서 또 다른 각도에서 보면, 구원받은 사람들과 멸망하는 사람들의 구분, 생명책에 이름이 있는 사람들과 없는 사람들의 구분은(참조. 계 20:11-12) 행위 주체인 개인에게 달려 있다(5장을 보라). 요한복음 앞부분에서 자기 정죄가 사람의 기본적 사랑 혹은 욕망과 연결되어 있다

---

40 이러한 의견은 Thyen, *Johannesevangelium*, p. 578.

고 설명할 때, 예수님은 바로 이 점을 지적하셨다. "심판을 받았다고 하는 것은, 빛이 세상에 들어왔지만 사람들이 자기들의 행위가 악하므로, 빛보다 어둠을 더 좋아하였다는 것을 뜻한다. 악한 일을 저지르는 사람은 누구나 빛을 미워하며 빛으로 나아오지 않는다. 그것은 자기 행위가 드러날까 보아 두려워하기 때문이다. 그러나 진리를 행하는 사람은 빛으로 나아온다. 그것은 자기의 행위가 하나님 안에서 이루어졌음을 드러내려는 것이다"(요 3:19-21). 또한 "빛으로 나아[오는]" 선택은(요 3:20) 그 사람의 근본적인 사랑을 반영한다. 빛이 있는 곳에서, 사람들은 자신들의 사랑(빛에 대한 것이든 어둠에 대한 것이든)과 자신들의 행동(선한 것이든 악한 것이든)에 대해 책임이 있다.

교차 압력 아래 놓인 삶. 그러나 요한복음은 사람들의 운명을 단순히 그들 자신의 손에 맡겨 놓지 않는다. 사람들은 말씀의 본원적 빛에 반응하는 감각 때문에 예수님과 그분과 같은 종류의 삶으로 이끌려 간다. 그 빛은 모든 사람을 비추며, 참된 생명에 대한 개인의 사랑, 그리고 "진리"를 행하는 측면(요 3:21) 양쪽 모두에서 자체의 존재를 분명하게 드러낸다. 하나님도 그들을 이끄신다(요 6:44). 동시에 일상화된 삶의 패턴, '악한 일'을 행하는 습관(요 3:19-20)은 사람들을 참된 생명이신 예수님에게서 밀어낸다. 이런 패턴은 부분적으로, 잘못된 방향의 욕망에 굴복해 내린 각각의 결정들이 축적된 성격 퇴적물(character-sediment)이다. 그러나 상당 부분은 거짓된 생명에 대한 사랑과 거짓된 행위를 유발하고 강화하는 환경으로 이루어진다. "이 세상의 통치자"가 지배하는 "세상"의 강력한 형태(요 12:31)가 그런 환경이라 할 수 있다.

요한복음에 따르면, 각 사람은 복잡한 힘들의 장 안에 붙들려 있다. 개인의 의지와 기질, 하나님이 그들 위에 비추시는 빛과 그들을 끌어당기는 매력, 사회적 이끌림과 압력, 마지막으로 수수께끼 같은 이 세상 통치자의 행위 능력이 바로 그런 힘들이다. 이 복잡한 힘의 장은 요한복음에서 발견되는 예수님에 대한 매우 다양한 태도를 설명하는 데 도움을 준다. 한편으로, 빛과 어둠 사이에서 내리는 결정은 두 힘 사이에서 극명하게 대립된다. 다른 한편으로, 빛과 어둠 양쪽 모두 개인의 삶에서 영향을 끼치는 복합적인 방식을 고려할 때, 우리는 요한복음에서 사람들이 예수님께 보이는 수많은 양면적 반응을 이해할 수 있다.[41] 생명의 빛이신 예수님께로 나아오겠다고 선택할 수 있으며 그것을 자유롭게 할 수 있지만, 사람들이 이런 자유를 실행할 때는 중대한 교차 압력을 받는다.

사랑하시는 하나님의 심판. 그것이 인간의 자기 정죄인 점을 고려할 때, 마지막 심판은 단지 사람들이 사는 동안 예수님을 향해 취한 태도에 대한 추인처럼 보인다. 이 문제에 대한 예수님의 말씀은 마치 이러한 추론을 인정하는 듯 보인다. 마지막 때에 사람들이 무덤에서 일어날 텐데, "선한 일을 한 사람들은 부활하여 생명을 얻고, 악한 일을 한 사람들은 부활하여 심판을 받는다"라는 것이다(요 5:29). 우리는 요한계시록에서도 같은 인상을 받는다. 죽은 사람들이 "크고 흰 보좌" 앞에 서서, "자기들의 행위대로 심판을 받[는다]"(계 20:11-12). 구원받은 이들의 이름이 담긴 생명책과 선행과 악행의 기록이 담긴 책은 후자가 전자의 내용을 결정한다는 점에서 서로 부합한다. 마지막 심판은 이미 정해진 선택을 추인하는 듯 보인다.

그러나 사실은 그렇지 않다. 요한복음과 요한계시록에 나오는 하나님은 모두 중립적 관찰자로서 생명을 위한 선택 혹은 생명에 반대되는 인간의 선택을 평가하시는 분이 아니다. 즉 그저 공정한 재판관이 아니시라

---

41   Volf, *Captive to the Word of God*, pp. 115-126를 보라.

는 뜻이다. 하나님은 인간을, 교차 압력을 받는 그들 모두를, 죄성을 지닌 그들 모두를 **사랑하신다.** 그리고 하나님은 영원하고 변하지 않는 사랑으로 그들을 사랑하시며, 그들이 멸망하는 것에 반대하신다. 만물의 이야기에서 많은 부분이 바로 그 사랑과 그 사랑에 대한 반대의 역사다. 요한복음과 요한계시록 양쪽에서 모두, 예수님은 단순히 사람들을 선택의 자리 앞에 세워 놓기만 하신 분이 아니다. 우리가 마땅히 해야 할 일을 하거나, 아니면 정해진 파멸의 길을 가도록 그저 내버려 두지 않으신다. 오히려 예수님은 사람들을 올무에 걸리게 해서 자기 정죄로 이끄는 힘들을 스스로 떠맡으신다.

이 세상의 심판. 요한복음에서 예수님은 사람들을 심판하고 정죄하지 않으신다(그분의 말씀이 심판하고, 그들이 스스로를 정죄한다). 그러나 그분은 **세상과 그 통치자**를 심판하고 정죄하신다. 십자가에 매달리기 직전, 예수님은 하나님을 향해 말씀하신다. "아버지의 이름을 영광스럽게 드러내십시오.…지금은 이 세상이 심판을 받을 때이다. 이제는 이 세상의 통치자가 쫓겨날 것이다. 내가 땅에서 들려서 올라갈 때에, 나는 모든 사람을 내게로 이끌어 올 것이다"(요 12:28, 31-32). "지금"은 예수님의 모든 사명이 목표로 하고 있는 바로 그 시간으로, 인간 실존의 진리에 대한 증인으로서 그리고 죄의 짐과 얼룩을 감당하는 어린양으로서 그분이 죽임을 당하는 시간이다. 또한 그분이 죽은 자들 가운데서 부활하시는 시간이기도 하다. 예수님의 죽음과 부활은 세상을 구원하는 심판으로서 그분의 삶 전체에서 절정을 이룬다. 그분의 죽음과 부활은 각 인간을 위한 개인적 중요성을 뛰어넘어, 사실은 세상의 파괴자인 세상의 통치자가 쫓겨나고 파멸하는 우주적 엑소시즘(exorcism)이다.⁴²

그 통치자뿐만 아니라 "세상"도 심판받는다. 그러나 여기서 "세상"은 창조된 실재가 아닌, **자기소외 가운데 있는 세상의 현재 형태**다. 하나님의 창조 세계로서 세상은 하나님의 무조건적 사랑의 대상이다(참조. 요 3:16). 따라서 세상에 대한 심판은 창조 세계를 불법적 통치자와 생경한 형태로부터 해방하는 것이며, 이는 세상이 하나님의 집이 되어 가는 과정에서 필수불가결한 측면이다. "세상"에 대한 심판의 이런 긍정적 측면 때문에 예수님은 "모든 사람"을, 혹은 몇몇 사본이 기록하는 대로 "모든 것"을 그분 자신에게로 이끄신다(요 12:32). 그러한 사본들의 기록이 최초의 본문을 반영하지 않을 가능성은 크지만, 그럼에도 불구하고 신학적으로 옳다.[43] 사실은 세상의 구원인 이러한 심판 안에서, 또한 이러한 심판을 통해, 세상을 창조하고 사랑하고 그 안에 거하고자 하시는 하나님의 영광이 빛을 발한다. 어떤 양도 목자의 우리에서 사라지지 않는다. 어떤 이름도 생명책에서 빠지지 않는다. 바로 그것이 온 세상을 향한 하나님의 사랑과 모든 사람을 자신에게로 이끌어 오시는 예수님 안에 새겨진 **소망**이다.

예수님의 죽음과 부활의 '시간'은 세상의 역사가 회전하는 중심축이며, 역사의 한가운데서 옛 세상이 지나가고 새 세상의 창조가 일어나고 있는 종말론적 '지금'이다. 일어나는 **모든 일**은 세상 안에서 펼쳐진다. 예수님은

---

[42] 이러한 주장은 보편적 구원을 단언하고자 하거나 소망하는 많은 기독교 신학에 늘 따라다니는 질문으로 우리를 가까이 데려간다. 사탄은 어떻게 되는가? 하나님은 "모두[한 명만 제외하고!] 회개하는 데에 이르기를" 바라시는가?(벧후 3:9) 아니면 사탄도 어떤 식으로든 구속받을 것인가? 이러한 깊고 위험천만한 물속으로 헤쳐 들어가는 대신, 우리는 로마서에 나오는 우주적 권세인 '죄'에 대한 Matthew Croasman의 창발론적 설명이 이 질문을 다루는 데 유망한 자료임을 밝힌다. Croasmun, *Emergence of Sin*.

[43] 많은 주석가들은 예수님이 "모든 사람"을 이끄신다는 말씀을 "세상의 모든 민족들"을 지칭하는 것으로 이해한다(Thompson, *John*, p. 272; 참조. Bauckham, *Gospel of Glory*, p. 31). 심판과 죄 가운데 죽는 것에 대한 말씀(요 3:18; 5:29; 8:24)과 예수님을 보기 원한 그리스인들에 대한 언급(요 12:20-22)을 고려할 때, 이는 옳을 수 있다. 그러나 하나님이 **세상**을 사랑하시고(요 3:16), 예수님이 "**세상**에 생명을 [주기]" 위해 그 목숨을 내어 주시는 것에서(요 6:51) 드러나는 예수님의 사역 범위는 모든 것을 아우르며, 따라서 중요한 의미에서 그분은 단지 모든 민족뿐만 아니라 모든 사람을 자신에게로 이끄**셨**다.

타락한 그 세상의 형태를 심판하고, 그 세상의 통치자로부터 해방해서 자신에게로 이끌며, 그 세상의 구성원들을 서로 화해시키신다.[44] 구원에 대한 놀랄 만큼 담대한 이런 주장은 창조에 대한 똑같이 담대한 주장과 상응한다. 창조의 여명부터 "어둠 속에서 비치[고], 어둠이…이기지 못[한]" 그 빛이(요 1:5) 모든 사람을 비춘다(요 1:9). 예수님의 죽음과 부활 이후에도 세상은 이전 대부분의 인간 역사와 아주 유사해 보인다는 사실을 아주 잘 인식하는 가운데, 요한복음은 그럼에도 새 세상이 시작되었다고 주장한다. 사실, 역설적이게도 옛 세상은 사상 최악의 잔혹한 만행 가운데 하나를 자행했다. 즉 예수님을 끔찍하게 죽임으로써 새 세상이 시작되었다. 만물은 있던 그대로이지만, 모든 것이 새로워졌다. 바로 그것이 기독교 신앙의 중심에 있는 가장 수치스러운 면이자 가장 대담한 주장이다. 그러나 그 수치스러운 면은 사라질 것이다. 어떤 것도 그대로 남아 있지 않다. 창조된 모든 것이 새로워질 것이다(계 21:5; 요 1:3; 이 책 p. 308를 보라).

예수님이 최종적으로 오시고, 십자가에서 일어났던 일이 세상에서 손에 만질 수 있는 실재가 될 때까지, 세상의 심판은 성령의 능력으로 이루어지는 교회의 선교를 위한 토대가 된다(참조. 계 21:5-6). 십자가가 예수님이 세상에서 감당하신 선교의 끝이었다면, 즉 역사 안에서 세상이 변혁되는 일로 그 일이 이어지지 않는다면,[45] 그분의 선교는 사산되었다고 볼 수 있다. 요한계시록은 이 세상의 종말론적 절정을 담고 있다.

---

44 우리의 집으로서 장차 올 세상은 그 모든 구성원 간의 상호적 사랑의 긍정적 관계를 요구한다. 거기에 사는 이들이 역사 속에서 죽었다가 부활한 사람들이라면, 그들이 살면서 서로에게 범한 잘못을 고려할 때, 종말론적 전환은 잘못을 밝히는 것과 회개하는 그들을 심판에서 구원하는 것 이상을 포함해야 하며, '최종적 화해' 같은 무언가 역시 있어야만 한다. 이에 대해서는 Volf, "Final Reconcilation"을 보라.

45 Bultmann, *Gospel of John*, p. 431.

멸망의 이미지, 구원의 소망

요한계시록은 그 자체의 방식으로 예수님에 대한 거부와 받아들임의 주제를 다루고, 그것의 정치적·우주적 차원을 강조하며, 장차 올 새로운 세상에 초점을 맞춘다.

가능한 두 가지 미래. 밧모섬의 요한은 경제적 착취, 정치적 폭압, 종교적 핍박의 화신인 로마제국의 멸망에서 절정에 이르는 심판에 대한 초현실적 이미지를 그려 낸다. 요한계시록은 하나님이 직접적으로 심판을 명령하고 실행하신다고 주장하지 않지만,[46] 그 심판은 모두 "번개가 치고, 음성과 천둥이 울려 나오[는]" 보좌에 앉아 계신 분의 승인을 받은 것이 분명하다(계 4:5). 그 장면은 율법을 주면서 시내산에서 나타나신 하나님의 모습을 연상시키고(출 19:16; 20:18), 이러한 묘사는 일련의 일곱 심판의 끝마다 반복된다. 하나님의 "참되고 의[로운]" 심판이 실행될 때(계 16:7, 17), "땅을 망하게 하는 자들"이 멸망할 것이다(계 11:18). 재앙을 가져오는 통치 제도뿐만 아니라, 거기서 이득을 취하고 그것을 통해 자신의 권력을 휘두르던 자들도 사라질 것이다. 엘리자베스 슈슬러 피오렌자(Elisabeth Schüssler Fiorenza)가 주장하듯, 이것이 하나님의 '렉스 탈리오니스'(*lex talionis*)다. 즉 하나님은 파괴자들의 행위를 그들 자신의 머리로 돌아가게 하신다(겔 22:31을 보라).[47] "하나님의 진노의 큰 포도주를 만드는 술틀"에서 흘러나온 피가 "말 굴레의 높이까지 닿고, 거의 천육백 스타디온이나 퍼

---

46 이 점과 여기에 따라오는 것에 대해서는 Bauckham, "Judgment in the Book of Revelation," pp. 4-5를 보라. 그는 하나님이 심판의 행위에 간접적으로 개입하시는 것과 구원의 행위에 직접적으로 개입하시는 것을 대조한다. 즉 하나님은 "사람들과 함께 거하는 자신의 집을 만드실 것이다. 그분은 그들과 함께 계실 것이다. 그분 자신이 그들의 눈에서 모든 눈물을 닦아 주실 것이다. 그분 자신이 그들에게 생명수를 마시게 주실 것이다. 그분은 그들의 하나님이 되시고, 그들은 그분의 자녀가 될 것이다"(p. 6).

47 Schussler Fiorenza, *Revelation*, p. 95.

져 나갔[다]"라고 말할 정도로(계 14:19-20) 심판은 과장되고 끔찍하다. 그러나 요한계시록이 시사하는 그 심판의 목적은 창조 세계를 벌하기보다는 멸망에서 보호하는 것이고, 그럼으로써 모두를 환대하는 거처가 될 수 있도록 창조 세계를 구속하는 것이다. 그럼에도 수백만 명의 사람들이 거대한 "술틀"에 들어가는 장면을 상상해 보면, 아무리 부드럽게 말해도 마음이 편치 않다.

리처드 보컴(Richard Bauckham)은 보좌에 앉은 분이 승인하시지만 하나님이 직접 개입하시지는 않는 것으로 보이는 심판 이야기와 병행을 이루는 또 다른 이야기가 있다고 주장한다. 그것은 죽임당한 어린양이 승인하였고, "예수님이 심판을 위해 오시는 본문인 [요한계시록] 19:11-21에서" 절정에 이르는 이야기다.[48] 그 다른 이야기는 **대안적 미래**를 그린다. 바로 모든 민족의 회심이다. 이 희망찬 이야기에 나오는 장면 중 하나에서, 어린양을 따르는 이들은 "유리 바다" 앞에 서 있다(계 15:2). 이 이미지는 갈대 바다의 물이 이집트 군대를 삼킨 뒤 그 건너편에 서서 승리감에 도취되어 있던 이스라엘 백성을 연상시킨다(출 14:26-29). 그때의 이스라엘 자손처럼(출 15:1-21) 순교자들도 노래한다.

주 하나님, 전능하신 분,
    주님께서 하시는 일은 크고도 놀랍습니다.
만민의 왕이신 주님,
    주님의 길은 의롭고도 참되십니다.

---

[48] Bauckham, "Judgment in the Book of Revelation," p. 7. 참조. Bauckham, *Theology in the Book of Revelation*, pp. 80-84; Bauckham, *Climax of the Prophecy*, pp. 243-266. 『요한계시록 신학』(부흥과개혁사).

> 주님, 누가 주님을 두려워하지 않겠습니까?
>> 누가 주님의 이름을 찬양하지 않겠습니까?
> 주님만이 홀로 거룩하십니다.
>> 모든 민족이 주님 앞으로 와서
>> 경배할 것입니다.
> 주님의 정의로운 행동이 나타났기 때문입니다. (계 15:3-4)

이 노래는 새 출애굽을 경축하는데, 놀라운 두 가지 특징이 있다. 첫째, 그것은 "하나님의 종 모세의 노래와 **어린양의 노래**"로(계 15:3), 그것을 부르는 이들은 "주님의 콧김으로 물이 쌓[여서]" 기적적으로 목숨을 구하고 마른 땅을 걸어 지나갔던 이들이 아니라(출 15:8), 어린양처럼 증인이 되기 위해 자신의 목숨을 값으로 치른 이들이다. 요한복음의 언어로, 그들은 예수님처럼 기꺼이 "땅에 떨어져서…죽[어서] 열매를 많이 맺는" 밀알 하나가 되고자 했다(요 12:24). 둘째, 모세의 노래는 이스라엘이 하나님의 집에 이르고(출 15:13) 하나님의 거룩한 산에 심길 것을(출 15:17) 예견적으로 적절하게 경축한다. 새 노래는 **새** 예루살렘을 향해 손짓한다. 열린 문이 가리키듯, 그 도성은 모든 민족을 위한 하나님의 처소다. 그 노래는 민족들이 경축하고 찬양하면서 맞이할 하나님의 통치를 단언한다. 이에 상응해, 요한계시록 뒷부분에서 우리는 민족들이 새 예루살렘의 빛 가운데로 다니는 것을 본다(계 21:24-26). 이러한 이미지는 히브리 성경, 특히 스가랴 2:10-11에 나오는 보편구원론적 갈래에 근거한다. "도성 시온아 기뻐하며 노래를 불러라. 내가 간다. 내가 네 안에서 머무르면서 살겠다. 나 주의 말이다. 그날에 많은 이방 백성들이 주님께 와서 그의 백성이 될 것이며, 주님께서 예루살렘에 머무르시면서 너희와 함께 사실 것이다." 보컴의 말을 빌리면, 이러한 새 출애굽 노래의 두 가지 특징은 이런 효과를 가져온다. "하나님이 원수를 심판함으로써 자신의 백성을 구하시는 사건에서 열방이 참된 하나님을 인정하는 사건으로 새 출애굽의 중요성에 대한 강조점을 전환한다."[49]

요한계시록은 우리에게 두 비전을 남겨 주는데, 둘 다 범위 면에서 **보편적**이다. 하나는 하나님의 진노의 큰 술틀과 살을 먹는 모든 새들을 위해 하나님이 준비하신 하나님의 큰 잔치다. "…모여라. 왕들의 살과 장군들의 살과 힘센 자들의 살과 말들과 그 위에 탄 자들의 살과 모든 자유인이나 종이나 작은 자나 큰 자의 살을 먹어라"(계 19:17-18). "짐승과 세상의 왕들"편에 붙는 **모든** 이가 심판을 받으며, 그중 누구도 살아남지 못할 것이다(계 19:19). 다른 비전은 **모든** 것이 새로워진다(계 21:5). 모든 민족이 새로워진 땅 위에 있는 하나님의 집으로 나아올 것이다.[50] 이것은 극명한 대조를 이루는 두 가지 선택지다. 민족들은 그 두 선택지를 앞에 두는데(계 14:6-11), 요한계시록이 일곱 교회에 보내는 편지이기 때문에 교회도 선택지를 앞에 둔다. 그 둘 사이에는 긴장이 있고, 그 긴장은 예수님의 오심이 의미하는 모든 핵심을 건드리지만, 요한복음도 요한계시록도 그 긴장을 해소하려 하지 않는다.

집을 제작하는(제작하지 않는) 것에 대하여. 두 가지 미래 사이에 존재하는 긴장, 즉 보편적 갱신의 미래와 죄악된 제도뿐만 아니라 죄악된 사람들이 받을 심판과 죽음이라는 미래 사이에 존재하는 긴장은 이례적인 부조

---

49 Bauckham, *Theology of the Book of Revelation*, p. 101.
50 우리가 Baukham, *Theology in the Book of Revelation*에서 끌어온 두 비전 사이를 그려 낸 대조는 요한계시록에 대한 설득력 있는 해석이지만, 요한계시록의 모든 정보를 설명하지는 못한다. 우리가 아는 요한계시록의 특정 은총설(particularism)과 보편구원론(universalism)에 대한 모든 해석은 공통적으로 이런 불충분한 특징을 공유한다.

화가 아니다. 그것은 사람과 함께하시는 하나님의 집이 지니는 본성에 대한 심오한 확신의 결과다. 다시 말해, **그것을 갈망하지 않고는 집을 가질 수도, 누릴 수도 없다는 사실이다.** 집은 역동적인 물질적·사회적 공간이며, 서로와의 관계에서 존재하는 살아 움직이거나 움직이지 않는, 비인격적이거나 인격적인 일련의 개체들이다(서곡을 보라). 개체들의 성격과 그 관계가 결정적이다. 집은 단지 사물들로 구성되지 않으며, 그 자체로 그저 하나의 사물이 아니다. 서로 잘 들어맞고 '집'으로 작동하도록 모두 프로그래밍된, 대체 가능한 부품들의 집합이 아니다. 헤겔식으로 표현하면, 집은 "삶을 통해 그리고 사랑을 통해" 하나가 된 친교 공동체다.[51] 그리고 우리 방식으로 표현하면, 앞에서 지적했듯 집은 상호 공명과 애정, 소속감이라는 특징을 가진다. 각 사람이 자유롭게 이것들을 바라고 살아 내지 않는 한 이 가운데 어떤 것도 이룰 수 없다.[52] 그것이 하나님이 자유로운 인간의 행위 능력을 건너뛰고, 그냥 세상을 집으로 **만들지 않으시는 이유다.**[53]

원시 역사에서 하나님은 동산을 만들어 아담과 하와를 그 안에 두셨다. 그러나 그들이 감사할 줄 모르는 마음과 잘못된 방향의 욕망으로 그것을 망쳐 놓기 전에도 그 동산은 거의 그들의 집이 되지 못했다.[54] 하나님의 집이 자유로운 인간의 행위 능력으로 망가질 수 있다면, 그 행위 능력 없이는 회복되거나 유지될 수도 없다. 역사의 끝에서 하나님의 집을 세우기 위해서는, 두 가지 일이 일어나야 한다. 첫째, 하나님이 죽음을 정복하

---

51 Hegel, "Spirit of Christianity," p. 278.
52 자유로운 행위 능력의 필요성에 대한 우리의 확증은, 자유에 대한 양립 가능론의 설명(인간의 자유와 하나님의 결정은 양립할 수 있다)이나 양립 불가능론의 설명(인간의 자유와 하나님의 결정은 양립할 수 없다)에 동의하는지 여부에 영향을 받지 않는다.
53 개인적 대화에서, Kieth DeRose는 집과 자유로운 행위 능력 사이의 관계에 대해 우리의 생각을 분명히 하는 데 도움을 주었다.
54 타락에 대한 이런 해석은 Tanner, *Christ the Key*, p. 34를 보라.

고, 타락한 세상의 통치자를 내쫓고, 모든 것을 새롭게 하셔야 한다. 인간은 하나님이 그들의 삶을 위해, 그들의 삶 안에 가져오시는 이런 새로운 환경에 **영향을 받는다**는 오래된 개념에서, 그들은 그러한 구원과 완성의 역사의 **피동작주**다. 둘째, 인간은 이 세상에서 장차 올 세상으로 전환되는 과정에서 **행위 주체**이기도 하며, 또한 반드시 그래야 한다. 그들은 하나님의 심판을 확증하고 전유하며, 서로 화해를 이루고, 집을 구성하는 관계들 안에서 능동적이고 기뻐하며 살아가야 한다. 이 모든 것은 예수님과 같은 종류의 삶과 사랑이 드러내는 여러 양상들이다. 즉 성령과 예수님과 아버지가 인간 안에서, 인간을 통해 살아가고 사랑하시는 방식들이다.[55]

그러한 인간의 행위 능력은 요한복음에서 구원에 대한 두 가지 핵심적인 신념이 지닌 종말론적 측면이다(5장과 6장을 보라). 제자들은 믿음을 통해 거듭난다는 사실을 받아들임으로써 하나님의 집에 들어가며, 예수님의 사랑 안에 거함으로써 '그 집을 누리며' 살아간다. 믿음과 사랑 둘 다의 전제는 성령이다. 성령은 믿는 자들이 하나님의 자녀로 태어나게 하시며, 예수님과 아버지가 그들 안에 거하시도록 모셔 옴으로써 그 신적 위격들의 생명과 사랑이 그들 안에 머물게 하신다. 역사 안에서 각 제자 안에 잠정적으로 일어난 일은 온 세상의 마지막에 완성된 형태로 반복될 것이다. 그리고 그 결과가 바로 새 예루살렘이다.

---

[55] 인간을 바르게 인도되는 삶의 **행위 주체**이자, 형통하는 삶의 **피동작자**이며, 세상에서 감정적으로 바르게 반응하는 일에서는 동시에 행위 주체이며 피동작자로 보는 변영에 대한 공식적 설명은 Volf, Croasmun, McAnnally-Linz, "Meanings and Dimensions of Flourishing," pp. 7-18를 보라. 인간의 번영에 대한 그러한 몇몇 설명은, 우리가 들려주는 하나님의 집에서 절정에 이르는 만물의 이야기와 잘 어울린다.

8장

바빌론

성경에서 만물의 이야기는 두 도시 사이의 대조로 끝난다. 하나는 새 예루살렘인데, 이곳은 이스라엘의 많은 예언자들의 소망이 모이며, 예수 그리스도가 그 중심에 놓이고, 그 모든 소망을 인류 전체를 위한 영원한 집으로 빚어 내는 사회적·물질적 공간이다. 또 다른 하나는 '바빌론'이다. 이곳은 바벨, 이집트, 두로, 바빌론, 에돔, 마지막으로 요한계시록이 직접적으로 비판하는 대상인 로마에 이르기까지, 성경 역사에 나오는 큰 도시와 문명의 수많은 착취, 폭압, 핍박을 집약하고 증폭해 놓은 전형적인 디소이코스다. 각 도시를 묘사하기 위해 사용된 이미지는 상징주의로 가득하고, 자주 과장된다. 바빌론에 대하여 "예언자들의 피와 성도들의 피와 땅에서 죽음을 당한 **모든** 사람의 피가 이 도시에 발견되었[다]"라고 말할 때처럼 말이다(계 18:24). 이미지들을 세부적으로 해석하기는 힘들지만, 대조의 윤곽은 뚜렷하다.

근본적으로 대조되는 두 도시를 간략하게 묘사하는 요한계시록 마지막 부분에서, 또 다른 근본적 대조가 발견되는 부분으로 돌아가 보려 한다. 예수님을 재판하고 처형하는 빌라도와의 대면 장면이 나오는 요한복음의 마지막 부분이다. 그다지 큰 보폭이 아니어도 된다. 그 장면은 로마 제국의 대표자와 이스라엘의 왕 사이(요 1:49)에 벌어지는 일종의 대결을 보여 준다. 후자는 위로부터 오시는 분이며, 또한 세상의 참된 왕이시다 (요 18:37). 그 대면에서, 그리고 그 결과인 십자가 위에서 참된 왕은 이 세상의 통치자를 심판하고 이 세상에 자신의 나라를 세운다. 그분은 바로 이 시간을 위해, 이 일을 위해 오셨다. 그 일이란 결정적 순간에 어떤 권력의 뒷받침도 받지 못하는 증언을 하고, 자신이 십자가에 못 박히는, 전혀 영웅적이지 않은 수동성 안에서 구원하는 능력의 가장 숭고한 발현을 성취하는 일이었다. 이번 장에서는, 예수님이 심판하신 그 '제국'과 그분이 내쫓으신 그 통치자를 요한계시록이 어떻게 그리는지 살펴보려 한다. 그런 뒤 마지막 장에서는 그분이 세우신 전 행성 차원의 집에 대한 밑그림을 제공하려 한다.

바빌론의 삶의 방식

바빌론에 대한 비판에서 수없이 언급되는 "음행"과 그것을 "큰 창녀"로 묘사하는 방식은 현대의 독자에게 요한계시록이 불법적인 육체의 관능성을 주로 지적한다는 느낌을 준다. 그러나 밧모섬의 요한과 그에게 이런 심상을 제공한 히브리 예언자들의 주된 사안은 성이 아닌 정치, 경제, 종교에 관한 것이다.

　이스라엘이 포로로 잡혀간 큰 도시 바빌론은 세상의 수도로, "백성들과 무리들과 민족들과 언어들"을 통치한다(계 17:15). 요한계시록에서 바빌론은 세 가지 신화적 괴물의 형태로 나타난다.

세 괴물들

첫 번째 괴물은 바다 생물 리워야단이다. 그것은 "로마 황제들의 군사적·정치적 권력"을 상징한다.[1] 좀 더 정확하게 이 황제들은 요한의 시대에 구현된 리워야단이다. "나는 바다에서 짐승 하나가 올라오는 것을 보았습니다. 그 짐승은 뿔 열과 머리 일곱이 달려 있었는데,…표범과 비슷한데, 그 발은 곰의 발과 같고, 그 입은 사자의 입과 같았습니다"(계 13:1-2). 괴물은 무엇보다 힘과 불패성을 상징하는데, 이는 괴물의 주된 속성일 뿐 아니라 주된 매력이기도 하다. 괴물의 힘과 치명상을 입고도 회복하는 능력 때문에, "온 세상"이 그것을 우러러보고 따른다(계 13:3). 어떤 의미에서 사람들은 괴물들을 동경한다. 단지 힘에 끌리는 것 이상으로, 많은 이들이 괴물의 힘을 질서와 평화, 번영의 원천으로 인식한다.

그러나 선견자에게 로마의 질서와 평화, 번영은 모두 거짓이다. "땅 위에 사는 [모든] 사람"은 구체적인 삶의 방식으로서 법적으로 표현되고 강화된 이데올로기의 렌즈를 통해 이런 것들을 경험한다(계 13:16-17을 보라). 그리하여 두 번째 괴물 베헤못은 세상을 유혹해 "그 첫째 짐승에게 절하게" 한다(계 13:11-12).[2] 요한계시록이 중요한 근거로 제시하는 이사야서는 바빌론의 권력을 유지하는 데, 그리고 그것을 타락의 길로 이끄는 데 지혜와 지식, 마법과 마술이 하는 역할을 길게 말한다(사 47:10-15). 이사야서의 그 본문에 관한 주석을 쓰면서, 마르틴 루터는 "종교인들과 철학자들," 매우 지적이지만 타락한 "마음의 상태"를 지닌 그들이 악한 천사를 "선한 천사의 모습으로" 탈바꿈시킨다고 비난했다.[3] 정확하게 베헤못

---

[1] Bauckham, *Theology in the Book of Revelation*, p. 35.
[2] 리워야단과 베헤못, 두 괴물에 대해서는 Caird, *Revelation of Saint John*, p. 161를 보라.
[3] *LW* 17:150-151.

의 임무가 바로 그것이다. 사악함을 선함의 가짜 복제품(simulacrum, '시뮬라크룸')으로 덧입히는 것, 즉 "악한 것을 선하다고 하고, 선한 것을 악하다고…어둠을 빛이라고 하고 빛을 어둠이라고 하며, 쓴것을 달다고 하고 단 것을 쓰다고 하는" 행위다(사 5:20; 참조. 47:10). 선견자의 목표는 이데올로기적인 자기 묘사의 베일을 벗겨 내 로마의 영광이 지닌 폭력적 이면을 드러내는 것이다.

요한계시록이 바빌론을 빗대는 세 번째 이미지는 "기품 있고 신령한 모습"을 가진 여신 로마가 사실은 "큰 창녀"임을 드러낸다.[4] 이 이미지와 함께, 비판의 초점은 정치에서 경제로 넘어간다. 세 번째 짐승 맘몬이 리워야단에 합류하고, 전자가 후자 위에 올라탄다(계 17:3). 질서와 안전을 제공하는 정치 때문에 거래가 일어난다. 반대로 성공적인 경제는 권위적 통치를 뒷받침하고, 그것에 합법성을 부여한다. 바빌론은 부에 대한 욕망에 사로잡혔으며, 그것이 지배하고 협력하고 거래하는 '왕들'이나 '유력가들'과 그 부를 나눈다. 금과 진주에서 계피와 향료까지, 비단과 붉은 옷감에서 말과 병거까지, 진주와 상아에서 유향과 값진 목재까지, 소 떼에서 노예까지, 그 도시는 최상의 것들로 가득하다(계 18:11-13). 모든 것은 화려하며, 그 일부는 비인간적인 대륙 간 국제무역의 열매다.[5]

리워야단의 힘은 단순히 통제와 확장에만 관련되지 않으며, 맘몬의 탐욕 역시 단지 소유와 향유에만 영향을 미치지 않는다. 아마도 둘 다 일차

---

4 Caird, *Revelation of Saint John*, p. 212. 이 시대의 많은 독자들은 바빌론을 "큰 창녀"로, 새 예루살렘을 "단장한 신부"라고 묘사하는 방식에 마음이 불편할 것이다(계 17:1; 21:2). 우리는 요한계시록을 성경으로 인정하며, 여성 혐오에 빠지지 않으면서도 그 본문을 충실하게 해석하고자 한다. 이런 점과 관련해, Schüssler Fiorenza, *Power of the Word*, pp. 130-147에 나오는 주장은 유익하다.

5 이 본문을 로마의 노예무역에 대한 비판으로 읽는 시각에 대해서는 Martin, "Polishing the Unclouded Mirror"를 보라.

적으로는 "영화롭게 하[는]" 것, "찬란한 것"에 대한 것, 다른 이들의 눈에 어떻게 보이는가에 대한 것이기도 하다(계 18:7, 14). 바빌론의 힘처럼, 바빌론의 부 역시 마찬가지다. 모방 욕구와 우월성의 매력을 작동시킴으로써, 그것을 갖지 못한 많은 이들은 힘 있고 돈 있는 자들만큼 강렬하게 그것을 열망한다.[6]

심연

용뿐만 아니라, 존재 양식과 그 행하는 일이 괴물들은 "바다"에서 올라오거나(계 13:1) "심연"(계 11:7, 옮긴이 사역, 새번역은 '아비소스', 개역개정은 '무저갱'으로 번역한다)으로부터 올라온다. 이 둘은 요한계시록에서 하나님이 아니지만 창조되지도 않은, 창조 세계에 반하는 유사 실재를 부르는 두 가지 주된 호칭이다. 창세기 맨 앞에서, 하나님이 하늘과 땅을 창조하시기 전, "혼돈하고 공허하며" "어둠이 깊음 위에 있[다]"라고 묘사된다(창 1:1). 역동적인 관계 안에서 구별된 개체들로 이루어진 창조 세계의 복잡한 질서와 대조를 이루는 심연은 창조되지 않은 무한한 혼돈이며, 순전한 공간이 아닌 **'아무것도 아님'**(no-thing-ness), 사납게 날뛰는 무엇이지만, 특정한 그 어떤 것도 아니다.[7] 그것은 집의 완전한 반대, 얽매이지 않고 구분되지 않은 아노이킥(*anoikic*) 공간이며, 바로 이것이 '디소이코스'의 무질서를 일으킨다. 하나님이 거하고 임재하시기 때문에 영원히 살아 있게 된 새 창조 세계에서 심연 혹은 "바다"는 "없어[질]" 것이다(계 21:1).

---

6   모방 욕망에 대해서는 René Girard의 작품들, 예를 들면, *I See Satan Fall Like Lightning*을 보라.

7   여기서 혼돈의 '아무것도 아님'과, '크레아티오 엑스 니힐로'(*creatio ex nihilo*, 무에서의 창조)의 고전적 교리가 전제하는 '니힐'(*nihil*, 무)과의 관계를 살펴볼 수는 없다. John Milton은 성경적 전통들이 혼돈을 사용한 방식과 유사하게 그것을 사용한다. Rumrich, "Things of Darkness," pp. 37-41를 보라.

새 창조의 여명이 밝기 전, 창조 세계는 심연의 위협 아래 있다. 그리고 하나님의 집을 위한 법인 사랑을 돕도록 의도된 창조 세계의 선한 질서는 부분적으로 심연의 위협을 밀어내기 위해 존재한다. 요한계시록에서 심연은 적어도 두 가지 방식으로 창조 세계에 해를 가한다. 심연과 용/사탄 사이의 관계가 정확하게 무엇인지 완전히 분명하지는 않지만,[8] 그 둘은 결을 같이하는 것으로 보인다. 둘 모두 '실재를 지옥으로 만드는 것'의 여러 양식,[9] 창조 세계를 무(無)로 돌려놓는 것이 아니라(이것은 오직 하나님만 하실 수 있는 일이다) 지옥의 상태로 밀어 넣는 방식들로 기술될 수 있다. 지옥으로 만드는 한 가지 방식은 **파괴**이며, 메뚜기 떼가 이를 예시한다(계 9:1-11). 그들은 "하늘에서 땅에 떨어진 별"이 심연의 문고리를 잡아당길 때 나타난다(계 9:1). 그 모양이 계속 변하는 메뚜기 떼는 혼돈의 심연 자체를 그대로 반영한다. 그것은 이제 제한된 범위에서(참조. 계 9:3-5) 창조 세계를 마음껏 돌아다니며 살아 있는 모든 것을 삼킨다. 더 끔찍한 점은, 메뚜기 떼에게 괴롭힘을 당하는 사람들은 차라리 죽어서 그 고통에서 벗어나기를 원하지만 죽음조차 허락되지 않는다는 것이다(계 9:6). 메뚜기 떼에게는 "왕"이 있는데, 파괴를 의미하는 히브리어 아바돈(Abaddon), 그리스어로는 아볼루온(Apollyon)이라는 이름을 가졌다(계 9:11). 잠언에 나오듯 왕이 없으며 있을 수도 없는 메뚜기 떼의 창발적인 집단적 파괴 행동을 의인화한 것이다(잠 30:27). 메뚜기는 새로워지기 이전의 모든 창조 세계의

---

8   요한계시록은 오직 용이 심연에서 올라온다고만 말한다. John Milton의 *Paradise Lost*에서도 유사한 불명확성이 발견되는데, 혼돈이 사탄과 나란히 등장하는 모습이 두드러진다. Milton의 책에서 나타나는 혼돈과 사단에 대해서는 Schwartz, *Remembering and Repeating*, pp. 8-39를 보라.

9   이 표현은 Krleža, *Return of Philip Latinowicz*, p. 60에 나온다. 그에게 이 표현은 실재를 혼돈으로 경험하는 것에 가까운 뭔가를 상징한다. "모든 방향으로의 움직임, 토대나 어떤 내적 의미도 없이 혼란스러운 입자들의 순환"(p. 60).

죽을 수밖에 없는 연약한 육신에 대하여 심연이 상징하는 것, 즉 먼지로 사그라지는 엔트로피의 위협을 부분적으로 시연한다.

지옥으로 만드는 것의 두 번째 방식은 표면적으로 훨씬 더 강력하지만 덜 급진적으로 보인다. 이는 용, 리워야단, 맘몬, 베헤못 같은 여러 괴물과 부분적으로 서로를 강화하는 행위 능력의 권역들로 상징된다. 그들은 모두 성공을 위해 혼돈의 심연이 주는 위협에 전적으로 의존한다. 그러한 혼돈에 의존함에도 불구하고, 괴물들은 심연 자체가 아닌 피조물이다. 그들의 통치는 종종 파괴적 결과를 가져오지만, 그들의 주된 목표는 모든 피조물의 번영을 돕는 역동적인 사랑의 질서를 무너뜨리는 대안적 **형태**를 창조 세계에 부여한다. 세상의 형태를 왜곡하지 않는 대안적 질서는 나올 수 없다. 바로 그것이 괴물들이 하는 일이며, 무엇보다 그들의 지배자인 용이 하는 일이다. 곧 살펴보겠지만, 용에게는 우월성이 궁극적 가치다. 영광, 지식, 기술, 권력, 부 등 모든 탁월함은 우월함과 열등함의 움직이는 척도와 연동된다. 이러한 왜곡된 질서를 특징적으로 보여 주는 관행은 호전적인 경쟁이며, 그것을 특징적으로 보여 주는 활동은 탁월함을 위한 분투가 아니라 경쟁자들을 꺾고 그들의 성취를 능가하기다. 승자의 거들먹거림과 패자의 분함, 모든 사람의 모든 사람에 대한 악의가 그것의 지배적 감정이다. 승자가 받는 환호에서, 우리는 언제나 기만적인 뱀이 내는 기분 나쁜 쉿소리를 듣는다.[10]

---

10 Milton, *Paradise Lost*, 10.528-529를 보라. 사탄은 아담과 하와가 하나님께 불순종하고 하나님의 세상을 망치게 하는 데 성공한 뒤, 지옥으로 돌아가 보고를 하면서 "우주적 함성과 큰 갈채"를 기대한다. 그 대신 그에게 돌아온 것은 "음산한 우주적 쉭쉭거림"이었다. 대중문화에서 그 예를 찾으면, Ed Sheeran은 미국 시상식에서 나타나는 동일한 현상을 지적한다. Mark Savage, "Ed Sheeran on Award Shows," BBC News, https://www.bbc.com/news/entertainment-arts-58569700을 보라.

바빌론의 멸망

한 천사가 내려올 때 "땅은 그의 영광으로 환해[지고]," 그 천사는 외친다. "무너졌다. 무너졌다. 큰 도시 바빌론이 무너졌다"(계 18:1-2). 그 넘치는 부로 그토록 많은 이들을 풍요롭게 하고 온 세상이 감탄하던 그 큰 도시가 어쩌다 "잿더미가 되고 말았[는가]"(계 18:19). 한 가지 이유는 로마가 그리스도인들을 핍박한 것이다. 밧모섬의 요한은 "예언자들의 피와 성도들의 피…가 이 도시에서 발견되었기 때문이다"라고 설명한다(계 18:24; 참조. 계 18:20). 그러나 글을 쓰던 당시, 핍박은 지역적이고 산발적이었기 때문에 그러한 혹독한 심판을 정당화하기 힘들다. 선견자가 제시하듯, 로마의 폭력은 훨씬 더 종합적이다. 그 손에는 "땅에서 죽임을 당한 **모든** 사람의 피"가 흠뻑 묻어 있다(18:24).[11] 고대 바빌론, 즉 "파괴하는 자"(시 137:8, 옮긴이 사역)처럼, 로마 역시 온 땅을 더럽히고 파괴한다(계 19:2; 11:18). 요한계시록의 다른 많은 부분과 마찬가지로 그 혐의는 과장되었지만, 요한은 로마제국의 통치가 기독교 공동체에 가하는 피해보다 지구라는 행성 전체에 가져오는 파괴에 관심을 쏟는다는 사실을 보여 준다. "네 상인들이 **땅**의 세도가로 행세하고, **모든 민족**이 네 마술에 속아 넘어갔[다]"라고 요한은 지적한다(계 18:23).

로마의 통치와 그 군사적 힘이 보장하고 민족들을 부유하게 하는 국제 질서는 압제와 착취에 근거를 둔다. 마술사의 마법의 약처럼, 권력과 부의 영광과 '거짓 예언자'의 프로파간다는 공급망의 참상을 눈에 보이지 않게 하고 비현실적으로 느껴지게 한다. 선견자에게는 권력과 부가 아닌 죽임당한 어린양의 생명이 절대적 기준이자 '심판'이다(7장을 보라). 그리고 그러

---

11 Schüssler Fiorenza, *Power of the Word*, p. 133를 보라.

한 가치의 범주로 무장한 그는 제국의 중심이 아닌 주변부에서부터 로마를 바라본다. 멸망의 천사는 바빌론의 끝을 보여 주기 위해 그를 "성령으로 휩싸서" 광야로 데려간다(계 17:3). 그는 출애굽의 하나님이 이집트에서 보고 들으셨던 것, 즉 짓밟힌 이들의 비참함과 착취당하는 이들의 울부짖음을 제국 곳곳에서 보고 듣는다(출 3:7). 이는 우월한 힘과 부에 대한 집착이 가져오는 쓴 열매다.[12] 로마는 금잔에 담아 주는 포도주로 민족들을 취하게 했지만, 그 컵에는 "가증한 것들…이 가득[했다]"(계 17:4).

분투

출애굽기는 압제당하는 언약 백성이 자유를 얻기 전에, 이스라엘의 하나님 야웨와 제국의 신 바로 사이에 벌어진 대결을 보여 준다(출 5-12장). 이사야서에서는 이스라엘이 포로 생활에서 돌아오기 전 "나보다 더 높은 이가 없다"라고 주장하는 "딸 바빌론"(사 47:1, 8, 10)과 "나는 하나님이다. 나밖에 다른 신은 없다"라고 선포한 야웨(사 46:9)의 대결이 있었다. 요한계시록에도 유사한 분투가 나온다.

리워야단의 분투

리워야단은 그 일곱 머리에 "하나님을 모독하는 이름"을 붙이고 신성을 주장한다(계 13:1). 그것은 동전에 자신의 형상과 함께 '디부스'(*Divus*, '신과 같은'-편집자) 혹은 '테오스'(*Theos*, '신'-편집자)라는 호칭을 새겨 넣던(공식적으로는 오직 사후에만 신성을 갖는다고 선언되기는 했지만) 로마 황제들을 의미한다.

---

12 Bauckahm, *Theology of the Book of Revelation*, p. 38를 보라.

단지 신성을 주장하는 수준을 넘어서, 괴물은 입을 열어 "하나님을 모독하는 말"을 하고(계 13:5-6), 따라서 자신을 하나님보다 높은 존재로 드높인다. 밧모섬의 요한이 보는 것처럼, 리워야단은 적(敵)하나님(anti-God)이다. "이제도 계시고 전에도 계셨고 장차 오실" 하나님과 대조적으로(계 1:4), 그 괴물은 "전에는 있었지만 지금은 없으며(ouk estin, '우크 에스틴'), 장차…올라[올]" 것이다(계 17:8). 리워야단은 어린양과 전쟁을 벌이기 위해 "끝없이 깊은 구덩이"에서 올라온다. 그 괴물이 "전에는 있었다가 지금은 없으나 장차 다시 나타날" 것이라는 구절이 반복된다. 여기서 "나타나다"(parestai, '파레스타이')라는 단어는 그리스도의 최종적 오심을 가리킬 때 일반적으로 쓰는 단어인 명사 '파루시아'(parousia)의 동사형 어근이다. 그러나 리워야단의 도래는 결국 그의 "멸망"으로 이어질 것이다(계 17:8). 리워야단은 사랑의 질서를 왜곡하고 부정하는 일을 하며, 그 전 존재가 비존재의 양상(ouk estin)인 자에게 적합한 최후를 맞는다.[13] 구체적으로, 우주적 분투는 한 편에는 '하나님과 어린양'이, 다른 한 편에는 로마제국이 "만주의 주요, 만왕의 왕"의 칭호를 놓고 벌이는 대결이다(계 17:14, 18). 어린양이 리워야단에 대하여 거두는 승리의 목표와 야웨가 바로에게 혹은 옛 바빌론의 왕에게 거두는 승리의 목표는 유사하다. "땅을 망하게 하는 자들을 멸망시[키는]" 것(계 11:18)이다.[14]

바빌론의 짐승들과 어린양의 싸움에서는 모두가 전사다. 그러나 그들은 **같은 목표를 위해 혹은 같은 방식으로 싸우지 않는다.**[15] 리워야단의 주

---

[13] 부정을 사탄의 것으로 보는 고전적 표현은 Goethe의 *Faust*에서 Mephistopheles가 "언제나 부정하는 영"이라고 묘사하는 대목이다. Goethe, *Faust*, 1338째 줄, 저자들의 사역.
[14] 망하게 하는 자로서 바빌론에 대해서는 Hanson, *Isaiah 40-66*, p. 118를 보라.
[15] 따라오는 내용은 요한계시록이 "하나님의 세상이 제국이나 로마를 그대로 비춰 내고 모방하는 절대적 이분법을 구축하지" 않는다는 Schüssler Fiorenza의 요점과 맥을 같이한다. 오히려 요한계시록은 사람들이 제국의 폭력적·파괴적 힘에 맞서기로 마음먹도록 매혹하고자

된 목표는 힘이기 때문에, 리워야단은 패권을 좇는다. 바로 이 점이 리워야단과 어린양의 가장 근본적인 차이점이다. 리워야단이 입은 치명상이 낫는 것에 대한 사람들의 반응을 생각해 보라. "누가 이 짐승과 같으랴? 누가 이 짐승과 맞서서 싸울 수 있으랴?" 하고 그들은 놀라워하며 묻는다(계 13:4). 그들이 리워야단을 경배하는 이유는 단순히 그 괴물이 강하기 때문이 아니라 다른 누구보다 **더 강하기** 때문이다. 리워야단과 그 추종자들에겐 단지 힘을 갖는 것만으로는 충분하지 않다. 오히려 다른 누구보다도 **더 많은** 힘, 더 많은 부, 더 훌륭한 아름다움, 더 뛰어난 지식을 가져야 한다. 리워야단이 욕망하는 것은 우월성, 우월한 **존재**가 되는 것, 우월하다고 **인식되고 존경받는** 것이다. 이런 욕망은 본성상 경쟁적이다.[16] 우월성을 위해 분투하는 사람에게 "누가 나와 같은가?"라는 질문에 대한 유일하게 완전히 만족스러운 대답은 "아무도 없다"라는 것이다. 그리고 그것은 지금도 없고, 과거에도 없고, 미래에도 없다는 의미다. 최고의 자리에 오르는 것만으로는 충분하지 않다. 그 최고의 자리는 그 누가 올랐던 지위보다 더 높아야 하고, 그 누가 머물렀던 기간보다 더 오래 거기에 머물러야 한다. "나뿐이라 나 외에 다른 이가 없도다"라고 말한 그 동일한 옛 바빌론은 "내가 영영히 여주인이 되리라"라고도 말했다(사 47:7, 8, 개역개정). 그 정서를 되새기면서, '새' 바빌론은 "나는 여왕으로 앉은 자요 과부가 아니라 결단코 애통함을 당하지 아니하리라"라고 말한다(계 18:7, 개역개정). '카푸트 문디'(*caput mundi*, 세상의 '머리' 혹은 수도) 로마는 그 자신을 '우

---

16 하는 윤리적 이분법을 구축한다. Schüssler Fiorenza, *Power of the Word*, p. 141.
우리 시대를 배경으로, 단지 높은 지위를 가지려는 욕망이 아닌, 다른 이들보다 더 높은 지위를 가지려는 욕망에 대한 연구는 Anderson, Hildreth, Howland, "Is the Desire for Status a Fundamental Human Motive?"; Anderson, Hildreth, "Striving for Superiority"를 보라.

르브스 아에테르나'(urbs aeterna, 영원한 도시)로 여긴다.

우월성을 절대 가치로 여기는 이들은 도전을 받거나 기회가 생길 때, 자신을 다른 이들 위로 드높이고 그 자리에 머무르기 위해서라면 무엇이든 할 것이다. 그것이 압제든 착취든 핍박이든 거짓말이든 속임수든 상관없이 말이다. 만약 자신의 자리가 위협받는다면, 자신의 경쟁자들에게 속한 가장 가치 있는 것들조차 깎아내리기를 주저하지 않을 것이다. 어떤 것의 아름다움, 선함, 참됨은 오직 그것이 **그들에게** 우월한 지위를 부여하는 데 도움을 주는 한에서만 그들의 눈에 가치 있기 때문이다. 우월성의 정신이 사회에 만연할 때, 사물도 사람도 더 이상 그 자체로 가치를 갖지 못한다.[17] 우월성을 위한 보편화된 분투에서 사물이 무기가 될 때, 그것은 **형태**가 변한다.[18]

요점은 우월성을 위한 분투에서는 선한 것이 **전혀** 나오지 않는다는 뜻이 아니다. 요한계시록의 로마는 부유하고 아름다운 도시다. 우월성을 위한 경쟁은 성과를 향상하고, 그 경쟁이 없었다면 존재하지 않았을 재화를

---

[17] George Caird는 "큰 창녀가 인류를 극한 물질주의에 빠지도록 유혹하기 위해 상품을 사용하기 전까지는, 로마의 호화로운 거래를 구성하는 상품들이 죄가 되지는 않는다"라고 쓴다 (Caird, *Revelation of Saint John*, p. 227). 우리의 논지는 어떤 면에서 그의 주장에 반대한다. 문제는 '물질주의'라기보다, 사람들이 예를 들어 아름답게 만들어진 사물을 그저 **그 자체의** 가치를 알아볼 수 있을 만큼 충분히 '물질주의적'이지 못하게 가로막는 것이다. 그 결과 그 아름다운 사물을 사회적 우월성 척도 안에서 상대적 위치를 나타내는 기표로서의 역할로 축소해 버리는 세상의 형태다. 우월성의 논리에 따라 행동하는 것은 사물을 사람들 사이의 관계로 바꾸어 버린다. 이는 사람들의 관계를 사물처럼 다루는 상품 물신주의를 뒤집어 놓은 것이라 할 수 있다. 우리가 순수하게 '물질주의적' 이유로 획득하는 전적인 소유욕이 좋다고 말하는 것은 아님을 지적해야겠다.

[18] 우월성의 논리 안에서 일어나는 이러한 모든 사물과 관계의 왜곡은 사물이 상품화될 때, 즉 단지 구매의 대상으로 취급될 때 일어나는 일과 유사하다. 즉 상품화된 각 사물의 금전적 가치가 그것의 지배적 가치가 된다. 사실, 이 시대의 경제와 문화에서는 이 두 가지 논리의 종합으로 나아가게 하는 중요한 압력이 작동한다. 시장화된 관계들 안에서는, 돈이 곧 가치**다**(Orlean, *Empire of Value*를 보라). Pierre Bourdieu가 분석한 '자본'의 다양한 형태들은(Bourdieu, *Outline of a Theory of Practice*, 특히 pp. 171-182를 보라), 점점 더 금전화를 통해 정합한 것으로 취급된다. 결과적으로, 금전적 부가 오늘날 작동하는 차등적 우월성의 지배적 형태다.

만들어 낸다. 그러나 그것이 지배적 가치가 될 때, 그 대가는 모든 것에 저주가 되는 지점까지 모든 사회적·물질적 관계를 왜곡한다. 그 잔은 금으로 되어 있지만, 그것을 들이켤 때 마시는 것은 오직 가증한 것들밖에 없다(계 17:4).

용의 권세

바빌론의 괴물들은 우월성의 욕망이 그 중심을 차지한 세상의 형태를 구현한다. 그러나 그 힘은 그 괴물들 자신의 것이 아니다. 용, 곧 "악마요 사탄인 그 옛 뱀"(계 20:2)이 괴물에게 "자기 힘과 왕위와 큰 권세"를 준다(계 13:2). 용은 리워야단을 따르는 이들에게 주된 경배의 대상이자(계 13:4), 우월성을 좇아가게 만드는 동인의 근원이다. 눈부신 탁월함으로 창조되었고 모든 천사보다 높임을 받던 사탄은 "비길 수 없는 하늘의 왕에 맞서" 반역을 일으켰다고, 존 밀턴은 『실낙원』(*Paradise Lost*)에서 쓴다.[19] 그런 뒤

---

19   Milton의 사탄은 하나님보다 뛰어난 우월성을 갖고 하나님으로부터 독립하기를 원한다. 기독교의 상상력에서 사탄의 이미지를 형성하는 역할을 하는 가장 중요한 본문을 히브리 성경에서 찾자면, 바빌론의 왕이 맞이할 몰락에 대한 이사야의 예언(사 14장)과 두로 왕에 대한 에스겔의 예언(겔 28장)이다. 두 경우 모두 이스라엘의 하나님과 자신의 동등성을 단언한다. 요한계시록에서 리워야단은 그 자신의 신성을 내세우면서 자신에게 경배할 것을 주장하고 하나님과 하나님의 이름을 모독하는 말을 한다(계 13:1-6). 하나님이 이러한 주장에 맞서는 주된 이유는, 이러한 동등성에 대한 거짓 주장 그리고 암묵적이거나 명시적인 우월성에 대한 거짓 주장에 맞서 하나님의 우월성을 확증하기 위함만이 아니다. 사실은 가장 높으신 분임에도, 하나님은 **우월성**을 최상위 가치로 삼는 것에 반대하신다. 하나님이 맞서는 것은 그러한 우월성 주장이 하나님 자신의 존재의 '법'인 사랑의 법을 깨뜨리고 세상이 집이 되지 못하게 하기 때문이다. 그것은 인간의 억압과 궁핍화, 자연 파괴, 곧 하나님이 창조 세계에 의도하신 보편적 번영의 정반대로 이어진다. 이사야는 이러한 귀결에 대해 웅변조로 말한다.

　　폭군이 꼬꾸라지다니!
　　　그의 분노가 그치다니!
　　주님께서 악한 통치자의 권세를 꺾으셨구나.
　　　악한 통치자의 지팡이를 꺾으셨구나.
　　화를 내며 백성들을 억누르고,
　　　또 억눌러 억압을 그칠 줄 모르더니,
　　정복한 민족들을 억압해도

그는 사탄의 목소리로 그 이유를 설명한다.

> 그분[하나님]을 찬양하는 것보다 더 부족한 것이 무엇이겠는가
> 가장 쉬운 보상, 그리고 그분에게 감사를 표하는 것
> 지극히 마땅하지 않은가! 그러나 그분의 선한 모든 것은 내 안에서 병이 되고
> 악의만을 낳았네. 그토록 높이 들려
> 나는 굴복을 거부했고, 생각했지. 한 발만 더 올라가면
> 내가 가장 높은 곳에 올라, 즉시 끝낼 거라고.
> 끝없는 감사라는 거대한 빚을,
> 너무 무겁고 여전히 갚고 있는, 앞으로도 져야 할 빚을.[20]

바로 이것이 우월성을 최상의 가치로 좇게 만드는 동인이다!

"내가 가장 높은 곳에 [오르게]" 해 줄 한 발을 내딛어야 한다. 그 발을 내딛게 만드는 거부할 수 없는 충동은 악마적인 자부심이다. 그것은 가장 높은 것에 미치지 못한다는 이유로 스스로를 혐오하고 미워하는 마음의 이면이다. 가장 높은 곳에 오르는 것과 관련해서는 다른 무엇도 고려되지 않는다. 정의의 주장("지극히 마땅하지 않은가!")은 존중할 필요가 없으며, 악랄함(선을 악으로 갚는 것)을 피할 필요도 없다. 하나님보다 높은 우위를 차지하기 위한 전쟁은 피해야 할 악이 아니라 합법적인 "영광을 위한 분투"

막을 사람이 없더니,
마침내 온 세상이 안식과 평화를 누리게 되었구나.
모두들 기뻐하며 노래부른다.
　향나무와 레바논의 백향목도
네가 망한 것을 보고 이르기를
　"네가 엎어졌으니,
이제는 우리를 베러 올라올 자가 없겠구나" 하며 기뻐한다. (사 14:4-8)

20　Milton, *Paradise Lost* 4.46-53.

다.²¹ 심지어 **자신**을 위한 지옥이 종속되는 위치보다 낫다. "지옥에서 다스리는 것이 천국에서 섬기는 것보다 낫다"라는 태도다.²² 최고가 되어야만 하는, 억누를 수 없는 필요가 모든 가치를 이긴다. 사랑의 무대가성에 가까운 어떤 것도 아예 보이지 않는다. 상상으로 이루어진 의무감의 높이가 장부의 균형을 맞추지만(감사 인사로 "치르는" 보상), 오직 우월성에 대한 충동이 이것을 발아래 짓밟을 수 있도록 지평선 위로 드러난다. 이렇게 상상으로 이루어진 악마적 자기 높임과 상호 연관된 것이 주변 모든 이들의 굴욕감, 능력 박탈, 궁핍화다.²³ 타락 이후(사탄의 경우와 아담과 하와의 경우 둘 다), 자기 높임에 대한 동일한 사탄적 욕망은 현재 왜곡된 세상 형태의 주요 특징이 된다.

밀턴의 사탄은 요한복음에 나오는 "이 세상의 통치자"와 요한계시록에 나오는 용에 대한 해석이다. 요한복음에서 예수님은 그를 심판하고 쫓아내신다(요 16:11; 12:31). 요한계시록에서 사탄은 "내쫓[긴다]"(계 12:10). 그러나 **그러한** 승리 이후에도, 여전히 용이 바빌론의 삶의 형태를 규정한다. 또 다른 승리가 필요하다.

어린양의 분투

용은 우월성을 절대 가치로 삼기 때문에, 하나님에게 맞서는 용은 그 자신의 우월성을 위해 분투했다. 그러나 용과 맞서는 하나님과 어린양은 하나님의 우월성을 위해 분투한 것이 **아니다**. 하나님이 아닌 모든 것의 "알파와 오메가"인 하나님은 그냥 **우월하시며**, 영원히 그러하시다. '마그니피

---

21 Milton, *Paradise Lost* 6.290. Forsyth, "Satan," p. 25를 보라.
22 Milton, *Paradise Lost* 1.263. 가장 큰 자로 다스리는 것에 대해서는 X.528-529를 보라.
23 Milton, *Paradise Lost* 1.358-392, 505-535; 9.781-784. *Paradise Lost*에 나오는 지배를 위한 분투와 우월성을 향한 욕망에 대해 조언해 준 Peter Johnston에게 감사드린다.

카트'(Magnificat, '우러러 받든다'라는 뜻의 "마리아 찬가"—편집자)에서는 하나님의 비천한 종 마리아가 자신의 아이 예수를 통해 강한 자들을 그들의 보좌에서 끌어내리시는 하나님을 경축한다(눅 1:46-55). 루터는 이에 대한 주석에서 이렇게 쓴다. 하나님은 "지존자이고, 그분보다 높은 것은 아무것도 없[기에], 그분은 자신보다 위를 보실 수 없고, 그분과 같은 것은 아무것도 없기에 좌우를 둘러보실 수도 없다. 따라서 그분은 그 자신의 내부와 아래를 보실 수밖에 없다."[24] 이 인용문에서, 우리는 비천한 자를 향해 고개를 돌리는 것은 단순히 의심의 여지없는 하나님의 우월성이 작용한 결과라고 결론짓고 싶은 유혹을 받을 수 있다. 그러나 우월성 자체는 자기만족적 무관심으로 쉽게 끝날 수 있다. 그러나 루터는 하나님이 "그 자신의 내부"를 볼 때, 거기에서 사랑을 보신다고 추정한다. 내재적으로는 사랑이며 우월성을 지켜 내야 할 필요가 없는 하나님은 비천한 이들에게 관심을 보이면서 그들을 높여 주시고자 한다. 바로 그것이 하나님의 겸손이며, 그 반대는 사탄의 교만이다.[25] 우리는 출애굽기에서 왕이신 하나님이 야곱의 집 전체를 "제사장 나라," 곧 "왕의 '코하님'(qohanim, 제사장들) 수행단"으로[26] 높여 주시는 점에서 그 겸손의 일부가 드러나는 것을 본다(출 19:6). 그리고 "가장 겸손한 사람" 모세(민 12:3)가 말한 "그들 모두가 예언자가 되었으면 좋겠다"라는 구절에서, 이 점을 다시 비춰 준다(민 11:29).[27] 머지않아 우리는 하나님의 겸손이 드러나는 또 다른 장면을 본다. 바로 새 예루살렘에서 사람들이 하나님의 보좌로 오르는 장면이다. 이는 하나님

---

24 LW 21:299-300.
25 Luther가 말하는 겸손에 대해서는 Volf, "Liberating Humility"를 보라.
26 Buber, *Moses*, p. 189.
27 이 구절들에 나타난 모세의 겸손과 좀 더 일반적으로 겸손에 대해서는 McAnnally-Linz, "Unrecognizable Glory," pp. 224-225를 보라.

의 집의 핵심적 특징이다.

용과 싸우는 하나님의 분투는 똑같은 종류의 힘을 놓고 경쟁자와 벌이는 싸움이 아니라 우월성의 논리가 세상을 지배하는 것에 대항하는 싸움이며, 어디서든 발견되는 모든 선을 경축하는 관대한 사랑의 통치를 **위한** 싸움이다. 이스라엘 자손이 바다를 통과해 안전한 곳에 이른 뒤, 그들은 "주님, 신들 가운데서 주님과 같은 분이 어디에 있겠습니까?"라고 하나님을 높이며 외친다(출 15:11). 이것은 가장 뛰어난 하나님의 능력, **또한 하나님의 사랑**에 대한 찬양이다. 하나님은 단지 자신의 우월성을 드러내기 위해서가 아니라, 무엇보다 그 백성을 압제에서 해방하고 우월성을 위한 분투가 정의에 대한 목마름과 은혜의 실천보다 열등하다는 사실을 입증하기 위해 바로와의 대결에서 승리하셨다(출 34장, 2장을 보라). 갈대 바다 저편 시내산의 광야에서 누구도 조종할 수 없고 은혜로우신 야웨는 이스라엘 백성에게 최상의 가치로서의 우월성을 제거하는 법을 주신다. 요한계시록 후반부와 마찬가지로, 출애굽의 이야기는 인간이 세상에서 하나님과 함께 거하는 집을 갖기 위해, 다시 말해 인간이 마침내 진정한 집을 갖기 위해, 세상은 우월성의 논리에 사로잡힌 포로 상태에서 해방될 뿐만 아니라 사랑을 집의 최상위법으로 받아들이는 것이 필요함을 강조한다.

9장

새 예루살렘

선견자를 새 예루살렘 곳곳으로 인도하는 평범하지 않은 안내자가 있다. 그 안내자는 바로 "일곱 천사가 마지막 때에 일곱 재난이 가득 담긴 일곱 대접을 가졌는데, 그 가운데 하나"(계 21:9)라고 소개되며, 선견자에게 바빌론이 받을 심판을 보여 주었던(계 17:1) 천사와 비슷하다(아니면 똑같은 천사인가?). 단테의 온화한 베아트리체는 말할 것도 없고, 덕망 있는 베르길리우스와도 거리가 멀다! 파괴자로서의 역할을 맡은 그 천사는 역사의 최종 목적지인 곳을 보여 주는 안내자로서 자격이 있다고 보기 어렵다. 따라서 이는 심지어 심판이 회개로 이끌지 않을 때조차 구원을 목표로 한다는 사실을 희미하게 보여 줄 가능성이 높다. 출애굽기에 나오는 재앙처럼, 요한계시록에 등장하는 대부분의 심판은 악행자들이 악에서 돌아서게 하고, 압제당하는 이들이 살고 번성할 수 있게 하려는 의도가 있다. 앞에서 지적한 것처럼, 요한계시록의 서사에서 지배적인 **한 갈래**는 일련의 재앙이 제국의 체제와 그 체제를 자신과 동일시하는 이들의 멸망에서 끝나는 장면을 상상한다. 그러나 그 멸망조차 전적으로 구속을 위한 것이다. 악행의 끝과 악행자들에 대한 심판은 집의 선함이 가능해지기 위한 조건의 부정적 측면이다.

그러나 18장과 19장에서 섬뜩한 이미지로 묘사되는 멸망은 바빌론에 가능한 유일한 미래다. 요한계시록에 제시되는 것처럼, 새 예루살렘은 바빌론의 멸망 **뒤에** 오지 **않는다**. 바빌론의 멸망은 "공중에 나는 모든 새들"이 "왕들의 살과 장군들의 살과 힘센 자들의 살"을 포함해 "모든 자유인이나 종이나 작은 자나 큰 자의 살"로 잔치를 벌이는 것으로 끝난다(계 19:17-19). 그러나 우리는 이 동일한 민족들과 "땅의 왕들"이 새 예루살렘에 오가는 것을 본다!(계 21:24) 선견자는 새 예루살렘을 멸망의 **대안적 미래**로 그리며, 15장에 남겨 두었던 이야기의 보편구원론적 갈래를 다시 이어간다. 이 줄거리에서도 악행의 종말이 존재하는데, 회개와 이스라엘의 하나님을 인정함으로써 이런 결말이 온다. "모든 민족이" "주님의 이름을 찬양하[고]" "주님 앞으로 와서 경배할" 것이다(계 15:4).

이 구절은 "모세의 노래와 어린양의 노래" 마지막에 나온다. 갈대 바다에서의 출애굽을 이끈 모세(출 14장)와 "새 출애굽을 가져온" 어린양을 노래한다(요 1:29; 19:33, 36).[1] **마지막** 출애굽을 경축하는 그 노래의 목표는 새 예루살렘으로 들어가는 것이다. 어린양은 새 예루살렘에 있는 모든 이들, 즉 모든 민족과 땅의 왕들(계 21:24)의 악행을 제거하고, 그들을 변화시켰다. 이 마지막 출애굽은 현재 형태의 세상이 종말을 맞는다는 뜻이다. 그것은 사람들이 믿음으로 나아오고, 그리스도가 사랑하신 것처럼 사랑하기를 배우기 시작할 때(요 13:4), 역사 안에서 깨어진 방식으로나마 미리 경험할 수 있다(6장을 보라). '인시피트 엑시레 쿠이 인시피트 아마레'(*incipit exire qui incipit amare*)라는 아우구스티누스의 심오한 표현을 빌려서 말하

---

[1] Bauckham, *Gospel of Glory*, p. 74.

면, 사랑하기 시작할 때 애정이라는 발이 바빌론을 떠나기 시작한다.[2]

하늘로부터, 하나님에게서

아우구스티누스처럼 전도자 요한에게도, 한 사람의 작은 출애굽은 약속의 땅으로 들어가는 것의 '부정적' 측면이다. 각 사람이 세례를 받으며 물을 통과할 때, 그들 자신의 작은 바로와 그의 전 군대가 수장되고, 그들은 다시 태어나서 물 밖으로 나온다. 새 창조의 축소판이다. 바로 그것이 요한이 말하는 "위로부터," "물과 성령으로" 혹은 "하나님에게서" 나는 것이다(요 3:3-8; 참조. 1:13. 5장을 보라).

선견자에게는 온 **세상**이 하나님에게서 '나고', 그 세상으로 들어가는 일이 거대한 출애굽의 목표인 최종적인 '약속의 땅'에 도착한다는 뜻이다. "나는 새 하늘과 새 땅을 보았습니다.…나는 또 거룩한 도성 새 예루살렘이…하나님께로부터 하늘에서 내려오는 것을 보았습니다"(계 21:1-2). 하나님의 집이 내려오는 것은, 하늘의 성막 계획이 모세에게 주어져서 백성이 땅 위에 그 모형을 만들 수 있게 하는 과정과는 다르다(출 25:8-9). 하늘의 원본이 그저 내려와, 원래 창조되고 소멸한 지상의 모형을 대체하는 것도 아니다.[3] 새 땅 그 자체처럼, 새 예루살렘도 새로워진 옛 창조 세계의 일부다. 또한 각 사람이 하나님에게서 새롭게 태어나는 것과 하나님이 그들의 사회적·물질적 공간을 새롭게 하심으로써 마침내 완성된 실재의 일부다. 현재 상태의 세상에서 떠나는 것(출애굽에서 이집트로부터 구출되는 것)과 하나님의 집이 된 세상으로 들어가는 것(출애굽에서 하나님이 성막에 거하기 위

---

2 Augustine, *Expositions of the Psalms* 64.2.
3 이런 의견은 Aune, *Revelation 17-22*, p. 1191.

해 오시는 것) 둘 다 단지 수동적 수혜자가 아닌 기쁨에 찬 참여자인 인간을 통해 하나님이 행하시는 일이다.

하나님의 집―하나님의 선물

밧모섬의 요한은 새 예루살렘을 **본다**(계 21:2). 보좌에서 나오는 음성이 요한에게 **그가 보고 있는 것에 대해 말해 준다**. "보아라, 하나님의 집이 사람들 가운데 있다"(계 21:3). 출애굽기에서 하나님의 거처는 성막이다. 하나님이 이스라엘 자손 가운데, 그들과 함께 계시는 곳이다. 하나님은 모세에게 성막을 짓기 위한 상세한 계획을 알려 주시고, 백성은 "주님께서 모세에게 명하신 모든 것을 그대로" 옮긴다(출 39:42). 히브리 성경은 하나님의 집, 즉 성막과 이후의 성전을 이스라엘의 삶에 중심이 되는 곳으로 본다. 그러나 성전 봉헌에서조차 솔로몬은 성전의 한계를 느낀다. 어쩌면 성전의 부적절함이라고도 할 수 있다. 즉 그가 지은 웅장한 집도 하나님을 "모시기에 부족[하다]"(왕상 8:27). 제3이사야에서는 **하나님**이 아주 비슷한 말씀을 하신다. "하늘은 나의 보좌요, 땅은 나의 발 받침대다. 그러니 너희가 어떻게 내가 살 집을 짓겠으며, 어느 곳에다가 나를 쉬게 하겠느냐?"(사 66:1) 고대 이집트와 바빌론의 성전들은 신을 위한 집으로 지어졌고, 인간들은 그들에게 영양을 공급하기 위해 제물을 바쳤다. 그러나 이스라엘의 하나님은 인간이 만들 수 있는 집이 필요하지 않으시며, 그분을 그 집에 맞출 수도 없다. 집과 쉴 곳에 대한 하나님의 수사적 질문에 이어 선언이 따라온다. "나의 손이 이 모든 것을 지었으며, 이 모든 것이 나의 것이다"(사 66:2). 행간에는 **하나님**이 만드신 땅 자체가 사람들 가운데 거하시는 하나님의 집으로 의도되었다는 주장이 내포되어 있다.

창세기에서 첫 번째 남자와 여자가 금지된 열매를 향해 손을 뻗은 뒤,

마치 그들이 누구의 집에 살고 있었고 이제 곧 무엇을 잃어버리게 될 것인지 강조라도 하듯, 저자는 "바람이 서늘할 때에 주 하나님이 동산을 거니시는 소리를 들었다"라고 적는다(창 3:8). 레위기는 이 이야기를 이스라엘이 이집트에서 해방되어 하나님의 백성으로 세워지고, 하나님이 성막에서 그들 가운데 거하기 위해 오시는 이야기와 연결한다. "너희가 사는 곳에서 나도 같이 살겠다. 나는 너희를 싫어하지 않는다. 나는 너희 사이에서 거닐겠다"(레 26:11-12).[4] 세상을 창조하면서, 하나님은 하나님과 인류 모두를 위한 집을 지으셨다. 성막/성전에서 하나님은 창조와 새 창조 사이의 역사시대에 그 백성 사이를 거니신다. 역사의 종말에 인간과 함께하시는 하나님의 집은 옛것에서 나온 새 창조 세계로, 하나님에게서 내려온다.

프로젝트가 아닌 소망

'내려온다'라는 생각은 어떤 면에서는 논쟁을 불러일으킬 소지가 있다. 심지어 사람들이 집을 짓기 위한 하나님의 지침을 온 마음으로 순종하고자 할 때조차 하나님의 집은 단순히 인간의 프로젝트일 수 없다는 점 때문이다.[5] 모세의 방식이든 그리스도의 방식이든, 율법에 대한 순종이 그것을 만들어 내지는 못한다. 순종에 헌신한 이들의 그룹은 제한되어 있고, 그들도 온전히 순종하는 법이 없다. 최선의 경우조차, 그들은 여전히 연약하고 스쳐 지나가는 육신일 뿐 아니라, 잘못을 범하기 쉬우며 언제나 이미 타락한 존재로 계속 타락하고 있다. 세상이 인간과 함께 사는 진정한 하나님의 집이 되려면, 새 창조 세계가 필요하다. 하나님의 법에 순종함으로

---

4   우리는 2021년 6월 25일 영상 회의를 통해 Shai Held와 나눈 대화에서 이러한 통찰을 얻었다.
5   새 예루살렘의 이미지를 이민과 관련해 정치적으로 사용하거나 오용하는 것에 대해서는 Lin, "Immigration and Apocalypse"를 보라.

써 지상의 '새 예루살렘'을 건설하려는 가장 유명한 시도가 실패로 돌아간 경우가 이 점을 잘 예시한다.[6] 존 윈스럽(John Winthrop, 1588-1649. 미국의 법률가로 식민지 시절의 정치인-편집자)의 매사추세츠주만 식민지(Massachusetts Bay Colony)에서 교회와 정부는 '언덕 위의 도시'가 계속 빛을 발하도록 협력했다. 그것이 발하는 빛이 어떤 것이었든, 그 안에는 폭력이 스며들어 있었고, 심지어 폭력에 의존했다. '이교도'이며 '미개한' 토착민 '외부인'의 땅을 몰수하고, 그들과 전쟁을 벌이고, '돈벌이가 되는 노략질'로 뉴잉글랜드로 데려온 아프리카인들을 노예로 삼고,[7] 말을 듣지 않는 내부인들은 매질을 하고 사지를 절단하고 처형하고 추방하는 일이 벌어졌다.[8]

새 예루살렘이 '내려오는 현상'은 위르겐 몰트만이 "역사적 천년설"이라고 부르는 것, 곧 교회의 권력과 정치권력을 합법화하고 언제나 폭력의 그림자를 드리운 정치적 기획으로서의 새 예루살렘을 암묵적으로 거부한다.[9] 그는 이를 "종말론적 천년설"과 대조한다. 종말론적 천년설은 옛 세상으로부터 새 세상을 창조하기 위해 오시는 하나님에 대한 소망을 의미하며, 이는 인간이 온전히 살아 내는 것은 고사하고, 제대로 표현할 수조차 없는 비전에 비추어 비폭력적 저항과 세상의 치유를 고취한다.[10] 요한계시록은 그리스도를 따르는 이들이 기대하는 역사 가운데 세워질 새 예루살

---

6   역사적 메시아주의의 세속적 형태는 종교적 형태보다 더 잘 것이 없다. 마르크스주의의 경우, '구원'을 안전하게 지키려면 힘이 필요한데, 개인의 이익과 공동체의 이익 사이의 동일화가 폭력 없이 유지되기엔 사회도 개인도 충분히 변화되지 못했기 때문이다. Kolakowski, *Main Currents of Marxism*, pp. 416-420를 보라.
7   Emanuel Downing이 John Winthrop에게 쓴 글이다. Blackburn, *Making of New World Slavery*, p. 238에서 재인용했다.
8   뉴잉글랜드 식민지에서의 종교, 폭력, 인종에 대한 최근의 논의는 Juster, *Sacred Violence*와 Kopelson, *Faithful Bodies*를 보라.
9   Moltmann, *Coming of God*, p. 192. 역사적 천년설과 전체주의의 연관성에 대해서는 고전이자 논쟁적 연구인 Cohen, *Pursuit of Millennium*을 보라.
10 Moltmann, *Coming of God*, p. 192.

렘에 폭력을 위한 공간은 없다는 점을 분명히 한다. 새 예루살렘은 그리스도의 닮은꼴로서 비폭력적 증인이 되는 이들에게 주어지는 하나님의 선물이다.[11] 로마제국처럼, 폭력적인 자들이 종종 땅과 사람들을 정복하지만, 그들의 통치는 지속되지 못한다. 로마를 점령한 세력에 죽임을 당하고 하나님의 능력으로 일으킴을 받은 어린양처럼, 온유한 자들이 새 땅을 "상속받을"(정복이나 토벌이 아니라) 것이다(계 21:7; 참조. 마 5:5).

영구적 선물

하나님으로부터 오는 선물은 인간의 유산이 될 때도 여전히 선물로 남는다. 하나님이 요한에게 그가 보고 있는 새 예루살렘이 하나님의 집이라고 알려 주신 뒤, 보좌에서 나오는 음성이 다시 말한다. 그 음성은 모든 것이 완성되었다고 엄숙히 선언한 뒤, 계속해서 "목마른 사람에게는 내가 생명수 샘물을 거저 마시게 하겠다"라고 말한다(계 21:6). 이 말씀은 하나님이 물뿐만 아니라 포도주와 젖과 "기름진 것"을 주시겠다는 이사야 55:1-2을 되울림한다. 이는 요한계시록 21장에서 생명을 유지시키는 물이 **모든 좋은 것들**을 상징한다는 사실을 암시한다. 이러한 것들은 고갈되는 법이 없는데, 그 원천이 "하나님의 보좌와 어린양의 보좌"이기 때문이다(계 22:1). 그 도시와 그 안의 모든 것은 하나님의 선물이다. 조지 케어드가 말하듯, 그 도시가 내려오는 현상은 일회성 사건이 아니라, 도시의 지속되는 존재론적 특징이며, 이는 첫 창조가 지닌 특징과 상응한다. 즉 둘 다 선물이다.[12] 이것은 인간의 일에 대한 거부가 아니다. 사람들이 하나님의 집으로

---

11 앞에서 본 것처럼, 요한계시록은 두 가지의 가능한 전환을 그려 낸다. 하나는 회심, 즉 하나님의 집을 기꺼이 받아들이는 것이고, 다른 하나는 압제의 체제와 그러한 체제와 자신을 동일시하는 사람들을 하나님의 집에서 배제하는 것이다.

12 Caird, *Revelation of Saint John*, p. 271.

"민족들의 영광과 명예"를 들여올 것이기 때문이다(계 21:26; 참조. 사 65:21-23). 생명수의 선물은 오직 "양식이 아닌 것"과 "배부르게 하지 못할 것"을 위한 수고만을 대체한다(사 55:2, 개역개정). 그러한 수고는 종살이하는 집에서 억지로 해야 하는 고역일 수도 있고, 우월성을 획득하기 위해 분투하며 종종 다른 이들을 밟고 꼭대기에 오르는 한 명이 되어야 하는 성취 사회에서 스스로를 부추기는 고역일 수도 있다[8장을 보라; 또한 한병철, 『피로 사회』(The Burnout Society, 문학과지성사)를 보라]. 강제 노동과 패권의 논리를 따라 자신을 높이기 위한 노동은 거부된다. 노동하는 사람이 감사하는 마음으로 그 자체를 선물로 인식하며, 그 결과 또 다른 선물을 발생시키는 일이 암묵적으로 긍정된다(아래를 보라).

하나님의 약속이 아브라함이 그의 자손이나 땅과 맺는 관계를 매개했던 사실을 떠올려 보라(7장). 이삭은 아브라함과 사라의 수고에 대해 그들에게 주어진 선물이었고, 땅은 이삭의 아들 야곱을 통해 그의 자손들에게 주어진 선물이었다. 새 예루살렘에서 약속된 땅은 단지 우주적 실재일 뿐 아니라 영속되는 실재이면서도 여전히 선물로 남는다. 하나님은 단지 모든 것의 존재적 근원이실 뿐만 아니라, 사람들이 그들 자신이나 그들의 사회적·물질적 환경과 맺는 관계를 매개하신다. 하나님의 집은 배타적 소유물로서가 아니라, 기쁨으로 주어지고 기쁘게 공유되는 공명과 애착, 소속감에 대한 사회적·물질적 공간으로서 개개인과 모든 인간의 집이다.

그러나 새 예루살렘은 어떤 종류의 사회적·물질적 공간인가? 지금부터 우리는 그 도시의 정치·경제·물질성에 대해 논할 것이다. 이러한 논의를 앞뒤로 감싸는 틀로서, 우리는 하나님이 그 도시와 맺으시는 관계로 시작하고, 그 도시가 하나님과 맺는 관계로 끝낼 것이다.

종교: 지성소

모든 위대한 고대 도시에는 성전이 있었지만, 이 종말론적 도시에는 성전이 없다. 경계를 갖는 성스러운 공간의 부재는 선견자가 본 환상의 가장 중대한 측면 중 하나다.

도시 안에 계신 하나님―하나님 안에 있는 도시

새 예루살렘의 색다른 많은 특징 가운데(그 모든 특징은 서술이기보다 상징이다) 가장 눈에 띄는 것은 그 형태다. 즉 각 면이 2,400킬로미터인, "크고 높은 산" 위에 내려앉은 거대한 비율의 완벽한 정사면체(계 21:10)다.[13] 성경에서 가장 유명한 정육면체는 성막에서 가장 거룩한 장소인 지성소로, 각 면이 10미터가 약간 넘는다. 새 예루살렘은 **인간의 전 행성 규모의 집이 지성소가 되는 사회적·물질적 공간**이다. 어떤 것도 오염되지 않았고, 어떤 것도 평범하지 않다. 모든 것이 거룩한데, 단순히 하나님이 구별하신 것들이라는 거룩함뿐만 아니라, 하나님이 영구적으로 거하시는 장소라는 뜻의 거룩함이다. 결과적으로, 각 사람이 제사장인데, 단순히 평범한 제사장이 아니라 지성소에 유일하게 들어갈 수 있는 대제사장이다. 다른 점은, 1년에 한 번 속죄일에 죄를 속할 희생 제물을 바치기 위해 지성소로 들어가는 대신(레 16:2), 이제 모든 인간이 지성소에서 살고 일한다는 것이다. 사실, 함께하는 그들 자체가 하나의 사회적 공간으로서의 지성소이며, 결국

---

[13] 도시의 광대함(그 면적은 히브리 성경에 나오는 약속된 땅에 대한 어떤 묘사보다 더 넓다)은 또한 출애굽기에서 약속된 땅의 '드넓음'에 대한 계속되는 관심을 암시하는 것일 수 있다. "이제 내가 내려가서 이집트 사람의 손아귀에서 그들을 구하여, 이 땅으로부터 저 아름답고 넓은 땅…으로 데려가려고 한다"(출 3:8). 시편 118편이 구원을 "넓은 곳에" 세우는 것으로 표현하듯, 약속의 배경에는 해를 가하는 이들로 둘러싸인 경험이 있다. "그들이 나를 겹겹이 에워쌌으나…그들이 나를 벌 떼처럼 에워싸고"(시 118:5, 11-12).

대제사장을 표상하는 집단적 인물은 온 세상을 포괄하는 지성소가 되었다. 도시의 토대인 열두 보석은 "대제사장의 흉패를 장식하던 열두 보석"을 상징하는 되울림일 가능성이 크다.[14] 사회적 공간으로서뿐만 아니라 물질적 공간으로서도 마찬가지다. 새 예루살렘은 세속의 평범한 장소 전체가 지성소로 승격된 것이며, 하나님이 영구적으로 거하시는 장소가 됨으로써 그 자체로 온전한 성취를 이룬다.

새 예루살렘에는 성전이 없지만, 요한의 환상에서 성전이 부재한 것은 아니다. 그는 어째서 자신이 "그 안에서 성전을 볼 수 없었[는지]" 설명한다. 바로 "전능하신 주 하나님과 어린양이 그 도성의 성전이시기 때문"이다(계 21:22). 성전으로서 하나님의 이미지는 지성소로서 세상의 이미지와 들어맞는다. 지성소는 성전 안에 있어야 하기 때문이다. 그러나 히브리 성경의 성막이나 성전과는 달리, 지성소가 있는 성전인 새 예루살렘은 지성소 못지않게 거룩하다. 반대로 그것은 창조 세계 전체의 원천이자, 이제 그 구석구석까지 스며든 거룩함의 원천 자체다. 다마스쿠스의 요한(John of Damascus)은 "거하는 곳으로서의 내주하시는 하나님"이라는 아름다운 표현을 했는데, 이 말은 요한계시록에서 지성소와 성전의 관계를 잘 포착한다.[15]

초월, 내재, 내주

성전으로서의 하나님과 어린양의 이미지는 세상을 하나님 안에 '위치시

---

14 Caird, *Revelation of Saint John*, p. 274.
15 John Damascene, *Orthodox Faith* 2.11. John Damascene은 단 한 명의 인물을(그가 아담이라는 대표적 인물이라고는 해도) 지칭하지만, 요한계시록은 사회적·물질적 세상 전체를 지칭한다. 그리고 John Damascen은 '육체적'(*aisthēton*, '아이스테톤') 거주가 아닌 '영적'(*noēton*, '노에톤') 거주를 구상하며, 요한계시록은 그 둘을 대조적이라고 인식하지 않는다.

킴'으로써 하나님의 초월성을 부각하고, 요한계시록에서 하나님을 알파와 오메가로 묘사하는 틀을 재확증한다(계 22:13; 참조. 1:8, 17). 좀 더 일반적으로 유일신주의가 그런 것처럼, 그 이미지는 고대 근동과 지중해의 다른 종교들이 보이던 "세상에서 신들과 인간들이 공생적 통합을 이루는" 범신론적(cosmotheistic) 특징과 마찰을 이룬다.[16] 또한 좀 더 현대적이기는 하지만 그러한 범신론적 특징과 무관하지 않은 하나님과 세상의 '화합'에 대한 헤겔의 주장을 미리 반박한다. 헤겔이 볼 때는, 하나님이(아버지로 대표) 세상에서 스스로를 대상으로 만들고(아들로 대표) 그 자신을 이 대상성 안에서 알게 될 때(성령으로 대표), 세계 역사는 그 목표에 이른다. 세계 역사는 "하나님의 자서전"의 일부며,[17] 이는 하나님이 '타자로서의 그 자신과 함께하심'(coming-to-be-with-himself-as-another)으로 끝난다.[18] 요한계시록의 비전은 다르다. 헤겔이 말하는 것처럼 역사의 종말에는 하나님이 자신을 타자로 인식하시는 것(하나님과 세상의 '화합')이 아니라, 처음이자 마지막이며 따라서 초월적인 하나님이 타자(지성소로서의 창조 세계) **안에** 거하기 위해 오신다. 하나님이 내주하시기는 하지만, 세상은 하나님의 신적 타자가 아니다. 정확하게는 세상은 지성소로서, 하나님이 그 안에 거하심으로써 비로소 자기다워진 비신적(非神的) 실재다.

성전이신 하나님의 이미지는 창조주와 창조 세계 사이의 근본적 구분을 유지한다. 그러나 그 결과는 헤겔이 창조주 하나님을 믿는 믿음에 대

---

16   Assmann, *Invention of Religion*, p. 333.
17   Hook, *From Hegel to Marx*, p. 36. Hans Küng 역시 *Lebenslauf Gottes*(하나님의 "경력" 혹은 "인생 과정")의 개념을 거론한다. Küng, *Incarnation of God*, p. 181.
18   Hegel, *Lectures on Philosophy of Religion*, p. 426의 주 93. 인간의 편에서 볼 때, 동일한 화합의 과정은 인류가 집에 돌아가는 것으로 기술할 수 있다. 즉 우리가 하나님의 역사적 운동과 지식에 참여할 때, 우리는 "우리의 반대편에 서 있던 객관적 세상에서 그 이질적 특성을 제거하고, 그 안에서 우리 자신이 집에 있음을 깨달을 수 있다." Hegel, *Science of Logic*, § 194.

해 주장한 것처럼, "본질적으로 신성을 박탈당한…사물의 총합으로서" 우리에게 부딪혀 오는 세속적이고 평범한 세상이 아니다.[19] 지성소인 세상의 상호 보완적 이미지는 하나님의 내재를 강조하며, 초월적 하나님을 세상 안에 '위치시키기' 때문이다. 하나님이 창조하신 세상은 신을 부정하지 **않는다**. 즉 하나님을 최고의 선으로 인정하는 이들은 세상에 등을 돌릴 필요가 없다. 이와 반대로, 오직 세상에만 관심을 두는 이들도 있다. 즉 니체의 차라투스트라가 "나의 형제들이여, 간곡하게 부탁하네. 변함없이 땅에 신실하게나"라고 외치듯이,[20] 이들은 하나님의 존재를 확신하면 세상에 대한 신실함을 저버리는 것으로 여긴다. 이들은 하나님과 세상에 대한 하나님의 관계를 설명하는 요한계시록에서, 세속성을 향한 무의식적인 첫걸음을 발견하지 못한다.[21]

요한계시록 21-22장에 나오는 성전과 지성소의 이미지는 세상 안에 계신 하나님과 하나님 안에 있는 세상 양쪽 모두를 시사한다. 좀 더 정확하게는, 하나님이 세상 안에 거하기 위해 오심으로써 세상이 하나님 안에 있다는 사실을 보여 준다. 이미 살펴본 것처럼, 바로 이것이 요한복음의 핵심 신념 중 하나다(3장과 4장을 보라). 이 둘 사이의 평행 구조를 생각해 보라. 십자가 죽음을 앞두고, 예수님은 아버지께 제자들이 "우리 안에 있게" 해 달라고 기도하신다(요 17:21). 요한계시록에서 새 예루살렘(지성소)은 하나님과 어린양(성전) 안에 있다. 요한복음의 동일한 기도는 예수님이 오신 목적을 제시한 채 끝난다. 그 목적은 예수님 자신이, 그리고 함축적으

---

19 Hegel, *Lectures on Philosophy of Religion*, p. 364.
20 Nietzsche, *Thus Spoke Zarathustra*, Part 1, "Zarathustra's Prologue," §3, p. 6.
21 Hegel과 다른 방식이기는 하지만, Nietzsche 역시 자신의 방식으로 세속화가 하나님에 대한 성경적 설명에 근거한다고 믿는다. 그는 "정직한 무신론"이 "마침내 스스로에게 하나님을 믿는다는 거짓말을 하지 못하게 만든, 2천 년 동안의 진리 훈련"의 결과라고 쓴다. Nietzsche, *On the Genealogy of Morality*, §3.27.

로 아버지와 성령이(참조. 14:23) "그들 안에 있게 하려는 것"이다(요 17:26). 요한계시록에서는 하나님과 어린양이 지성소에, 즉 새 예루살렘에 계신다. 요한복음에서 예수님의 사명이 지향하는 목표인 하나님과 백성의 상호 내주는, 요한계시록에서 온전한 실재가 되고 확장된다. 요한복음이 하나님과 백성의 상호 내주를 염두에 둔다면, 요한계시록은 하나님과 창조 세계의 상호 내주를 염두에 둔다.[22]

정치: 하나님과 어린양의 보좌

모든 고대 왕국에는 왕궁이 있었지만, 새 예루살렘에는 통치자가 백성과 분리되어 살 수 있는 왕궁도, 왕이 보좌에 앉아 통치하는 어전도 존재하지 않는다. 이런 도시지리학적 사실은 급진적인 정치적 비전을 반영하며, 이는 바로 앞에서 논한 종교적 비전과도 상응한다.

공동 통치

새 예루살렘에는 왕궁도 어전도 없지만, 보좌는 여전히 존재한다. 하나님의 대리자로서 왕이 앉는 보좌가 아니라, "하나님과 어린양의 보좌"다(계 22:3). 앞에서 본 것처럼, (성전이신 "하나님과 어린양"과는 별개로) 하나님의 집으로서 역할을 하는 성전은 없으며, 모든 사람이 대제사장이다. 새 예루살렘의 정치는 그 도시의 종교와 어울린다. 도시 전체가 지성소이며, 그

---

[22] 요한계시록 21-22장과 요한복음 14-17장의 연관성에 대해서는 Gundry, "New Jerusalem"을 보라. 그는 새 예루살렘이 배타적으로 사람들을 상징한다고 주장하기는 하지만, 그 역시 '사람들로서의 예루살렘'이 땅에 거한다고 생각한다. 그는 종말론적 구원에 대한 '물질적' 해석의 입장을 견지한다(p. 261). 동일한 의견으로는 Wright, *History and Eschatology*, pp. 263-264. 우리는 새 예루살렘이 사람들과 장소 둘 다를 나타낸다고 해석한다.

안에는 하나님의 보좌 역할을 하는 언약궤가 없다(참조. 삼상 4:4). 이제, 새 예루살렘의 모든 주민이 하나님의 종이지만(계 22:3), 정확하게 이 하나님과 이 어린양의 종으로서 그들은 모두 왕과 여왕이며, 그들 모두가 하나님과 어린양과 함께 다스린다(참조. 5:10; 20:4, 6; 22:5).

라오디게아 교회에게 "아멘이신 분이시요, 신실하시고 참되신 증인이시요, 하나님의 창조의 처음이신 분"으로 소개된 예수 그리스도는 이렇게 말씀하신다(계 3:14). "이기는 사람은, 내가 이긴 뒤에 내 아버지와 함께 아버지의 보좌에 앉은 것과 같이, 나와 함께 내 보좌에 앉게 하여 주겠다"(계 3:21). 하나의 보좌에 몇 명이 앉을 수 있을까? 일반적으로는 단 한 명, 강력한 권세를 가진 왕만 앉을 수 있다. "하나님과 어린양"의 보좌에는 몇 명이 앉을 수 있을까? 분명한 답은 분리될 수 없이 연합된 '하나인 둘'이다. 그러나 요한계시록은 **새 예루살렘의 주민 전체**가 하나님의 보좌에 앉는다는 가히 혁명적인 주장을 한다. 이것은 첫 번째 성전이 불탄 직후 "누구나 예루살렘을 주의 보좌라고 부를 것이[다]"라고 했던 예레미야의 예언을 약간 변형해서 되풀이한다(렘 3:17). 이제 예루살렘은 사람이 사는 온 땅이 되었고, 모든 사람이 하나님의 통치에 참여한다. 그 보좌는 도시 전체에 '흩어져' 있다. 요한복음의 비유를 사용하면, 이 주님의 종들은 다 그분의 친구다(요 15:15). 사람들 위에(*epi*, '에피') 군림하면서 배타적 통치권을 주장하는 리워야단과는 대조적으로(계 17:18), 하나님은 자신의 보좌를 공유하고, 사람들과 함께(*meta*, '메타') 다스리신다(계 22:5; 참조. 20:4, 6). 국가를 종교의 범주로 다루는(고대 근동에서 지배적이던 정치 형태) 신성한 왕권을 대체하는 것은, 민족을 종교의 범주로 다루는 경향이 있는(민족주의 발흥 때 지배적이던 정치 형태) 민주주의가 아닌,[23] 땅의 모든 민족이 하나님의 통치에 참여하는 비전이다.[24] 하나님은 다윗에게 그의 자손이 하나님과 아버지와 자녀 관계를 맺게 될 것이라고 약속하셨는데, 그 약속이 궁극적으로 성취될 때(삼하 7:14), 주민 전체가 포함된다. 출애굽기 19:6에서 온 백성이 하나님과 직접 관계를 맺는 것과 하나님이 그들을 통치하시는 것은(2장을 보라)[25] 사람들이 하나님과 함께 다스리는 것으로 대체되었다.

공동 통치는 그들 스스로를 다스리는 주권을 가진 개인들(자율성)뿐만 아니라, 그들 위에 자리 잡은 지배자에게 다스림을 받는 개인들(타율성)에 대한 대안이기도 하다. 요한계시록이 반복적으로 주장하는 것처럼, 하나님은 만유의 통치자(*pantokratōr*, '판토크라토르')시다(예를 들면, 계 1:8; 4:8; 15:3; 21:22). 바로 그런 하나님은 각 사람 안에 계시고, 모든 사람은 하나님 안에 있다(참조. 계 21:22). 새 예루살렘은 엄격하게 하나님 나라이기보다는,[26] 어떤 권위에 대해서도 인정하지 않는다는 의미에서가 아니라 지배받지 않는 상태라는 의미의 무정부 상태에 더 가깝다.[27] 하나님은 이제 하나님이 통치하실 필요가 없는 그런 세상을 만드셨다.

세 이름

정치적 지배가 불필요해지려면, 하나님과 사람 사이에 그리고 사람들 사이에 특별한 관계가 필요하다. 그뿐 아니라 각 사람에게도 특별한 정체성이 필요하다. 빌라델비아 교회에 "거룩하신 분, 참되신 분, 다윗의 열쇠를

---

23 이러한 전환에 대해서는 Assmann, *Invention of Religion*, pp. 333-335를 보라.
24 동일한 보좌에 앉은 이들은 동등하다고 추정된다는 점에서 이러한 생각은 급진적이다(동일한 주장은 Aune, *Revelation 1-5*, p. 262). 이것은 사람들 자신들 사이에서의 평등만이 아니라, 어떤 의미에서는 하나님과의 평등이라는 하나님의 선물이다.
25 이러한 의견은 Buber, *Moses*, p. 106.
26 Ellul, *Anarchy and Christianity*를 보라. 『무정부주의와 기독교』(대장간).
27 우리는 여기서 '하나님 나라'를, 다른 이들 가운데서도 Buber가 사용한 정치적 의미로 사용한다. 그것은 "그 나라의 모든 실체와 모든 토대, 법적 형태와 제도, 내외부적 관계들의 모든 조직과 함께" 그 자체를 그 나라의 주님인 야웨에게 헌신한 나라다. Buber, *Moses*, p. 107.

가지고 계신 분, 여시면 닫을 사람이 없고 닫으시면 열 사람이 없는 그분"으로 소개된 예수 그리스도는 이렇게 말씀하신다(계 3:7). "이기는 사람[을 위해]…나는 내 하나님의 이름과 내 하나님의 도시, 곧 하늘에서 내 하나님께로부터 내려오는 새 예루살렘의 이름과 또 나의 새 이름을 그 사람의 몸에 써 두겠다"(계 3:12). 종말론적 이름을 받는 이 그림을 온전히 이해하려면, 우리는 그리스도가 버가모 교회에 주신 약속을 추가해야 한다. "이기는 사람에게는 내가, 감추어 둔 만나를 주겠고, 흰 돌도 주겠다. 그 돌에는 새 이름이 적혀 있는데, 그 돌을 받는 사람밖에는 아무도 그것을 알지 못한다"(계 2:17).[28] 각 사람에게는 세 이름이 주어지며(하나님과 그리스도의 이름 역시 하나의 복합 이름이다), 대제사장 아론이 다는 순금 패에 "주님의 성직자"라고 새겨 넣었을 때처럼(출 28:36) 여기서 그 이름들은 단지 소속과 헌신만이 아니라 정체성을 지시한다.

성의 각 주민은 새롭고 **개인적인** 이름을 갖는다. 이름은 각 사람의 고유성과 조종당하지 않는다는 거룩한 신비, 스스로 보여 주는 경우를 제외하고는 다른 이들의 눈이 미칠 수 없고, 심지어 보여 주는 경우에도 오직 부분적으로만 알 수 있는 자아의 핵심을 나타낸다.[29] 그러나 새 예루살렘에 사는 그들 중 누구도 자립적이거나 스스로 규정되거나 주권적인 개인이 아니다. 각 사람은 모든 이에게 공통적인 두 이름 **역시** 가지고 있다. 하나는 새 예루살렘이라는 이름이다. 각 사람은 사회적·물질적 전체 공간을

---

28   John Hare는 이 구절을 John Duns Scotus의 '하에세이티'[haecceity(개성 원리 – 편집자)]의 개념, 혹은 특정한 피조물에게 고유한 개별적 본질을 뒷받침하는 성경적 배경으로, 그뿐 아니라 하나님이 고유한 방식으로 하나님을 사랑하도록 각 사람을 부르신다는 그 자신의 설명을 위한 성경적 배경으로 지목한다. Hare, *God's Command*, p. 29를 보라.

29   도시와 그 안의 각 개체는 하나님의 영광에 투명하게 드러나지만, 반드시 서로의 눈에 완전히 드러나지는 않는다. 새 예루살렘은 절대적 판옵티콘(panopticon, 전방위 감시 체제 혹은 구조 – 옮긴이)이 아니다. Michel Foucault, *Discipline and Punish*, pp. 195-228에 나오는 고전적 분석을 보라.

그들 각자의 고유한 방식으로 반영한다. 그 각각은 이 책의 저자 중 한 명이 "보편적 인격"(catholic personality)이라고 부른 것이다.[30] 차이와 소속, 개인의 이익과 공동선 사이의 갈등은 개인이 공동체로 병합되지 않고도 극복되었다. 도시의 이름과 함께, "그들의 이마"에 새겨진(계 22:4) 두 번째 공통 이름은 하나님과 어린양의 이름이다. 하나님과 예수님은 서로 안에 거하시며, 그 정체성을 규정하신다. 우리는 이러한 심상 안에서, 요한복음에서 아버지와 예수님이 그 사람에게로 가서 "그 사람과 함께 살 것"이라는 예수님의 중심 약속을 발견한다(요 14:23). 그렇다면 각 사람은 우리가 앞에서 "삼위일체적 인격"이라고 부른 존재라 할 수 있다. 따라서 세 이름은 함께 모여, 그 사람의 신비, 하나님의 신비, 하나님의 임재로 가득 한 세상의 사회적·물질적 공간의 신비로 이루어진, 구별되면서도 분리될 수 없는 존재로 연합된다.

요한계시록에서 나타나는 공동 통치의 성격과 조건은, 그 도시가 지닌 거룩함의 성격이나 조건과 마찬가지로, 요한복음에서 중요한 닮은꼴로 나타난다. 도시의 거룩함처럼, 각 주민의 정체성과 그들 각자가 행사하는 행위 능력은 하나님이 내주하신 결과로 주어진다. 자신의 사명이 갖는 목적에 대해 예수님은 "아버지께서 나를 사랑하신 그 사랑이 그들 안에 있게 하고, 나도 그들 안에 있게 하려는 것"이라고 말씀하신다(요 17:26). 아버지와 아들 사이의 영원한 사랑이 제자들 "안에" 있다. 성령에 의해 아들이 "그들 안에" 계시기 때문이다. 그들이 서로를 사랑하는 그 동일한 사랑이 그들을 하나님뿐만 아니라 서로에게 묶어 준다. 그 사랑은 "우리가[아버지와 아들이] 하나인 것과 같이" 그들이 하나가 되게 해 준다(요 17:22).[31] 그

---

30   Volf, *Exclusion and Embrace*, pp. 43-45를 보라.
31   Hegel은 이러한 종류의 연합을 "한 사람의 인식을 이루는 모든 갈래"를 가득 채우며, "한

들 각자와 함께하는 그들 모두 안에 거하시는 하나님의 생명과 하나님의 사랑으로, 그 도시의 주민들은 하나님의 통치를 공유한다.

종교와 정치

지성소인 새 예루살렘에서 하나님의 임재는 모든 것에 스며들어 있다. 즉 모든 것이 거룩하고, 어떤 것도 속되지 않으며, 각 사람이 대제사장의 예복을 입는다. 흩어져 있는 하나님의 보좌인 새 예루살렘에서 하나님은 모든 사람과 통치권을 공유하신다. 즉 모든 사람이 통치자이고, 누구도 지배받지 않으며, 각 사람이 왕관을 쓴다. 에스겔이 야웨의 영광이 돌아와 성전을 가득 채우는 것을 보았을 때, 그는 "누군가" 자신에게 말하는 음성을 듣는다(새번역은 "성전에서 들려오는 소리를 들었다"라고 번역한다―옮긴이). "사람아, 이곳은 내 보좌가 있는 곳, 내가 발을 딛는 곳, 내가 여기 이스라엘 자손과 더불어 영원히 살 곳이다"(겔 43:5-7). 그 환상에서 보좌와 지성소는 동일한 하나이며, 둘 다 도시나 땅과는 분리되어 있다. 새 예루살렘에서는 그러한 분리가 존재하지 않는다. 도시 전체가 하나로 통합된 보좌이자 지성소다. 제사장과 왕이라는 중복된 정체성은 시내산에 모인 야곱의 집에 하나님이 하신 말씀을 되풀이한다. 하나님이 함께 거하실 하나님의 백성이 되기 위한 지침을 주고 언약을 맺기 전에, 하나님은 그들에게 말씀하신다. "너희가 정말로 나의 말을 듣고, 내가 세워 준 언약을 지키면…너희의 나라는 나를 섬기는 제사장 나라가 되고, 너희는 거룩한 민족이 될 것이다"(출 19:5-6). 그리고 이제 만물에 관한 이야기의 끝부분에서, 순종이

사람이 세상과 맺는 모든 관계"를 지휘하고, "한 사람의 존재를 관통해" 숨 쉬는 신성으로 생각했다. 그러나 그는 하나님이 신자와 맺는 그러한 관계를, 분명히 인간의 본성으로 이루어 낸 인간적 성취가 아닌, "그 신자 자신의 본성이 지닌 신성"으로 생각한다. Hegel, "Spirit of Christianity," p. 266.

라는 조건이 완전하고 되돌릴 수 없이 충족되었다. 하나님이 산 위의 도시, 곧 세상 전체에 거하기 위해 내려오셨다.

출애굽기 19:5-6에서는 이스라엘에게 제사장 나라가 될 것이라는 약속이 주어진다. 이스라엘은 "거룩한 민족"이며 "모든 민족 가운데서 나의 [하나님의] 보물"이다. 우리는 요한계시록에서 그 약속이 각 사람에게 그리고 구별되지 않은 세상의 전체 거주민에게 주어진다고 말하고 싶은 유혹을 받는다. 그러나 그것은 상당히 옳지 못하다. 요한계시록이 강조하는 점은 분명 개인과 그 행동이다. 각 사람이 목마르고(그래서 단지 목마르다는 이유로 마실 것을 얻고), 각 사람이 이기고, 각 사람이 세 이름을 가지고, 각 사람이 보좌에 앉고, 각 사람이 대제사장의 예복을 입는다. 동시에 밧모섬의 요한은 종족, 민족, 백성, '언어', 곧 구별된 인류를 본다(계 2:26; 7:9; 11:9; 15:3-4). 새 예루살렘에서 생명나무 잎사귀는 민족들을 치료하는 데 쓰이고, 민족들은 "빛 가운데로 다닐 것"이며, 그들의 왕들은 "민족들의 영광과 명예를" 그 안으로 들여올 것이다(계 21:23-26, 22:2) "유다 지파에서 난 사자, 곧 다윗의 뿌리"이신 예수님의 승리를 통해(계 5:5), 모든 백성이 하나님의 "보물"이 되었다. 이스라엘이 과거에 그랬던 것처럼 현재에도 마찬가지다. 바로 이것이 집들의 집인 새 예루살렘의 비전이다.

경제: 삶과 일

새 예루살렘은 동산-도시다. 생명나무와 생명수의 강에 대한 언급이 가리키는 것처럼, 그 동산은 새 에덴이다(창 2:9-10을 보라). 요한계시록 자체는 새 예루살렘을 "하나님의 낙원"(계 2:7)이라고 부른다. 앞에서 살펴본 것처럼, 그것은 현실에서도 문학에서도 본 적 없는 정육면체 도시이고, 금과 보석으로 지어졌다. 그 이미지들은 서로 충돌한다. 즉 어떤 것도 금과 벽옥에서 자라지 않는다. 그러나 이것은 모두 상징이며, 상상할 수 있는 최고의 자연적·인공적 환경을 함께 끌어모음으로써, 요한계시록은 어떤 인간의 집에서도 결정적 조건이라 할 수 있는 그 두 요소가 결합될 필요를 강조한다.[32]

생명의 강-생명나무

'자연'환경은 "생명수의 강"과 "생명나무"로 상징된다(계 22:1-2). 그 **강**은 생명의 원천을 대표한다. 여기서 그것은 단지 생명의 조건만이 아니라(창 2:5에서처럼), 생명의 "아주 특별한 생산력"을 나타낸다.[33] 선견자는 에스겔서에서 강이 성전 밑에서 흘러나오는 장면을 끌어온다(겔 47:1). 새 예루살렘은 지역 성전이 없기 때문에, 그 강은 "하나님의 보좌와 어린양의 보좌로부터" 흘러나온다(계 22:1). 그 근원이 하나이기 때문에, 그것은 하나의 강이다. 그러나 그 강이 한가운데로 흘러가는 그 거리는 "거리들"[집합명사로 쓰인 '플라테이아스'(*plateias*)]을 대표한다. 선견자는 시편 46:4을 생각하며 썼을 수 있다. "오 강이여! 그대의 줄기들이 하나님의 성을 즐겁게 하며, 가장 높으신 분의 거룩한 처소를 즐겁게 하는구나." 케어드는 시편 46편의 강과 요한계시록 22장의 강을 연결하면서, 요한계시록이 "모든 거리마다…물길이 있는" 도시를 상상한다고 말한다.[34] 혼돈의 상징인 바다가 사라지고, 생명수가 어디에나 흐른다.

우리가 주장한 것처럼, 보좌가 모든 주민을 통해 흩어져 있다면, 생명

---

32 참조. Schüssler Fiorenza, *Power of the Word*, p. 142.
33 이런 의견은 Aune, *Revelation 17-22*, p. 1176.
34 Caird, *Revelation of Saint John*, p. 280.

수는 사실 모든 생명체 안에 있는 셈이다. 요한계시록의 상징 세계 안에는, '자연적'인 것과 '영적'인 것의 날카로운 구분이 존재하지 않는다. 생명수는 단지 '생물학적' 존재를 넘어서 생명과 생명력을 주는 존재다. 요한복음에서 예수님은 에스겔 47장을 되풀이하면서 "목마른 사람은 다 나에게로 와서 마셔라. 나를 믿는 사람은 [마셔라]"라고 외치신다(요 7:37). 새 예루살렘에서 모든 생명체의 목마름은 바로 그 동일한 원천인 하나님과 어린양을 통해 해소될 것이다. 변화하는 듯 보이는 은유를 사용해, 예수님은 이어서 믿는 자의 가장 내밀한 존재 영역으로부터 "생수가 강물처럼 흘러나올 것"이라고 말씀하신다(요 7:38). 예수님의 우물에서 물을 마시는 이들은 성령의 역사하심을 통해 그들 스스로가 다른 이들을 위한 '자연적'이고 '영적인' 생명력 모두의 원천이 될 것이다(6장을 보라). 또한 새 예루살렘에서는 생명수의 강에서 물을 마시는 모든 생명체 역시 다른 이들을 위한 생명력의 원천이 될 것이다. 용과 '바빌론 사람들'과 달리, 예루살렘의 주민들은 다른 이들의 희생을 발판 삼아 살아가지 않으며, 그들 스스로의 힘을 키우기 위해 다른 이들이 가진 것을 빼앗지 않는다. 하나님처럼, 그리고 하나님이 그들 안에 내주하시기 때문에, 그들은 다른 이들을 만족시키는 생수의 근원이다.

생명나무는 생명을 유지시키는 것, 영양 공급과 치유의 근원을 모두 상징한다. 하나님은 에덴동산 한가운데 선악을 알게 하는 나무와 함께 최초의 생명나무를 심으셨다(창 2:9). 인간들이 부정하는 자요 깎아내리는 자인 교만한 뱀, 즉 그 용, "그 옛 뱀"(계 20:2)의 거짓말에 굴복한 뒤, 하나님은 "그룹들을 세우시고, 빙빙 도는 불칼을 두셔서 생명나무에 이르는 길을 지키게 하셨다"(창 3:24). 새 예루살렘에서는 생명나무에 이르는 길이 열려 있다. 창세기를 되풀이하면서 요한계시록은 한 그루의 나무를 언급한다. 밧모섬의 요한이 지대한 영향을 받은 에스겔이 "많은 나무"에 대해 쓰기 때문에(겔 47:7), 여기서 "나무"는 "거리"의 경우처럼 집합명사로 쓰였을 가능성이 크다.[35] 만약 그렇다면, 우리는 거리마다 물길이 있고, 모든 물길의 양쪽에는 나무가 줄지어 선 모습을 그려 볼 수 있다. 생명나무는 어디에나 있고, 그 각각은 "열두 종류의 열매를…달마다" 한 종류씩 내며, 그 나뭇잎은 "민족들을 치료하는 데" 쓰인다(계 22:2). 결핍도, 물질적 불평등도 사라졌다.

일과 욕망

선견자는 새 예루살렘에 **일**이 없다고 말한다. 인간의 노동 없이 스스로 생산물을 내는 땅, '아우토마토스'(*automatos*)라는 그리스의 유토피아 개념에서처럼, 오직 욕망하고, 취하고, 즐기면 되는 것처럼 보인다.[36] 욕망이 일보다 더 기본적이다. 그러나 그것은 단순히 여느 욕망이 아니라, 새 예루살렘의 삶과 실재, **새 예루살렘의** 생명수와 **새 예루살렘의** 생명나무에서 나는 열매를 향한 욕망이다. 또한 무엇보다 이런 좋은 것들과 분리될 수 없는 하나님과 어린양의 임재를 향한 욕망을 의미한다. 중요한 의미에서, 새 예루살렘에 있는 모든 사람은 그들이 이미 가진 것을 욕망한다.[37] 첫 번째 인간들이 에덴의 것이 아닌 욕망에 굴복해 에덴에서 스스로 집을 빼앗겼던 것처럼, 다른 뭔가를 욕망하면 결국 자신의 집을 빼앗길 것이다. 그러나 새 예루살렘의 생명에 목마르고 배고픈 누구나 혹은 예수님이 표현하신 것처럼 하나님 나라와 하나님의 의를 구하는 누구나(마 6:33), 바로

---

35 Caird, *Revelation of Saint John*, p. 280.
36 이런 의견은, Aune, *Revelation 17-22*, p. 1178.
37 Dante, *Divine Comedy 3: Paradiso*, canto 3, pp. 71-72를 보라.

그 생명과 그 생명을 유지하는 데 필요한 모든 것을 받는다. '아우토마토스'에 제한된 의미가 인정된 것처럼 보인다.

그러나 아마도 새 예루살렘은 그리스식 낙원보다 히브리식 낙원에 가까워 보인다. 에덴에 대한 묘사에서, '아우토마토스'의 개념은 존재하지 않는다. 동산에서 특정 종류의 일은 부재했지만, 또 다른 종류의 일은 인간이 창조된 목적 자체의 일부였다. 바로 동산을 "맡아서 돌보[는]" 일이다(창 2:15). 저주를 받은 이후 일은 적대적인 세상을 길들이기 위한 분투가 되었고, 그럼에도 불구하고 세상은 결국 항상 그 자체를 인간의 무덤으로 만들고, 인간과 그들이 만든 모든 것을 부수고 빻아서 먼지가 되게 했다(창 3:17-19). 새 예루살렘에서는 그런 분투가 사라질 것이다. "다시 저주가 없[기]" 때문이다(계 22:3). 헤겔의 유명한 표현에 따르면, 일은 지배를 위한 분투로 점철된 소외의 상태에서 "수표에 붙들린 욕망"이다.[38] 일한다는 것은 욕망의 즉각성을 억제한다는 뜻이다. 그 결과 욕망이 만들어 낸 생각을 세상에 강요함으로써 욕망을 만족시킬 조건을 창출해 내는 것이다. 그 과정에서 우리는 우리 자신과 세상 양쪽을 모두 형성하며, 그 안에 있는 자신을 인식하고, 결국 세상과 하나가 된다.[39] 나중에 카를 마르크스(Karl Marx)는 이러한 세상-역사의 과정 전체를 자연의 인간화라고 기술한다.[40] 여기서 저주를 배경으로 발생한 일에는 [헤겔의 본문은 『정신현상학』(*Phenomenology of Spirit*)의 "지배와 종살이" 부분에서 나온다], 수없이 잔혹한 투쟁이 있다. 또한 세상을 변혁함으로써 그 안에 있는 집의 안락함을 누

---

38 Hegel, *Phenomenology of Spirit*, §195.
39 Hegel, *Phenomenology of Spirit*, §195. 해석을 보려면, Kojève, *Introduction to the Reading of Hegel*, pp. 24-25.
40 Marx, "Economic and Philosophical Manuscripts," "Theses on Feuerbach," *Karl Marx*, pp. 97, 171를 보라. 마르크스를 다룬 연구로는 Volf, *Zukunft der Arbeit*, 『노동의 미래-미래의 노동』(한국신학연구소); Volf, *Work in the Spirit*, pp. 55-64를 보라. 『일과 성령』(IVP).

리는 것을 목표로 한다.

그러나 새 예루살렘은 이미 집**이다**. 주인도, 종살이하는 이도 없으며, 소외는 사라졌고, 저주의 돌은 신발에서 빠졌고, 용에게 힘을 받은 괴물들이 올라오는 바다도 이제 없다. 모든 것이 새로워졌고, 민족들의 역사적 업적, 그들의 "영광과 명예"는 버려지지 않고 새 예루살렘으로 들어왔다 (계 21:26).[41] 새 예루살렘에서 집은 그냥 주어진다. 남아 있는 모든 일이란 구별되고 연합된 하나님과 세상에 더욱 갈증을 느끼는 바로 이런 세상을 유지하고 향상시키는 것이다. 아주 다른 이런 배경에서, 우리는 일이 에덴의 형태로, 즉 경작하고 돌보는 일로 되돌아가는 장면을 그려 볼 수 있다. 여기서 일한다는 뜻은, 우리의 의지와 우리 자신의 이미지를 강요하기보다, 있는 그대로 사랑하고 그 결을 살려 일하는 것이다. 이와 같이, 일은 선물에 대한 반응이자 찬양과 감사의 한 방식이며, 그 자체로 선물이기도 하다.

새로운 물질성: 광채를 발하는 도시

그 도시는 금과(도시 자체와 심지어 그 거리들도) 보석으로(벽옥 벽, 다른 많은 진귀한 보석으로 된 문과 기초) 되어 있다. 도시의 크기를 고려할 때, 그것은 어마어마한 양의 진귀한 물질이다. 바빌론이 풍요롭다면, 새 예루살렘은 측량할 수 없을 정도로 호사스럽다. 그러나 단지 양적인 조건만 비교한다면 (새 예루살렘이 바빌론보다 **더 풍요롭다**), 주된 핵심을 놓치게 된다.

---

[41] 새 예루살렘으로 들여온 민족들의 "영광과 명예"를 사람들이 그들의 영광과 명예라고 **생각했던** 것과 혼동해서는 안 된다. 바빌론과 새 예루살렘의 차이 중 많은 부분은 영광과 명예에 대한 각각의 설명에 있는 심오한 차이를 논한다. 그러나 요한계시록은 실제 행해진 일의 유익이 새 예루살렘 안으로 통합되는 것으로 그린다.

반투명의 진귀한 물질들

실제 벽옥은 불투명하지만, 새 예루살렘에서는 수정처럼 눈부시고 반투명하다. 따라서 벽옥이라 불리기는 하지만(계 21:18), 사실은 "벽옥과 **같[은]**" "지극히 귀한 보석"(계 21:11)이다. 금 역시 "맑은 수정 같[다]"(계 21:18). 요한의 핵심은 새 예루살렘이 바빌론과 호의적으로 대조를 이룬다는 것이다. 부의 정도가 그 둘 사이에 생긴 대조의 주된 핵심**이라면**, 동일한 가치 척도로 비교될 것이고, 새 예루살렘은 물질의 양과 질 모든 면에서 바빌론을 앞설 것이다. 리워야단과 어린양의 분투에 대한 논의에서, 요한계시록이 동일한 척도로 접근하기를 거부한다는 점을 이미 살펴보았다. 어린양은 리워야단과는 다른 종류의 힘을 사용함으로써 그리고 다른 목표를 위해 리워야단과 싸운다. 즉 이 싸움은 일차적으로 우월성을 획득하기 위한 분투가 아니라 사랑의 승리를 위한 분투다. 이는 부를 놓고 벌이는 경쟁에서도 유사하다. 즉 누가 부를 더 가졌느냐가 아니라 무엇을 부로 **여기는가**에 관한 분투다.

부분적으로 새 예루살렘의 부가 다른 점은, 바빌론의 세상을 왜곡시키는 형태로 만드는 우월성의 추구와 그에 따른 억압, 속임수, 폭력으로 오염되지 않았다는 것이다. 그러나 그보다 더 큰 차이가 있다. 새 예루살렘에 대한 묘사에서 가장 처음으로 나오는 말이, 두 도시의 부가 보여 주는 질적인 차이의 핵심을 밝혀 준다. "그 도성은 하나님의 영광에 싸였고, 그 빛은 지극히 귀한 보석과 같고"(계 21:11). 우리는 도시의 영광과 광채를 **반사된** 것으로 생각할 수 있다. 즉 시내산에서 내려온 뒤 모세의 얼굴과 같다(출 34:29). 하나님의 영광이 도시 **위에 비추고**, 그것을 보는 이는 반사된 그 영광을 보는 셈이다. 새 예루살렘이 그 도시의 성전인 하나님 안에 거하기 때문에, 이러한 해석은 그 도시가 도시를 감싸고 있는 하나님의 영광을 반영한다는 생각으로 이어질 수 있다.

성전으로서 하나님의 이미지만큼 중요한 요소가 새 예루살렘의 핵심 특징이다. 그 특징은 그 도시가 하나님 안에 거한다는 점이 아니라(그 점도 사실이지만), 하나님이 **그 도시 안에 거하신다**는 점이다. 앞에서 본 것처럼, 새 예루살렘은 모세의 얼굴보다는 성막의 지성소에 더 가깝다. 모세가 성막을 완성해 세운 뒤, 야웨의 영광이 성막을 가득 채웠다. 그래서 심지어 모세도 "거기에 들어갈 수 없었다"(출 40:35). 밧모섬의 요한이 새 예루살렘에 대해 "그 도성은 하나님의 영광에 싸였고"라고 썼을 때(계 21:11), 그것은 그 영광이 그 도시 **안에** 있다는 의미였다. 새 예루살렘은 단지 그 위에 비치는 하나님의 영광을 반사하기만 하는 것이 아니다. 더 중요한 점은 새 예루살렘 안에서 그리고 새 예루살렘을 통해 빛을 발하는 하나님의 영광을 **여러 각도로 굴절시킨다**는 점이다.[42] 금과 벽옥의 반투명성은 그 보석들이 아주 특별하게 고품질을 지닌 물질이라는 표지가 아니다. 오히려 그것은 하나님의 영광이 도시 전체에 어떻게 스며들어 있는지를 분명히 보여 준다. 하나님이 그 안에 거하시기 때문에, 그 도시는 하나님처럼 되었다. 즉 하나님의 영광을 반사하기도 하고, 여러 각도로 굴절시키기도 하면서 광채를 발한다.

하나님의 색—세상의 색

도시의 광채에 대해 언급한 직후, 선견자는 그것이 "수정처럼 맑은 벽옥과 같[다]"라고 말한다(계 21:11). 요한계시록에서 벽옥은 도시를 둘러싼 성

---

[42] 우리가 알고 있는 주석가들은 하나님의 영광을 반사하는 점을 강조하지만, 더 중요한 굴절에는 주목하지 않는다. 예를 들면, Bauckham, *Theology of the Book of Revelation*, pp. 134-135를 보라.

벽으로 사용된 물질이며, 도시 자체만큼 키가 높다.[43] 벽옥은 적색 돌인데, 이것은 하나님의 색을 상징하기 때문에 중요하다. 요한계시록에는 하나님에 대해 유일하게 묘사한 구절이 나오는데, 거기에서 하나님은 보좌에 앉아 계시고, 그 "모습이 벽옥이나 홍옥과 같[다]"(계 4:3). 둘 다 적색 돌이다. 이 구절은 다음의 에스겔이 묘사한 모습의 압축 버전이다. "보좌 형상을 한 것이 있었고, 그 보좌 형상 위에는 사람의 모습과 비슷한 형상이 있었다. 또 나는 그의 허리처럼 보이는 그 위쪽에서 금붙이의 광채와 같은 것이 불꽃처럼 안팎으로 그를 둘러싼 것을 보았는데, 그의 허리처럼 보이는 그 아래쪽에서도 나는 불꽃과 같은 모양을 보았다. 이렇게 그는 광채로 둘러싸여 있었다"(겔 1:26-27). 요한계시록의 수정처럼 밝은 벽옥이 에스겔서에서 하나님의 불꽃을 두르고 있다. 선견자가 스가랴서를 자주 인용한다는 점은 이를 부각시킨다. 스가랴는 회복된 예루살렘에는 성벽이 필요 없다고 말한다. 그 이유는 "내가 예루살렘의 둘레를 불로 감싸 보호하는 불 성벽이 되고…"라고 주가 말씀하셨기 때문이라고 쓴다(슥 2:5).[44]

하나님이 거하신다는 사실은 그 도시의 '재질' 자체를 변모시켰다. 오리게네스(Origen)로부터 시작해, 초기 기독교 신학자들은 쇠에 속속들이 스며들어 쇠의 본성을 바꾸지 않으면서 철이 가질 수 없는 특성(열과 빛)을 부여해 주는 불의 이미지를 사용했다.[45] 하나님이 영혼과 연합하면서,

---

43 성벽이 도시만큼 키가 높다는 주장에는 이견이 있다. 많은 해석자들은 144규빗을 성벽의 높이로 보며(계 21:17), 이는 도시의 높이(2,400킬로미터)와 비교할 때 성벽을 우스울 정도로 작아 보이게 만든다(65미터). 65미터를 성벽의 두께로 보고, 성벽은 도시 자체와 같은 높이로 추정하는 편이 더 낫다(예를 들어 Gundry, "New Jerusalem," p. 260; Aune, *Revelation 17-22*, p. 1162에서 이런 의견을 제시했다). 이는 요한이 그 도시가 내려오는 장면을 보며 그것을 처음 묘사하면서, 벽옥만 언급하고 금은 언급하지 않은 사실을 설명해 준다. 바깥에서 보면 도시는 투명한 벽옥처럼 보이는데 내부는 금으로 되어 있다.

44 Caird, *Revelation of Saint John*, p. 274.

45 Origen, *On First Principles* 2.6.6을 보라. 불과 쇠의 이미지에 대해서는 Biriukov, "Penetration of Fire into Iron"을 보라.

그 영혼은 하나님처럼 되거나 성화된다. 루터는 이런 이미지를 사용해 이것이 실제로 사람을 변화시킨다는 점을 주지하는 한편으로, '속사람'의 의로움이 지닌 이질적 특성, 즉 신적 특성을 설명한다.[46] 새 예루살렘은 이런 개념이 전 행성의 규모로 실현된다. 즉 단지 영혼이나 '속사람'만이 아니라, 사람들이 살고 그 일부를 이루는 사회적·물질적 공간 전체가 변모한다. 그 도시를 그 도시답게 만드는 것은 단지 그 도시의 창조된 특성 때문만이 아니라(하나님에게서 독립적이고 분리된 실재로서의 특징은 더더욱 아니다), 그 안에 계시는 하나님의 임재 덕분이다.[47] 하나님의 임재는 도시에 속한 무언가를 거부하거나 도시에 적합한 어떤 것으로 대체하는 게 아니라, 도시 전체와 그 안의 모든 것을 온전하게 만든다. 모든 것은 그 자신 이상이 됨으로써 진정한 자신으로 존재한다. 바로 그것이 그 도시의 반투명성과 여러 각도로 굴절된 광채가 의미하는 바다.

새 예루살렘의 부를 바빌론의 부와 비교할 때, 그 안에 거하시는 하나님의 임재가 가져오는 변모의 효과를 놓친다면, 우리는 새 예루살렘의 가장 근본적인 특징을 놓치는 셈이다. 바빌론은 단지 하나님을 상실한 것만이 아니다. 바빌론의 모든 것은 우월성 추구로 규정되기 때문에, 모든 사람은 경쟁자들을 밑으로 떨어뜨리면서 위로 올라간다. 볼 수 있는 눈을 가진 이들에게 바빌론의 금은 시기와 조롱이라는 색으로 입혀져 있고, 압제의 피로 흠뻑 젖어 있다. 본질적으로 배타성으로 규정되는 바빌론의 영광은 바빌론의 수치다(참조. 빌 3:19) 대조적으로, 하나님과 어린양은 창조된 모든 것과 영광을 나누기 위해 내려오시며, 하나님의 불로 빛을 발하

---

[46] 예를 들면, Luther, *LW* 31:349를 보라.
[47] Kathryn Tanner 역시 같은 요지의 주장을 하며, 인간이 그리스도와의 연합을 통해 은혜로 어떤 존재가 되는지를 표현하기 위해 "다른 이의 것으로 남아 있는 빛으로 반짝거리는 것"이라는 교부 시대의 개념을 사용한다. Tanner, *Christ the Key*, pp. 12-16.

게 함으로써 가장 그 자신답게 만들어 준다. 그 안에 생명과 사랑의 하나님이 거하신다면, 가장 보잘것없는 것도 하나님이 없는 가장 순도 높은 금보다 더 값진 가치를 갖는다. 바빌론에게는 무엇이든 고귀하게 만들어 주는 그 하나님의 임재를 볼 수 있는 눈이 없다. 십자가에서는 고사하고 심지어 예수님이 부활하신 이후에도, 예수님 안에서 하나님의 영광을 볼 수 있는 눈이 없었던 예수님 동시대의 수많은 사람들처럼 말이다. 그러나 새 예루살렘에서는 하나님의 불이 모든 보는 자들의 전 존재 안으로 스며드는 것처럼, 하나님의 빛은 그들의 마음과 눈 안에 있을 것이다.

하나님을 보는 것

선견자는 새 예루살렘의 주민들에 대해 "하나님의 얼굴을 뵐 것"이라고 쓴다(계 22:4). 모세가 하나님의 얼굴을 보기를 구했으나 그러한 특권이 거부된 이래(출 33:20), 하나님의 얼굴을 보는 것은 인간의 열망과 성취의 정점으로 여겨졌다. 그러나 "보이지 않는" 분의 얼굴을 어떻게 볼 수 있다는 말인가?(골 1:15; 딤전 1:17) 모세는 하나님을 볼 수 있었지만 하나님의 얼굴은 보지 못했고, 히브리서는 이 역설에 주목한다. "그는 보이지 않는 분을⋯바라보면서"(히 11:27). 요한복음은 오직 예수님, 즉 성육신하신 말씀만 하나님을 볼 수 있다고 말한다. "하나님께로부터 온 사람"(요 6:46), "외아들이신 하나님"(요 1:18b) 외에는 "하나님을 본 사람은 아무도 없다"(요 1:18a). 예수님은 "하나님을 알려 주셨다"(요 1:18d). 즉 누구든 성육신하신 말씀을 본 사람은 "아버지를 보았다"(요 14:9).

하나님의 얼굴

선견자가 "성령에 사로잡혀" 하늘의 어전에서 하나님을 본 장면을 짧게 묘사한 본문을 떠올려 보라. "거기에 앉아 계신 분은, 모습이 벽옥이나 홍옥과 같았습니다"(계 4:2-3). 과장하지 않고 말해도 불가사의하다. 그리고 하나님의 얼굴에 대한 언급은 한 마디도 없다. 이런 '하나님에 대한 스케치'는 우리가 앞서 인용했으며 선견자가 묘사의 근거로 삼고 있는 에스겔의 매우 과묵한 묘사보다도 더 말을 아낀다. 에스겔이 묘사하는 하나님을 한 번 더 읽되, 이번에는 강조한 수식어에 주의를 기울여서 읽어 보라. "그들의 머리 위에 있는 창공 모양의 덮개 위에는 청옥**처럼 보이는** 보석으로 만든 보좌 **형상을 한 것이** 있었고, 그 보좌 **형상** 위에는, **사람의 모습과 비슷한 형상이** 있었다. 또 나는 그의 허리**처럼 보이는** 그 위쪽에서 금붙이의 광채와 **같은** 것이 불꽃처럼 안팎으로 그를 둘러싼 것을 보았는데, 그의 허리**처럼 보이는** 그 아래쪽에서도, 나는 불꽃과 **같은** 모양을 보았다. 이렇게 그는 광채로 둘러싸여 있었다"(겔 1:26-27). 여기서 하나님의 모습과 연결된 많은 것들이 다른 어떤 것들과 비슷해 보인다. 그리고 요한계시록처럼 에스겔서에서도 하나님의 얼굴에 대한 묘사는 나오지 않는다. 우리가 본 것처럼, 새 예루살렘에서는 불투명한 벽옥이 두드러지게 나타난다. 또한 하나님의 하늘 거처에 보좌가 있듯이, 혹은 보좌 **형상 비슷한 무언가**가 있듯이, 하나님의 지상 거처에도 보좌가 있다는 사실을 상기해 보라. 그러나 지상 거처에서 보좌는 도시 곳곳에 '흩어져' 있다. 모든 사람이 거기에 앉아 있기 때문이다. 다시 요한계시록 22:4에서도 하나님의 얼굴에 대한 묘사가 없으며, 심지어 하나님에 대한 묘사도 없고, 오직 도시 전체를 통해 반사되고 여러 각도로 굴절된 하나님의 불이 내뿜는 광채에 대한 묘사만 있다는 사실은 놀랍지 않다.

도시 전체 곳곳에 흩어진 보좌에 앉아 계신 분의 얼굴을 어떻게 볼 수 있겠는가? 요한계시록 22:4의 문맥을 고려할 때, '하나님의 얼굴을 보는 것'은 적어도 부분적으로 하나님의 구원하시는 임재에 관해 특별히 강렬한 형태를 상징한다. 요한계시록 앞부분에서 여섯 번째 봉인이 열릴 때, 여전히 죄의 저주 아래 있는 이들은 "동굴과 산의 바위들 틈에 숨어서 산과 바다를 향하여 말[한다.] '우리 위에 무너져 내려서 보좌에 앉으신 분의 얼굴과 어린양의 진노로부터 우리를 숨겨 다오'"(계 6:15-16). 저주가 거두어지고(계 22:3) 그 이마에 하나님의 이름을 가진 이들은(계 22:4), 욥기에서 엘리후가 말하는 것처럼 "기뻐 외치며 하나님의 얼굴을 [볼]" 수 있다(욥 33:26, 개역개정). '하나님의 얼굴을 보는 것'은 새 예루살렘의 주민들이 하나님의 임재 안에서 기쁘게 살아가는 것을 의미한다. 적어도 마지막 완성 전에 천사들과 장로들과 네 생물조차 "보좌 앞에 [얼굴을] 엎드[리는]" 것과 달리(계 7:11; 참조. 11:16), 새 예루살렘의 주민들은 자유롭고 기쁘게 하나님을 향해 얼굴을 든다.

그들은 물리적 눈이나 영적 눈으로 하나님을 보는가, 아니면 보는 것 자체가 하나의 은유인가?[48] 이는 분명하지 않다. 아마도 보이지 않는 하나님을 본 모세가 모범이 될 수 있을 터이다. 새 예루살렘에서조차, 하나님은 분명히 드러나는 동시에 여전히 숨어 계실지 모른다. 시내산에서 모세가 하나님을 만나기 위해 올라갔을 때, 하나님이 "빽빽한 구름"과 "흑암"(출 19:9; 20:21; 24:15-18; 34:5, 개역개정) 안에 계셨던 것처럼, 그리고 "구름이 회막을 덮고, 주님의 영광이 성막에 가득 찼[을]" 때 하나님이 나타나셨던 것처럼 말이다(출 40:34). 다만 사람들과 장소로서의 새 예루살렘은 니사

---

48 이 질문은 적어도 Augustine의 *City of God* 이래, 수수께끼 같은 신학적 숙고를 촉발했다. Augustine, *City of God* 22.29.

의 그레고리우스(Gregory of Nyssa)의 표현을 사용하면 이제 이 "빛나는 어둠"(luminous darkness)이 있는 성막의 지성소라는 점만 다르다.[49]

오직 하나님만 즐거워하지 않는 것에 대하여

오래되고 존중할 만한 기독교 전통들은 보이지 않는 하나님을 보는 것이 인간이 누리는 지복의 유일하게 합당한 내용이라고 주장해 왔다.[50] 지복에 다른 피조물이 등장하는 것은, 오직 (1) 영광 가운데 있는 성도들이 자신들을 살펴 하나님을 보고 즐거워할 때 (2) 성도들이 하나님을 보고 즐거워하면서 **하나님 안에서 나타나는 피조물들을 즐거워할** 때밖에 없다.[51]

요한계시록 21-22장은 지복에 대한 '오직 하나님만'의 설명과 일치시키기 어렵다. 여전히 부정의 방식이긴 하지만, 새 예루살렘에 대해 아주 상

---

49   이 표현을 설명하면서, Gregory of Nyssa는 하나님을 보는 것에 대해 쓴다. "눈에 보이는 모든 것, 감각이 이해하는 것뿐만 아니라 지성이 본다고 생각하는 것도 뒤에 남겨 놓기 위해, 이해를 향한 지성의 열망에 따라 보이지 않는 것과 이해할 수 없는 것에 닿을 수 있는 능력을 얻을 때까지 계속해서 더 깊이 꿰뚫어 보고, 거기서 하나님을 본다. 바로 이것이 구하던 것에 대한 참된 지식이다. 바로 이것이 보지 않는 것으로 이루어진 보는 것이다. 구하던 것은 모든 지식을 초월하고, 일종의 어둠으로서 불가해성에 의해 모든 면에서 동떨어져 있기 때문이다." Gregory of Nyssa, *Life of Moses* II.95.

50   Augustine(*City of God*, 22.29)과 Thomas Aquinas(*SCG* 3.51)처럼 우리가 하나님의 얼굴을 직접 볼 수 있다고 생각하는 이들과, Gregory of Nyssa(*Life of Moses* II.231)처럼 볼 수 없다고 생각하는 이들 양쪽 모두, 하나님이 우리가 누리는 지복의 유일한 내용이시라고 주장했다.

51   Augustine(*Teaching Christianity*, 1.32.35)과 Thomas Aquinas(*ST* 증보판 92.2) 두 사람은 모두 "하나님 안에서" 다른 사람과 관계 맺기에 대해 쓴다. Augustine의 글에서 "하나님 안에서 서로를…즐거워하기"라는 표현이 무엇을 의미하는지는 분명하지 않다(*City of God* 22.29). Aquinas(그리고 상당한 다른 많은 이들)의 글에서, 이런 견해는 하나님 안에서 피조물을 **보는 것/아는 것**의 문제로 구체화된다. 이는 피조물의 실재를 피조물에 대한 하나님의 생각과 동일시하는 방향으로 이해될 수 있다. 예를 들면, 하나님을 보는 것은 (부분적으로) 하나님의 생각을 보는 것이고 따라서 피조물을 보는 것이 된다. 이러한 견해들과 나란히(그러나 원칙적으로는 분리되어), Augustine은 하나님을 즐거워함의 **친교**(예를 들면, 하나님을 **함께** 즐거워하는 것)가 지복에 기여한다고 제안한다(*Literal Meaning of Genesis* 8.25.47). Aquinas는 이것이 "행복의 안녕에 기여한다"[*ad bene esse beatitudinis facit*]라고 말한다(*ST* I-II, q. 4, a. 8). 그러나 그에게 하나님을 즐거워하는 것의 공동체적 성격은 지복의 본질(*esse*)에 속하지 않는다.

세하게 묘사하면서[이에 반해, 하나님에 대한 묘사는 거의 말해 주는 바가 없어 '비(非)묘사'라고도 쉽게 말할 수 있을 정도다[52]], 선견자는 자신의 독자들에게 창조 세계에 대해 뭔가를 말하고 있다. 플라톤에게 배운 우리의 지적 감수성으로는, 하늘에서 새 땅으로 내려와 새롭게 재창조된 땅에 하나님이 만드신 태초의 동산처럼 심긴 도성, 새 예루살렘의 살아 있고 생생한 물질성, 그 소리와 광경, 냄새, 맛, 질감을 놓칠 수도 있다. 앞에서 지적했듯, 그 도시의 광채는 하나님이 **피조물**에게 주시는 광채다. 새 예루살렘의 사회적·물질적 공간에 있는 개체들을 둘러보는 이들은 **광채를 발하는 피조물**들을 본다. 하나님의 임재로 인해, 보이지 않고 완전히 투명한 매체가 된 피조물들을 통해 하나님의 광채만 보는 것은 아니라는 말이다. 오직 보이지 않는 분**으로서만** 보일 수 있는 보이지 않는 하나님은, 피조물 안에 거함으로써 단지 피조물들을 볼 수 있게 하실 뿐만 아니라, 그들 안에 계신 하나님의 임재가 그들 위에 드리우는 빛으로 광채를 발하게 만드신다. 새 예루살렘은 하나님의 영광과 광채를 **가진다**. 단지 그것을 보여 주는 창이 아니다. 피조물은 투명한 것이 아니라 반투명하다. 하나님이 내주하시는 피조물을 즐거워하지 않는 것은 하나님의 선물을 무시하는 행위고, 그분의 거룩함, 통치, 유익만이 아니라 그분의 영광까지도 세상과 공유하시는 하나님을 멸시하는 행태다.[53] 지상에서 살아가는 인간으로서, 지복은 스스로가 즐거워하는 어떤 종류의 즐거움을 포함해, 마땅히 어느 정도 피조물을 즐거워하는 것으로 이루어져야 한다!

그러나 요한계시록은 단순히 하나님을 즐거워하는 것과 피조물을 즐거

---

52 삼위일체 교리와 관련해, Augustine은 우리가 하나님에 대해 말하는 것은 우리가 말하고 있는 것을 우리가 알기 때문이 아니라 "그럼으로써 우리가 그저 침묵에 빠지지 않기 위해서다"라고 적는다. Augustine, *Trinity* 7.6.11.
53 *LW* 26:127을 보라.

위하는 것을, 종말론적 삶에서 별개의 두 요소로 서로 나란히 놓지 않는다. 하나님이 그들 안에 거하실 때, 그런 피조물을 있는 그 자체로 즐거워하는 것은 **하나님을 즐거워하는 것이기도 하다.** 우리는 이미 피조물에게 존재를 주고 그들 안에 거하는 분으로서 하나님이 피조물과 맺으시는 관계를 살펴보았다. 창조되었으나(따라서 선한), 하나님이 그 안에 거하시지는 않는 개체인 피조물이, 하나님과의 관계 덕분에 그 자체보다 더 의미 있는 존재가 될 수 있다. 하나님이 창조주이자 그 안에 거하시는 분으로 그들과 맺으시는 관계 때문에 우리가 이런 피조물들을 그저 있는 그대로 즐거워할 때, 우리는 또한 하나님을 즐거워하는 셈이다. 우리는 그 자체로는 즐거움의 대상이 아닌 피조물을 **통해서만** 하나님을 즐거워하는 것이 아니라, 피조물에 대한 즐거움 **안에서** 그리고 피조물을 **함께** 즐거워하며 하나님을 즐거워한다. 피조물 안에서, 피조물과 함께 하나님을 보는 것은 또한 하나님을 보는 것의 일부**이기도** 하다. 인간에게 하나님을 즐거워하고 **또한** 하나님의 선물인 피조물(God's creaturely gifts) 역시 즐거워하는 것은, 하나님만 즐거워하는 것보다 훨씬 풍성한 질감을 지니며, 유한한 물질적 피조물로서 그들의 속성에 더 적합하다.

감사와 찬양

하나님과 창조 세계를 즐거워하는 것에 대한 적합하고 자발적인 반응은 예배, 즉 감사와 찬양이다. 요한계시록 앞부분에 나오는 찬양의 노래들에는 위험이 사라지고 실존적 위협이 제거되었다는 인식이 배어난다(계 5:9-12; 15:3-4; 19:1-8). 출애굽기에서 모세와 미리암의 노래처럼(출 15:1-18, 21), 이 노래들은 고통에 대한 기억이 아직도 생생하며, 아직 바로잡히지 않아 하나님의 집이 되지 못한 세상에서 고통의 위협이 여전히 남아 있는 동안 불린다. 그러나 이제 왜곡된 세상의 형태는 사라졌으며, 불같이 빛나는 벽옥으로 지어진 "크고 높은 성벽"이 상징하는 것처럼 하나님은 새 예루살렘을 완전히 견고하게 만드셨다(계 21:12). 과거는 더 이상 현재를 괴롭히지 않는데, 과거 같은 미래는 위협이 되지 못하기 때문이다. 과거의 악한 것들에 대한 우려는 현재 선한 것들의 넘치는 풍요로움과 비교할 수 없는 영광으로 옮겨 갈 수 있다.[54] 찬양의 내용 역시 하나님이 악과 고통에서 구해 주신 것에서 선하고 즐거움이 되시는 하나님과 그 하나님이 주시는 선하고 즐거운 것들로 옮겨 간다. 새 예루살렘에서 예배에 대한 언급은 아주 짧으며, 과거는 언급하지 않는다. "그의 종들이 그를[한 분의 하나님이신 하나님과 어린양을] 예배하며"[계 22:3; 경배의 지시 대상은 단수, $autō$(아우토)다].

하나님의 집에서 공간, 통치, 좋은 것들은 모두 적극적으로 공유된다. 또한 하나님은 모든 사람과 모든 것 **안에** 계시기 때문에(동산에서, 이후 이스라엘 안에서, 또한 예수님이 지상에서 사셨던 동안 그랬듯이 모든 것 '위에', 혹은 심지어 모든 것과 '함께'가 아니라), 밀턴의 사탄과는 달리(8장을 보라) 하나님을 찬양하는 일이 자기를 축소시키는 경험으로 여겨지지 않을 것이고, 하나님께 대한 감사도 감당할 수 없는 빛의 경험으로 여겨지지 않는다. 오히려 찬양과 감사는 하나님의 생성적이고 자비로운 사랑에 대한 기쁨에 찬 인정이다.[55] 새 예루살렘에는 거룩하지 않거나 범속한 공간이 없으며, 그곳은 사랑의 하나님이 거하시는 곳이 되었다. 그렇게 모든 것이 성화되었기 때문에 예배를 위해 따로 구별된 거룩한 시간도 없다. 모든 삶이 감사와 찬양으로 엮여 있다. 모든 것이 샬롬이고, 모든 사람이 사랑하며, 모든 사

---

[54] 장차 올 세상이 과거에 견뎌 낸 고통이 아닌 선한 것들의 경험에 초점을 맞추는 것에 대해서는 Volf, *End of Memory*, pp. 192-214를 보라. 『기억의 종말』(IVP).

[55] 감사에 대한 이런 식의 설명에 대해서는 Volf, McAnnally-Linz, "Joyful Recognition"을 보라.

람이 기뻐하기 때문에, 매일이 안식일이다. 즉 하나님의 집에서는 모든 것이 번영한다. 영원히.[56]

하나님으로 불타는 세상

하나님의 집 만들기 이야기의 끝에서, 우리는 어떤 면에서 그 시작으로 돌아가 있다. 야웨는 "하나님의 산[에서] 떨기 가운데서 이는 불꽃으로" 모세에게 나타나셨고, "떨기에 불이 붙는데도 그 떨기가 타서 없어지지 않았다"(출 3:1-2). 야웨는 이집트에서 하나님의 백성이 겪는 고통에서 그들을 구하기 위해 "내려[오셨고]"(출 3:7-9), 결국 그들 가운데 집을 만들고, 야웨는 그들의 하나님으로, 이스라엘은 야웨의 백성으로 함께 길을 가고자 하셨다(출 29:45-46). 이제 야웨는 다시 한번 불꽃 안에서 하나님의 "크고 높은 산"으로 내려오신다(계 21:10). 그러나 하나님의 임재로 불타는 것은 떨기가 아닌 전 행성 차원의 하나님의 도시 전체다.

새 예루살렘에서 하나님은 부르시지 않으며("모세야, 모세야!"; 출 3:4), 사람들도 대답하지 않는다("예, 제가 여기에 있습니다"; 출 3:4). 사실, 새 예루살렘에서 하나님은 아예 말씀하시지 않는 것처럼 보인다. 하나님은 사람들이 있는 곳에 계시고, 사람들은 하나님이 계신 곳에 있다. 건너야 할 간극도("내가 돌이켜 가서 이 큰 광경을 보리라"; 출 3:3, 개역개정), 하나님의 현현을 제한하는 거룩한 땅의 구획도 없다("이리로 가까이 오지 말아라"; 출 3:5). 모든 사람이 현현의 내부에 있고, 중요한 의미에서 모든 사람과 모든 것이 바로 그 현현이다. 어떤 신발도 벗을 필요가 없다("너는 신을 벗어라"; 출 3:5). 도시

---

[56] 번영의 이러한 세 차원인 평화, 사랑, 기쁨과 사도 바울의 글에 나타나는 그러한 세 차원의 관계에 대해서는 Volf, Croasmun, *For the Life of the World*, pp. 147-185를 보라.

전체가 거룩하며, 따라서 신발을 신고 걸어도 되는 거룩하지 않은 땅이란 없다. 사명으로의 부르심도 없다("이제 나는 너를…보내어"; 출 3:10). 압제나 고통, 극복해야 할 악이나 죄가 없기 때문이다. 전 행성 차원의 위대한 사명은 성취되었고, 전 인류와 함께 모세도 이스라엘 자손도, 그리고 어쩌면 바로조차 그 안에 있다. 불타는 떨기는 세상에 나타나신 하나님의 일시적 현현이 아니라, 세상의 영구적 상태다. 그러나 동일하게 남아 있는 것은, 한 경우에서는 불과 떨기의 관계이고, 다른 한 경우에서는 불과 도시의 관계다. 마르틴 부버가 지적하듯, 그 불은 "그것이 붙잡은 물질에서 그 자체를 위한" 양분을 얻음으로써 "그 물질이 소멸하면 [그 자체도] 꺼지는" 불이 아니다.[57] 하나님의 불로 타오르는 것은 타서 없어지는 대신, 소멸되지 않는 생명력과 본질상 사랑의 영구한 경이로움으로 변화된다.[58]

하나님이 오시는 사건에 대한 이야기의 가장 끝부분에서, 우리는 또한 그 이야기의 중간으로도 돌아간다. 그곳에서 그 자신이 하나님의 불꽃이신 그리스도께서 제자들과 유월절 식사를 나누신 방을 나서기 직전 하신 마지막 증언에서 가장 마지막 말씀을 듣는다. 아버지께 제자들에 대해 말씀하시면서, 그분은 자신이 맡은 사명의 목표를 요약하신다. "아버지께서 나를 사랑하신 그 사랑이 그들 안에 있게 하고, 나도 그들 안에 있게 하려는 것입니다"(요 17:26). 예수님과 그분의 사랑(삼위일체 하나님의 생명과 사랑)은 새 예루살렘을 불타오르게 하는 불꽃이다.

그 불꽃의 춤은 이제 예수님을 받아들인 '그의 사람들' 안에 계신 예수

---

[57] Buber, *Moses*, p. 40. 참조. Sonderegger, *Systematic Theology*, pp. 80-85.
[58] Augustine은 사탄의 도시에서 저주받은 자들은 하나님의 저주로 "불꽃 안에서 계속 살아 있을"것이며, "전능하신 창조주의 기적을 통해, 불이 붙었지만 타지 않고, 죽지는 않고 고통만 느낄 것"이라고 말하는데, 이는 불타는 떨기 이야기와 여기서 우리가 들려주는 새 예루살렘에 대한 설명의 괴기스러운 역전으로 읽을 수 있다. Augustine, *City of God* 21.9.

님의 기쁨이고, 이러한 그분의 기쁨은 "충만하게" 된 그들 자신의 기쁨이기도 하다(요 15:11). 이것은 더 이상 악을 이긴 것에 대한 기쁨, 이집트 군대를 꺾거나 바빌론이 멸망한 것에 대한 기쁨이 아니다(출 15:1-21; 계 19:6-8). 결코 예수님의 기쁨이 아니었던 이런 종류의 기쁨이 어울리는 그 나름의 때와 장소가 있었다. 새 예루살렘의 기쁨은 약속의 땅에서 그들 가운데 계신 하나님과 구속받은 가나안 사람들과 함께 거하는 기쁨이다. 그 안에는 온전히 바로잡힌 세상과 맺은 모든 갈래의 올바른 관계들이 포함된다(4장과 6장을 보라). 이것은 더 이상 그 자체를 정당화하고 재확증해 주는 이유가 필요한 기쁨이 아니며, 잃어버릴 염려가 없기에 그 안에 그냥 푹 잠길 수 있는 기쁨이다(참조. 요 16:22-24). 더 이상 오직 한 개인이나 공동체만의 사적인 기쁨이 아니며, 도시 전체와 창조 세계 자체의 공적인 기쁨이다. 춤을 추는 기쁨의 불꽃, 인간의 기쁨의 원천이신 이 하나님의 기쁨은, 하나님과 어린양의 영광 안에서 모두가 함께 다스리는 거룩한 도시를 완성하는 왕관이다.

주의 앞에는 충만한 기쁨이 있고
    주의 오른쪽에는 영원한 즐거움이 있나이다. (시 16:11, 개역개정)

나가는 글
선택

기독교가 들려주는 만물의 이야기는 새 예루살렘, 새로운 출발, 새 창조 세계에서 끝난다. 그러나 새 예루살렘에 관한 마지막 말들이 성경 마지막 책의 마지막 장에 쓰여 있기는 해도, 이곳이 성경이 끝나는 지점은 아니다.

그 중간에서의 삶

요한계시록의 마지막에서 두 번째 장면은 주님의 천사가 선견자 요한을 "성령으로 휩싸서 크고 높은 산 위로 데리고 가서, 하나님께로부터 하늘에서 내려오는 거룩한 도성 예루살렘을 보여" 주는 것으로 시작한다(계 21:10)¹. 이것은 모세가 느보산에 올랐을 때 주님께서 "그에게 [약속된] 온 땅을 보여 주[신]" 것과는 다르다(신 34:1). 요한이 새 예루살렘을 내려다볼 수 있는 물리적 장소란 없다. 그때도 지금도 여전히 '오우-토포스'(*ou-*

---

1   요한계시록 21:10의 "성령"을 대문자로 쓴 것은('Spirit') NRSV 각주에 나온 대안 번역을 따랐다(저자들이 성경을 인용할 때 사용하는 NRSV의 주 본문에서는 소문자 'spirit'을 쓴다—옮긴이).

topos), 즉 창조 세계 안에는 자리가 없다. 지금으로서는 그렇다. 오히려 "하나님의 말씀과 예수에 대한 증언 때문에"(계 1:9) 로마 관원들에게 끌려와 (또한 광산에서 노동을 하는 중형을 받았을 가능성이 큰)[2] 밧모섬의 동굴에 있던 그는, 예언자적 무아 상태에서("성령으로 휩싸[여]서") 그 장면을 보았다. 그는 로마제국 보안 기관의 압력 아래 있었다. 그 압력은 앞에 나온 같은 천사가 그에게 현재 바빌론의 현현으로 보여 주었던 바로 그 정치질서(17:3)로, 성경에 나오는 전형적인 '디소이코스'다. 그는 예수 그리스도를 따르는 이들로서 자신과 함께 "환난과 그 나라와 인내"를 견딘 동료 신도들을 위해 자신이 본 환상을 기록한다(계 1:9). 새 예루살렘을 보고 있는 요한은 느보산 위의 모세보다는, 암살당하기 전날 밤 메이슨템플 그리스도 안의 하나님 교회(Churc of God in Christ Mason Temple)에서 '산꼭대기' 설교를 전하던 마틴 루터 킹 주니어와 더 닮았다. 성경은 역사의 분투 한가운데서 끝난다. 사실, 그것은 이야기의 수많은 최악의 순간들 가운데 하나에서 끝난다. 출애굽기 시작 부분의 이스라엘 자손처럼, 하나님의 백성이 깊은 물속에서 부르짖으며, 그들의 '전 존재'가 주님을 기다리고 있다(시 130:5; 130:1-6을 보라).

물론 하나님 백성의 이야기 전부가 죽음의 골짜기를 걷는 것과 관련 있지는 않다. 멋진 푸른 언덕에서의 삶도 많다. 대부분은 그 두 가지의 혼합으로 이루어진다. 즉 여러 버전의 바빌론과 여러 방식으로 예견된 새 예루살렘이 동일한 공간을 차지하고 지배권을 놓고 다툰다. 아마도 독자들이 계속되는 바빌론의 현실이라는 도전을 두려워하며 피하지 않게 하기 위해, 성경은 그러한 도전 한가운데서 끝난다. 하나님의 약속과 인간

---

2   Aune, *Revelation 1-5*, p. 81를 보라.

의 간청과 함께 말이다. "그렇다. 내가 곧 가겠다"(계 22:20). 높임을 받으신 주님인 예수님은 이렇게 **약속하신다**. 여기에는 그분이 오실 때는, 말씀이 육신이 되셨을 때처럼 혹은 그분과 아버지께서 신도들의 작은 공동체 안에 거하기 위해 성령으로 오실 때처럼 혼자가 아닐 것이라는 사실이 함축되어 있다. '파루시아'의 때에, 그분은 신실한 자들을 위해 그분의 '상급'을 가지고 오실 것이다. 즉 새 예루살렘 자체, 하나님의 집으로 변모된 세상 전체를 가지고 오실 것이다(계 22:12). 약속된 대로 그분이 오시면서, 출애굽기에서부터 시작된 여러 번의 하나님의 오심에 대한 이야기는 마침내 완성될 것이다.

그러나 그 약속은 아직 성취되지 않았으며, 오직 성취에 대한 소망만을 불러일으킨다. 그리고 루터가 쓴 것처럼, 소망은 "소망하는 그 사람을 그가 소망하는 것으로 변화시키기는" 하지만(사랑이 사랑하는 사람을 사랑받는 사람으로 변화시키는 것과 약간 비슷하게), 그 사람을 빛보다는 어둠 안으로, 알지 못하는 것으로 이동시킨다. 그럼으로써 앞에서 우리가 지적한 것처럼 "자신이 무엇을 소망하는지조차 알지 못하게 한다."[3] 새 예루살렘의 환상에도 불구하고, 신앙의 공동체는 그들이 소망하는 것을 정확하게 알지 못한다. 그러나 그들이 **누구를 소망하는지**는 안다. "내가 곧 가겠다"라는 약속에 대해, 분투 한가운데서 살아가는 공동체는 간청으로 반응한다. "오십시오, 주 예수님!"(계 22:20) 헬라어에서 '오십시오'(*erchu*, '에르쿠')라는 표현은 기도에서는 드문 현재 명령형으로 이루어져 있으며, "감정적으로 강렬한 괴로움을 주는 상황에서 사용된다."[4] 예수님의 "곧"이라는 약속으로는 충분하지 않은 것처럼 보인다. 이러한 긴급성은 단지 향수에 어린

---

3   Luther, *LW* 25:364.
4   Aune, *Revelation 17–22*, p. 1234.

열망의 성가신 끈질김이 아니다. 그것은 고통과 죽음의 위협 아래에서 살아가는 위축된 삶에서 나온다. 사람들은 하나님께 자신들이 마침내 집에 거할 수 있는 새로운 세상을 가져와 달라고 간청하는 것이다.

성경의 마지막 부분에서도, 여전히 하나님은 자신이 최종적으로 오기 전 세상의 '디소이킥'한 상태, 즉 생명을 망가뜨리는 상태를 완전히 설명해 주시지 않는다. 출애굽기에서 요한계시록까지 만물의 이야기가 어떻게 진행되어 왔는지를 고려할 때, 신앙의 공동체 역시 설명을 요청하지 않는다는 점이 그다지 놀랍지 않다. 간청의 긴급성에 함축된, 더욱 긴박한 질문은 "언제까지입니까?"이다. 이 질문은 성경에 기록된 "수 세기의 압제를 되울림한다."[5] 요한계시록에서 이것은 "하나님의 말씀 때문에, 또 그들이 말한 증언 때문에 죽임을 당한 사람들의 영혼"이 외치는 질문이기도 하다(계 6:9). 그들은 "거룩하시고 참되신 지배자님, 우리가 얼마나 더 오래 기다려야 지배자님께서 땅 위에 사는 자들을 심판하시어 우리가 흘린 피의 원한을 풀어 주시겠습니까?"라고 부르짖는다. 그들의 안녕을 보장해 주신 뒤, 즉 '승리와 순결, 지복의 상징'인 흰 두루마기를 주신 뒤,[6] 주권자인 주님은 그들에게 "[조금] 더 쉬어야 한다"라고 말씀하신다(계 6:11). 이유가 무엇인가? 제단 밑의 영혼들이 "죽임을 당한" 것처럼, 예수님의 증언 때문에 죽임당해야 하는 사람들의 수수께끼 같은 수가 차야 한다는 납득되지 않는 필요성 때문이다(계 6:11). 여기서 "증언"은 일차적으로 예수님에 **대한** 증언을 의미하지 않는다. 그런 의미도 역시 분명 들어 있지만 말이다. 무엇보다 그것은 자신의 삶과 죽음에 대해 "예수님 자신이 증인이 되신 것" 그리고 "그분의 신실한 추종자들이 계속해서 그 증인이 되는 것"을 의미

---

5   Caird, *Revelation of Saint John*, p. 84.
6   Caird, *Revelation of Saint John*, pp. 85–86.

한다.[7] 예수 그리스도가 세상을 이기고 승리하신 방식은(4장을 보라) 그들이 악의 권세를 이기고 승리하는 방식이어야 한다(6장을 보라). 하나님의 지체하심과 증인들의 고통은 세상을 하나님의 집으로 만드는 사명에 필수적이다. 그 점만큼은 분명하다. 설명되지 않은 채 남아 있으며, 그리고 우리로서는 설명되기를 바라는 우리의 의문은[8] **어째서 어린양이며 사자이기도 한 주권자인 주님이 세상을 아직 하나님의 집으로 만들지 않으시고, 세상을 파괴하는 고통과 세상을 구원하는 고통을 모두 회피하지 않으셨는가** 하는 점이다. 하나님이 실제로 약속하신 것은 새로운 세상이지, 옛 세상의 왜곡된 성격에 대한 설명이 아니다.

장차 올 집의 표징

종교의 '응보' 이야기를 받아들이는 이들은 새 예루살렘과 그에 상응하는 바빌론의 심판과 종말에 대한 약속이 예수님을 따르는 이들이 견뎌야 했던 고통에 대한 보상으로 주어진다고 생각할 수 있다. 뼈 빠지게 일한 인생 뒤에 찾아온 으리으리한 은퇴 생활 같은 것이다. 그렇다면 믿는 자들을 위한 보상과 믿지 않는 자들을 위한 처벌은 종교적 회복력을 제공하고 불리한 환경에 순응하는 데 동기를 부여하는 역할을 할 것이다. 즉 새 예루살렘이 "사람들의 아편"인 셈이다.[9]

---

[7] Bauckham, *Theology of the Book of Revelation*, p. 72.
[8] 이 문제를 해결하려는 최근의 일부 시도는, Hick, *Evil and the God of Love*, 『(신과 인간 그리고 악의) 종교철학적 이해』(열린책들); Adams, *Horrendous Evils and the Goodness of God*; Van Inwagen, *The Problem of Evil*; Kilby, *God, Evil and the Limits of Theology*를 보라. 또한, de Rose, "Horrific Suffering, Divine Hiddenness, and Hell"을 보라.
[9] 관련된 고전적 진술을 보려면 Marx, "Towards a Critique of Hegel's *Philosophy of Right*," pp. 71-72를 보라.

새 예루살렘에 대한 보상 설명은 바빌론에서 살아가는 그리스도인의 삶의 모양과 새 예루살렘의 성격 사이의 심오한 내적 연관성을 제대로 보지 못하게 한다. 좀 더 광범위하게, 그것은 (1) 세상의 기초가 놓이기 전 하나님의 삶 (2) 지상의 삶을 순례하는 동안 예수 그리스도의 삶 (3) 그리스도께서 영광 가운데 오시기 전 그분을 따르는 이들의 삶 (4) 땅으로 내려온 새 예루살렘에서의 삶 사이의 일관성을 놓친다. 여기서 우리는 새 예루살렘에서 절정에 이르는 만물에 관한 이야기의 핵심 단계들을 지적했음을 주목하라. 새 예루살렘은 어떤 것을 보상하지 않는다. 그것은 고통 가운데였건, 기쁨 가운데였건, 역사 속에서 살았던 참된 삶의 최종 형태다. **총체적으로** 이 이야기는 그리스도를 따르는 이들의 삶이 알려질 수 있게 만든다.

앞서 우리는 전도자 요한에게 그리스도인의 삶이란, 단순히 하나님의 명령에 따르는 일련의 순종의 행위이거나 심지어 그리스도의 본에 따르고자 보이는 지속적 노력이 아님을 지적했다. 그리스도인의 삶은 각 사람 안에 계시는 아버지, 아들, 성령의 삶으로서, 예수님과 제자들이 맺은 관계를 통해 가능해졌다. 그들의 사랑 안에 있는 예수님의 사랑 때문에 그들은 서로와 세상을 돌본다. 즉 나쁜 것이 있음에도 불구하고, 그들이 좋은 것에 대해 기뻐하는 이유는 그들의 기쁨 안에 있는 예수님의 기쁨 때문이다(6장).

새 예루살렘의 환상을 살펴본 뒤, 이러한 그리스도인의 삶에 대한 도덕적 설명이 아닌 '신비한' 설명에 또 다른 중심적 차원을 우리는 덧붙일 수 있다. 돌봄에 대한 각각의 행위와 기쁨에 대한 각각의 사례는, 단지 하나님이 내주하시는 개인이 행하는 사랑의 개별적 행위, 기쁨의 개별적 사례가 아니다. 하나님과 연합한 어떤 개인이 하나님의 세상을 위해 일하는 것이 아니라는 말이다. 오히려 최선의 경우, 그러한 각각의 행위는 하나님의 집인 사회적·물질적 공간을 일관성 있게 구성하는 관계 망의 일부분이다. 돌봄의 각 행위와 기쁨의 각 사례는 제한적이지만 적합한 자신의 목표를 실현하는 것이 아닌, 전 행성 규모로 이루어지는 하나님의 집에 대한 실재를 지향한다. 역으로도, 그러한 각각의 행위에서 새 예루살렘의 빛, 즉 "빛나는 샛별"이신 예수님의 빛(계 22:16)이 내뿜는 광선이, 세상의 왜곡된 형태의 단계인 바빌론 위에 투사된다.

그리스도인들에게, 그들의 진정한 집인 새 예루살렘에 대한 비전은 종살이의 집에서 살아가는 그들 자신의 삶을 이해할 수 있게 해 준다. 집에서는 매우 잘 납득할 수 있는 많은 일이, 포로 생활에서는 말이 안 되는 것처럼 보이기 때문이다. 예수님이 진리의 증인이 되신 것이, 빌라도와 빌라도의 세상에서 살던 많은 사람에게는 이상해 보인다. 이것은 이 세상에 속하지 않은 나라에 속한 행동이다. 진리의 중요성을 묵살한 빌라도의 행동은 빌라도의 세상에서 살아가는 누구에게나 유혹이 될 것이며, 여기에는 빌라도와 같은 종류의 통치에 가치를 두는 그리스도인들도 포함된다. 그러나 새 예루살렘에 속한 이들에게는 진리를 무시하는 행동이 어처구니없는 행동이라는 사실을 안다. 그런 행위가 그들의 집과 그 구성원으로서 그들 자신을 모두 무효화할 것이기 때문이다.

외부인들에게, 그리스도를 따르는 이들의 삶 속에서 발하는 샛별과 새 예루살렘의 빛은 또 다른 세상이 가능하며 심지어 바빌론에서도 그것을 경험할 수 있음을 나타내는 **표징**이다. 그것은 예수님 자신의 표징과 비슷하다. 사실, 중요한 의미에서 그것은 바로 예수님의 표징**이며**, 예수님은 제자들에게 이를 행하라고 부르셨다(4장을 보라). 안목을 가진 이들에게(참조. 5장) 이런 각각의 삶은, 즉 신실한 말과 행동과 욕망과 감정은 하늘의 상급이 위안과 동기를 부여하는 문화 부적응자의 이상한 행동으로 보이는 것이 아니라, 새로운 세상이 밝아 온다는 표징이 된다.

선택

요한의 바빌론과 새 예루살렘에 대한 환상은 그리스도를 따르는 이들과 그렇지 않은 이들 모두 앞에 엄중한 선택을 요구한다. 그러나 이런 환상과 대면하는 이들은 각 환상이 대표하는 두 형태의 삶 가운데 하나에 이미 부분적으로나 완전히 삶을 바친 상태다. 바빌론과 일치된 시각을 가진 이들은 바빌론의 좋은 것들, 즉 권력과 부, 영광을 열망한다. 바빌론에서 이러한 좋은 것들은 그것이 조직하는 삶을 통해, 다시 말해 우월한 위치에 서기 위한 분투라는 조건 아래 접근할 수 있다. 바빌론 사람들의 욕망은 단지 더 많은 권력, 부, 영광을 갖는 것이 아니라, 다른 사람**보다 더 많이** 갖는 것이다. 바로 그것이 바빌론을 계속 움직이게 하는 동력이며, 이런 분투 자체에 바빌론 사람들은 매력을 느낀다. 그러나 우리가 바빌론의 좋은 것들과 바빌론 자체를 아무리 욕망한다고 해도, 바빌론은 집이 될 수 없다. 그러한 좋은 것들을 향한 바빌론 사람들의 열망과 그것을 얻어 내는 형식 자체가 그 세상을 '디소이코스'로 만든다.

이와 대조적으로, 새 예루살렘에서는 모든 것을 나눈다. 자연, 통치, 부, 영광이라는 그 모든 좋은 것들이 공유된다. 모든 것이 언제나 이미 '소유된' 상태다. 어느 것도 경쟁으로 얻을 필요가 없다. 더 나아가 하나님이 내주하시는 사람들, 공동체, '하늘과 땅' 전체의 중첩된 일련의 관계들은 비전, 실재, 열망 안에서 각각을 모든 것과 연합시킨다. **바로 이런 것**을 원하는 사람이라면, 그것을 얻을 수 있고 오직 거기서만 얻을 수 있는 곳에서 완전하게 집에 있다고 느낄 것이다. 그렇다면 그 사람은 진정한 예루살렘 주민이 된 것이다. 그러나 바빌론 사람들은 새 예루살렘을 경멸할 것이고, 그 성벽 안에 자신이 어울리지 않게 갇혀 있다고 느낄 것이다. 요한계시록 18장의 상인들처럼, 그들은 바빌론의 멸망을 애곡할 것이다.[10]

두 도시 모두 인상적이기는 하지만, 요한계시록에는 어느 쪽이 더 아름답고 더 화려하게 꾸며졌는지 일종의 경쟁이 존재한다. 그러나 진짜 바빌론 사람들은 부분적으로, 새 예루살렘과 그 주민들이 집을 원하는 것이나 집에 거하는 것을 경멸하거나 어쩌면 불쌍히 여길 것이다. 그리고 진짜 예루살렘 사람들은 소속감과 상호 관계를 회피하고 '디소이코이'를 방치하는 것에 대해 바빌론을 비판하고 바빌론 사람들을 불쌍히 여길 것이다. 요한계시록과 성경은 물론 예루살렘 주민의 시각에서 쓰였다.

두 비전은 한쪽에서 다른 한쪽으로 옮겨 가는 일이 마치 협곡을 넘는

---

[10] "성도들과 사도들과 예언자들"은 바빌론의 멸망을 즐거워한다. 이것은 **사람들**의 멸망을 즐거워하는 것이 아니라, 바빌론의 사람들을 사로잡고 있던 재화를 생산하고 분배하며, "권력, 부, 영광"을 만들어 내고 소유하는 체제의 멸망을 즐거워하는 것으로 읽어야 제대로 이해할 수 있다. 요한계시록 18장 끝에서, 즐거워하는 것에 대한 짧은 언급을 하고 난 바로 직후, 본문은 체제에 오염되었을지라도 역시 그곳에 있던 좋은 것들의 상실에 대해 슬픔과 비슷한 감정을 표현한다.

> 거문고를 타는 사람들과 노래를 부르는 사람들과 피리를 부는 사람들과 나팔을 부는 사람들의 노랫소리가
> 다시는 네 안에서 들리지 않을 것이요,
> 어떠한 세공장이도
> 네 안에서 하나도 보이지 않을 것이요,
> 맷돌 소리도
> 다시는 네 안에서 들리지 않을 것이다.
> 등불 빛도
> 다시는 네 안에서 비치지 않을 것이요,
> 신랑과 신부의 음성도
> 다시는 네 안에서 들리지 않을 것이다.
> 그것은 네 상인들이 땅의 세도가로 행세하고
> 모든 민족이 네 마술에 속아 넘어갔기 때문이고,
> 예언자들의 피와 성도들의 피와
> 땅에서 죽임을 당한 모든 사람의 피가 이 도시에서 발견되었기 때문이다. (계 18:22-24)

일처럼 느껴질 정도로 다르다. 그 사이에는 완만한 비탈이나 초목 종류가 서서히 변하는 일도 없이, 이쪽 아니면 저쪽의 두 가지 생물군계와 간극이 놓여 있다. 유일하게 타당한 기대는 선견자 요한이 바빌론과 새 예루살렘 양쪽 모두를 묘사한 뒤 내놓는 진술처럼 보인다. "이제는 불의를 행하는 자는 그대로 불의를 행하고, 더러운 자는 그대로 더러운 채로 있어라. 의로운 사람은 그대로 의를 행하고, 거룩한 사람은 그대로 거룩한 채로 있어라"(계 22:11). 운명은 안으로부터 봉인된 것처럼 보인다. 그러나 또한 스스로 예루살렘 주민이라 고백하는 많은 이들에게, 바빌론의 삶의 방식이 거의 저항하기 어려울 만큼 매력적인 것도 사실이다. 그리고 반대로, 스스로 바빌론 사람이라고 선언하고 그렇게 살아가는 많은 이들도, 때로 자신들이 인정하고 싶어 하는 것보다 새 예루살렘을 더 많이 경험한다. 그들 중 많은 사람이 깨닫지 못하는 채로 새 예루살렘을 갈망한다. 왜냐하면 기독교적 시각에서 볼 때, 지금 여기에 바빌론과 새 예루살렘 사이를 가르는 경계선은 종교와 세속주의, 의로운 자와 불의한 자, 혹은 기독교와 다른 모든 것 사이에 있지 않기 때문이다. 알렉산드르 솔제니친(Aleksandr Solzhenitsyn)이 말한 것처럼, 그 선은 인간 각자 그리고 그리스도인 각자의 마음을 가른다.[11]

요한계시록에서 예수님의 마지막 말씀은 "내가 곧 가겠다"이다(계 22:20). 그것은 약속이다. 신실한 자들의 공동체의 마지막 말은 "오십시오, 주 예수님!"이다(계 22:20). 그것은 간청이다. 그들은 성령과 함께 그것을 말한다(계 22:17). 예수님과 아버지는 이미 성령을 통해 그들에게 오셨고 그들을 집으로 삼아 그들과 함께 거하신다. 약속과 간청은 모두 단지 그리

---

11 Solzhenitsyn, *Gulag Archipelago*, p. 312.

스도인, 포로 생활을 하고 있는 예루살렘 주민만을 위한 것이 아니라, 그들이 섞여 살아 가고 있는 바빌론 사람들을 위한 것이기도 하다. 바빌론 사람들이 바빌론의 정체성을 가지고 바빌론의 방식으로 살아갈지언정, 그들 자신이 바빌론은 **아니다**. 약속과 간청은 바빌론에 대해서는 심판을, 그러나 바빌론 사람들에 대해서는 구원을 가져오기 위한 것이다. "내가 가겠다"와 "오십시오, 주 예수님!"은 폐쇄된 공동체의 '부름'과 '응답'이 아니다. 예수님이 처음으로 "자기 땅," "그의 백성"(요 1:11), 유대인 민족과 인류 전체의 모든 사람에게 오셨을 때, 구도자들에 대한 그분의 반응은 "오라"(요 1:39, 옮긴이 사역)였다. 예수님과 그분의 공동체는 요한계시록 마지막 본문에서도 그 초대를 반복한다.

> 목이 마른 **모든 사람**은 오십시오.
> 생명의 물을 원하는 **누구든** 거저 받으십시오. (계 22:17, 옮긴이 사역)

그분이 오셨고 오시는 이유는, "세상 나라"가 "우리 주님의 것이 되고, 그리스도의 것이 되[기]" 위함이다(계 11:15). 그리하여 하나님의 집이 되기 위함이다.

감사의 글

수없이 많은 분에게 감사를 표하는 것은 우리에게 큰 기쁨이다. 그만큼 엄청나게 풍성한 후원과 피드백, 비판과 격려를 받았음을 의미하기 때문이다.

먼저, 대학생 및 졸업생 가운데서 저스틴 크리스프(Justin Crisp), 네이선 조어스(Nathan Jowers), 맷 클렘(Matt Klem), 캘리 미칼(Calli Micale), 라이언 램지(Ryan Ramsey), 에밀리 티어스(Emily Theus)에게 감사한다. 이들이 자료 조사와 비판적 의견 교환, 편집을 맡아 도움을 준 덕분에 이 책이 가능했고, 최종적으로 출판될 수 있었다. 이들과 함께 생각하고 일할 수 있어서 영광이었다. 예일 신앙과 문화 센터[Yale Center for Faith & Culture(YCFC)]의 전현직 동료들, 시반 앨런(Shivhan Allen), 드루 콜린스(Drew Collins), 매슈 크로스문(Matthew Croasmun), 수전 도스 산토스(Susan dos Santos), 세라 파머(Sarah Farmer), 커린 프랜슨(Karin Fransen), 앤절라 고렐(Angela Gorrell), 필 러브(Phil Love), 스킵 매스백(Skip Masback), 리언 파월(Leon Powell), 에번 로사(Evan Rosa)에게도 변함없는 감사의 마음을 전한다.

수많은 동료들이 자료 조사 회의에 참여해 주었고, 한두 가지 주제에 대한 그들의 전문 지식을 나누어 주었다. 해리 애트리지(Harry Attridge), 조엘 베이든(Joel Baden), 켄트 브린트널(Kent Brintnall), 니콜 플로리스(Nichole Flores), 자나 곤와(Janna Gonwa), 라이언 그레그(Ryan Gregg), 조란 그로즈다노프(Zoran Grozdanov), 케빈 헥터(Kevin Hector), 윌리 제닝스(Willie Jennings), 데이비드 켈시(David Kelsey), 존 레벤슨(Jon Levenson), 이잔 린(Yii-Jan Lin), 나탈리아 마란디욱(Natalia Marandiuc), 케일럽 매스컬(Caleb Maskell), 월터 모벌리(Walter Moberly), 멜리사 모셸라(Melissa Moschella), 제프리 올릭(Jeffrey Olick), 마이라 리베라(Mayra Rivera), 폴 로렘(Paul Rorem), 하르트무트 로자(Hartmut Rosa), 톰 라이트(Tom Wright)에게 감사드린다. 책 원고의 일부 혹은 전체에 대해 비평적 피드백을 해 준 엘런 데이비스(Ellen Davis), 베벌리 가벤타(Beverly Gaventa), 보리스 구네비치(Boris Gunjević)와 그가 온라인 세미나 토론에 초대한 다양한 동료들, 샤이 헬드(Shai Held), 캐런 킬비(Karen Kilby), 빈센트 로이드(Vincent Lloyd), 리처드 미들턴(J. Ricahrd Middleton), 위르겐 몰트만(Jürgen Moltmann), 아리스토틀 파파니콜라우(Aristotle Papanikolaou), 캐빈 로(C. Kavin Rowe), 캐서린 손더리거(Katherine Sonderegger), 캐스린 태너(Kathryn Tanner), 메리앤 메이 톰슨(Marianne Meye Thompson), 사미르 야다브(Sameer Yadav)에게 감사드린다.

맥도널드 아가페 재단(McDonald Agape Foundation)은 2019년과 2021년 사이 본서의 주제에 대한 세 번의 자료 조사 회의를 후원해 주었다. 특별히 코로나19 팬데믹 기간에 재단이 보여 준 유연함에 감사드린다. 또한 맥도널드 재단은 존 템플턴 재단(John Templeton Foundation)과 함께, 집과 인간 번영이라는 주제에 대한 초기 논의를 공동으로 후원해 주었으며, 특히 후자의 경우는 YCFC의 "기쁨과 좋은 삶의 신학" 프로젝트를 위한 지원금의 일부이기도 했다. 이 책에 드러난 의견은 저자들의 것이며, 반드시

이 두 재단의 관점을 반영하지는 않는다. 우리의 연구에 믿음을 가지고 관대하게 뒷받침해 준 YCFC 자문 위원회에도 감사드린다.

이 책 초기 버전의 일부 자료는 2019년 버밍엄 대학교(University of Birmingham)의 캐드버리 강연(Cadbury Lectures)에서 발표했다. 앤드루 데이비스(Andrew Davies)와 다니엘라 오거스틴(Daniela Augustine)을 위시한 교수진과 관객 모두가 주제에 적극적인 관심을 보여 주었다. 발표는 2019년 프리부르 대학교(Univeresity of Fribourg) 믿음과 사회 센터(Zentrum für Glaube und Gesellschaft)의 스투디엔타게(Studientage) 강연에서도 이루어졌다. 책의 초기 원고는 2020년 캐나다 브리티시컬럼비아(Britich Columbia) 빅토리아 대학교(University of Victoria)의 종교와 사회 연구 센터(Centre for Sutdies in Religion & Society) 존 앨버트 홀 강연 시리즈(John Albert Hall Lectures Series)의 일부로, 또한 같은 해 가을 예일의 신학 대학원 세미나(Graduate Theology Seminar)에서 화상으로 논의되었다. 세미나와 함께 피드백을 해 준 제니아 리 무어(Jeania Ree Moore)와 에드 왓슨(Ed Watson)에게 특별히 감사드린다.

마지막으로 이 본문을 실제 책으로 만드는 일에 뛰어들어 준 마텔 에이전시(Martell Agency)와 브라조스 출판사(Brzaos Press)의 매우 특별한 사람들에게 감사를 전한다.

라이언: 이 책을 집필하는 시기에 나의 아이들을 돌보고 교육하는 데 도움을 준 많은 재능을 가진 모든 사람에게 감사를 표하고 싶다. 제시카 매커널리린츠(Jessica McAnnally-Linz), 린다 매커널리(Linda McAnnally), 재닛 매커널리(Janet McAnnally), 로스, 태미 줏숨(Ross, Tammy Jutsum), 케이틀린 맥(Caitlyn Mack), 로라 카릴로(Laura Carrillo), 애비게일 로스(Abigail Roth), 제스 프레슬(Jess Fressle), 그리고 네이버후드 뮤직 스쿨(Neighborhood Music School)의 멋진 선생님들, 앰버 캐너번(Amber Canavan), 서리나 해치(Serena Hatch), 밴다나 칸트(Vandana Kant), 크리스틴 미사키안(Christine Missakian), 섀런 모스(Sharon Moss), 드니스 너틸(Denise Nutile), 에리카 샙(Erica Sapp), 비커 로드 스쿨(Beecher Road School)의 선생님들과 직원, 특별히 메건 코프란체스코(Megan Cofrancesco), 바버라 어헨(Barbara Ahern), 로빈 거버(Robin Gerber)에게 감사드린다. 나의 아이들 그레이스(Grace)와 가브리엘(Gabriel) 본인들에게도, 그들의 인내심과 기쁨에 대해, 그리고 집을 이루고 그 안에서 살아가는 삶이 무엇인지 이 아이들이 나에게 가르쳐 준 모든 점에 대해 감사한다. 그리고 말하지 않고 넘어갈 수도 있겠지만, 그러면 안 될 사람이 있다. 하이디(Heidi), 당신이(혹은 내가) 아는 것보다 더 많은 것에 대해 고마워요.

미로슬라브: 감사를 전해야 할 분들의 목록은 미처 다 열거하지 못할 만큼 길다. 딱 네 사람만 언급하겠다. 친구이자 산책 파트너인 키스 드 로즈(Keith De Rose)와 크리스천 위먼(Christian Wiman, 그는 집에 관한 시를 모아 선집을 내고, 직접 서론을 쓰기도 했다)은 각자의 방식으로 많은 일에 대해 내가 생각을 명료하게 갖도록 도와주었다. 딸 미라(Mira)는 매일 나에게 큰 기쁨의 원천이자 언제나 환영하는 나의 방해꾼이며, 좋은 집이 얼마나 중요한지 일깨워 주는 표지이기도 하다. 누구보다 아내 제시카에게 감사한다. 바로 집에 관한 이 책을 쓰는 동안, 이 집에서 저 집으로 이사를 하면서 관대하게도 훨씬 많은 양의 책임을 도맡아 주었다. 그녀의 명철한 정신, 그리고 내가 연구하는 똑같은 사안들에 대해 그녀가 정직하게 벌이는 씨름은 늘 영감과 통찰의 원천이다.

참고 문헌

Adams, Marilyn McCord. *Horrendous Evils and the Goodness of God.* Ithaca, NY: Cornell University Press, 1999.

Adorno, Theodor. *Minima Moralia.* Frankfurt: Suhrkamp, 2001. Originally published 1951. 『미니마 모랄리아』(길).

Agamben, Giorgio. *The Time That Remains: A Commentary on the Letter to the Romans.* Translated by Patricia Daily. Stanford: Stanford University Press, 2005.

Alter, Robert. *The Five Books of Moses: A Translation with Commentary.* New York: Norton, 2004.

Althaus, Paul. *Theology of Martin Luther.* Translated by Robert C. Schultz. Minneapolis: Fortress, 1966. 『마르틴 루터의 신학』(CH북스).

Anderson, Cameron, and John Angus D. Hildreth. "Striving for Superiority: The Human Desire for Status." *IRLE Working Paper*, nos. pp. 115–116 (2016). https://irle.berkeley.edu/striving-for-superiority-the-human-desire-for-status/.

Anderson, Cameron, John Angus D. Hildreth, and Laura Howland. "Is the Desire for Status a Fundamental Human Motive? A Review of the Empirical Literature." *Psychological Bulletin* 141 (2015): pp. 574–601.

Anselm of Canterbury. *Cur Deus homo.* [Appears as "Why God Became Man" in this edition.] Translated by Janet Fairweather. 『인간이 되신 하나님』(한들출판사). In *Anselm of Canterbury: The Major Works*, edited by Brian Davies and G. R. Evans, pp. 260–356. Oxford World's Classics. Oxford: Oxford University Press, 1998.

Aristotle. *Nicomachean Ethics.* In *The Complete Works of Aristotle*, edited by Jonathan Barnes, 1729–1867. Princeton: Princeton University Press, 1984.

Assmann, Jan. *The Invention of Religion: Faith and Covenant in the Book of Exodus*. Translated by Robert Savage. Princeton: Princeton University Press, 2018.

―――. *Totale Religion: Ursprünge und Formen puritanischer Verschärfung*. Vienna: Picus, 2016.

Attridge, Harold. "Bending Time: Time and Eternity in the Fourth Gospel." Forthcoming in a Festschrift for David Moessner, edited by Margaret Mitchell, Tobias Nicklas, and Janet Spittler, Novum Testamentum Supplements. Leiden: Brill.

―――. "Divine Sovereignty and Human Responsibility in the Fourth Gospel." In *Revealed Wisdom*, edited by John Ashton, pp. 183–199. Leiden: Brill, 2014.

―――. "Reading the Fourth Gospel through a Patristic Lens." *Pro Ecclesia* 29 (2020): pp. 154–160.

―――. "Signs Working and Works Signifying." In *The Semeia Narratives in John—Form, Function, and Theology*, edited by Jörg Frey et al. WUNT. Tübingen: Mohr Siebeck, forthcoming.

―――. "Trinitarian Theology and the Fourth Gospel." In *The Bible and Early Trinitarian Theology*, edited by Christopher A. Beeley and Mark E. Weedman, pp. 71–83. Studies in Early Christianity. Washington, DC: Catholic University of America Press, 2018.

―――. "What's in a Name? Naming the Unnameable in Philo and John." In S*ibyls, Scriptures, and Scrolls: John Collins at Seventy*, edited by Joel Baden, Hindy Naman, and Eibert Tigchelaar, pp. 85–95. Supplements to the *Journal for the Study of Judaism*, p. 175. Leiden: Brill, 2017.

Augustine. *The Catholic Way of Life and the Manichean Way of Life*. Translated by Roland Teske, S. J. The Works of Saint Augustine (hereafter WSA) I/19. Hyde Park, NY: New City, 2006.

―――. *The City of God*. Translated by William Babcock. WSA I/6–7. Hyde Park, NY: New City, 2012–2013. 『하나님의 도성』(CH북스).

―――. *Expositions of the Psalms 51–72*. Translated by Maria Boulding, O.S.B. WSA III/17. Hyde Park, NY: New City, 2001.

―――. *Homilies on the First Epistle of John*. Translated by Boniface Ramsey, O.P. WSA III/14. Hyde Park, NY: New City, 2008.

―――. *Homilies on the Gospel of John*. Translated by Edmund Hill, O.P. WSA III/12–13. Hyde Park, NY: New City, 2009.

―――. *The Literal Meaning of Genesis*. Translated by Edmund Hill, O.P. In *On Genesis*, pp. 155–506. WSA I/13. Hyde Park, NY: New City, 2002.

―――. *Teaching Christianity*. Translated by Edmund Hill, O.P. WSA I/11. Hyde Park, NY: New City, 1996.

_____. *The Trinity*. Translated by Edmund Hill, O.P. WSA I/5. Hyde Park, NY: New City, 1991.

Augustine, Daniela C. "Liturgy, Theosis, and the Renewal of the World." In *Toward a Pentecostal Theology of Worship*, edited by Lee Roy Martin, pp. 216–236. 2nd ed. Cleveland: CPT, 2020.

Aune, David E. *Revelation 1–5*. Grand Rapids: Zondervan, 1997. 『요한계시록 상』(솔로몬).

_____. *Revelation 17–22*. Nashville: Nelson, 1998. 『요한계시록 하』(솔로몬).

Balthasar, Hans Urs von. *Theo-Drama: Theological Dramatic Theory*. Vol. 3, *Dramatis Personae: Persons in Christ*. Translated by Graham Harrison. San Francisco: Ignatius, 1992.

_____. *Theo-Drama: Theological Dramatic Theory*. Vol. 5, *The Last Act*. Translated by Graham Harrison. San Francisco: Ignatius, 1998.

_____. *Theo-Logic: Theological Logical Theory*. Vol. 2, *Truth of God*. Translated by Adrian J. Walker. San Francisco: Ignatius, 2004.

Barth, Karl. *Church Dogmatics*. Edited by Geoffrey W. Bromiley and Thomas F. Torrance. 14 vols. Edinburgh: T&T Clark, 1936–1970. 『교회교의학』(대한기독교서회).

_____. *Dogmatics in Outline*. Translated by G. T. Thompson. New York: Harper & Row, 1959.

_____. *The Humanity of God*. London: Collins, 1967. 『하나님의 인간성』(새물결플러스).

Batka, L'ubomír. *Peccatum radicale: Eine Studie zu Luthers Erbsündenverständnis in Psalm 51*. Frankfurt: Lang, 2007.

Bauckham, Richard. *The Climax of the Prophecy: Studies in the Book of Revelation*. Edinburgh: T&T Clark, 1993. 『예언의 절정』(한들출판사).

_____. *Gospel of Glory: Major Themes in Johannine Theology*. Grand Rapids: Baker Academic, 2015. 『요한복음 새롭게 보기』(새물결플러스).

_____. *Jesus and the God of Israel: "God Crucified" and Other Studies on the New Testament's Christology of Divine Identity*. Grand Rapids: Eerdmans, 2008. 『예수와 이스라엘의 하나님』(새물결플러스).

_____. "Judgment in the Book of Revelation." *Ex Auditu* 20 (2004): pp. 1–24.

_____. "Reading Scripture as a Coherent Story." In *The Art of Reading Scripture*, edited by Ellen F. Davis and Richard B. Hays, pp. 28–53. Grand Rapids: Eerdmans, 2003.

_____. *The Testimony of the Beloved Disciple: Narrative, History, and Theology in the Gospel of John*. Grand Rapids: Baker Academic, 2008.

_____. *The Theology of the Book of Revelation*. Cambridge: Cambridge University Press, 1993. 『요한계시록 신학』(한들출판사).

Becker, Jürgen. *Das Evangelium nach Johannes: Kapitel 1–10*. Gütersloh: Mohn, 1991.

Behr, John. *John the Theologian and His Paschal Gospel: A Prologue to Theology*. Oxford: Oxford University Press, 2020.

Benoist, Alain, de. *On Being a Pagan*. Translated by Jon Graham. North Augusta, GA: Arcana, 2018.

Ben-Sasson, Hillel. *Understanding YHWH*. Translated by Michelle Bubis. Cham, Switzerland: Palgrave Macmillan, 2019.

Berger, Adolf. *Encyclopedic Dictionary of Roman Law*. Philadelphia: American Philosophical Society, 1953.

Bewes, Timothy. *Reification, or the Anxiety of Late Capitalism*. London: Verso, 2002.

Biriukov, Dmitry. "Penetration of Fire into Iron: The Sense and the Usage Mode of This Metaphor for Description of Theosis in the Byzantine Theological Literature." *Scrinium* 15 (2019): pp. 1–17.

Blackburn, Robin. *The Making of New World Slavery*. London: Verso, 2010.

Bloch, Ernst. *The Principle of Hope*. Translated by Neville Plaice, Stephen Plaice, and Paul Knight. Cambridge, MA: MIT Press, 1986.

Bloom, Paul. *The Sweet Spot: The Pleasures of Suffering and the Search for Meaning*. San Francisco: Ecco, 2021.

Blount, Brian K. *Can I Get a Witness? Reading Revelation through African American Culture*. Louisville: Westminster John Knox, 2005.

Boccaccini, Gabriele. "From Jewish Prophet to Jewish God: How John Made the Divine Jesus Uncreated." In *Reading the Gospel of John's Christology as Jewish Messianism: Royal, Prophetic, and Divine Messiahs*, edited by Benjamin E. Reynolds and Gabriele Boccaccini, pp. 335–357. Ancient Judaism and Early Christianity 106. Leiden: Brill, 2018.

Bokedal, Tomas. "The Rule of Faith: Tracing Its Origins." *Journal of Theological Interpretation* 7 (2013): pp. 233–255.

The Book of Common Prayer: The Texts of 1549, 1559, and 1662. Edited by Brian Cummings. Oxford: Oxford University Press, 2011.

Borsch, Christian. *Niklas Luhmann*. New York: Routledge, 2011.

Bourdieu, Pierre. *Outline of a Theory of Practice*. Translated by Richard Nice. Cambridge: Cambridge University Press, 1977.

Braaten, Carl E., and Robert W. Jenson, eds. *Union with Christ: The New Finnish Interpretation of Luther*. Grand Rapids: Eerdmans, 1998.

Brown, Raymond. *The Gospel according to John*. Garden City, NY: Doubleday, 1970.

Brueggemann, Walter. "Exodus." In *The New Interpreter's Bible Commentary*, edited by Leander E. Keck, pp. 675–981. Vol. 1, *Introduction to the Pentateuch, Genesis, Exodus, Leviticus, Numbers, Deuteronomy*. Nashville: Abingdon, 1994.

Buber, Martin. *I and Thou*. Translated by Walter Kaufmann. New York: Touchstone, 1970. 『나와 너』(대한기독교서회).

_____. *Moses: The Revelation and the Covenant*. Amherst, MA: Humanity Books, 1998.

Bultmann, Rudolf. *The Gospel of John: A Commentary*. Translated by G. R. Beasley-Murray. Philadelphia: Westminster, 1971.

Caird, George B. *The Revelation of Saint John*. Peabody, MA: Hendrickson, 1999.

Calvin, John. *Commentary on the Catholic Epistles*. Translated by John Owen. In vol. 22 of Calvin's Commentaries. Grand Rapids: Baker Books, 1998.

_____. *Commentary on Romans*. Translated by John Pringle. In vol. 19 of Calvin's Commentaries. Grand Rapids: Baker Books, 1998.

_____. *Institutes of the Christian Religion*. Translated by Ford Lewis Battles. Edited by John T. McNeill. The Library of Christian Classics 20–22. Philadelphia: Westminster, 1960. 『기독교 강요』(복있는사람).

Cassuto, Umberto. *A Commentary on the Book of Exodus*. Translated by Israel Abrahams. Jerusalem: Magnes, 1967.

Cave, Alfred A. "Canaanites in a Promised Land: The American Indian and the Providential Theory of Empire." *American Indian Quarterly* 12 (1988): pp. 277–297.

Childs, Brevard. *The Book of Exodus: A Commentary*. Louisville: Westminster John Knox, 1974.

_____. *Isaiah: A Commentary*. Louisville: Westminster John Knox, 2001.

Cohen, Norman. *The Pursuit of the Millennium: Revolutionary Messianism in Medieval and Reformation Europe and Its Bearing on Modern Totalitarian Movements*. New York: Harper, 1961. 『천년왕국운동사』(한국신학연구소).

Collins, Drew. *The Unique and Universal Christ: Refiguring the Theology of Religions*. Waco: Baylor University Press, 2021.

Coloe, Mary. *God Dwells with Us: Temple Symbolism in the Fourth Gospel*. Collegeville, MN: Liturgical Press, 2001.

Croasmun, Matthew. *The Emergence of Sin*. New York: Oxford University Press, 2017.

Cyril of Alexandria. *On the Unity of Christ*. Translated by John A. McGuckin. Crestwood, NY: St. Vladimir's Seminary Press, 1995.

Danielou, Jean. *The Presence of God*. Translated by Walter Roberts. Baltimore: Helicon, 1958.

Dante. *The Divine Comedy 3: Paradiso*. Translated and edited by Robin Kirkpatrick. New York: Penguin, 2007.

Davis, Colin. *An Introduction to Levinas*. Cambridge: Polity, 2013.

Dennis, John. "Jesus's Death in John's Gospel: A Survey of Research from Bultmann to the Present with Special Reference to Johannine Hyper-Texts." *Currents in Biblical Research* 4 (2006): pp. 331–363.

de Rose, Keith. "Horrific Suffering, Divine Hiddenness, and Hell." 미출간 원고, 2019년 10월 16일, 최종 수정, PDF.

Dettweiler, Andreas. *Die Gegenwart des Erhöhten: Eine exegetische Studie zu den johanneischen Abschiedsreden (Joh 13,31–16,33) unter besonderer Berucksichtigung ihres Relecture-Characters*. Göttingen: Vandenhoeck & Ruprecht, 1995.

Dilthey, Wilhelm. *Die Jugendgeschichte Hegels*. Berlin: Königliche Akademie der Wissenschaften, 1906.

Dolff, Scott. "Mercy, Human and Divine." PhD diss., Yale University, 2009.

Dürr, Oliver. "Homo Novus—Zur eschatologischen Transformation des Menschen im Zeitalter des Transhumanismus: Beiträge zu einer Techniktheologie." PhD diss., University of Fribourg, 2021.

Eitel, Adam. "The Protreptic of *Summa theologiae* I-II, qq. 1–5." *The Thomist* 81 (2017): pp. 183–212.

Ellul, Jacques. *Anarchy and Christianity*. Translated by Geoffrey W. Bromiley. Eugene, OR: Wipf & Stock, 2011. 『무정부주의와 기독교』(대장간).

Feldmeier, Reinhard, and Hermann Spieckermann. *God of the Living: A Biblical Theology*. Translated by Mark E. Biddle. Waco: Baylor University Press, 2011.

Fiddes, Paul. *The Promised End: Eschatology in Theology and Literature*. Oxford: Blackwell, 2000.

Fishbane, Michael. *The JPS Bible Commentary: Haftarot*. Philadelphia: Jewish Publication Society, 2002.

Ford, David. *The Gospel of John*. Grand Rapids: Baker Academic, 2021.

Forsyth, Neil. "Satan." In *The Cambridge Companion to Paradise Lost*, edited by Louis Schwartz, pp. 17–28. Cambridge: Cambridge University Press, 2014.

Foucault, Michel. *Discipline and Punish*. Translated by Alan Sheridan. 2nd ed. New York: Vintage, 1995. 『감시와 처벌』(다락원).

Fretheim, Terrence E. *Abraham: Trials of Family and Faith*. Columbia, SC: University of South Carolina Press, 2007.

Frey, Jörg. "Between Jewish Monotheism and Proto-Trinitarian Relations: The Making and Character of Johannine Christology." In *Monotheism and Christology in Greco-Roman Antiquity*, edited by Matthew V. Novenson, pp. 189–221. Novum Testamentum Supplements 180. Leiden: Brill, 2020.

―――. *The Glory of the Crucified One: Christology and Theology in the Gospel of John*. Translated by Wayne Coppins and Christoph Heilig. Waco: Baylor University Press, 2018.

_____. "God's Dwelling on Earth: 'Shekhinah-Theology' in Revelation 21 and in the Gospel of John." In *John's Gospel and Intimations of Apocalyptic*, edited by Catrin H. Williams and Christopher Rowland, pp. 79-103. London: Bloomsbury, 2013.

_____. "Was erwartet die Johannesapokalypse?" In *Die Johannesapokalypse: Kontexte—Konzepte—Rezeption*, edited by Jörg Frey, James A. Kelhoffer, and Franz Toth, pp. 473-552. Tubingen: Mohr Siebeck, 2012.

Fuchs, Thomas. *Leib·Raum·Person: Entwurf einer phänomenologischen Anthropologie*. Stuttgart: Klett-Cotta, 2000.

Gerhard, Johann. *Theological Commonplaces*. Translated by Richard J. Dinda. 17 vols. St. Louis: Concordia, 2006-.

Girard, René. *I See Satan Fall Like Lightning*. Translated by James G. Williams. Maryknoll, NY: Orbis Books, 2001.

Glaude, Eddie S., Jr. *Exodus! Religion, Race, and Nation in Early Nineteenth-Century Black America*. Chicago: Chicago University Press, 2000.

Glymph, Thavolia. *Out of the House of Bondage: The Transformation of the Plantation Household*. Cambridge: Cambridge University Press, 2008.

Goethe, Johann Wolfgang von. *Faust: Texte*. Edited by Albrecht Schone. Berlin: Deutscher Klassiker Verlag, 2017. 『파우스트』(민음사).

Goldstein, Jonathan A. *1 Maccabees: A New Translation with Introduction and Commentary*. Garden City, NY: Doubleday, 1976.

Govier, Trudy. *Dilemmas of Trust*. Montreal: McGill-Queen's University Press, 1998.

_____. *Social Trust and Human Communities*. Montreal: McGill-Queen's University Press, 1997.

Gowan, Donald E. *Eschatology in the Old Testament*. London: T&T Clark, 2000. 『구약성경의 종말론』(기독교문서선교회).

Gregory of Nyssa. *The Life of Moses*. Translated by Abraham J. Malherbe and Everett Ferguson. New York: Paulist Press, 1978.

Grisez, Germain. "The True Ultimate End of Human Beings: The Kingdom, Not God Alone." *Theological Studies* 69 (2008): pp. 38-61.

Gross, Heinrich. "Der Glaube an Mose nach Exodus (4:14, 19)." In *Wort-Gebot-Glaube*, edited by Johann Jakob Stamm et al., pp. 57-65. Zurich: Zwingli, 1970.

Gundry, Robert H. "The New Jerusalem: People as Place, Not Place for People." *Novum Testamentum* 29 (1987): pp. 254-264.

Hägglund, Martin. *This Life: Secular Faith and Spiritual Freedom*. New York: Pantheon, 2019.

Hahn, Byung-Chul. *The Burnout Society*. Translated by Erik Butler. Stanford, CA: Stanford Briefs, 2015. 『피로 사회』(문학과지성사).

Hanson, Paul D. *Isaiah 40–66*. Louisville: Westminster John Knox, 2012.

Hare, John E. *God's Call: Moral Realism, God's Commands, and Human Autonomy*. Grand Rapids: Eerdmans, 2001.

_____. *God's Command*. Oxford: Oxford University Press, 2015.

Harper, Frances Ellen Watkins. "Moses: A Story of the Nile." In *Idylls of the Bible*. Philadelphia: n.p., 1901.

Harrill, J. Albert. "Slavery." In *The New Interpreter's Dictionary of the Bible*. Nashville: Abingdon, 2006.

Hays, Richard B. *Echoes of Scripture in the Gospels*. Waco: Baylor University Press, 2016. 『복음서에 나타난 구약의 반향』(감은사).

Hegel, Georg W. F. *Lectures on the Philosophy of Religion*. One volume ed. Edited by Peter C. Hodgson. Translated by R. F. Brown, P. C. Hodgson, and J. M. Stewart. Berkeley: University of California Press, 1988.

_____. *The Phenomenology of Spirit*. Translated by Terry Pinkard. Cambridge: Cambridge University Press, 2018.

_____. "Positivity of the Christian Religion." Translated by T. M. Knox. In *Early Theological Writings*, pp. 67–181. Philadelphia: University of Pennsylvania Press, 1975.

_____. *Reason in History*. Translated by Robert S. Hartman. Upper Saddle River, NJ: Prentice Hall, 1997. 『역사 속의 이성』(지식산업사).

_____. *The Science of Logic*. Translated by William Wallace. Oxford: Clarendon, 1975.

_____. "The Spirit of Christianity and Its Fate." Translated by T. M. Knox. In *Early Theological Writings*, pp. 182–301. Philadelphia: University of Pennsylvania Press, 1975.

Held, Shai. *The Heart of Torah I: Essays on the Weekly Torah Portions; Genesis and Exodus*. Philadelphia: Jewish Publication Society, 2017.

Hengel, Martin. "Die Schriftauslegung des 4. Evangeliums auf dem Hintergrund der urchristlichen Exegese." *Jahrbuch für Biblische Theologie* 4 (1989): pp. 249–289.

Hick, John. *Evil and the God of Love*. New York: Palgrave, 2010. 『(신과 인간 그리고 악의) 종교철학적 이해』(열린책들).

Hillesum, Etty. *An Interrupted Life: The Diaries, 1941–1943; and Letters from Westerbork*. New York: Henry Holt, 1996.

Hippocrates. *Airs, Waters, Places (De aere aquis et locis)*. Translated by W. H. S. Jones. In *Ancient Medicine. Airs, Waters, Places. Epidemics 1 and 3. The Oath. Precepts. *Nutriment*. Loeb Classical Library 147. Cambridge, MA: Harvard University Press, 1923.

Hodge, Charles. *Systematic Theology*. 3 vols. Peabody, MA: Hendrickson Academic, 1999.

Homer. *Odyssey, Volume I: Books 1–12*. Translated by A. T. Murray and George E. Dimock. Loeb Classical Library 104. Cambridge, MA: Harvard University Press, 1995.

Honneth, Axel. *Reification: A New Look at an Old Idea*. New York: Oxford University Press, 2008.

Hook, Sidney. *From Hegel to Marx*. New York: Humanities Press, 1950.

Horace. *Art of Poetry (Ars poetica)*. Translated by H. Rushton Fairclough. In *Satires. Epistles. Art of Poetry*. Loeb Classical Library 194. Cambridge, MA: Harvard University Press, 1926.

Horsley, Richard, and Neil Asher Silberman. *The Message and the Kingdom: How Jesus and Paul Ignited a Revolution and Transformed the Ancient World*. New York: Grossett & Dunlap, 1997. 『메시지와 하나님 나라』(한국기독교연구소).

Huberman, Jennifer. *Transhumanism: From Ancestors to Avatars*. Cambridge: Cambridge University Press, 2020.

Ingraham, Christopher. "World's Richest Men Added Billions to Their Fortunes Last Year as Others Struggled." *Washington Post*. January 1, 2021. https://www.washingtonpost.com/business/2021/01/01/bezos-musk-wealth-pandemic/.

Irenaeus of Lyon. *Against Heresies*. Translated by Dominic Unger. Ancient Christian Writers pp. 55, 64–65. New York: Paulist Press, 1992.

Janowski, Bernd. "Die Einwohnung Gottes in Israel." In *Das Geheimnis der Gegenwart Gottes*, edited by Bernd Janowski and Enno E. Popkes, pp. 3–40. Tubingen: Mohr Siebeck, 2014.

_____. *Gottes Gegenwart in Israel*. Beiträge zur Theologie des Alten Testaments 1. Neukirchen-Vluyn, Germany: Neukirchener, 1993.

Jennings, Willie James. *Acts*. Belief: A Theological Commentary on the Bible. Louisville: Westminster John Knox, 2017.

_____. *After Whiteness: An Education in Belonging*. Grand Rapids: Eerdmans, 2020.

_____. *The Christian Imagination*. New Haven: Yale University Press, 2009.

Jenson, Robert W. *Systematic Theology*. 2 vols. New York: Oxford University Press, 1997–1999.

John Damascene. *The Orthodox Faith*. Translated by Fredric H. Chase. In *Writings*. The Fathers of the Church: A New Translation 37. Washington, DC: Catholic University of America Press, 1999.

Johnson, Elizabeth A. *Creation and the Cross*. Maryknoll, NY: Orbis Books, 2018.

Jüngel, Eberhard. *Gott als Geheimnis der Welt*. Tübingen: Mohr, 1986.

Juster, Susan. *Sacred Violence in Early America*. Philadelphia: University of Pennsylvania Press, 2016.

Kaku, Michio. *The God Equation*. New York: Doubleday, 2021.

Kant, Immanuel. *Religion within the Boundaries of Mere Reason*. Translated by Allen Wood. Cambridge: Cambridge University Press, 1998. 『이성의 한계 안에서의 종교』(아카넷).

Kaplan, Amy. *The Anarchy of Empire in the Making of U.S. Culture*. Cambridge, MA: Harvard University Press, 2002.

_____. "Manifest Domesticity." *American Literature* 70 (1998): pp. 581–606.

Käsemann, Ernst. *The Testament of Jesus: A Study of the Gospel of John in the Light of Chapter 17*. Translated by Gerhard Krodel. London: SCM, 1968.

Kass, Leon. *Founding God's Nation: Reading Exodus*. New Haven: Yale University Press, 2021.

Kelly, J. N. D. *Early Christian Creeds*. New York: Continuum, 2006. Originally published 1960.

Kelsey, David H. *Eccentric Existence: A Theological Anthropology*. Louisville: Westminster John Knox, 2009.

_____. *Human Anguish and God's Power*. Cambridge: Cambridge University Press, 2021.

Kennedy, Todd P. "'To All the Children of Israel': The Formation of the Pentateuch as Scripture." PhD diss., Union Theological Seminary, 2018.

Kermode, Frank. *The Sense of an Ending: Studies in the Theory of Fiction*. 2nd ed. New York: Oxford University Press, 2000.

Kierkegaard, Søren. *Philosophical Fragments*. Edited and translated by Howard V. Hong and Edna H. Hong. Princeton: Princeton University Press, 1985.

Kilby, Karen. *God, Evil, and the Limits of Theology*. London: T&T Clark, 2020.

Kojève, Alexandre. *Introduction to the Reading of Hegel: Lectures on the Phenomenology of Spirit*. Edited by Raymond Aaron. Translated by James H. Nichols. Ithaca, NY: Cornell University Press, 1969.

Kołakowski, Leszek. *Main Currents of Marxism: Its Origins, Growth and Dissolution*. Translated by P. S. Falla. Oxford: Oxford University Press, 1978.

Kolb, Robert, and Timothy J. Wengert, eds. *The Book of Concord*. Minneapolis: Fortress, 2000.

Kopelson, Heather Miyano. *Faithful Bodies: Performing Religion and Race in the Puritan Atlantic*. New York: New York University Press, 2014.

Krleža, Miroslav. *The Return of Philip Latinowicz*. Translated by Zora Depolo. London: Quartet, 1989.

Küng, Hans. *The Incarnation of God*. Translated by J. R. Stephenson. New York: Crossroad, 1987.

Ladd, George E. *A Theology of the New Testament*. Grand Rapids: Eerdmans, 1974.

Lessing, Gotthold. "On the Proof of the Spirit and of Power." In *Lessings's Theological Writings*, edited by Henry Chadwick, pp. 51–56. Stanford: Stanford University Press, 1956.

Levenson, Jon D. "Covenant and Consent." In *The Judeo-Christian Tradition and the U.S. Constitution*. Philadelphia: Annenberg Research Institute, 1989.

_____. *Creation and the Persistence of Evil: The Jewish Drama of Divine Omnipotence*. Princeton: Princeton University Press, 1988. 『하나님의 창조와 악의 잔존』(새물결플러스).

_____. *The Death and Resurrection of the Beloved Son: The Transformation of Child Sacrifice in Judaism and Christianity*. New Haven: Yale University Press, 1993.

_____. "Genesis." *The Jewish Study Bible*. 2nd edition. Edited by Adele Berlin and Marc Zvi Brettler. New York: Oxford University Press, 2014.

_____. *The Hebrew Bible, the Old Testament, and Historical Criticism*. Louisville: Westminster John Knox, 1993.

_____. *Inheriting Abraham: The Legacy of the Patriarch in Judaism, Christianity, and Islam*. Princeton: Princeton University Press, 2012.

_____. *The Love of God: Divine Gift, Human Gratitude, and Mutual Faithfulness in Judaism*. Princeton: Princeton University Press, 2016.

_____. *Sinai & Zion: An Entry into the Jewish Bible*. San Francisco: HarperOne, 1987. 『시내산과 시온』(대한기독교서회).

Lévinas, Emmanuel. *Difficult Freedom: Essays on Judaism*. Translated by Sean Hand. Baltimore: Johns Hopkins University Press, 1990.

_____. *En découverant l'existence avec Husserl et Heidegger*. Paris: Librairie Philosophique J. Vrin, 1967.

Liddell, Henry George, Robert Scott, and Henry Stuart Jones. *A Greek-English Lexicon*. Oxford: Clarendon, 1940.

Lin, Yii-Jan. "Immigration and Apocalypse: Biblical Apocalyptic and US Immigration." Unpublished manuscript, 2021.

Locke, John. *Second Treatise of Government*. 『통치론』(쌤앤파커스). In *Two Treatises of Government*, edited by Peter Laslett, pp. 265–428. Cambridge: Cambridge University Press, 1988.

Lukács, György. "Reification and the Consciousness of the Proletariat." In *History and Class Consciousness: Studies in Marxist Dialectics*. Translated by Rodney Livingstone. Cambridge, MA: MIT Press, 1971.

Lüpke, Johannes von. "Luther's Use of Language." In *The Oxford Handbook of Martin Luther's Theology*, edited by Robert Kolb, Irene Dingel, and L ubomir Batka, pp. 143–155. Oxford: Oxford University Press, 2014.

Luther's Works. American Edition. Edited by Jaroslav Pelikan (vols. 1–30) and Helmut T. Lehmann (vols. 31–55). St. Louis and Philadelphia: Concordia and Fortress, 1955–1986. 『루터 전집』(컨콜디아사).

Manastireanu, Danut. "Perichoresis and the Early Christian Doctrine of God." *ARCHAVS: Studies in the History of Religions* 21 (2007): pp. 79–86.

Mannermaa, Tuomo. *Christ Present in Faith*. Edited by Krisi Stjerna. Minneapolis: Fortress, 2005.

_____. *Two Kinds of Love*. Translated by Krisi Stjerna. Minneapolis: Fortress, 2010.

Marandiuc, Natalia. *The Goodness of Home: Human and Divine Love and the Making of the Self*. New York: Oxford University Press, 2018.

Marion, Jean-Luc. "Death of the Death of God." In *Reimagining the Sacred*, edited by Richard Kearney and Jens Zimmermann, pp. 175–192. New York: Columbia University Press, 2016.

Marshall, Wylliam. *A Goodly Prymer in Englyshe*. London: John Byddell, 1534.

Martin, Clarice J. "Polishing the Unclouded Mirror: A Womanist Reading of Revelation 18:13." In *From Every People and Nation: The Book of Revelation in Intercultural Perspective*, edited by David Rhoads, pp. 82–109. Minneapolis: Fortress, 2005.

Marx, Karl. *Karl Marx: Selected Writings*. Edited by David McClellan. Oxford: Oxford University Press, 2000.

_____. "Towards a Critique of Hegel's Philosophy of Right: Introduction." In *Karl Marx: Selected Writings*, 2nd ed., edited by David McLellan, pp. 71–82. Oxford: Oxford University Press, 2000.

McAnnally-Linz, Ryan. "An Unrecognizable Glory: Christian Humility in the Age of Authenticity." PhD diss., Yale University, 2016.

Menken, Maarten J. J. "'The Lamb of God' (John 1:29) in the Light of 1 John 3:4–7." In *The Death of Jesus in the Fourth Gospel*, edited by Gilbert van Belle, pp. 581–590. Dudley, MA: Peeters, 2007.

Metz, Johann Baptist. *Faith in History and Society*. Translated by J. Matthew Ashley. New York: Crossroad, 2007.

Midrash Tanchuma Pekudei. Translated by Avrohom Davis. In *Metsudah Midrash*

Tanchuma. Vol. 5. Lakewood, NJ: Metsudah, distributed by Israel Book Shop, 2007.

Mill, John Stuart. *Utilitarianism*. Edited by George Sher. 2nd ed. Indianapolis: Hackett, 2001.

Milton, John. *Paradise Lost*. Edited by John Leonard. New York: Penguin, 2003. 『실낙원』(CH북스).

Moberly, R. W. L. *The God of the Old Testament: Encountering the Divine in Christian Scripture*. Grand Rapids: Baker Academic, 2020.

Moltmann, Jürgen. "Christianity: A Religion of Joy." In *Joy and Human Flourishing: Essays on Theology, Culture, and the Good Life*, edited by Miroslav Volf and Justin Crisp, pp. 1–15. Minneapolis: Fortress, 2015.

_____. *The Coming of God: Christian Eschatology*. Translated by Margaret Kohl. Minneapolis: Fortress, 1996.

_____. *The Crucified God*. Translated by Margaret Kohl. Minneapolis: Fortress, 1974.

_____. *The Crucified God: The Cross of Christ as the Foundation and Criticism of Christian Theology*. Translated by R. A. Wilson and John Bowden. Minneapolis: Fortress: 2015.

_____. *In the End—The Beginning: The Life of Hope*. Translated by Margaret Kohl. Minneapolis: Fortress, 2004.

_____. *Resurrected to Eternal Life: On Dying and Rising*. Translated by Ellen Yutzy Glebe. Minneapolis: Fortress, 2021.

_____. *The Trinity and the Kingdom*. Translated by Margaret Kohl. Minneapolis: Fortress, 1981.

Morales, L. Michael. *Cult and Cosmos*. Leuven: Peeters, 2014.

Moule, Charles F. D. "The Individualism of the Fourth Gospel." *Novum Testamentum* 5 (1962): pp. 171–190.

Mühlen, Heribert. *Una Mystica Persona: Die Kirche als das Mysterium der heilsgeschichtlichen Identität des Heiligen Geistes in Christus und in den Christen; Eine Person in Vielen Personen*. Munich: Schoningh, 1968.

Nietzsche, Friedrich. *The Anti-Christ*. Translated by R. J. Hollingdale. London: Penguin, 1998. 『안티크리스트』(부북스).

_____. *On the Genealogy of Morality*. Translated by Adrian del Caro. Vol. 8 of *The Complete Works of Friedrich Nietzsche*, edited by Alan D. Schrift and Duncan Large. Stanford: Stanford University Press, 2014. 『도덕의 계보』(책세상).

_____. *Thus Spoke Zarathustra*. Edited by Adrian Del Caro and Robert Pippin. Translated by Adrian Del Caro. Cambridge Texts in the History of Philosophy. Cambridge: Cambridge University Press, 2006. 『차라투스트라는 이렇게 말했다』(열린

책들).

_____. *Unfashionable Observations*. Translated by Richard T. Gray. Vol. 2 of *The Complete Works of Friedrich Nietzsche*, edited by Alan D. Schrift and Duncan Large. Stanford: Stanford University Press, 1995.

Nonnos. *Dionysiaca*. Translated by W. H. D. Rouse. Loeb Classical Library 344, 354, 356. Cambridge, MA: Harvard University Press, 1940.

Origen of Alexandria. *Contra Celsum*. Translated by Henry Chadwick. Cambridge: Cambridge University Press, 1953. 『켈수스 반박』(분도출판사).

_____. *On First Principles*. Translated by John Behr. 2 vols. Oxford: Oxford University Press, 2018.

Orlean, Andre. *The Empire of Value*. Translated by M. B. DeBevois. Cambridge: MIT Press, 2014.

Pannenberg, Wolfhart. *Jesus—God and Man*. Translated by Lewis L. Wilkins and Duane A. Priebe. 2nd ed. Philadelphia: Westminster, 1977. 『판넨베르크 조직신학 3』(새물결플러스).

_____. *Systematic Theology*. Translated by Geoffrey W. Bromiley. 3 vols. Grand Rapids: Eerdmans, 1992-1998. 『하나님 이름으로 혐오하지 말라』(한국기독교연구소).

Pelikan, Jaroslav. *Credo: Historical and Theological Guide to Creeds and Confessions of Faith in the Christian Tradition*. New Haven: Yale University Press, 2003.

Pelikan, Jaroslav, and Valerie Hotchkiss. *Creeds and Confessions of Faith in the Christian Tradition*. New Haven: Yale University Press, 2003.

Peter Lombard. *The Sentences*. Translated by Giulio Silano. 4 vols. Toronto: Pontifical Institute of Mediaeval Studies, 2007-2010.

Plato. *Republic*. Translated by G. M. A. Grube. With revision by C. D. C. Reeve. 『플라톤 국가』(현대지성). In *Plato: Complete Works*, edited by John M. Cooper. Indianapolis: Hackett, 1997.

Plessner, Helmuth. *Laughing and Crying: A Study of the Limits of Human Behavior*. Translated by James Spencer Churchill and Marjorie Grene. Evanston, IL: Northwestern University Press, 1970.

Powell, Adam Clayton, Jr. *Keep the Faith, Baby!* New York: Trident, 1967.

Rahner, Karl. *Foundations of Christian Faith*. Rev. ed. New York: Herder & Herder, 1982.

Ratzinger, Joseph. *Introduction to Christianity*. Translated by J. R. Foster and Michael J. Miller. San Francisco: Ignatius, 2004. 『그리스도 신앙』(분도출판사).

_____. *Jesus of Nazareth: Holy Week—From the Entrance into Jerusalem to the Resurrection*. Translated by Vatican Secretariat of State. San Francisco: Ignatius Press, 2011.

Ripley, Jason. "Atonement and Martyrdom in the Gospel of John." *Horizons in Biblical Theology* 42 (2020): pp. 58–89.

Rosa, Hartmut. *Resonance: A Sociology of Our Relationship to the World*. Translated by James C. Wagner. Cambridge: Polity, 2019.

Rowe, C. Kavin. *Christianity's Surprise*. Nashville: Abingdon, 2020.

Rumrich, John. "Things of Darkness: Sin, Death, Chaos." In *The Cambridge Companion to Paradise Lost*, edited by Louis Schwartz, pp. 29–41. Cambridge: Cambridge University Press, 2014.

Sacks, Jonathan. *Covenant and Conversation, Exodus: The Book of Redemption*. Jerusalem: Maggid, 2010.

_____. *Not in God's Name*. New York: Schocken, 2005. 『하나님 이름으로 혐오하지 말라』(한국기독교연구소).

Schleiermacher, Friedrich. *Christian Faith*. Translated by Terrence Tice, Catherine Kelsey, and Edwina Lawler. 2 vols. Louisville: Westminster John Knox, 2016. 『기독교 신앙』(한길사).

Schmemann, Alexander. *For the Life of the World*. Crestwood, NJ: St. Vladimir's Seminary Press, 1973. 『세상에 생명을 주는 예배』(복있는사람).

_____. *The Journals of Father Alexander Schmemann, 1973–1983*. Translated by Juliana Schmemann. Crestwood, NJ: St. Vladimir's Seminary Press, 2000.

Schmid, Konrad. "The Genesis of Normativity in Biblical Law." In *Concepts of Law in Science, Legal Studies, and Theology*, edited by Michael Welker and Georg Etzelmuller, pp. 119–136. Tubingen: Mohr Siebeck, 2013.

Schüssler Fiorenza, Elisabeth. *The Power of the Word: Scripture and the Rhetoric of Empire*. Minneapolis: Fortress, 2007.

_____. *Revelation: A Vision of a Just World*. Edinburgh: T&T Clark, 1993.

Schwartz, Regina M. *The Curse of Cain*. Chicago: University of Chicago Press, 1997.

_____. *Remembering and Repeating: On Milton's Theology and Politics*. Chicago: University of Chicago Press, 1993.

Segovia, Fernando. *The Farewell Word*. Minneapolis: Fortress, 1991.

Shakespeare, William. *King Lear*. New York: Norton, 2007. Originally published 1606. 『리어 왕』(민음사).

Sloterdijk, Peter. *Im Schatten des Sinai: Fußnote über Ursprünge und Wandlungen totaler Mitgliedschaft*. Berlin: Suhrkamp, 2013.

Solzhenitsyn, Aleksandr. *The Gulag Archipelago, 1918–1956*. Translated by Thomas P. Whitney and Harry Willetts. Edited by Edward E. Ericson Jr. New York: Perennial, 2002.

Sonderegger, Katherine. *Systematic Theology: Volume 1, The Doctrine of God*. Minnea

polis: Fortress, 2015.
Sophocles. *Philoctetes*. Translated by Hugh Lloyd-Jones. 『필록테테스』(지만지드라마). In *Antigone. The Women of Trachis. Philoctetes. Oedipus at Colonus*. Loeb Classical Library 21. Cambridge, MA: Harvard University Press, 1994.
Soulen, R. Kendall. *The God of Israel and Christian Theology*. Minneapolis: Augsburg Fortress, 1996.
Spinoza, Baruch. *Theological-Political Treatise*. Vol. 2 of *The Collected Works of Spinoza*, edited and translated by Edwin Curley. Princeton: Princeton University Press, 2016. 『신학 정치론』(책세상).
Strabo. *Geography*. Translated by Horace Leonard Jones. Loeb Classical Library pp. 49-50, 182, 196, 211, 223, 267. Cambridge, MA: Harvard University Press, 1917-1932.
Tanner, Kathryn. *Christ the Key*. Cambridge: Cambridge University Press, 2010.
_____. *God and Creation in Christian Theology: Tyranny or Empowerment*. Minneapolis: Fortress, 1988.
_____. *Jesus, Humanity, and the Trinity: A Brief Systematic Theology*. Minneapolis: Fortress, 2001.
Taylor, Charles. *Sources of the Self: The Making of Modern Identity*. Cambridge, MA: Harvard University Press, 1989. 『자아의 원천들』(새물결).
Tertullian. *Against Praxeas*. Translated by Alexander Souter. New York: Macmillan, 1920.
_____. *On the Flesh of Christ*. Translated by Peter Holmes. Vol. 3 of *Latin Christianity: Its Founder, Tertullian*, edited by Alexander Roberts, James Donaldson, and A. Cleveland Coxe. Ante-Nicene Fathers. Buffalo: Christian Publishing Company, 1885.
Thomas Aquinas. *Summa contra Gentiles*. Translated by James F. Anderson, Vernon J. Bourke, and Anton C. Pegis, F.R.S.C. Notre Dame, IN: University of Notre Dame Press, 1975. 『대이교도대전』(분도출판사).
_____. *Summa Theologica*. Translated by Fathers of the Dominican Province. 5 vols. Notre Dame, IN: Christian Classics, 1981. 『신학대전』(바오로딸).
Thompson, Marianne Meye. *John: A Commentary*. The New Testament Library. Louisville: Westminster John Knox, 2015.
_____. *The Promise of the Father: Jesus and God in the New Testament*. Louisville: Westminster John Knox, 2000.
Thyen, Hartwig. *Das Johannesevangelium*. Tübingen: Mohr Siebeck, 2015.
Tillich, Paul. *Systematic Theology*. 3 vols. Chicago: University of Chicago Press, 1951-1963. 『조직신학』(새물결플러스).

Tilling, Chris. *Paul's Divine Christology*. Grand Rapids: Eerdmans, 2012.
Tonstad, Linn Marie. *God and Difference: The Trinity, Sexuality, and the Transformation of Finitude*. New York: Routledge, 2016.
Tsutserov, Alexander. *Glory, Grace, and Truth: Ratification of the Sinaitic Covenant according to the Gospel of John*. Eugene, OR: Pickwick, 2009.
Turner, Max. "Atonement and the Death of Jesus in John—Some me Questions to Bultmann and Forestell." *Evangelical Quarterly* 62 (1990): pp. 99–122.
Twombly, Charles C. *Perichoresis and Personhood: God, Christ, and Salvation in John of Damascus*. Eugene, OR: Pickwick, 2015.
van Inwagen, Peter. *The Problem of Evil*. Oxford: Clarendon, 2006.
Vattimo, Gianni. *After Christianity*. Translated by Luca D'Isanto. New York: Columbia University Press, 2002.
Vespucci, Amerigo. *Mundus Novus: Letter to Pietro di Medici*. Translated by George Tyler Northup. Princeton: Princeton University Press, 1916.
Volf, Miroslav. *After Our Likeness: The Church in the Image of the Trinity*. Grand Rapids: Eerdmans, 1998. 『삼위일체와 교회』(새물결플러스).
_____. "Apophatic Social Trinitarianism: Why I Continue to Espouse 'a Kind' of Social Trinitarianism." *Political Theology* 22 (2021): pp. 407–422.
_____. *Captive to the Word of God: Engaging Scriptures for Contemporary Theological Reflection*. Grand Rapids: Eerdmans, 2010. 『하나님의 말씀에 사로잡혀』(국제제자훈련원).
_____. "The Crown of the Good Life: A Hypothesis." In *Joy and Human Flourishing: Essays on Theology, Culture, and the Good Life*, edited by Miroslav Volf and Justin Crisp, pp. 127–135. Minneapolis: Fortress, 2015.
_____. *The End of Memory: Remembering Rightly in a Violent World*. 2nd ed. Grand Rapids: Eerdmans, 2021. 『기억의 종말』(IVP).
_____. "Enter into Joy! Sin, Death, and the Life of the World to Come." In *The End of the World and the Ends of God: Science and Theology on Eschatology*, edited by John Polkinghorne and Michael Welker, pp. 256–278. Harrisburg, PA: Trinity, 2000.
_____. *Exclusion and Embrace: A Theological Exploration of Identity, Otherness, and Reconciliation*. Rev. ed. Nashville: Abingdon, 2019. 『배제와 포용』(IVP).
_____. "The Final Reconciliation: Reflections on a Social Dimension of the Eschatological Transition." *Modern Theology* 16 (2000): pp. 91–113.
_____. *Free of Charge: Giving and Forgiving in a Culture Stripped of Grace*. Grand Rapids: Zondervan, 2005. 『베풂과 용서』(복있는사람).
_____. *Flourishing: Why We Need Religion in a Globalized World*. New Haven: Yale

University Press, 2015. 『인간의 번영』(IVP).

_____. "Liberating Humility: A Variation on Luther's Theology of Humility." In *The Joy of Humility: The Beginning and End of Virtues*, edited by Drew Collins, Ryan McAnnally-Linz, and Evan C. Rosa, pp. 43–59. Waco: Baylor University Press, 2020.

_____. *Work in the Spirit: Toward a Theology of Work*. New York: Oxford University Press, 1991. 『일과 성령』(IVP).

_____. *Zukunft der Arbeit, Arbeit der Zukunft: Der Arbeigsbegriff bei Karl Marx und seine theologische Wertung*. Munich: Kaiser, 1988. 『노동의 미래-미래의 노동』(한국신학연구소).

Volf, Miroslav, and Matthew Croasmun. *For the Life of the World: Theology That Makes a Difference*. Grand Rapids: Brazos, 2019. 『세상에 생명을 주는 신학』(IVP).

_____. *The Hunger for Home: Food and Meals in the Gospel of Luke*. Waco: Baylor University Press, 2022.

Volf, Miroslav, Matthew Croasmun, and Ryan McAnnally-Linz. "Meanings and Dimensions of Flourishing: A Programmatic Sketch." In *Religion and Human Flourishing*, edited by Adam B. Cohen, pp. 7–18. Waco: Baylor University Press, 2020.

Volf, Miroslav, and Maurice Lee. "The Spirit and the Church." In *Advents of the Spirit*, edited by Brad Hinzenberg and Lyle Dabney, pp. 382–409. Madison: Marquette University Press, 2001.

Volf, Miroslav, and Ryan McAnnally-Linz. "Joyful Recognition: Debt, Duty, and Gratitude to God." In *A Theology of Gratitude: Christian and Muslim Perspectives*, edited by Mona Siddiqui and Nathanael Vette. Cambridge: Cambridge University Press, forthcoming.

Weinberg, Steven. *Dreams of a Final Theory*. New York: Vintage, 1992. 『최종 이론의 꿈』(사이언스북스).

Welker, Michael. *God the Revealed: Christology*. Translated by Douglas W. Scott. Grand Rapids: Eerdmans, 2013.

_____. *God the Spirit*. Translated by John F. Hoffmeyer. Minneapolis: Fortress, 1994.

_____. "Power of Mercy in Biblical Law." *Journal of Law and Religion* 29 (2014): pp. 225–235.

_____. *Universalität Gottes und Relativität der Welt: Theologische Kosmologie im Dialog mit dem amerikanischen Prozeßdenken nach Whitehead*. 2nd ed. Neukirchen-Vluyn: Neukirchener Verlag, 1988.

Westermann, Claus. *Genesis 12–36*. Translated by John J. Scullion, S. J. Minneapolis: Augsburg, 1985.

Williams, Delores. *Sisters in the Wilderness: The Challenge of Womanist God-Talk*. Maryknoll, NY: Orbis Books, 1993.

Williams, Rowan. *On Augustine*. New York: Bloomsbury Continuum, 2016.

_____. *Christ the Heart of Creation*. London: Bloomsbury Continuum, 2018.

_____. *Christ on Trial*. London: Fount, 2000. 『심판대에 선 그리스도』(비아).

_____. *On Christian Theology*. Oxford: Blackwell, 2000.

_____. "The Tanner Lectures on Human Values." Harvard University. Posted April 15, 2014. YouTube video, 2:09:27. https://www.youtube.com/watch?v=R8e-1SRngtNo.

_____. *Tokens of Trust*. Louisville: Westminster John Knox, 2007. 『신뢰하는 삶』(비아).

Winner, Lauren F. *The Dangers of Christian Practice*. New Haven: Yale University Press, 2018.

Wittgenstein, Ludwig. *Tractatus Logico-Philosophicus*. Translated by D. F. Pears and B. F. McGuinness. New York: Routledge, 2001.

Wolterstorff, Nicholas. *Justice: Rights and Wrongs*. Princeton: Princeton University Press, 2007.

Woodville, Anthony, Lord Rivers, trans. *Cordyal, Which Treateth of the Four Last and Final Thinges*. London: William Caxton, 1478/1479.

The Works of Saint Augustine: A Translation for the 21st Century. New York: New City, 1991–.

Wright, N. T. *God and the Pandemic*. Grand Rapids: Zondervan, 2020. 『하나님과 팬데믹』 (비아토르).

_____. *History and Eschatology*. Waco: Baylor University Press, 2019. 『역사와 종말론』 (IVP)

_____. "Pictures, Stories, and the Cross: Where Do the Echoes Lead?" *Journal of Theological Interpretation* 11 (2017): pp. 49–68.

_____. "Purgatory, Paradise and Other Post-Mortem Puzzles: Some Biblical Perspectives." Unpublished paper, May 28, 2021.

_____. *The Resurrection of the Son of God*. London: SPCK, 2003. 『하나님의 아들의 부활』 (CH북스).

_____. "Son of Man—Lord of the Temple? Gospel Echoes of Psalm 8 and the Ongoing Christological Challenge." In *The Earliest Perceptions of Jesus in Context: Essays in Honor of John Nolland on His 70th Birthday*, edited by Aaron W. White, Craig A. Evans, and David Wenham, pp. 77–96. London: Bloomsbury, 2018.

Wyschogrod, Michael. *Abraham's Promise: Judaism and Jewish-Christian Relations*. Edited by R. Kendall Soulen. Grand Rapids: Eerdmans, 2004.

Xenophon. *Cyropaedia*. Translated by Walter Miller. Loeb Classical Library 51–52. Cambridge, MA: Harvard University Press, 1914. 『키루스의 교육』(현대지성).

Zakovitch, Yair. *"And You Shall Tell Your Son..."* The Concept of the Exodus in the Bible. Jerusalem: Magnes, 1991.

Zizioulas, John. *Lectures in Christian Dogmatics*. Edited by Douglas H. Knight. London: Continuum, 2008.

찾아보기

감각 하나님: 하나님을 보는 것; 물질성을 보라
감사 344, 375, 382
거룩함 24, 68, 85, 357-358, 365
겸손 185 주 17, 188-190, 258, 346-347
계시 108-111, 176-181, 200 또한 하나님: 하나님을 보는 것; 성육신: 하나님을 보는 것을 보라
계시록 55, 301, 306-397 또한 출애굽기와 요한계시록을 보라
고난 63-75, 270-272
고통 71-75, 136, 169 주 64, 192 주 26, 258, 384, 391 또한 고난; 구원을 보라
고통과 기쁨 278, 281-282
고통과 영광 168, 169 주 64
고통과 하나님 134-137, 163, 169 주 64, 241
고통과 함께 사는 것 267-272, 388
공감 72-75
공명 35-38, 329, 356
교회 53 주 52, 172, 354
교회 공동체 140, 224
교회와 선교 285-287

구원 54, 63-91, 97, 103, 134-138, 225, 383
구원과 멸망 92-96, 121, 137
구원과 믿음 76-81, 248
권세/힘 64-66, 94-96, 164-169, 180, 197, 212, 241, 332
  힘과 우월성 341 또한 우월성 추구를 보라
  힘의 부적절성 267-269
기쁨 278-284, 384-386, 392

내주 230-233, 262
  상호 내주 152-154, 193, 361
  신적 위격들의 내주 152-154 또한 페리코레시스를 보라
  피조물이 하나님 안에 거하는 것 229, 373-374, 384-386
  하나님이 창조 세계 안에 거하시는 것 30, 173, 229, 358-361, 373-374, 381
니체, 프리드리히 15, 58, 309 주 22, 360

두려움 70, 90, 165, 209, 265, 270, 311-315

디소이코스 40, 92, 134, 277, 293, 388
  바로의 디소이코스 64, 95, 97
  바빌론 331, 335, 388, 394-397

루터, 마르틴 56, 226, 260, 310, 333
리워야단 331, 333-341

마지막 만찬 179, 251, 259
만물의 이야기 20-59, 73, 83-97, 133, 192, 214, 220, 222, 223, 227, 301, 322, 331, 390
말씀 25, 137, 140, 148-150, 158, 203 또한 예수 그리스도를 보라
맘몬 334, 337
모세 21, 73-81, 86-91, 102-116 또한 출애굽기를 보라
  모세와 예수님 176, 182, 267, 327, 350
몰트만, 위르겐 58, 169 주 34, 194 주 27, 276 주 35, 354
무정부 상태 94, 361-363
물질성 160, 212-213, 242, 309, 315, 356, 372 또한 집: 물질적 공간을 보라
믿음/신앙 46, 50-53, 70, 76-81, 233-247, 265-267, 330
  믿음에 이르는 것 47, 176-186, 242-248
  수긍 79-80, 234, 236-238
  신뢰 76-80, 234-236
  의지 235-238

바르트, 칼 142 주 7, 179 주 6, 180 주 7, 241 주 26, 246 주 38
배교 102-114, 121-123, 178, 200-207
번영 35, 49, 67-68, 140, 235 주 19, 254, 275, 313, 333, 337, 343 주 19
  번영의 여러 차원 192 주 25, 208 주 45, 330 주 55, 333, 384 주 56
베어, 존 143 주 7, 140 주 20, 169 주 64, 231 주 15
베헤못 332-337
보편성 119-121, 138-140, 259-262, 275, 297, 297-302, 327, 329, 350, 365
  구원 323 주 42
부/풍요 119, 226, 275, 335, 338-339
부버, 마르틴 36 주 26, 65, 363 주 27, 385
부활 162, 169 주 64, 181-183, 192, 207-216, 305, 308-317
불타는 떨기 71, 82-91, 109-111, 127, 145, 146 주 12, 219, 385

사명/선교 176-178, 199, 201, 202, 210, 212-215, 220, 285-290
사랑 169 주 64, 209-211, 365
  가치의 근원으로서의 사랑 199, 243, 320
  계명 252-254, 257-264, 277
  그리스도의 사랑. 예수 그리스도: 예수 그리스도의 사랑을 보라
  사랑과 순종 205, 252-254, 350
  이웃에 대한 사랑 31, 252-254
  하나님을 향한 사랑 204, 252-254, 262
  하나님의 사랑. 하나님: 하나님의 사랑을 보라
사탄 323 주 42, 383
  용 335-337, 343-347, 369
  이 세상의 통치자 247, 320, 322, 345
삼위일체 224 또한 아버지; 성령; 예수 그리스도: 하나님이신 예수 그리스도: 페리코레시스; 말씀을 보라
  삼위일체와 그리스도 155-158
  삼위일체와 인간들 225-233, 286, 365
상호성 35-37, 169 주 64, 189 주 24, 256-262 또한 내주: 상호 내주를 보라
새 예루살렘 19, 27-31, 306-307, 313, 327-330, 349-386, 387-397 또한 영광: 새

예루살렘의 영광을 보라
새 생명 47, 225-226, 233-235, 330
생명나무 20, 313-314, 367, 368-370
생명력 208, 211-213, 275-278, 284, 369
생명의 강 368-369
선물 187-192, 208, 259, 372 또한 창조 세계: 선물을 보라
성령 174, 214, 219-233, 287-290 또한 삼위일체를 보라
　생명 219-290
　아버지와의 관계 155-158
　예수 그리스도와의 관계 172, 221-224, 287-290
성막 21-26, 29, 66, 70, 85, 98-106, 124-127, 132, 151, 181, 219, 248, 305, 351-353 또한 지성소; 성전을 보라
성육신 25-26, 133, 143-146, 158-160
　성육신과 하나님을 보는 것 229-230, 238-242
　성육신의 이유 170-174, 214 주 53, 286
성전 23-32, 65-66, 70, 194, 209, 352, 358-361
성찬 마지막 만찬을 보라
성화 25, 384
세례 47, 50, 351
세상 29, 34, 136-142, 167, 187 주 21, 191
　변혁 27, 190-192
　세상과 하나님 57, 124, 160, 227, 359-361
　세상에 대한 심판 203, 244, 317-324
　세상의 현재 형태 14, 40-42
　요한복음에서의 세상 137-140, 193, 196, 262, 268-270
　집들의 집 299
　축소판 20-22, 351
소망 271, 310, 325-330
소속(감) 14, 20, 35-37, 284, 299-300, 356,

395
속죄 170-174
시간
　시간의 접힘 40-58, 133, 221-223, 309, 317
　중간에서 사는 것 44-52, 285, 387-391
시내산 언약: 시내산 언약을 보라
심연 265, 335-337
심판 하나님: 하나님의 심판을 보라
십자가 죽음 165, 169 주 64, 192-213, 231 주 15, 270, 287
　십자가로 가는 길 193-198
　영광스럽게 됨으로서의 십자가 죽음 258, 312

아도르노, 테오도르 41, 265
아버지 50, 179, 280
　성령과의 관계 155-158, 221 주 1
　예수 그리스도와의 관계 143-158, 170-176, 193, 223, 239-240, 303, 365
아브라함 69, 98, 235 주 19, 297-299, 356 또한 아브라함 언약을 보라
아우구스티누스, 히포의 33, 57, 163, 172, 179-181, 185 주 17, 260 주 12, 264
압제 63-68, 74-76, 92-94, 338-339 또한 고난; 핍박; 종살이를 보라
애착 20, 35-39, 294-302, 356
약속 73, 77-81, 112-118, 121, 178, 387 또한 언약; 하나님의 신실하심을 보라
　약속의 땅 91-92, 126-127
　약속과 믿음 248
　약속과 예수님 185-186, 213, 272-275
언약
　비느하스와의 언약 195 주 30
　새 언약 185 주 17, 262, 286
　시내산 언약 91, 98-106, 111, 113-116,

121-126, 367
아브라함 언약 69, 73, 101-102, 112-113, 117
영광 66, 160, 164-170, 244, 258-259, 377
 새 예루살렘의 영광 230, 277, 377, 381
 영광과 십자가 죽음 241
 영광을 보는 것 304, 364 주 29
 하나님의 영광 23-26, 106-116, 146, 214 주 53, 219, 258, 373-374
영원히 지속되는 생명 50, 200, 207-208, 276, 311-313
예견 42, 47, 126, 311, 327, 388
예수 그리스도 25, 133, 135 또한 아버지: 예수 그리스도와의 관계; 말씀을 보라
 목자 167, 194, 198, 274-276
 생명 168
 성령과의 관계 155-156, 173
 아버지와의 관계 143-145, 150-157, 194
 어린양 161, 200-207, 302-308, 326, 345-347, 351-355, 360-362
 예수 그리스도의 사랑 154, 166-168, 169 주 64, 178-181, 188-190, 257-262, 392
 예수 그리스도의 생명 169
 예수 그리스도의 영광 144-145, 242, 277, 304
 예수 그리스도의 오심 134-142, 396-397
 예수 그리스도의 인간성 158-170
 인격 153-158, 240-241, 285-286
 일 151-152, 177-178, 203, 202-213
 증인 195-198
 진리 164-170, 196
 참된 인간 162-170, 258
 하나님이신 예수 그리스도 142-150
완성/성취 23, 118, 181, 282, 285, 308
요한복음 53-54 또한 출애굽기: 출애굽기와 요한복음을 보라
요한복음 서문 132, 137-143, 200
 표징들 178-192
욕망/열망 15-16, 275-276, 320-324, 334, 341, 343, 345, 370-371, 394
 우월성에 대한 욕망. 우월성 추구를 보라
용기 75, 267-272
용서 111-115, 121-123, 185, 200-207
우상숭배 119 배교를 보라
우월성 추구 338-347, 373
 우월성과 리워야단 343
 우월성과 바빌론 338, 340, 377, 394
 우월성과 사탄 336
육신/살 200, 267, 276, 328, 336, 350
육체와 성령 225-233, 242-244
 전제. 하나님: 하나님의 몸; 성육신을 보라
의심 76, 80-81 또한 믿음을 보라
이스라엘의 땅 70, 92, 95, 98 주 1, 124-126
인간 행위 능력 30, 233, 254, 264, 288, 329-330
일/노동력 66, 184 주 15, 207, 355, 367-372

자비 91, 95, 99, 107, 111-115, 121-123, 178-180
정치 29-31, 65, 101-102, 196, 274-275, 333-335, 361-365 또한 무정부 상태를 보라
정치와 종교 166, 193-198, 353-355, 366
존재론 17, 147-148, 159, 226, 238
종말론 23-44 또한 창조 세계: 새 창조; 시간: 시간의 접힘; 새 예루살렘을 보라
 종말론과 예언자들 69, 94, 127, 221, 273, 287-289
종살이 54, 66, 93-94, 372
죄악 38-42, 85, 114, 200-207 또한 배교;

하나님: 하나님의 심판을 보라
죽음 42, 106
  그리스도의 죽음 136, 168, 171 주 67, 192-193, 200-207, 241 또한 십자가 죽음을 보라
  죽음과 사랑 193, 209-213, 259, 289-290, 313
  죽음과 징벌 122-123
  죽음을 극복하는 것 19, 209-213, 235 주 19, 311, 315-317, 330
지성소 27, 127, 357-361, 366, 374, 380
진리 164-170, 196, 270, 318, 360 주 21, 393-394
집 19-42, 303-305 또한 내주; 새 예루살렘을 보라
  더 넓은 환경 36
  물질적 공간 27, 199, 297, 356, 364, 393
  사회적 공간 27, 199, 297, 356, 364, 393
  집을 갈망하는 것 14, 294, 329
  집의 법 167, 198-200, 251
  집의 특징적 손상 38-42
집에 돌아오는 것 223-224, 294-302, 359 주 18

찬양 116, 382-384
창조 세계 19-23, 28-34, 43, 46, 58, 206, 335-337
  새 창조 29, 126, 223, 306, 315, 335-336, 351, 353, 387
  선물 283-284, 352-356
  창조 세계의 성취 171-174, 230-233
  창조 세계와 그리스도 172, 285, 318, 361
  창조 세계의 기쁨 379-381
출애굽기 54-55, 116-127, 387-391
  새로운 출애굽 219-221, 327-328
  시내산 사건/언약 97-116, 285

이집트에서 떠남 97-127, 278, 316
출애굽기와 요한계시록 347-351, 363, 366
출애굽기와 요한복음 131-174, 178, 201-207, 248-249, 262-273
칭의 속죄; 예수 그리스도: 어린양을 보라

태너, 캐스린 52 주 50, 58, 171 주 69, 231 주 14, 232 주 16, 245 주 33, 376 주 47
토마스 아퀴나스 33 주 22, 204 주 39, 380 주 50과 주 51
통치 30-31, 98-102, 166-170, 195-198, 338, 361-365 또한 무정부 상태; 정치를 보라
통합 57-59, 173, 230-233
특정성 73, 118-121, 138-140, 262, 302

페리코레시스 153-157, 212 또한 삼위일체를 보라
폭력 39, 94-96, 121-123, 308, 353-355
  비폭력 193, 196, 199, 269, 289, 301, 354
표징 176-178, 181-192
  세상에 대한 경험 186-192, 283-284
  표본으로서의 표징 183
  표징과 믿음 77, 80, 181-183, 236-238
풍성함 168, 193, 272-278, 314
핍박 267-272, 277, 284, 325, 338-339 또한 고난; 압제; 종살이를 보라

하나님 44, 71-94, 137-140, 222-224
  "나는" 78, 90, 110-112, 178 또한 하나님: 하나님의 이름을 보라
  궁극적 목적으로서의 하나님 32-33, 56-57, 380-382
  단일성 86-87, 145-155
  살아 계신 하나님 83-85

삼위일체의 하나님 50, 174, 228-229, 또한 아버지; 성령; 삼위일체; 말씀을 보라
초월성 84, 358-361
최고의 선으로서의 하나님 32
하나님의 내재 87-90, 358-361
하나님을 보는 것 108-111, 228-230, 238-244, 377-384
하나님의 몸 132-135, 156-174, 234-242
하나님의 부재 68-71, 87-91, 104-105, 116-118, 124, 134-137, 264-266
하나님의 사랑 17, 33, 56, 112-116, 122, 140-141, 192, 253-256
하나님의 선하심 106-111, 116, 178-181
하나님의 신실하심 106-116, 141, 203-204
하나님의 심판 94-96, 244-245, 268-271
하나님의 얼굴 83-84, 109, 229, 239, 377-380
하나님의 이름 50, 82-83, 86-91, 145-148, 176-179 또한 하나님: "나는"을 보라
하나님의 임재 23-26, 116-118, 135-137, 213-216, 227-230, 265-267, 375-377
하나님 나라 30-31, 363, 370

해방 76, 94-96, 323, 339
헤겔, 게오르크 W. F 57, 100, 227-229, 236, 245-246, 262-263, 298, 311, 317-318, 329, 359, 371

옮긴이 백지윤은 미술이론과 기독교 문화학을 공부한 후 현재 캐나다 밴쿠버에서 거주하면서, 다차원적이고 통합적인 하나님 나라 이해와 그것이 문화와 예술과 갖는 관계에 관심을 가지고 번역 일을 하고 있다. 또, 환대와 문화 영성의 공간 "모나이 폴라이"를 운영하고 있다(instagram.com/monaipollai). 옮긴 책으로는 『기독교와 새로운 자본주의 정신』 『땅에서 부르는 하늘의 노래, 시편』 『밤에 드리는 기도』 『세상에 생명을 주는 신학』 『오늘이라는 예배』 『이것이 복음이다』 『일과 성령』 『진리는 나의 집에 있었다』(이상 IVP) 등이 있다.

하나님의 집

초판 발행_ 2024년 6월 24일

지은이_ 미로슬라브 볼프·라이언 매커널리린츠
옮긴이_ 백지윤
펴낸이_ 정모세

펴낸곳_ 한국기독학생회출판부
등록번호_ 제2001-000198호(1978.6.1)
주소_ 04031 서울시 마포구 동교로 156-10
대표 전화_ (02)337-2257 팩스_ (02)337-2258
영업 전화_ (02)338-2282 팩스_ 080-915-1515
홈페이지_ http://www.ivp.co.kr 이메일_ ivp@ivp.co.kr
ISBN 978-89-328-2255-6

ⓒ 한국기독학생회출판부 2024

책값은 뒤표지에 있습니다.
무단 전재와 복제를 금합니다.